目 录

引 言

第一章 英舰叩关与海防运动在中国的兴起
  第一节 中英粤洋海战 / 7
  第二节 开一代风气的海防运动之勃兴 / 22
  第三节 近代海防论的先驱 / 27

第二章 清政府试办海军
  第一节 湘军水师的建立与长江水战 / 54
  第二节 清军水师抗击英法联合舰队之战 / 66
  第三节 昙花一现的"阿思本舰队" / 116

第三章 创办造船工业与海军初建
  第一节 仿造轮船的尝试 / 136
  第二节 创办近代造船工业 / 140
  第三节 培养近代海军人才 / 169
  第四节 四洋海军初具规模 / 190

第四章 甲申中法海战
  第一节 法国舰队窜犯闽台 / 211
  第二节 南洋海军援台与镇海保卫战 / 259

第五章 清政府"大治水师"与北洋海军成军
  第一节 "海防议"再起与海军衙门的设立 / 275

第二节　北洋海军基地的营建 / 280

第三节　中日长崎事件 / 286

第四节　北洋海军正式成军 / 312

第五节　洋务思潮勃兴与近代海防论的发展 / 345

第六章　甲午中日海战

第一节　战前的日本海军 / 366

第二节　初战丰岛 / 375

第三节　黄海鏖兵 / 390

第四节　旅顺口基地的陷落 / 429

第五节　威海卫基地保卫战 / 435

第六节　从海军战略检讨北洋海军的结局 / 454

第七章　清政府兴复海军

第一节　甲午战后的海防形势 / 467

第二节　兴复海军的"七年规划"及其实施 / 490

结束语　晚清海军兴衰的历史启示

引 言

中国幅员辽阔，领海广袤，有长达 18 000 多公里的绵长海岸线，是世界上最大的海洋国家之一。早在远古时代，中国人的祖先就开始了海上活动。后来，在漫长的历史岁月里，中国一直作为一个海上强国而存在。明朝初年郑和下西洋，比哥伦布发现新大陆要早将近一个世纪。所以，英国学者李约瑟说："中国人一直被称为非航海民族，这真是太不公平了。"并指出："中国的海军在 1100—1450 年之间无疑是世界上最强大的。"[①] 然而，自兹以降，迄于鸦片战争，由于明清两朝的封建统治者采取闭关自守政策，中国的海上力量趋于式微，从而也就无海军可言了。

"海军"一词，本有广义与狭义之分。就广义来说，海军是一个国家拥有的军舰总称。这是海军的一般概念。广义的海军，既包括古代海军，又包括近代以来的海军。中国史籍中所说的"舟师""海师""水军""水师"等等，指的都是古代海军。[②] 近代以来的海军，才是严格意义上的真正海军。这是海军的特殊概念。本书所论述的"晚清海军"，顾名思义，指的就是真正海军，即近代海军。

[①] 《李约瑟文集》，辽宁科学技术出版社，1986 年，第 258 页。
[②] 文字记载中或称"北洋海军"为"北洋水师"，是人们往往还沿用习惯的叫法，并不表示北洋水师属于古代海军。

古代海军与近代海军的主要区别，在于军舰的性质。无论在船料、动力还是武器和进攻方法等方面，古代海军都和近代海军不同。古代的旧式师船是用木料制成，并以风力和人力为动力，即靠帆和桨来航行。其进攻手段的效能也很差，除刀、矛等近身交战使用的武器外，弓箭、土炮等是仅有的能用于远距离作战的武器，不可能给敌船造成严重的损伤。因此，进攻的方法很简单，不是鼓力冲向敌船，用船头坚厚的铁尖猛撞敌船的舷，将其撞沉，就是采取靠帮、跳帮的办法，与敌船进行接舷战。古代海军的这些特点，是由古代社会生产力的发展水平所决定的。

近代海军的情况就完全不同了，它产生于西欧国家在世界范围内抢占殖民地的时代。发端于15世纪末的地理大发现，一方面促进了欧洲资本主义生产力和生产关系的迅速发展，一方面又导致了某些西欧国家对亚、非、美各洲国家的疯狂掠夺和殖民制度的建立。葡萄牙和西班牙在先，荷兰、法国、英国等继之，都陆续地走上了殖民掠夺的道路。它们需要建立庞大的海军来保护刚刚开辟的殖民地以及在殖民地的贸易，因此便大力扩建海上舰队。这种真正的海军，不仅是近代工业的产物，同时还是近代工业的缩影，是一座名副其实的浮在水上的工厂。不过，它的出现和逐步完善化，却经历了一个漫长的历史时期。

最早的军舰是16世纪末在英国建造的，其突出的特点是装备了火炮。当时人们对军舰高速性的意义认识不足，总是装配过多的火炮。1837年英国建成的军舰"海上霸王"号（后改名为"英王"号），共装配火炮132门。武器装备过重，势必要使军舰的航海性能大为降低，后来为解决这一矛盾，以使军舰获得高速性能，18世纪末叶以后，英国军舰装备的火炮数量一般都减至50门以下，而在火器的口径、射程等方面则力求改进。到 19 世纪 20 年代，榴弹炮的发明和应用，对于海军武器装备来说，具有重大的意义。这种新式火炮几经改进之后，便成为近代所有大型军舰武器装备中的重要部分。

把蒸汽机运用到军舰上，是近代海军的另一个突出的特点。1804 年，美国人富尔顿将蒸汽机应用于水上航行，建成"克勒蒙"号轮船，并于 3 年后在哈得逊河上正式试航。1811 年，英国仿造蒸汽轮船成功，并在内河和海上贸易方面开始使用。蒸汽舰的发展，经历了三个阶段：第一阶段，是明轮蒸汽舰。这种舰具有航速快、进攻力强的优点，是任何帆力舰所不能相比的。但是，它有一个明显的缺陷，就是全部发动机暴露在敌人直接瞄准的火力之下，成为极易命中的目标，只要一弹击中，军舰便无法开动了。第二阶段，是辅助蒸汽机。螺旋推动器的发明，让所有军舰建成为蒸汽舰成为可能。19 世纪 40 年代末，法国建造了第一艘使用螺旋推进器的军舰，命名为"拿破仑"号。这艘军舰改明轮为暗轮，同时还保持着帆力舰的特点，必要时能够用帆力来节省用煤，因此对加煤站的依赖性要比明轮蒸汽舰小得多，这是一个优点。但是，由于它的功率太小，只有 600 匹马力，所以在航速方面反而低于明轮蒸汽舰，又是它的缺点。第三阶段，是螺旋推进器蒸汽舰。19 世纪 50 年代，英、法等国开始建造螺旋推进器蒸汽舰。1853—1856 年克里米亚战争，是海军发展中的一座里程碑，进一步推动了军舰制造上的带有根本性的改革。"在这场战争中，不仅蒸汽动力证实了它是比风帆更为优越的推进力，而且爆破弹也展示了它的巨大穿透力，装甲显而易见将会变得必不可少。"[①]

从此，木壳军舰逐步被带有护甲的铁甲舰或钢壳军舰所代替。到 19 世纪 70 年代，帆力舰乃至明轮蒸汽舰已基本上被淘汰，而代之以

---

① 帕姆塞尔：《世界海战简史》，海洋出版社，1986 年，第 151 页。

螺旋推进器蒸汽舰了。

　　由于军舰性能方面有了这些带根本性的改进，海军战术的机动性大为提高，作战队形也更富于变化了，这是古代海军只能采取冲撞战术和帮跳战术的时代所远远不能比拟的。与此同时，海军战略思想更有了长足的发展。1840年，瑞士若米尼出版的《战争艺术概论》一书，指出战争中克敌制胜之要诀，是必须牢固掌握主动权，及时把主力投到具有决定意义的地点，坚决实施进攻。并首次提出了拥有制海权的重要性和必要性。① 19世纪60年代末，德国希里哈著《防海新论》，即本掌握制海权之原则，认为海战中以优势舰队守住敌国海口，不容其军舰出入，为最上之策。其后，奥地利阿达尔美阿撰《海战新义》，明确使用"海权"一词，并强调海战中以实施进攻为尤要者。后来，美国马汉读了若米尼的《战争艺术概论》，大受启发，将书中所论述的战争原理应用于海军战略，创立了"海权论"。② 1890年，马汉发表了他的第一本论述海权思想的书——《海上力量对历史的影响（1660—1783）》。此书引用1660至1783年英、荷、法、西等西欧国家海上争霸过程中的事件，阐明了他的海权观，即获得制海权或控制了海上要冲的国家就掌握了历史的主动权。③ 马汉的海权论，对美国的外交政策、特别是海军的发展产生了巨大的影响。不仅如此，其他列强也将马汉的著作视为经典，借以推行以对外侵略扩张为目的的海军建设计划。

　　近代海军在中国的产生和发展道路，完全不同于西方。近代海军既是近代工业的产物，是资本主义生产力发展的结果，而中国没有经历资本主义社会，所以近代海军在中国的产生，并不是由中国社会生

---

① 若米尼：《战争艺术概论》，解放军出版社，1986年，第48页。
② 马汉：《海军战略》，商务印书馆，1994年，第16~17页。
③ 罗伯特·西格：《马汉》，解放军出版社，1989年，第194页。

产力直接发展而来，而是向西方学习的一个成果。其实，早在鸦片战争以前，中国人对西方列强的坚船利炮已有初步的了解。1820 年，由广东嘉应人谢清高口述、杨炳南笔录的《海录》一书，即对美国的轮船有所描述，谓其"火盛冲轮，轮转拨水，无烦人力而船行自驶，其制巧妙莫可得窥"①。1832 年，江苏清河人萧令裕撰《记英吉利》，对英国的坚船利炮的介绍更是详尽而具体。②但是使中国人真正感受到西方船坚炮利的威胁，还是鸦片战争。近人吴廷燮说："时则欧洲诸邦，凭船坚炮利之用，蚕食南洋诸岛，倚为外府，已与我闽、广相接，而海军之名始显。道光庚子，海衅骤开，我水师器械之窳，船舰之旧，至是毕见。"③确实，经过鸦片战争，当时先进的中国人痛切地认识到中国水师与西洋海军之间相去天渊的严酷现实，所以林则徐才兴起了创建近代海军的构想，魏源才萌发了他的朴素海权思想。

与西方列强相比，中国之办近代海军，不仅起步甚晚，而且它的发展还经历了一个漫长而曲折的过程。即使与几乎同时起步的日本相比，两国发展海军的结果也迥然相异。如果以 19 世纪 60 年代中期清政府设厂造船作为中国发展近代海军的起点的话，那么，到 1888 年北洋海军正式成军才算建立起一支在当时来说比较像样的海军舰队。孰料这支经过 20 余年花费巨款艰苦缔造的庞大舰队，竟然在仅仅 6 年之后便灰飞烟灭了。其兴也缓而衰也忽，其成也难而败也易！其故安在？这给后人留下了不尽的思考，并使其试图寻求合乎历史实际的解释和答案。

中国迟至晚清时才创办海军，它和中国社会的近代化进程是同步

---

① 《小方壶斋舆地丛钞》第 11 帙，《海录》一五，杭州古籍书店 1985 年影印本，第 14 页。
② 魏源：《海国图志》卷三五，道光二十七年扬州刻重订 60 卷本，第 6~7 页。
③ 吴廷燮：《〈海军实记〉书后》，《北洋海军资料汇编》（下），中华全国图书馆文献缩微复制中心 1994 年版，第 1331 页。

的。更准确地说，中国社会的近代化进程是以创建近代造船工业为起点的。所以，近代海军的产生和发展是中国近代化运动的一个主要内容和重要组成部分。只有将海军的产生和发展放在近代化的整个过程中而不是单独地、孤立地进行考察，才可能对它的成败和兴衰做到真正确切的了解。可以这样说，如果不认真研究晚清海军兴衰的历史，也就不可能深刻认识中国近代化的历程，并进而科学地总结其历史经验教训。以史为鉴，可知兴替。因此，我认为，对我们今天来说，继续研究这段历史仍然有着十分重要的理论价值和实践意义。

不过，晚清海军史研究是一个庞大的课题，也是一个十分广阔的领域。其中既有许多问题尚存在不同认识，有待于研究者深化研究；也有一些空白还长期无人涉足，寄望于研究者积极耕耘。本书只是根据笔者长期探求所得，奉献出个人的点滴管见，希望能够有助于推动晚清海军史的进一步研究和讨论。限于笔者掌握的资料和认识水平，书中难免有粗疏不当之处，盼望读者给予批评指正。

本书在写作过程中，得到许多朋友的关心和支持。台湾师范大学王家俭教授，是著名的中国近代海军史专家，对本书的写作尤为关注，特为本书第五章提供了《中日长崎事件》《琅威理辞职风波及其后果》两篇文稿，其资料之翔实和分析之透辟，确实令人叹服，并大为本书生色。借此机会，我在这里向王家俭先生和那些曾经关怀、帮助我的朋友们表示真诚的谢意。

第一章　英舰叩关与海防运动在中国的兴起

第一节　中英粤洋海战

一　林则徐整顿海防

中国本来没有近代海军。清朝只有旧式水师,分布于内河和外海。由于清政府长期实行闭关锁国政策,因此外海水师不是用来抗御入侵之外敌,而是用于"防守海口,缉捕海盗"①。海军是近代工业的产物,也是资本主义生产力发展的成果。中国没有经历资本主义社会,所以海军在中国的产生,并不是中国社会生产力直接发展的结果。船坚炮利的海军乃西方国家的"长技"。英国发动鸦片战争,凭船坚炮利之用,轰开了闭关锁国的中国的大门,才使中国人第一次知道了近代海军之为物。

---

① 《清史稿》卷一三五,《志一一〇·水师》,中华书局,1976年,第3981页。

英国走私鸦片的飞剪船

在鸦片战争之前，西方海军还处在由早期军舰向蒸汽舰过渡的阶段，蒸汽机尚未普遍运用到军舰上，经过改进的帆舰即三桅夹板船成为英国海军的主要作战舰只。当英国人把蒸汽舰和三桅夹板船驶近中国的大门时，中国的旧式师船为之黯然失色。对此，左宗棠说：中国海船"日见其少，其仅存者船式粗笨，工料简率。海防师船尤名存实亡，无从检校，致泰西各国群起轻视之心，动辄寻衅逞强，靡所不至"。"藩篱竟成虚设，星驰飙举，无足当之。"① 很显然，面对英国侵略者坚船利炮的凌逼，清政府所采取的闭关锁国的消极海防政策已经无济于事了。

英舰之叩关，是英国在远东实行扩张政策的必然结果。鸦片战争正是英国对华鸦片侵略的合乎逻辑的发展。早在18世纪20年代，英国开始向中国输入鸦片之后，很快成为对华鸦片贸易的最主要国家。19世纪30年代初，英国走私输入中国的鸦片已达近2万箱。迄于鸦片战争前夕，为时不到10年，更增加到4万余箱，占英国对华贸易额的50%以上。鸦片贸易成为英国资产阶级原始资本积累的一种重要方式。鸦片在中国的泛滥，进一步加深了中国封建社会的危机，极大地动摇了清朝封建统治的基础。

1839年3月，林则徐以钦差大臣到广州查禁鸦片。他赴任时，友人龚自珍郑重地向他提醒："无武力何以胜之？"② 但"蛮烟一扫海如镜"③ 的

林则徐

---

① 中国史学会主编：《洋务运动》（中国近代史资料丛刊）（一），上海人民出版社，1961年，第5、19页。
② 《龚自珍全集》上册，中华书局，1959年，第170页。
③ 郑丽生校笺：《林则徐诗集》，海峡文艺出版社，1987年，第405页。

崇高爱国理想，使林则徐义无反顾，早将祸福生死置之度外，毅然赴粤就任。他莅任后，《澳门月报》的一位记者拜见他，"提起战争，他仅有的回答是：'我们不怕战争！'"① 林则徐之所以不怕英国侵略者的战争威胁，并不是单纯凭个人的一片爱国之心，而是建立在大量调查研究和充分了解敌情的基础之上的。

由于长期闭关政策的影响，一般封建士大夫对于中国以外的世界是毫无所知的。西方报刊评论说："中国官府全不识外国之政事，又少有人告知外国事务，故中国官府之才智诚为可疑，中国至今仍旧不知西边。""如在广东省城，有许多大人握大权，不知英吉利人并美利坚人之事情。"并指出："林（则徐）行事全与上相反。"② 林则徐也批评当时的文武官吏："不谙夷情，震于英吉利之名，而实不知其来历。"③ 他深知要战胜敌人就必须先了解敌人。据时人称："林则徐自去岁至粤，日日使人刺探西事，翻译西书，又购其新闻纸。"④ 林则徐所搜集和了解的外事，所涉及的范围很广，凡属政治、经济、军事、法律、地理等等，皆在探访之内。根据所掌握的敌情和同外国侵略者直接打交道而积累的经验，他不但认识到敌人"外则桀骜""内实悃怯"⑤，增强了对敌斗争的信心，而且对敌人的军事实力也有了比较清醒的估计，做到了胸中有数。于是，便着手整顿海防，以迎击来犯之敌。

广东省海岸蜿蜒曲折，为我国海岸线最长的省份之一，而珠江口内虎门一带实为咽喉要隘。鸦片战争以前，这里历年来修建的炮台共有10座，安设大炮约200门。但是，这些炮台不是形势偏狭，就是射

---

① 马士：《中华帝国对外关系史》，卷一，三联书店，1957年，第288页。
② 齐思和等编：《鸦片战争》（中国近代史资料丛刊）（二），新知识出版社，1955年，第411~412页。
③ 《林则徐集》，奏稿中，中华书局，1965年，第649页。
④ 《魏源集》上册，中华书局，1983年，第174页。
⑤ 《筹办夷务始末》（道光朝）卷六，中华书局，1964年，第173页。

程太近，炮火不能得力。有的炮台因选址和设计有问题，地势过高，炮子易于冒过船顶，根本不能打击敌人。更有甚者，多数炮台原建墙垛单薄，殊难防守。广东水师提督关天培计划在此创设铁链木排两道，以固防守，而以经费不足，工程拖延甚久。林则徐视事后，为了加强沿海防御设施，积极支持关天培的计划，除对原有的炮台进行增修加固外，又使铁链木排工程得以竣工。并且新建靖远炮台一座，设置火炮60门。还特购洋炮200门，增排两岸。这样，虎门要塞共设置火炮300多门。添建增修炮台和创设排链两项工程竣工后，林则徐奏称："演试铜铁火炮，炮子均能远及对岸山根。设有不应进口之夷船妄图闯入，虽遇顺风潮涌，驾驶如飞，一到排练之前，势难绕越。即谓夷船坚厚，竟能将铁链冲开，而越过一层尚有一层阻挡。就令都能闯断，亦已羁绊多时，各台炮火连轰，岂有不成灰烬之理？"① 其后，因尖沙嘴［咀］、官涌两地形势险要，各建炮台一座，共安大炮50门。经过这番布置，广东沿海的防御力量大为增强。

在加强沿海防御措施的同时，林则徐还对广东水师进行了整顿。他抵粤后，目睹清朝军备废弛的状况，深知水师必须整顿，否则难以御敌。他认识到英人擅长海战，船坚炮利是其"长技"，"船炮乃不可不造之件"②。因此，他一面积极搜集洋船式样，进行造船的准备，一面开始购买西船。林则徐购买西船的目的，是用来演习进攻敌舰，以提高水师的战斗力。据时人记述，他"购洋船为式，使兵士演习攻首尾、跃中舱之法。使务乘晦潮，据上风，为万全必胜计"。此后，他还亲自校阅水师，"号令严明，声势壮甚"③。当时，林则徐对抗击侵略者充满了胜利信心，作诗道："森森寒芒动星斗，光射龙穴龙为愁。

---

① 《林则徐集》，奏稿中，第643~644页。
② 杨国桢编：《林则徐书简》（增订本），福建人民出版社，1985年，第132页。
③ 《魏源集》上册，第174页。

蛮烟一扫海如镜，清风长此留炎州。"① 连敌方的记载也承认："林检阅新海军，对新军颇怀信心，以为可以用来扫荡英舰。"②

经过林则徐的认真整顿，广东沿海一带的防御和水师的战斗力都大为加强了。

二 粤洋七捷

英国发动侵略中国的鸦片战争，并非历史的偶然，而是其争霸世界的重要步骤。到19世纪三四十年代，英国已发展为世界最强大的资本主义国家，在西方列强对远东的争夺中处于最有利的地位。其远东扩张政策与清政府实行的闭关锁国政策产生了尖锐的矛盾，所以便决定用炮舰轰开中国的大门。

早在1832年，英国采取"兵贾相资"③的侵略政策，决心用武力向中国输入鸦片。并派胡夏米等人至中国沿海进行侦察活动。到1835年，胡夏米致书英国外交大臣巴麦尊，提出一份武装进攻中国的计划。他叫嚣说："只要一支小小的海军舰队，就万事皆足了。我乐于看到从英国派出一位大使，去和印度舰队的海军司令联合行动。"④ 1838年7月中旬，英国东印度舰队总司令马他仑海军少将派巡洋舰"窝拉疑"号等驶向中国，一则以武力保护鸦片走私，一则伺机挑衅，以发动对中国的侵略战争。这样，鸦片战争的爆发也就迫在眉睫了。

林则徐从1839年3月10日抵广州就任，到1840年10月20日离职，历时1年零7个多月，在粤洋同英国舰队共进行了7次交锋。

第一次：九龙洋之战，时在1839年9月4日。

---

① 《林则徐诗集》，第405页。
② 《鸦片战争》（丛刊五），第56页。
③ 魏源：《海国图志》（重订60卷本）卷二四，《大西洋总叙》，第1页。
④ 列岛编：《鸦片战争史论文专集》，人民出版社，1990年，第39页。

11

早在数月以前,英国侵略者就开始不断地进行挑衅活动。1939年5月24日,英船在伶仃洋海面借口庆祝英王寿诞之日,开炮击伤中国水师船。7月7日,英船将殴毙尖沙嘴[咀]村民林维喜的英国水手保护起来,抗不交凶。8月7日,一伙英国鸦片贩子头目在伦敦聚会,要求英国政府发动侵华战争。巴麦尊向他们透露了内阁侵略中国的意图:"政府要采取强硬行动,派出足量的海军,教中国感觉得到海军的威胁。"① 8月31日,装备24门大炮的巡洋舰"窝拉疑"号来到中国海面。此时,到达广东水域的英国舰队有战舰16艘、武装火轮4艘,以及运兵船1艘和其他运输船27只,于是便于4天后挑起了九龙洋之战。

9月4日中午,英国舰艇5艘驶抵九龙洋面,其中1艘以"买食"为借口,靠上中国师船递送禀帖。大鹏营参将赖恩爵以水师提督关天培有令,此前殴毙林维喜凶犯未交,退还其禀。下午两点半,英舰"窝拉疑"号舰长士密突然下令,出其不意向中国师船开火。记名外委欧仕乾正弯身料理军械,猝不及防,胸部被弹击穿,仆地不起。赖恩爵见英舰来势凶猛,即令水师各船和炮台发炮还击,"击翻双桅夷船一只,在旋涡中滚转,夷人纷纷落水"。下午5时,其他英舰开进海湾增援,中国士兵奋勇对敌,连放大炮,"打得顽强而相当准确"。许多英国侵略兵"应声而倒","剑桥"号船长得忌剌士也"被打穿了胳膊"。② 战至下午六点半钟,英舰见进攻不利,被迫退回尖沙嘴[咀]海面。据禀报:战后"夷人捞起尸首就近掩埋者,已有十七具。又渔舟迭见夷尸随潮漂淌,捞获夷帽数顶。并查知假扮兵船之船主得忌剌士手腕被炮打断,此外夷人受伤者尤不胜计"。对于这次海战的胜利,林则徐奏称:"查英夷欺弱畏强,是其本性,向来师船未与接仗,只

---

① 严中平:《英国鸦片贩子策划鸦片战争的幕后活动》,《近代史资料》1958年4期。
② 严中平:《英国鸦片贩子策划鸦片战争的幕后活动》,《近代史资料》1958年4期。

系不欲衅自我开,而彼转轻视舟师,以为力不能敌。此次乘人不觉,胆敢先行开炮,伤害官兵。一经奋力交攻,我兵以少胜多,足使奸夷胆落。"[1] 当时,曾经参加这次海战的侵略分子供认,九龙洋之战是英国蓄意挑起的,并且得到了应有的惩罚。他说:"我希望我绝对不再参加这种战斗。从这次战斗里,我们已经被揍得很够受的了。"[2]

九龙洋之战,是英舰正式叩关之始,也是近代中国人民反侵略战争的第一战。鸦片战争就是从这次海战开始的。初战告捷,成为林则徐以后领导的一系列反对英国侵略的战争胜利的开端。

第二次:穿鼻洋之战,时在1839年11月3日。

九龙洋之战后,英国侵略者并未放弃武力进攻计划,而是采取缓兵之计,以便为发动第二次进攻预作准备。英国商务监督义律海军大佐伪装恭顺,至澳门向同知蒋立昂递一说帖,自称:"惟思义律在粤有年,每奉本省大宪札行办事,无不认真办理,而此次岂有别心乎?盖义律所求者,惟欲承平各相温和而已。"[3] 对此,林则徐指出:"第自谓认真办事,而竟潜卖鸦片,庇匿凶夷;自谓岂有别心,而以索食为名,先行开炮,是其言又安可遽信?"[4] 事实正是如此。10月1日,英国内阁会议决定续派舰队来华增援,并由巴麦尊以密函通知义律。原先林则徐收缴鸦片时,曾饬令洋商具结,保证今后不夹带鸦片。10月15日以后,英船"担麻士葛"号和"皇家萨克逊"号先后遵式具结,于虎门、黄埔两处分别查验,"实无夹带鸦片情弊,当即妥为带引,许其开舱,照常贸易"[5]。义律怕其他英船群起效之,便于10月20日通知各英商不许具结,不惜以武力禁阻,遂挑起了这次海战。

---

[1]《筹办夷务始末》(道光朝)卷八,第225页。
[2] 严中平:《英国鸦片贩子策划鸦片战争的幕后活动》,《近代史资料》1958年4期。
[3]《林则徐集》,公牍,第137页。
[4]《林则徐集》,奏稿中,第685页。
[5]《筹办夷务始末》(道光朝)卷八,第235页。

中国水师与英国海军在穿鼻洋面上激战的画面

11月3日中午,英国货船"皇家萨克逊"号正报入口,突然英舰"窝拉疑"号和"海阿新"号驶至穿鼻洋,将已经具结的货船追令折回,不得进口。当时,水师提督关天培督率师船在穿鼻洋面来往稽查,闻而诧异,正查究间,"窝拉疑"号忽开大炮,发起攻击。关天培即令本船官兵开炮回击,后船协力进攻。"窝拉疑"号舰长士密"恃其船坚炮利",且奉有义律采取果断行动之命令,向中国师船发炮猛轰。关天培亲自挺立桅前,自拔腰刀,执持督阵。炮战中,广东水师有三船受伤,"渐见进水,势难远驶",各船兵丁死15人,伤多人。关天培手面擦伤,皮破见红,仍然奋不顾身,执刀屹立,指挥本船所载3000斤铜炮,首先打中"窝拉疑"号船头,继又"对准连轰数炮,将其头鼻打断,船头之人纷纷滚跌入海"。水师提标左营游击麦廷章"督率弁兵连轰两炮,击破该船后楼,夷人亦随炮落海,左右舱口间有打穿"。只因英舰构造坚固,"受伤只在舱面,其船旁船底皆整株番木所为,且全用铜包,虽炮击亦不能邃透",故此不致被沉。战至下午1时许,"窝拉疑"号"帆斜旗落,且御且逃","海阿新"号也"随同遁去"。①

----

① 《筹办夷务始末》(道光朝)卷八,第238~239页。

穿鼻洋之战是因英舰首先开炮而引起的，中国师船武器装备虽处于劣势，但在关天培的指挥下，仍能以弱抵强，给敌人以重创。"收军之后，经附近渔艇捞获夷帽二十一顶，内两顶据通事认系夷官所戴。并获夷履等件。其随潮漂泊者，尚不可以数计。"① 这次海战的结果，又是以侵略者的失败而告终。

第三次：官涌山之战，时在1839年11月4日至13日。

英舰从穿鼻洋败窜后，便藏于尖沙嘴〔咀〕洋面。林则徐早已有见于此，指出："该夷所泊之尖沙嘴〔咀〕洋面，群山环抱，浪静风恬，奸夷久聚其间，不惟藏垢纳污，且等负嵎纵壑，若任其据为巢穴，贻患何可胜言？"及"窝拉疑"号在穿鼻洋被创逃回后，仍在此处停泊修理。林则徐认为："实难容其负固，又奚恤其覆巢？"便决定在尖沙嘴〔咀〕一带扎营防范。而据派防官员禀称："尖沙嘴〔咀〕迤北，有山梁一座，名曰官涌，恰当夷船脊背之上，俯攻最为得力。"他当即"饬令固垒深沟，相机剿办"。英舰正在洋面修理，"见山上动作，不能安居，乃纠众屡放三板，持械上坡窥探"。驻扎官涌山的增城营参将陈连升等"派兵截拿，打伤夷人二名，夺枪一杆，余众滚岩逃走，遗落夷帽数顶"②。

敌人知中国方面加强尖沙嘴〔咀〕一带的防守，势必使英舰在近海无存身之处，便决定攻占官涌山炮台。从11月4日到13日的10天间，共发动了5次进攻③，都遭到了失败。这5次作战情况如下：

11月4日，敌人利用夜幕的掩护，将"夷船排列海面，齐向官涌营盘开炮，仰攻数次。我军扎营得势，炮子不能横穿，仅从高处坠下。

---

① 《筹办夷务始末》（道光朝）卷八，第238页。
② 《筹办夷务始末》（道光朝）卷八，第239~240页。
③ 一般论著皆认为尖沙嘴（咀）之战英军共进攻6次，其根据是林则徐的奏稿："计官涌一处，旬日之内大小接仗六次，俱系全胜。"（《林则徐集》，奏稿中，第704页）但林则徐是把敌人"持械上坡窥探"一次也计算在内。实际上，这还称不上一次进攻。

15

计拾获大炮子十余个，重七八斤至十二斤不等"。中国守军开炮回击，将英舰击退。

11月8日，英国改变战术，先用大船从正面炮击，而小船从侧面包抄，"乘潮扑岸，有百余人抢上山冈，齐放鸟枪"。中国守军增城右营把总刘明辉等"率兵迎截，砍伤、打伤数十名，夷人披靡而散，帽履刀鞘遗落无数。次日，望见沙滩地上掩埋夷尸多具"。

11月9日，英舰又驶近官涌山以东的胡椒角，"开炮探试"。驻守该处之陆路提标后营游击德连饬令"大炮、抬炮一齐回击"，英舰"受伤而走"。

11月11日，中国守军准备驱走敌船。林则徐知道敌人迭次滋扰，决不会善罢甘休，便增派200名士兵前往助守。鉴于官涌山炮台"既占地利，必须添安大炮数位，方可致远攻坚"，他又与关天培商议，"挑拨得力大炮六门，解往以资轰击"。札饬驻守九龙的参将赖恩爵等"就近督带兵械，移至官涌，并力夹击"。部署已毕，各将领齐至官涌营盘会议，商定各认山梁，安设炮位，分5路进攻，以乡勇前后策应。11日下午，英舰望见官涌营盘安炮，便赶装炮弹，准备抢先进攻。入夜后，开始向官涌山炮台炮击，连放数炮。中国军队"五路大炮重叠发击，遥闻撞破船舱之声，不绝于耳。该夷初犹开炮抵拒，迨一两时后，只听咿哑叫喊，竟无回击之暇。各船灯火一齐灭息，弃碇潜逃"。"天明瞭望，约已逃去其半，有双桅三板一只在洋面半沉半浮，余船十余只退远停泊，所有篷扇、桅樯、绳索、杠具，大都狼藉不堪。"

11月13日，英舰向官涌山炮台发动第5次进攻。前一天，中国守军探知，前被打断手腕的得忌剌士所在的"剑桥"号、殴毙林维喜的凶手所在的"多利"号两艘英船，尚欲潜图报复。于是，各将领密约："故作虚寂之状，待其前来窥伺，正可痛剿。"13日下午，英舰

"多利"号和"剑桥"号"潜移向内,渐近官涌,后船十余只,相随行驶"。守军瞭见,"约计炮力可到,即齐放大炮,注定头船攻击",有两炮打中"多利"号船舱,"击倒数人,且多落海漂去者。其在旁探水之夷划一只,亦被击翻。后船惊见,即先折退"。"多利"号"尤极仓皇遁去"。

官涌山之战的胜利,意义十分重大。对此,林则徐奏称:英船"年来改泊尖沙嘴〔咀〕,只于入口之先,出口之后,暂作停留,尚无妨碍。今岁占泊日久,俨有负固之形,始则抗违,继则猖獗,是驱逐由其自取,并非衅自我开。此次剿办之余,于澳门既不能陆居,于尖沙又不能水处"①。经过此战之后,英舰再也不敢靠近尖沙嘴〔咀〕洋面,因"恐我乘夜火攻,又水泉皆下毒,无可汲饮,遂宵遁外洋"②。

第四次:铜鼓洋之战,时在1840年2月29日。

官涌山之战后,林则徐向道光皇帝陈述对英国侵略者的两条方针:第一条是,英人若放弃侵略,"苟知悔悟,尽许回头"。道光朱批曰:"不应如此,恐失体例。"第二条是,英人若"尚以报复为心,则坚垒固军,静以待之,亦自确有把握。"朱批曰:"虽有把握,究非经久之谋。"至于贸易方面,林则徐提出:"与其开门揖盗,何如去莠安良?而良莠之所以分,即以生死甘结为断。""奉法者来之,抗法者去之,实至公无私之义。"朱批曰:"所见甚是,而所办未免自相矛盾矣。"林则徐又进一步说明:"凡外夷来粤者,无不以此为衡,并非独为英吉利而设。此时他国货船,遵式具结者许其进埔;即英国货船,亦不因其违抗于前,而并阻其自新于后。"并以具结之"皇家萨克逊"号为例,对其船主"面加慰谕,该夷感激涕零"。朱批曰:"恭顺抗拒,

---

① 以上引文均见《筹办夷务始末》(道光朝)卷八,第240~242页。
② 《魏源集》上册,第172页。

情虽不同，究系一国之人，不应若是办理。"道光皇帝的这些朱批，说明他在官涌山之战胜利后，对形势产生了错误的估计。这不能不给清廷的决策带来重大的影响。果然，1840年1月3日，林则徐奉到廷寄："著林则徐等酌量情形，即将英吉利国贸易停止。所有该国船只，尽行驱逐出口，不必取具甘结。"① 中英两国间的正式贸易遂告中断。自断贸易后，英国货船先后到者数十艘，皆不得入口，便起碇扬帆，驶出老万山，"多观望流连，寄泊铜鼓洋海面，不肯离去。而粤洋渔船、蛋艇亡命之徒，贪薪蔬之厚值，并以鸦片与之贸易，趋者若鹜"②。林则徐认为："此又断具贸易之后，更出一种私弊。"③ 便与关天培密商，采取剿除的措施。

行动前，林则徐先制定了"以守为战，以逸待劳"的正确作战方针。他指出："若令师船整队而出，远赴外洋，并力严驱，非不足以操胜算，第洪涛巨浪，风信靡常，即使将夷船尽数击沉，亦只寻常之事。而师船既经远涉，不能顷刻收回，设有一二疏虞，转为不值，仍不如以守为战，以逸待劳之百无一失也。"还与关天培合议，采取"以奸治奸，以毒取毒"的办法："将平时所装大小火船，即雇渔、蛋各户，教以如何驾驶，如何点放，每船领以一二兵弁，余皆雇用此等民人以为水勇，先赴各洋岛澳分投埋伏，候至夜深，察看风潮皆顺，即令一齐放出，乘势火攻，将此等环护夷船各匪船，随烧随拿。许以烧得一船，即给一船之赏；如能延烧夷船，倍加重赏。"

2月29日凌晨2时左右，在夜色笼罩下突然实行火攻，兵分4路，驶向铜鼓洋海面，"将近夷船寄碇之处，出其不意，一齐发火，复将喷筒火罐，乘风抛掷，烧毁屠牛换土之大海船一只，买运烟土之艚船

---

① 《筹办夷务始末》（道光朝）卷八，第242~243页。
② 《魏源集》上册，第173页。
③ 《筹办夷务始末》（道光朝）卷一〇，第278页。

18

一只,大扒船一只,虾筒办艇三只,杂货料仔艇一只,卖果子糕饼之扁艇十五只。又将夷船高头三板前后延烧,该夷驾驶逃开,扑救渐息,未经沉没。又烧毁海中沙滩所搭篷寮六处"①。这次火攻相当成功,"洋船带火仓皇开避,我兵勇乘潮急还,无一伤者"②。林则徐称此战"不惟足慑汉奸之心,亦可以寒英夷之胆"③。

第五次:磨刀洋之战,时在1840年6月9日。

自英船遭到火攻后,虽惧火船焚烧,然因"夷埠新旧烟土,存积累累,不肯轻弃,是以减跌价值,用三桅大船满载而来","只在外洋往来游奕,此东彼西,总无定处。日则暗放三板,分运烟土,引诱奸民,零星贱卖;夜则抛锚寄碇,并招集办艇环护,支更瞭望,以防我兵火攻"。于是,林则徐与关天培函商,"以夷船最畏焚烧,仍惟以所畏者设法制之"。关天培遂委派副将李贤等,先"分带兵勇四百余名,暗伏岛澳,并多雇素谙夷语线民,假装济夷办艇,作为内应"。

布置既定,中国师船再次发起火攻。6月9日凌晨,趁夜半月落时候,"各队火船移近磨刀外洋夷船聚泊处所,占住上风,出其不意,火船闯进焚烧,各线民亦于假装办艇内,同时纵火。有巴厘夷船上身穿白衣英夷,持械跳出,经外委卢麟挥令水勇方亚早等,奋力杀毙四人,其余夷众连船全行烧毁。各将备督率把总潘永蓁、杨雄超等,乘夷船乱奔之际,将火箭、火罐、喷筒等物纷纷抛掷,又将载有烟箱之夷船烧毁一只。另有夷船一只,桅帆着火,弃碇驾逃,经夷众将火扑灭。先后延烧大小办艇十一只,又烧毁近岸篷寮九座。其冲突窜逃各夷船,彼此撞碰,叫喊不绝,夷人带伤跳水,烧毙、溺毙及被烟毒迷毙者不计其数"。

---

① 《筹办夷务始末》(道光朝)卷一〇,第277~279页。
② 《魏源集》上册,第174页。
③ 《筹办夷务始末》(道光朝)卷一〇,第279页。

战后，林则徐奏称："此次英夷猝遭焚剿，伤毙已多，而都鲁壹船上带兵之夷官赞卒治厘亦在该船病毙。并查悉夷兵吸水，患病者甚众。似此频经受创，当亦共知天朝重地，非么魔异类所可玩法偷生。"这次火攻取得了较大战果。道光皇帝朱批曰："所办可嘉之至！"①

2月29日和6月9日两次火攻，使英国侵略者连续遭到损伤，从此不敢驶近广东海口。"夷船盘旋洋外，知要口无隙可乘，坐待非计，遽驶三十一艘赴浙江。"② 7月5日，英军袭取了定海。由于战争形势的变化，道光的立场发生了根本性的变化，开始重用投降派，并毫无道理地将定海失守的责任归咎于林则徐。在处境极为艰难的情况下，林则徐仍然严加戒备，又连续打退了敌人的两次进攻。这就是林则徐领导的广州近海的第六、第七两次作战。

第六次：关闸之战，时在1840年8月19日。

自英军占领定海后，英舰在广东海面渐趋活跃，有伺机攻袭之意。林则徐一面续调军队，一面雇船募勇，进行迎战准备。8月17日，他亲赴狮子洋校阅水师，演放大小炮位，抛掷火球、火罐，撒放火箭、喷筒，以及爬桅、跳船各技。士气极为高涨，无不敌忾同仇。他在致友人书中高兴地写道："争先向往之慨，似亦足张吾军。"③ 两天后，英舰便向关闸发起了炮攻。

8月19日下午2时，英舰乘东风潮涨之际，暗放舢板10余只与火轮船1艘，由九洲外洋驶到澳门北面的关闸一带，突然开炮。关闸在莲花峰脚下，系前山营至澳门的必经之路，两边皆海，中有天然甬道，竖一关门，设汛把守，稽查往来。此处虽然险要，因其"为华夷交涉处所，向无官建炮台"。故英军志在必得。中国防军"瞭见夷兵船突

---

① 以上引文均见《筹办夷务始末》（道光朝）卷一一，第315~317页。
② 梁廷枏：《夷氛闻记》卷二，文海出版社影印本，第27页。
③《林则徐书简》，第117页。

如其来，即时开炮迎击。因该逆火船相距较远，其三板易于转动，见岸上炮口所向，彼即闪避，故甫经交锋之顷，夷船被炮者无多"。于是改变战术，将防兵分为 3 支：一支由南而北；一支由北而南；一支在中间往来接应。另派师船驶至青洲海面，水陆夹击。战至傍晚时分，"将夷船前后桅舵打伤，并击沉三板数只，炮毙逆夷落水者不计其数。复有续至夷船赶来助势，经香山水师兵丁罗名赞、曾有良、麦朝彪三人连轰数炮，立毙夷兵目一人及夷兵十余名。夷船且战且逃，至戌刻俱向九洲大洋窜去"①。

第七次：矾石洋之战，时在 1840 年 8 月 31 日。

关闸之战后，英舰陆续东驶，间有窜至伶仃洋以北之矾石一带洋面游弋。林则徐与关天培相商，应饬师船主动攻击，不能株守一处。于是，"鼓励各船兵勇，整队出洋，探踪迎击"②。当时，林则徐已屡次受到道光的申饬，而且清廷已允英方要求，以"查禁烟土，未能大公至正之意，以致受人欺蒙，措置失当"③ 之名，重治林则徐之罪。林则徐知道将不久其位，便决定对游弋于矾石洋面的英舰伺机发动攻击。他说："得手与否，惟视此一举矣！"④

8 月 31 日晨 6 时左右，巡洋师船先在冷水角发现英军火轮船一艘，驶至龙鼓面海面。林则徐闻报，"即令快艇及原雇拖风各船，先往追蹑，各放炮火，击其船腰，该火轮船即刻逃去"。随后，又探得龙穴西南有英舰一艘，其东面又有英舰 4 艘和舢板 5 只，师船跟踪而至。候选都司马辰所在之船，最先靠近英船"架历"，"连开三千斤铜炮二门，将其前面头鼻打坏，其船上拉绳之人纷纷喊嚷，滚跌落海。

---

① 《林则徐集》，奏稿中，第 875 页。
② 《林则徐集》，奏稿中，第 876 页。
③ 《筹办夷务始末》（道光朝）卷一二，第 387 页。
④ 《林则徐书简》，第 123 页。

该船先犹开炮回拒，弹如星飞，有炮子嵌入师船头桅，量深五寸。追被我师攻败，伤毙多人，夷众手忙脚乱，仅放空炮"。此时，有其他英船赶来救护，"又经师船开炮轰击，断其绳缆，不能驶进。惟于我师回击他船之际，架历船即乘隙随潮南窜。时已昏黑，不及穷追，当将各船收回"。当晚，见有英兵尸体数十具随潮漂去。海战后，英军捞获尸具，在磨刀山根埋葬，内有伙长1名，炮手3名，士兵11名。林则徐称此战是"小挫其锋，尚未大获胜仗"①。

总之，林则徐在广东期间，共在近海与英国侵略者作战7次，都程度不同地获得了胜利。他领导广东军民英勇抗击外敌的入侵，为保卫祖国南海疆域做出了贡献，在中国近代史上留下了光辉的开篇。

第二节　开一代风气的海防运动之勃兴

英国侵略者所发动的鸦片战争，一方面凭船坚炮利之用，轰开了长期闭关锁国的中国的大门；一方面使中国人知道了海军为何物。于是，当时一些中国人开始萌发了建立海军的思想，林则徐即其代表人物。在林则徐的倡导下，一些有识之士起而应之，中国东南沿海各省广东等纷纷开始造船。这就是中国近代史上的第一次海防运动。

从1840年开始，广东便有不少爱国人士自动出资造船。如绅士许祥光捐款造船2只，左右设桨64枝，轻捷便利。此船在工艺上倒是花了功夫，但不能到外海作战，所以无助于海防建设。

在当时来说，造船比较有成绩的有以下数例：

广州盐茶商、在籍刑部郎中潘仕成所造战船，身长13丈3尺6

---

① 《筹办夷务始末》（道光朝）卷一六，第550页。

寸，船宽 2 丈 9 尺 4 寸，船底用铜片包裹。船舱分 3 层，中层两旁安大炮 20 门，船尾安大炮 2 门，自 2000 斤至 3000、4000 斤不等；上层两旁安炮 18 门，自数百至 1000 斤不等，还分列子母炮数十杆；船头炮位，随宜安放。此系仿照西船式样建造，可容 300 余人，造价 1.9 万两。船造成后，经实际操练演放，轰击甚为得力。

水师提督吴建勋造战船 1 艘，长 13 丈，宽 2 丈 9 尺，木料坚实，船底骨及头尾鳌舵俱用铜片包裹。船头安炮 1 门，船尾左右安炮 2 门，上层两旁安炮 22 门，下层两旁安炮 24 门，共安炮 49 门，船舱可容 300 余人。此船系仿照美国兵船所造。当时有两艘美国兵船泊于黄埔，吴建勋曾偕南赣镇总兵马殿甲和署督粮道西拉本登船参观，逐细察看，见"该船分上下两层，安放大炮四十余位，均有滑车，演放推挽，极为纯熟。其尤灵便之处，中间大桅及头尾桅均三截，篷亦如之，设值风暴，即将上截桅篷落下，较之我船桅系整枝，尤觉适用。……我船向用木矴棕绳，若遇急流巨浸，下矴不能抓地；该夷船矴纯用铁造，尤为得力"。吴建勋亲临目睹之后，大为叹服，"随觅巧匠，照该船形势制造"①。

广州知府易长华承造 1 艘战船，长 13 丈，宽 2 丈 6 尺，与水师原有的大米艇相比，加长 3 丈 5 尺，加宽 5 尺 4 寸。"木料俱选用坚实，间有采于广西购自番舶者。""船内两旁，安拱腰二百四十四条，又于艘板内安艘柱一百七十四条，排比极密，以拒炮子。"② 船头尾及两旁共安大炮 25 门，各一二千斤不等。此船约可容 200 人，共用工料银 8000 余两。

批验所大使长庆承造水轮战船 1 艘，船身长 6 丈 7 尺，最宽处 2

---

① 魏源：《海国图志》卷八四，甘肃庆泾固道署光绪二年刊 100 卷本，第 4~6 页。
② 魏源：《海国图志》（100 卷本）卷八四，第 22 页。

丈。"两头安舵,两旁分设桨三十六把,中腰安水轮两个,制如车轮,内有机关,用十人脚踏施转。轮之周围,安长木板十二片,如车轮之辐,用以劈水。""船上墙板、炮窗等处,用生牛皮为障,毛竹为屏,架以藤屉,夹以棉胎,以避炮火。交战之际,更罩罟网六层,并棕片、布屉为软障,用时以水灌湿,庶可御敌,以壮军心。"① 船两头及两旁共安大炮 12 门,800 斤至 2000 斤不等。此船可容 100 余人,共用工料银 7000 两。

在广东掀起造船热潮的同时,闽浙总督邓廷桢也开始仿造西式战船。先是在 1840 年夏,他曾与钦差兵部尚书祁寯藻、刑部右侍郎黄爵滋、福建巡抚吴文镕联名上奏,建议朝廷通筹熟计海防之策。其折称:"此造船、铸炮二者,费帑需时,计似迂缓,实海防长久最要之策也。"主张广东、福建、浙江三省添造大战船 60 艘,每船安大小炮三四十门。另外,福建、浙江二省再铸造 4000 斤至 8000 斤的大炮 200 门。并针对造船铸炮"费帑"之说,申明理由:"通计船炮工费,约须银数百万两。臣等亦熟知国家经费有常,岂敢轻言添置?惟当此逆夷猖獗之际,思卫民弭患之方,讵可苟且补苴,致他日转增糜费?且以逆夷每年售卖鸦片,所取中国之财不下数千万两,今若用以筹办战备,所费不敌十分之一,彼则内耗外侵,此则上损下益,权衡轻重,利害昭然。"对于这件以祁寯藻领衔的奏章,道光皇帝发布上谕说:"战船则驾驶轻灵,火炮则施放有准,稍有敝坏之处,即著赶紧修理,毋稍懈弛,正不在纷纷添造也。"② 要求邓廷桢等只修理旧有的师船使用,不必另造战船,否定了造船铸炮的正确建议。建议虽被朝廷否定,但邓廷桢仍不放弃造船的计划。他在厦门设船场,购置木材,并仿照

---

① 魏源:《海国图志》(100 卷本)卷八四,第 23 页。
② 《筹办夷务始末》(道光朝)卷一二,第 364~365 页。

西船建造了一艘300吨的快速夹板船。

值得注意的是，当时有人开始试制轮船。1840年6月，嘉兴县丞龚振麟调到宁波，在海边见洋帆林立，其中有的船"以筒贮火，以轮击水"①，用蒸汽作动力，甚感惊异。他照式仿造，但未成功。福建监生丁拱辰研究蒸汽机的原理及其应用，并"就火轮车机械，造一小火轮船，长四尺二寸，宽一尺一寸，放入内河驶之，其行颇疾，惟质小气薄，不能远行"②。制造这样一只类似玩具的小火轮，完全是试验性质的。士绅潘世荣还雇用洋匠试造了一艘轮船，但"放入内河，不甚灵便"③。这些试验虽然都不太成功，但究竟向近代的造船工艺迈进了一步。

由于造船一时蔚为风尚，究心海防大势者渐多，有关海防的著作雨后春笋般涌现，其中最著名的是魏源的《海国图志》。1841年夏，林则徐在镇江与魏源相晤，嘱撰《海国图志》，并将前在广州时组织翻译的《四洲志》交给了他。魏源在《四洲志》的基础上辑成了《海国图志》50卷。他在《海国图志叙》中开宗明义地说明此书"为师夷之长技以制夷而作"。这是对林则徐"师夷"思想所做的最完整的表述。

魏　源

在魏源看来，西方国家的长技有三：一、战舰；二、火器；三、养兵、练兵之法。他还提出了以建立"船炮水军"为内容的"师夷"方案：在广州虎门外的沙角、大角二地设立造船厂和火器局，聘西洋之匠"司造船械"，延西洋舵师"司教行船演炮之法"，一两年后便可自造，"不必仰赖于外夷"。闽粤二省武试增设水师一科，将"能造西洋战舰

---

① 魏源：《海国图志》（重订60卷本）卷五五，《铸炮铁模图说》，第2页。
② 丁拱辰：《演炮图说辑要》卷四，第13~16页。
③ 《筹办夷务始末》（道光朝）卷六三，第2470页。

火轮舟"列为课目之一。并准许私人造船，"沿海商民，有愿仿设厂局以造船械，或自用或出售者听之"。他认为，裁并水师旧营，选募精兵，有战船100艘、轮船10艘，便"可以驶楼船于海外，可以战洋夷于海中"①。当然，这些建议也不会被清廷采纳。

孰料到1842年7月，清廷在造船问题上的态度又突然发生了戏剧性的变化。原来从6月以来，英军侵入长江，连占城池，使道光皇帝感到形势愈加不妙了。恰在此时，少卿金应麟奏请多备船只，安庆府监生方熊飞禀请建造战船，道光也就趁机转弯。7月21日，即英军攻占镇江的当天，清廷谕靖逆将军奕山，对捐赀制造战船炮位者从优鼓励。8月20日，谕广东建造战舰，迅将各样大小战船，赶紧制造。21日，又传谕粤海关监督文丰，晓谕洋商，设法购买洋船。在一个月内，道光皇帝连颁三道谕旨，要求造船和买船，其急迫之情溢于言表，正所谓临时抱佛脚了。

实际上，道光皇帝并不是真心要建成一支海军。林则徐从切身体验中，已经料到了这一点。他在致友人书中说："今闻有五省造船之议，此又可决其必无实济。"② 果然，中英《南京条约》签订后不久，清廷便推翻前议，谕令"毋庸雇觅夷匠制造，亦毋庸购买"③，把造船和买船的活动停了下来。

由于清廷的腐败昏庸，刚刚兴起的海防运动遭到了夭折，使中国筹建海军的历史被推迟了20多年。虽然如此，也要看到，这次海防运动却开一代风气之渐，对后世的影响与日俱增。特别是林则徐、魏源的"师夷长技以制夷"的思想，后来成为洋务派同封建顽固派斗争的最主要的理论武器，并开始将其付诸实践。1875年，左宗棠论及《海

---

① 《魏源集》下册，补录，《筹海篇三》，中华书局，1983年，第870页。
② 《林则徐书简》，第196页。
③ 《筹办夷务始末》（道光朝）卷六三，第2470~2471页。

国图志》时写道:"书成而魏子殁,廿余载,事局如故,然同、光间,福建设局造轮船,陇中用华匠制枪炮,其长亦差与西人等。艺事末也,有迹可寻,有数可推,因者易于创也。器之精光,淬厉愈出;人之心思,专一则灵,久者进于渐也。此魏子所谓'师其长技以制之'也。"① 确为不易之论。

第三节　近代海防论的先驱

一　林则徐的海防思想和建立近代海军的构想

林则徐是中国近代海防论的第一位先驱。他的海防思想是建立在对外情了解的基础之上的。在抗英斗争的实践中,随着对外情了解的逐步深入,他的海防思想也在不断地丰富和发展。

为对付英国侵略者的战争挑衅,林则徐制定了以守海口为主的近海防御作战方法,其基本要求是"固守藩篱","使之坐困"。② 这是一种"以守为战"的方针。根据他的了解,英国的军舰固然比中国师船先进,但并不是无懈可击。认为:"夷兵船笨重,吃水深至数丈,只能取胜外洋,破浪乘风,是其长技。惟不与之在洋接仗,其技即无所施。至口内则运掉不灵,一遇水浅沙胶,万难转动。"因此建议朝廷:"度其顽抗之意,妄夸炮利船坚,各夷舶恃为护符,谓可沮我师之驱逐。臣等若令师船整队而出,远赴外洋,并力严驱,非不足以操胜算。第洪涛巨浪,风信靡常,即使将夷船尽数击沉,亦只寻常之事,而师

---

① 《左宗棠全集》,诗文·家书,岳麓书社,1987年,第257页。
② 《林则徐集》,奏稿中,第884页。

船既经远涉，不能顷刻收回，设有一二疏虞，转为不值，仍不如以守为战，以逸待劳之百无一失也。"①

林则徐的"以守为战"是一种积极防御，因为这一方针是与久持困敌的战略方针相结合的。他批评"与其旷日持久，何如设法羁縻"的错误主张，认为英国侵略者虚骄成性，外强中干，"其在夷洋各埠，赁船雇兵而来，费用之繁，日以数万金计，即炮子火药，亦不能日久支持，穷蹙之形已可概见"。因此，"此时不值与之海上交锋，而第固守藩篱，亦足使之坐困也"②。"以守为战"和"久持困敌"，构成了林则徐的海防战略的基本内容。

为了贯彻"以守为战"的方针，林则徐采取了一系列的措施，如加强海防工事、整顿水师、建立兵民联合作战体制、使用火攻战术、防御中伺机出击等。③ 中国军民在广州近海与英国侵略者先后7次作战，都不同程度地获得了胜利，说明林则徐对"以守为战"方针的运用是成功的。

但是，林则徐的海防思想并不是停留在一个水平上，而是不断有所发展的。他不仅是中国近代海防论的最早先驱，也是中国近代倡建海军的第一人。在抗英斗争的实践中，他认识到，不建立一支强大的海军是无法抵御外来侵略的。多次指出："窃谓剿夷而不谋船炮水军，是自取败也。""海上之事，在鄙见以为，船炮水军万不可少。"④ 他所说的"船炮水军"，指的就是近代海军。

林则徐之所以能够最早提出建立近代海军的构想，是与他肯于向外国学习分不开的。此刻的清王朝，由于长期实行闭关锁国政策，积

---

① 《林则徐集》，奏稿中，第676、762页。
② 《林则徐集》，奏稿中，第883~885页。
③ 参见戚其章：《中国近代社会思潮史》，山东教育出版社，1994年，第81~87页。
④ 《林则徐书简》，第183~184、193页。

弱已成，却不期振作，仍然安于现状。一般亲王大臣，文恬武嬉，完全不知世界大势，却效夜郎之自大，以故步自封、抱残守缺为能事。林则徐则与此辈不同，他能够放下钦差大臣的架子，深入调查，积极探求西方知识。这在当时确实是很不简单的事。他一到广州，便"详考禁令，访悉近来情事及夷商轻貌所由来"①。他组织翻译西方书刊的工作，一直坚持到革职时为止。

翻译新闻纸是林则徐了解外情的重要方法。他在向靖逆将军奕山提出的建议中即颇强调此举的重要性："夷人刊印之新闻纸……即内地之塘报也。彼本不与华人阅看，而华人不识夷字，亦即不看。近年雇有翻译之人，因而展转购得新闻纸，密为译出。虽近时间有伪托，然虚实可以印证，不妨兼听并观也。"②通过新闻纸，他不仅获悉英国舰队来华的消息，而且掌握了西方列强争霸的动向。正由于此，林则徐才有可能向道光皇帝提出"夷性无厌，得一步又进一步，若使威不能克，即恐患无已时，且他国效尤，更不可不虑"的警告。尽管道光为此大发雷霆，朱批曰："汝云英夷试其恫喝，是汝亦效英夷恫喝于朕也。无理！可恶！"③但历史的发展还是证实了他的意见并非杞人忧天。当时，林则徐已经预见到鸦片战争可能会是列强"蚕食"中国的肇端，所以他在遣戍伊犁的途中写下了"须防蚕食念犹纷"④的警句。所有这些，并不是偶然的。

更重要的是，通过"采访夷情"，林则徐知道了西洋"长技"之所在。他说："查洋面水战，系英夷长技。"⑤为什么英军长于海战呢？不是别的，而是凭"船坚炮利"之用，拥有比中国先进的作战手段。

---

① 梁廷枏：《夷氛闻记》卷一，第11页。
② 《林则徐书简》，第174页。
③ 《筹办夷务始末》（道光朝）卷一六，第531页。
④ 《林则徐诗集》，第461页。
⑤ 《林则徐书简》，第173页。

在当时来说，这真是了不得的发现。了解敌人是为了战胜敌人，为制定对敌之策提供可靠的依据。他向道光皇帝奏称："现值防夷吃紧之际，必须时常探访夷情，知其虚实，始可定控制之方。"①

根据制敌取胜的迫切需要，林则徐在研究英军"长技"即船坚炮利方面花了相当大的气力。他组织编译有关西式大炮瞄准发射技术的书籍，其中有专门论述重炮的内容。通过对比研究，发现洋炮确实比中国的土炮先进。"彼之大炮，远及十里内外，若我炮不能及彼，彼炮先已及我，是器不良也。彼之放炮，如内地之放排炮，连声不断，我放一炮后，须辗转多时，再放一炮，是技不熟也。求其良且熟焉，亦无它深巧耳。不此之务，即远调百万貔貅，只恐供临敌之一哄。"起初，他"恐铸炮不及，且不如法，则先购买夷炮"。先后购买洋炮约200门②，安设在虎门要塞内外炮台和师船上。后来又开始仿造西炮，如在佛山一地铸造8 000斤火炮14门。林则徐很重视对大炮的实际应用，要求通过演放以掌握其要领。方法是："水上备一坚固之船，安炮对山打去，其山上两头设栅拦截，必不至于伤人。并须堆贮大沙袋，每袋约长四五丈、宽二尺余，堆成横竖各一丈、高七八丈，以为炮靶。对靶演放，既有准头，而炮子之入沙囊，深至多少尺寸，果否沙可挡炮，亦即见有确凭矣。""如此则炮力之远近，炮挡之坚松，与兵技之高下，无不毕见。"③

当时的英国海军还处于帆船向蒸汽舰的过渡阶段，尽管已经开始使用蒸汽舰，但基本上还是以帆船为主。战舰主要是用帆舰，"照常使用篷桅，必待风潮而行"，有双桅与三桅两种。大者舱中分设3层，

---

① 《林则徐集》，奏稿中，第765页。
② 林则徐购买西炮的数字无明确记载，但其致奕山书称："查此次虎门内外各炮台，既被占夺，所失钢铁炮位，合各师船计之，不下五百余尊。其中近年所买夷炮，约居三分之一。"（《林则徐书简》，第171页）以此计之，所购西炮当约200门。
③ 《林则徐书简》，第171~172、182、193页。

有炮100余门；次者舱中分两层，有炮数十门。蒸汽舰又称火轮船，"中设火池，上有风斗，火乘风起，烟气上熏，轮盘即激水自转。无风无潮，顺水逆水，皆能飞渡，撤去风斗，轮即停止。系引导兵船，投递文书等项所用。"蒸汽舰当然比帆船先进，但当时所谓的"船坚"还主要指英军的帆舰而言。这种帆舰系"以全条番木，用大铜钉合而成之，内外夹以厚板，船旁船底包以铜片。其大者可安炮三层，而船身不虞震裂，其炮洞安于舱底，夷兵在舱内施放，藏身既固，运转亦灵。"而对比之下，中国的师船有三不如：一、最大者在广东为米艇，在福建为同安梭船，然不及英船之半，其大不如英船；二、师船向来用杉板制造，其坚不如英船；三、师船大者安炮不过8门，重不过2000余斤，其炮不如英船多且利。故邓廷桢说："是所谓势不均而力不敌者，非兵之势不敌，而船炮之力实不相敌也。"[1] 为了改变中国水师的落后状况，林则徐指出制造极坚之船为当务之急。他认为，到外海作战，"自非单薄之船所能追剿，应另制坚厚战船，以资制胜"[2]。

但是，造船非仓促可成，为及早提高水师的战斗力，林则徐决定采取造船与买船并行的办法。他购买的英船"剑桥"号，原是美国旗昌洋行商船改装的一艘兵船，装有34门英制大炮。据一位西方人士说："林以为他能将中国的海军加强，使之与英国的海军并驾齐驱。林放弃了对外国事务的反感，他购买了一个美国陈旧的军舰'剑桥'号，排水量一千二百吨，要将这船加以整修，作为巡洋舰。"[3] 此外，他还购买了两艘25吨重的帆船和1艘小火轮。[4] 这是我国购买西船之开端。

---

[1]《筹办夷务始末》（道光朝）卷一二，第375、380~381页。
[2]《林则徐书简》，第173页。
[3]《鸦片战争》（丛刊五），第52页。
[4] John L. Rawlinson, China's Struggle for Naval Development (1839—1895), Cambridge, Harvard University Press, 1967, P.19.

与此同时，林则徐还开始试验仿造西船。1840年春，他曾"检查旧籍，指资仿造西船，底用铜包，篷如洋式"①。当时有的西方人士亲眼看到这种仿造的船下水，记述道："1840年4月25日，两三只双桅船在广州河面下水，这些船都是按欧洲船式建造的，可能加入帝国海军了。"这又开中国建造西式船只的先例。②

林则徐试验仿造西船获得初步成功，却不能马上用于实战，因为这种仿造的船"虽能结实，而船身嫌小"。限于定额，广东水师所有的米艇、捞罾、八桨等船数量甚少，每营少者一只，多者不过五六只，只能在本港内巡防，根本不敷分巡，而且还要添雇渔、蛋等艇凑用。其大号米艇可赴远洋者，额设通省只有51只，除届限修理及遭风损坏进坞者外，尚堪用者不过30余只。即使这些大号米艇，与英船相比，其"船式之高低大小，木料之坚脆厚薄，皆属悬殊"。其造价亦大相径庭。据统计，大号米艇造价仅用银4 300两，而英国帆船造价为银七八万两，甚至到10余万两，相差二三十倍。林则徐"以海疆战舰关系匪轻，屡思设法成造坚固大船，以壮水师声势，而苦于经费之难"，无法筹办。在无可奈何之中，他只得一面调集大号米艇，一面"仍添雇红单、拖风等船，期以只数之多，合成全力"。先后共陆续调集各营大号米艇20只，雇红单船20只、拖风船26只，"制配炮火器械，遴委将备管带，先于内洋逐日督操，以备战攻之用"。并针对英国帆船畏惧火攻的弱点，"又前后购备火船二十余只"③。

在敌强我弱的情况下，在大洋与敌正面交锋是不利的，唯一的办法是以己之所长攻敌之所短。为此，他制定了对敌实行火攻的战术。

---

① 《林则徐集》，奏稿中，第865页。
② 参见戚其章：《北洋舰队》，山东人民出版社，1981年，第2页。
③ 《林则徐集》，奏稿中，第862~865页。

每战都要求师船"占住上风","相度机宜,于风潮顺利之时,始令进发"①。其具体做法是:"令水师不必在洋攻剿,但固守口岸藩篱,备火船,乘月黑潮退,出其不意,分起潜出,乘上风攻其首尾,火器皆从桅掷下。"同时以小船潜伏岛屿,随时"攻扑,先链钉夷船四旁,使受火一时难脱"。并手订《约章七章》,其中除第一章为赏罚规定外,余六章对此战法做了十分具体的规定:其一,"盖夷炮惟在两旁,我师只有攻其首尾,譬如头南尾北,有北风则攻尾,有南风则攻头","既占上风,又避炮火,再兼察看潮势,取顺潮汐,得胜必矣";其二,"驶近夷船头尾,则我船俱须分左右翼,如雁翅形,斜向船头扑拢,船尾摆开,方能聚得多船,且火器不致误掷自家帮内";其三,"炮火能及之处,即先开炮;至鸟枪可及,便兼开枪;迨喷筒、火罐能及,则随便用之,多多益善,总须掷到夷船";其四,"我船斜向攻击夷船头尾,大抵以四角分计,每角抛船至多不过容四只,其大者不过容三只,即四角合攻,亦不过用十二船至十六船,攻击夷船一只。此外即有多船,亦可分击他船,不必聚在一处,转致凌乱";其五,"瓜皮小艇,应雇三十只,上装干草、松明、擦油麻斤,配火药十之一二,用草绳捆住,上盖葵席","使善泅者二三人,皆半身在水,半身靠在船旁,挨次以行,妙在甚低,夷船炮火所不能及,一经拢近夷船,无论首尾两旁,皆可贴紧敲钉,将火船钉在夷船木上,将火点着燃起,其人即泅水走开"。②海战的实践证明,这种战法是行之有效的。

由于多方面的原因,林则徐仿造西船的工作未能正常进行下去。他在削职留粤期间致书奕山说:"查洋面水战,系英夷长技,如夷船

---

① 《林则徐集》,奏稿中,第863页。
② 《鸦片战争》(丛刊六),第19~20页。

逃出虎门外，自非单薄之船所能追剿，应另制坚厚战船，以资制胜。上年曾经商定式样，旋因局面更改，未及制办，其船样尚存虎门寨。"并建议"及早筹办"①。林则徐的建议在当时没有被采纳，所以他后来把船样带到了浙江前线。据记载，林则徐所搜集的船样共八种：一、快蟹艇，"计两桅，每面用桨二十支"；二、知沙碧船，"计三桅，有头鼻，与英夷船同，炮二层，三十四位，长十二丈"；三、花旗船，"三桅与英夷船同，炮二层，二十八位"；四、安南战船，"长约八丈余，宽约八九尺余"，"形如大西瓜扁式，两边安炮，兵在篷内打仗，不见敌人炮火，有胆进攻；木料要十分坚厚，使炮子打不动，头尾两边各设桨三四支"，"炮眼上一层设木栏，栏如女墙式，排列枪炮，栏上设木拱，篷厚二尺，顶有井口，以透烟气"；五、安南大师船，"船身约长十四丈，宽约二丈一二尺，舱深一丈余"，"凡两桅，桅凡两段，以笋接竖，式与英夷相同"；六、安南布梭船，"形如夷船小三板式，长约三丈，宽六尺，两旁每面设桨十余支，头尾各安熟铁大子母炮一位，两旁配小炮四位"；七、安南大头舢板船，"此与布梭船当先夹攻，其船头须十分坚厚，外加八字桨"，"船头安千斤炮一位，两旁、船尾各安子母炮"；八、车轮船，"前后各舱，装车轮二辆，每轮六齿"，"舱内两人齐肩，把条用力，攀转则轮齿激水，其走如飞"。②从这八种船式看，林则徐着眼于当前的抗英战争，并没有想到要仿造火轮船，这是不难理解的。

林则徐为什么这样热衷于仿造西船呢？因为建造欧式兵船是林则徐建立近代海军计划的重要内容。他认为，要战胜英国侵略者，就必须敌得过英军所恃的船坚炮利，使其长技亦为中国之长技。他说：

---

① 《林则徐书简》，第173页。
② 汪仲洋：《安南战船说》。见魏源：《海国图志》（重订60卷本）卷五三，《仿造战船议》，第27~29页。

"逆船倏南倏北，来去自如，我则枝枝节节而防之，濒海大小门口不啻累万，防之可胜防乎？果能亟筹船炮，速募水军，得敢死之士而用之，彼北亦北，彼南亦南，其费虽若甚繁，实比陆路分屯、远途征调所省为多。若誓不与之水上交锋，是彼进可战，而退并不必守，诚有得无失者矣。譬如两人对奕，让人行两步，而我只行一步，其胜负尚待问乎？""今燎原之势，向迩愈难，要之船炮水军断非可已之事，即使逆夷逃归海外，此事亦不可不亟为筹划，以为海疆久远之谋。"直到被革职以后，他还念念不忘此事，向奕山提出："外海战船，宜分别筹办也。"并强调"此系海疆长久之计"①。

但是，当时并无几人能够理解林则徐这一计划的重要意义。顽固派不但不支持林则徐，反而千方百计地打击他，并提出了种种谬说。其要者有二：一曰封海；一曰专于陆守，勿须造船。对于前者，林则徐反驳说："至如封海一条，前人虽有行之者，而时势互异，鄙意尚不能无疑。如所谓塞旁海小口，只许渔户出入大口，早去晚归，果皆遵行，岂不甚善。奈沿海小口以累万计，塞之云者，将皆下桩沉石乎？抑仅空言禁止乎？"②对于后者，林则徐针对"盖英夷之所习者水，所恃者船，我本不必以船往攻，若其近岸，我固不难以炮制胜，故船不可造"③的谬论，反驳说："侧闻议军务者，皆曰不可攻其所长，故不与水战，而专守于陆。此说在前一二年犹可，今则岸兵之溃，更甚于水，又安所得其短而攻之？""至逆船在海上来去自如，倏南倏北，朝夕屡变。若在在而为之防，不惟劳费无所底止，且兵勇炮械安能调募如此之多，应援如许之速？徒守于陆，不与水战，此常不给之势。……今所向无不披靡，彼已目无中华，若海面更无船炮水军，是逆夷

---

① 《林则徐书简》，第173、177、182页。
② 《林则徐书简》，第181页。
③ 《筹办夷务始末》（道光朝）卷一六，第541页。

到一城邑，可取则取，即不可取，亦不过扬帆舍去，又顾之他。在彼无有得失，何所忌惮，而我则千疮百孔，何处可以解严？"①

不过，林则徐筹建船炮水军的计划能否实现，最终要看朝廷的态度如何。他曾经试图说服道光皇帝，奏称："以船炮而言，本为防海必需之物，虽一时难以猝办，而为长久计，亦不得不先事筹维。"并指出：若以粤海关的关税十分之一"制炮造船，则制夷已可裕如，何至尚形棘手？"不想道光读到这里，竟然勃然大怒，朱批道："一片胡言！"② 完全否定了他的建议。林则徐的最后一线希望也化为泡影了。后来，他在致友人书中写道："船炮水军万不可少，闻当局多有诋此议者，然则枝枝节节，防之不可胜防，不知何以了事！"③ 委婉地批评了道光皇帝和顽固派官员。

尽管正确的意见被摒弃不用，连本人也遭到贬斥，林则徐仍然认为建立近代海军具有极端的重要性，为战胜外国侵略者的必要措施。直到遣戍新疆的途中，他还是坚信："得有百船千炮，五千水军，一千舵、水，实在器良技熟，胆壮心齐，原不难制犬羊之命。"有这样一支船炮水军，便可以与海上侵略者驰逐大洋，使其不敢进犯中国海疆："有船有炮，水军主之，往来海中追奔逐北，彼所能往者，我亦能往，岸上军尽可十撤其九。以视此时之枝枝节节，防不胜防，远省征兵，徒累无益者，其所得失固已较然，即军储亦彼费而此省。果有大船百只，中小船半之，大小炮千位，水军五千，舵工水手一千，南北洋无不可以径驶者，逆夷以舟为巢穴，有大帮水军追逐巨浸之中，彼敢舍船而扰陆路，占之城垣，吾不信也。"起初，他完全没有料到

---

① 《林则徐书简》，第182、193页。
② 《筹办夷务始末》（道光朝）卷一六，第531页。
③ 《林则徐书简》，第184页。

时局会变得如此不可收拾。"今之事势全然翻倒，诚不解天意如何？"①对此，他感到不理解，难以想象，但又无可奈何，不禁切愤殷忧，发出了"时事艰如此，凭谁议海防"②的慨叹。

林则徐建立近代海军的构想，在他生前终于未能实现。在中国近代，他最早承认海军为西洋"长技"，主张中国也应学习，"制炮必求极利，造船必求极坚"③，与之角逐海上，方能制胜。他的这一构想，被魏源用"师夷长技以制夷"一语以概括之，在后世产生了巨大的影响。

二 魏源的海防论和朴素海权观

继林则徐之后，论海防者当以魏源为巨擘，故林、魏并为近代海防论的先驱。

魏源既接受林则徐关于编撰《海国图志》的嘱托，也确实不负厚望，终于完成了这部在当时中国堪称最完备的一部介绍世界知识的巨著。他在《海国图志》一书中，不仅系统总结和发展了林则徐的海防论，而且尤为值得重视的是，还独立地提出了朴素的海权思想。

魏源的海防论分守、战、款三策。他认为三策之中守为根本，是战、款的前提条件。并对守、战、款三者的关系作了详尽的论述："自夷变以来，帷幄所擘画，疆场所经营，非战即款，非款即战，未有专主守者，未有善言守者。不能守，何以战？不能守，何以款？以守为战，而后外夷服我调度，是谓以夷攻夷；以守为款，而后外夷范我驰驱，是谓以夷款夷。"④

---

① 《林则徐书简》，第 197、186 页。
② 《林则徐诗集》，第 462 页。
③ 《筹办夷务始末》（道光朝）卷一六，第 531 页。
④ 《魏源集》下册，补录，《筹海篇一》，中华书局，1983 年，第 839 页。

关于守的方法，魏源认为，就敌我军事力量对比而论，"守外洋不如守海口，守海口不如守内河"。针对当时盛行一时的"御诸内河不若御诸海口，御诸海口不若御诸外洋"之论，他反驳说："此适得其反也。制敌者，必使敌失其所长。"并指出"御诸外洋"有四难：我之御敌，或炮击，或火攻。西洋兵船既大且坚，我炮颇难奏效，而且绝无泅底凿沉之说。此其一。若以火舟出洋焚之，而敌船底质坚厚，焚不能燃。何况敌船桅斗设有哨兵持望远镜瞭望，我火舟尚未靠近，早已弃碇驶避。此其二。敌船三五为帮，分泊深洋，四面棋布，并不连樯排列。我火舟攻其一船，则各敌船之炮皆可环击；纵使晦夜乘潮，能突伤其一二艘，终不能使之大创。此其三。海战在乘上风，若久与海上交战，则海洋极其寥廓，敌船又善驾驶，往往转下风为上风，我舟即不能敌。此其四。有此四难，"则知欲奏奇功，断无舍内河而御大洋之理。贼入内河，则止能鱼贯，不能棋错四布。我止御上游一面，先择浅狭要隘，沉舟组筏以遏其前，沙垣大炮以守其侧，再备下游桩筏以断其后，而后乘风潮，选水勇，或驾火舟，首尾而攻之（沉舟塞港之外，必留洪路以出火舟），或仿粤中所造西洋水雷，黑夜泅送船底，出其不意一举而轰裂之，夷船尚能如大洋之随意驶避，互相救应乎？倘夷分兵登陆，绕我后路，则预掘暗沟以截其前，层伏地雷以夺其魄，夷船尚能纵横进退自如乎？两岸兵炮，水陆夹攻，夷炮不能透垣，我炮可以及船，风涛四起，草木皆兵，夷船自救不暇，尚能回炮攻我乎？即使向下游沉筏之地，豕突冲突，而稽留片时之间，我火箭、喷筒已烬其帆，火罐、火牛已伤其人，水勇已登其舱，岸上步兵又扛炮以攻其后，乘上风纵毒烟，播沙灰以迷其目，有不聚而歼旃者乎？是口门以内，守急而战缓，守正而战奇；口门以外，则战守俱难为力。

一要既操，四难俱释矣"①。这些论述，极大丰富了林则徐"以守为战"思想的内容。

在正面论述"以守为战"的基础上，魏源还对鸦片战争期间历次战役的失败教训进行了认真的总结：其一，强调"舍守口外之力以守内河"。此前英军之所以能够先后侵入粤东珠江、宁波甬江和黄埔松江，皆由于"惟全力拒口外，而堂奥门庭荡然无备，及门庭一失，而腹地皆溃"之故。因此，"守远不若守近，守多不若守约，守正不若守奇，守阔不若守狭，守深不若守浅"。其二，重要的问题在于"调度有人"。"粤东初年有歼夷之备，而无其机；近日江浙有歼夷之机，而无其备。机与才会，事功乃出。"才者，将才也。否则，"调度不得其人，虽谋之莘年，亦溃之一旦"。其三，特别重视"器利"与"人和"的关系。"兵无利器与徒手同，器不命中与徒器同。""不讲求用炮之人，施炮之地，与攻炮、守炮之别，陆炮、水炮之宜，纷纷惟以畏炮为词，铸炮为事，不过只借兵而资寇。故曰：城非不高也，池非不深也，兵甲非不坚利也，委而去之，是器利不如人和也。"其四，讲究兵法，奇正并施。"节制纪律不可败，坚壁清野不可犯，正也；出奇设伏，多方误敌，使不可测，奇也。""今师出无律，是不知有正也；临出无谋，是不知有奇也。以无律无谋之兵，即尽得夷炮夷艘，遂可大洋角逐乎？不知自反，而惟归咎于船炮之不若，是疾误庸医，不咎方而咎药材之无力也。"②魏源在他的总结中认识到人的因素和主观能动性的重要作用，确实是难能可贵的。

在兵员的来源问题上，林则徐始终坚持"用民"的思想，而且认为，"今之所恃，惟此一端"。指出："剿夷有八字要言，器良、技熟、

①《魏源集》下册，补录，《筹海篇一》，第839~841页。
②《魏源集》下册，补录，《筹海篇一》，第841~857页。

胆壮、心齐而已。"① 其中，除"器良"外，"技熟""胆壮""心齐"皆关乎人的因素。魏源继承了林则徐的"用民"思想，强调"各省之精兵"来自"各省之勇民"，临战而调客兵是无济于事的。指出："各省之勇兵，原足充各省之精兵。练一省之精兵，原足捍一省之疆圉。所要者，止在募练得法；所难者，止在调度之得人。不在纷纷多调客兵也。"因此，他提出走精兵之路，就要突出一个"练"字。"练益精，则调益寡；调益寡，则费益省。以所省者练兵，兵何患不精？费何患不给？"兵精的核心问题是勤练，而勤练又必须同精选、优养、严节三者相结合，才能真正练成一支御敌之师。他说，所用之兵，"必须平日精选，优养勤练而严节制之。必使人人心灵胆壮，技精械利，且将士一心，臂指呼应，临时方足出奇制胜。此则全在训练得人，有非空言所能取效者"②。

以上所论，乃系魏源鉴于此前的沉痛教训而提出的积极建议。鸦片战争期间，为防堵英军在东南各省沿海一带窜犯，清政府频繁调动兵员，不但劳师縻饷，而且于防卫毫无所补。因此，魏源尖锐地指出："夷事，无所谓用兵也，但闻调兵而已，但闻调邻省之兵而已。夷攻粤，则调各省之兵以赴粤；夷攻浙，则调各省之兵以赴浙；夷攻江苏，则又调各省之兵以赴江苏。兵至而夷已就抚，则供客兵者又逆归兵；兵甫旋而夷或败盟，则又调归兵以为战兵。"往返穿梭般地调动，在军事上造成了极大的被动，以敌人之行止为行止，欲其不败，岂可得乎？他还以鸦片战争的实践为例："何以夷初至闽、粤时，未尝调他省一兵而守御屹然？及征兵半天下，重集于粤，而粤败涂地；重集于

---

① 《林则徐书简》，第293、193页。
② 《魏源集》下册，补录，《筹海篇一》，第858、859、865页。

浙，于江，而江浙又败涂地。"① 以此进一步证明临战之际乱调客兵是有害无益的。

兵贵精而不在多，视其实而不视其名。魏源认为，诚能汰各省虚冒冗滥之缺，并两兵以养一兵，精训练而严节制之，则国家可增无数之精兵。"养兵数万而无数千之用，视一千有一千之用者，则不偾矣；视一千可当数千之用者，更不偾矣。调外省之兵，而置本省之兵于不练，则本省之饷皆滥饷，外调之费皆冗费。"② 所以，以一省之精兵守一省之海防，以一省之粮饷养一省之精兵，实为魏源之最佳构想。③

以守为战与走精兵之路相结合，乃是一种积极的防御战略。这本是林则徐海防思想的重要构成部分，魏源将其加以发展，使之更加系统化了。

魏源虽主张以守为战，而且强调内守，但绝不认为守是唯一的御敌方法。相反，他指出："内守既固，乃御外攻。"④ 就是说，在内守坚固的基础上还要采取攻战的方针。这是一种内守与外攻相统一的海防观。

魏源认为，敌情多变，非专守内河或近岸即可收创敌之功。"夷兵之横行大洋者，其正也；其登岸及入内河者，其偶也。夷性诡而多疑，使我岸兵有备而彼不登岸，则若之何？内河有备而彼不入内河，则若之何？"形势发生了变化，专守内河或近岸而不谋外攻，已经无济于事了。他说："使夷知内河有备，练水勇备火舟如广东初年之事，岂肯深入死地哉？……即使歼其内河诸艇，而奇功不可屡邀，狡夷亦不肯再误。且夷贪恋中国市埠之利，亦断不肯即如安南、日本之绝交

---

① 《魏源集》下册，补录，《筹海篇二》，第857~858页。
② 《魏源集》下册，补录，《筹海篇二》，第862~863页。
③ 参见王家俭：《清季的海防论》，《中国近代海军史论集》，文史哲出版社，1984年，第249~250页。
④ 《魏源集》下册，补录，《筹海篇二》，第865页。

不往，此后则非海战不可矣。鸦片趸船仍泊外洋，无兵舰何以攻之？又非海战不可矣。"并指出："夷船全帮数十艘……散泊各岸，不聚一处。即用兀术之火攻，而天时风色难必，亦不过歼其三分之一，究恐有窜出大半之舰，则亦非追剿不可矣。"① 面对海上强大的敌人，专讲守内河，守近靠，而不能海战，是不足言御敌的。

但是，谋外攻必须把握时机，把握时机则需要了解敌情的形势。"筹夷事必先知夷情，知夷情必先知夷形。"因为外攻亦非徒然浪战，要看是否有可乘之机。他蔑视那些冥顽不化而以闭眼不看世界为荣之徒，称："苟有议翻夷书、刺夷事者，则必曰多事；嘉庆间，广东有将汉字夷字对音刊成一书者，甚便于华人之译字，而粤吏禁之。及一旦有事，则或询英夷国都与俄罗斯国都相去远近，或询英夷何路可通回部，甚至廓夷效顺，请攻印度而拒之，佛兰西、弥利坚愿助战舰，愿代请款而疑之。以通市二百年之国，竟莫知其方向，莫悉其离合，尚可谓留心边事者乎？"他非常赞赏林则徐在广州翻译英文书刊、报纸的做法，认为这是成功的经验，因此强调说："欲制外夷者，必先悉夷情始；欲悉夷情者，必先立译馆翻夷书始。"②

在掌握敌情和了解形势的基础上，魏源认为在不同时期要采取不同的攻战办法。他将对敌攻战分为两个时期，而在两个时期各有其不同的对策：一是未款之前，"调夷之仇国以攻夷"；一是既款之后，"师夷之长技以制夷"。③

所谓"调夷之仇国以攻夷"，其法有二：一为陆攻；一为海攻。根据魏源分析，陆攻之法的关键在印度，而与印度接壤的国家是俄罗斯和廓尔喀。英国调印度兵舰入犯，深恐俄罗斯乘其虚，"故英夷之

---

① 《魏源集》下册，补录，《筹海篇三》，第877~878页。
② 《魏源集》下册，补录，《筹海篇三》，第865~866、868页。
③ 《魏源集》下册，补录，《筹海篇三》，第839页。

惧俄罗斯者，不在国都而在印度，此机之可乘者一。廓尔喀者，亦在西藏之西，与东印度逼处。方乾隆中，我师往廓夷时，英夷印度兵船亦乘势攻其东境。故上年英夷罢市后，廓夷亦即禀驻藏大臣愿出兵攻击印度。当时若许廓夷扰其东，俄罗斯捣其西，则印度有瓦解之势，寇艘有内顾之虞，此机之可乘者二"。海战之法则莫如联法兰西和美利坚。因为法兰西、美利坚两国与英国之间早有芥蒂，而"自罢市之后，英夷并以兵艘防遏诸国，不许互市，各国皆怨之，言英夷若久不退兵，亦必各回国调兵艘与之讲理"①。此亦可乘之机也。这些分析和计划未免流于空泛，且在实践中也难以行得通，但提出利用列国之间的矛盾，以全力对付最主要的敌人，使之陷于孤立无援之境，应该说还是值得重视的。

所谓"师夷之长技以制夷"，乃魏源海防论的核心。他指出："武备之当振，不系乎夷之款与不款。既款之后，夷瞰我虚实，藐我废弛，其所以严武备、绝狡启者，尤当倍急于未款之时。所以惩具文，饰善后者，尤当倍甚于承平之日。未款之前，则宜以夷攻夷；既款之后，则宜师夷长技以制夷。"②

西洋长技，首推船炮，故船炮为海防必需之物。这是林则徐和魏源的共同认识。但是，魏源对西洋长技的理解却比林则徐更为深刻。这主要表现在两个方面：第一，他对船炮的来源提出了具有远见的措施；第二，他认为西洋的长技不止是船炮，还有养兵、练兵之法。

关于船炮的来源，魏源起初倾向于购自外洋。曾提出："造炮不如购炮，造舟不如购舟。"③ 这是因为他看到了中国的工业技术落后，而且购买洋船便捷的一面。指出："水战之器，莫烈于火炮。有守炮，

---

① 《魏源集》下册，补录，《筹海篇三》，第866~867页。
② 《魏源集》下册，补录，《筹海篇三》，第868~869页。
③ 魏源：《圣武记》（下）附录，卷一四，《武事余记》，中华书局，1984年，第544页。

有攻炮。其制莫精于西夷，其用莫习于西夷，与其制之内地，不如购之外夷。"中国商船往来于新加坡、孟买、孟加拉等地者，"但令每舶回帆入口，必购夷炮数位，或十余位，缴官受值，力省而器精，事半而功倍"。"至火轮逆驶之舟，为四夷哨探报信之利器。苟非其本国专门工匠，即出外夷兵、夷商亦用之而不知其详，每遇炮伤礁损过甚，即修之而不得其法，断未易于创造。"因此，魏源认为："以彼长技御彼长技，此自古以夷攻夷之上策。盖夷炮、夷船但求精良，皆不惜工本。中国之官炮，之战船，其工匠与监造之员，惟知畏累而省费，炮则并渣滓废铁入炉，安得不震裂？船则脆薄窳朽不中程，不足遇风涛，安能遏敌寇？"①

其后魏源进一步认识到，船炮虽可购自外洋，但仍以自制为根本之计。盖"英夷船炮在中国视为绝技，在西洋各国视为平常"，中国人也是可以通过学习而掌握的。奇怪的是，"广东互市二百年，始则奇技淫巧受之，继则邪教毒烟受之；独于行军利器则不一师其长技，是但肯受害不肯受益也"。这是极不正常的，因此，他建议：

"请于广东虎门外之沙角、大角二处，置造船厂一，火器局一。行取佛兰西、弥利坚二国各来夷目一二人，分携西洋工匠至粤，司造船械，并延西洋舵师司教行船演炮之法，如钦天监夷官之例。而选闽、粤巧匠精兵以习之，工匠习其铸造，精兵习其驾驶、攻击。计每艘中号者，不过二万金，计百艘不过二百万金。再以十万金造火轮舟十艘，以四十万金造配炮械，所费不过二百五十万，而尽得西洋之长技为中国之长技。"②

这是中国近代史上第一个设厂制造船炮的具体方案。

---

① 魏源：《圣武记》（下）附录，卷一四，《武事余记》，中华书局，1984年，第538、544~545页。
②《魏源集》下册，补录，《筹海篇三》，第869~870页。

魏源还认为，西洋之长技并不限于船炮，"人但知船炮为西夷之长技，而不知西夷之所长不徒船炮也"，强调除制造船炮之外，养兵、练兵也必须贯彻"师夷长技"的原则。他以葡、英两国兵为例："澳门夷兵仅二百余，而刀械则昼夜不离，训练则风雨无阻。英夷攻海口之兵，以小舟渡至平地，辄去其舟，以绝反顾。登岸后则鱼贯肩随，行列严整，岂专恃船坚炮利哉？"从而指出："无其节制，即仅有其船械，犹无有也；无其养赡，而欲效其选练，亦不能也。"其具体办法是，"汰其冗滥，补其精锐"。即以广东水师而言，经过汰冗补精，"以三万有余之粮，养万五千之卒，则粮不加而足"。若能如此，即以粤洋之绵长，"今以精兵驾坚舰，昼夜千里，朝发夕至，东西巡哨，何患不周？"①

中国近代历史的悲剧首先表现于，魏源"师夷长技"说的意义当时并不为世人所理解。直到10余年后，还有些开明人士在著述中仍对魏源的"师夷长技"说表示怀疑，如称："中国水师与之争锋海上，即便招募夷士，仿其制作，而茫茫大海，无从把握，亦望洋而叹耳！然则欲以御夷将何道之从？"②"今效之铸铜炮，即精善亦是其徒，徒岂能胜师乎？"③甚至指责"师夷长技"有失天朝体制，如称："今天下非无讲求胜夷之法也，不曰以夷攻夷，即曰师夷长技。……天朝全盛之日，既资其力，又师其能，延其人而受其学，失体孰甚！"④连开明人士尚且如此，一般士人更是不言而喻了。

其实，魏源对此早已料及，为之设问曰："西洋与西洋战，亦互有胜负，我即船炮士卒一切整齐，亦何能保其必胜？"回答是："夫力

---

① 《魏源集》下册，补录，《筹海篇三》，第874~875页。
② 夏燮：《中西纪事》卷二三，《防御内河》，文海出版社影印本，第5页。
③ 包世臣：《安吴四种》卷三五，《答傅卧云书》，文海出版社影印本，第15页。
④ 梁廷枏：《夷氛纪闻》卷五，第116页。

不均技不等而相攻，则力强技巧者胜；力均技等而以客攻主，以主待客则主胜。"进而分析道：

> "夫海战全争上风，无战舰则有上风而不能乘。即有战舰而使两客交哄于海中，则互争上风，尚有不能操券之势。若战舰战器相当，而又以主待客，则风潮不顺时，我舰可藏于内港，贼不能攻。一俟风潮皆顺，我即出攻，贼不能避，我可乘贼，贼不能乘我，是主之胜客者一。无战舰则不能断贼接济，今有战舰，则贼之接济路穷，而我以饱待饥，是主之胜客者二。无战舰则贼敢登岸，无人攻其后。若有战舰则贼登岸之后，舶上人少，我兵得袭其虚，与陆兵夹击，是主之胜客者三。无战舰则贼得以数舟分封数省之港，得以旬日遍扰各省之地。有战舰则贼舟敢聚不敢散，我兵所至，可与邻省之舰夹攻，是主之胜客者四。"

> "客兵利速战，主兵利持重。不与相战而惟与相持，行与同行，无淡水可汲，无牛羊可掠，无硝药可配，无铁物可购，无篷缆可补，烟土货物无处可售，枪枪无处可修。又有水勇潜攻暗袭，不能安泊。放一弹即少一弹，杀一夷即少一夷，破一船即少一船。而我之沿海腹地，既有战舰为外卫，则内河近岸高枕无虞。"①

根据魏源的分析，中国若师夷之长技而与之力均技等，兼具以主待客的优势，则海防之巩固不是不可能的。

魏源的海防论是对林则徐海防思想的发展和具体化，从世界范围内看虽不足为奇，但在中国来说却是超前的思想，怪不得不为当时人乃至当政者所重视。直到60年代以后，洋务派始将魏源的"师夷长技"思想付诸实施，然已蹉跎了20余年，中国也因此错过了历史所赋予的近代第一次发展国力以自强御侮的大好机遇。

---

① 《魏源集》下册，补录，《筹海篇三》，第875~876、879页。

第一章 英舰叩关与海防运动在中国的兴起

尤为值得注意的是，魏源的海防论包含了朴素的海权思想的成分①，这是应该进一步发掘和研究的。

魏源同林则徐一样，都是中国近代最早开眼看世界的先进人物，他也确实不辜负老友的托付，广泛搜集有关资料，编成了《海国图志》一书。在编纂此书的过程中，魏源更充分地认识到，世界已经进入一个"海国"竞争的时代，那些掌握海权的西方国家大肆向外扩张，已经成为不可逆转的现实。面对这一严峻的形势，中国人应该警觉而及早筹划对策，否则其前景将是不可想象的。

根据魏源的考察，地气之变，欧洲国家海权之兴，可追溯到明代。他在《海国图志》中引《万国地理全图集》说："欧罗巴内城邑大兴，并操自主之权，始知印书，知制火药，初造罗经。洎明嘉靖年间，舟楫无所不至，初寻出亚默利加大地，次到五印度国，后驶至中国，通商日增，见识日广。此时欧列国万民之慧智才能高大，纬武经文，故新地日开，遍于四海焉。"② 西方资本主义势力之所以能够东渐，主要是因为掌握了海上霸权。"红夷东驶之舶，遇岸争岸，遇洲据洲，立城埠，设兵防，凡南洋之要津已尽为西洋之都会。"③ 盖"恃其船大帆巧，横行海外，轻视诸国，所至侵夺"④。

魏源认为，在欧洲列国中，最需要注意和警惕的是英国。"英吉利尤炽，不务行教而专行贾，且佐行贾以行兵，兵贾相资，遂雄岛夷。"⑤ "本国虽褊小，而除本国外，所割据他洲之藩属国甚多。"⑥

---

① 台湾师范大学王家俭教授撰有《魏默深的海权思想》一文，首倡此说，颇具创见。该文收入所著《清史研究论薮》，文史哲出版社，1994年，第235~255页。
② 魏源：《海国图志》（重订60卷本）卷二四，《大西洋总沿革》，第15页。
③ 魏源：《海国图志》（重订60卷本）卷三，《东南洋叙》，第2页。
④ 魏源：《海国图志》（重订60卷本）卷三，《东南洋海岸国一》，第10页。
⑤ 魏源：《海国图志》（重订60卷本）卷二四，《大西洋总叙》，第1页。
⑥ 魏源：《海国图志》（重订60卷本）卷三四，《大西洋英吉利国二》，第1页。

"盖四海之内，其帆樯无所不到，凡有土人之处，无不睥睨相度，思睃削其精华。"① "遇有可乘隙，即用大炮兵舶，占据海口。"② 以此"绕地一周，皆有英夷市埠"。③ 英国既是当时世界上最强大的国家，也是直接威胁中国的最危险的敌人。他指出："英吉利者，昔以其国在西北数万里外，距粤海极远，似非中国切肤之患，今则骎骎移兵而南，凡南洋濒海各国，……皆为其胁服，而供其赋税。其势日南，其心日侈，岂有餍足之日哉？"④ 特别是英国侵占新加坡后，其侵华野心更是暴露无遗。"自英夷以兵夺据，建洋楼，广衢市，又多选国中良工技艺，徙实其中。有铸炮之局，有造船之厂，并建英华书院，延华文为师，教汉文汉语，刊中国经史子集图经地志，更无语言文字之隔，故洞悉中国情形虚实。""盖欲扼此东西要津，独擅中华之利，而制诸国之咽喉。古今以兵力行商贾，未有如英夷之甚者！"⑤ 面对西方海权国家的疯狂扩张，中国怎样才能摆脱困境？"塞其害，师其长，彼且为我富强。"⑥ 这就是魏源所得出的答案。

魏源朦胧地意识到，唯有师海权国家之长，即以我之海权对付彼之海权，才足以制驭海权国家。他的海权思想主要包括以下三项内容⑦：

第一，创设一支强大的海军。魏源认为，欲"制夷"必先"洞夷情"，然后始可言"师夷"。他说："夫制驭外夷者，必先洞夷情。今粤东番舶，购求中国书籍转译夷字，故能尽识中华之情势。若内地亦设馆于粤东，专译夷书夷史，则殊俗敌情，虚实强弱，恩怨攻取，瞭

---

① 魏源：《海国图志》卷五二，《大西洋英吉利国二》，光绪二年甘肃庆泾固道署重刊100卷本，第27页。
② 魏源：《海国图志》（重订60卷本）三四，《大西洋英吉利国二》，第22页。
③ 魏源：《海国图志》（重订60卷本）卷二，《圆图横图叙》。
④ 魏源：《海国图志》（重订60卷本）卷一一，《东南洋海岛国四》，第12页。
⑤ 魏源：《海国图志》（重订60卷本）卷六，《东南洋海岸四》，第17、15页。
⑥ 魏源：《海国图志》（重订60卷本）卷二四，《大西洋总叙》，第2页。
⑦ 参见王家俭：《魏默深的海权思想》，《清史研究论薮》，第243~249页。

悉曲折，于以中其所忌，投其所慕，于驾驭岂小补哉！"① 西洋各国以海舶横行海上，与中国之师船相较，其优劣相差何止天壤！"西夷之海艘，坚驶巧习，以其恃贸易为生计，即恃海舶为性命也。中国之师船，苟无海贼之警，即终年停泊，虽有出巡会哨之文，皆潜泊于近嶴内岛无人之地，别遣小舟携公文，往邻界交易而还。其实，两省哨船相去数百里，从未谋面也。其船窳漏，断不可以涉大洋。"② 正由于此，他建议设立造船厂和火器局，制造战船和火轮舟，并造配炮械。

但是，仅有若干艘洋式战船，还不足以称新式水师。魏源认为："舟舰缮矣，必练水师。"③ 他主张"尽裁并水师之虚粮、冗粮以为募养精兵之费"。而新建水师"所配之兵必凭选练，取诸沿海渔户枭徒者十之八，取诸水师旧营者十之二"④。强调能否建成一支新式水师的关键所在，即"水师二要"："一专号令，二重募练。"通过募练，新建水师之兵选其有胆者，且要掌握各种海上作战的技能。"募练之法，因其渔丁而用之，因其老商而用之，因其盐徒而用之，因其疍民而用之。其效用也，或泅钻敌舟而溺之，或夜抽艘队而乱之，或蓄燧潜发而燎之，或铁缆系舟而拽之，或出奇载炮而扰之，或冒险伺间而侦之……"⑤ 若如此，"必使中国水师可以驶楼船于海外，可以战洋夷于海中"⑥。

海军建成之后，还要重视海军人才的培养。魏源建议学习西洋"专以造舶、驾舶，造火器、奇器取士抡官"的经验，在武试中增设水师一科。同时规定："有能造西洋战船、火轮舟，造飞炮、火箭、

---

① 《圣武记》（下）附录，卷一二，《武事余记》，第499页。
② 《圣武记》（下）附录，卷一四，《武事余记》，第545页。
③ 《圣武记》（下）附录，卷一四，《武事余记》，第538页。
④ 《魏源集》下册，补录，《筹海篇三》，第870页。
⑤ 《圣武记》（下）附录，卷一四，《武事余记》，第538页。
⑥ 《魏源集》下册，补录，《筹海篇三》，第870页。

水雷、奇器者，为科甲出身；能驾驶飓涛，能熟风云沙线，能枪炮有准者，为行伍出身。皆由水师提督考取，会同总督拔取送京验试，分发沿海水师教习技艺。凡水师将官必由船厂、火器局出身，否则由舵工、水手、炮手出身，使天下知朝廷所注意在是，不以工匠、舵师视在骑射之下，则争奋于功名，必有奇才绝技出其中。"①

晚清之论海军者，虽著文连篇累牍，然其宏论大旨，大抵不出魏源所论之范围。而且，按照魏源的构想，仿粤省之例，由粤海而闽浙，而上海，"而后合新修之火轮、战舰，与新练水犀之士，集于天津，奏请大阅，以创中国千年水师未有之盛"②。直到中法战争以后，他的理想才得以初步实现，然而迟延已达40余年之久了。

第二，大力发展工业和航运业，以推动国内外贸易的发展。魏源认为，造船厂也好，火器局也好，都是铸造之局。创设铸造局之后，一则可切实了解工料之值、工食之值及每艘每炮之定价，一则中国工匠"习其技巧，一二载后，不必仰赖于外夷"。这样，经过实践和积累经验之后，推而广之，既能制造各种类型的火器，又能由制军用产品扩大到制造民用产品。他说："火器亦不徒配战舰也。战舰用攻炮，城垒用守炮，况各省绿营之鸟铳、火箭、火药，皆可于此造之。此外，量天尺、千里镜、龙尾车、风锯、水锯、火轮机、火轮车、自来火、自转碓、千斤秤之属，凡有益民用者，皆可于此造之。是造炮有数，而出鬻器械无数。"③

不仅如此，造船厂所造之舰不只是用于战事，而且也不是只造战舰。如战舰可用于护运，"自后即无事之期，而战艘必岁护海运之米，验收天津。闽、广则护运暹米、吕宋米、台湾米；江浙则各护苏、松、

---

① 《魏源集》下册，补录，《筹海篇三》，第871页。
② 《魏源集》上册，《道光洋艘征抚记上》，第186页。
③ 《魏源集》下册，补录，《筹海篇三》，第870、873页。

杭、嘉、湖之米"。再如所造之船可用于航运和其他用途,"以通文报,则长江、大河,昼夜千里,可省邮递之烦;以驱王事,则北觐南旋,往还旬日,可免跋涉之苦;以助战舰,则能牵浅滞损坏之舟,能速火攻出奇之效,能探沙礁夷险之形。诚能大小增修,讵非军国交便?战舰有尽,而出鬻之船无尽"①。

更重要的是,船厂之设,制造战舰,必可促使民间商船制造业的兴起,从而推动国内贸易和海外贸易的发展。"战舰已就,则闽、广商艘之泛南洋者,必争先效尤;宁波、上海之贩辽东、贩粤洋者,亦必群就购造,而内地商舟皆可不畏风飓之险矣。"② 并且特别规定,出洋贸易的商船,经商家禀请,可派战舰护航,以保安全。"凡内地出洋之商,愿禀请各艘护货者听。"③

第三,扶植南洋华人垦殖事业,经营之以为藩镇。魏源认为,东西海权的争夺实在南洋,西方国家之本土距离中国甚为遥远,其侵略中国必以南洋为基地。因此,对于南洋历史和现况的研究,他倾注了较多的心力。他多次赞颂郑和弘扬海权和开拓南洋的功绩。如称:"华人自明永乐时,三宝太监郑和等下西洋采买宝物,至今通商,来往不绝。于冬至后厦岛开棹,廿余日可达巴城(今雅加达),连衢设肆,夷民互市,贵贱交易,所谓利尽南海者也。富商大贾,获利无穷。"④ 华人在南洋除贸易外,从事开矿和耕种者亦甚众。然近年荷兰殖民者限制华人,"禁革新唐,令随船回";对远贩到此的华人,"今则严禁不许携银出口,必令将银转置货物,方许扬帆。而其货物又皆产于他处,未到巴城,以致唐船久候,风汛过时,年年不能抵厦,甚

---

① 同上。
② 《魏源集》下册,补录,《筹海篇三》,第873页。
③ 《魏源集》下册,补录,《筹海篇三》,第871页。
④ 《海国图志》(重订60卷本)卷一〇,《东南洋海岛国三》,第10页。

51

遭夏秋风飓，人船俱没。数十年如是，商贾莫不嗟叹，国课亦因减额，惟付之莫可如何"①。面对西方海权国家的扩张和凌迫，中国却毫无作为，魏源不禁感慨系之曰："西班牙搜奇天外，荷、佛蛮触海隅，英人极意经营，可谓好勤远略矣！"②

尽管如此，在南洋西方海权势力达不到之处，如婆罗洲的内地，尚有华人居住而自立者。此处"古今唐人萃焉，广东嘉庆州人最多，或开肆，或采金沙，或贩锡藤胡椒乌木。……内地多高山，每年掘金沙者二十万人，所掘金沙约十万两有余，每月一人出金一两有余。其中汉人自立长领，不服他国，亦有大富建广屋者，亦有务农者"。"每年有广东一二船只，往其洲贸易发财。唐人若肯开此大洲之荒地而总统之，其利益甚大。……如许大地方可养几百万饥民，运出货物，利及国家。"由此，魏源想到："息力山大（今婆罗洲）夙称金穴，近年粤东流富，几于成邑成都，倘有虬髯其人者，创定而垦招之，亦海外之一奇欤！"于是提出："倘因诸华人流寓岛上者，举其雄桀，任以干城，沈思密谋，取丑夷聚而歼旃，因以漳泉惠潮嘉人为流官，雄长其上，破除陈例，归于简要，自辟僚属，略等藩镇，庶足为南服锁钥与！"③ 这真是石破天惊之论，言前人之所未言也。

以上三项构成了魏源海权思想的主要内容。

众所周知，"海权"一词是因美人马汉的名著《海上力量对历史的影响》（1890年）而闻名于世的。此书的基本观点是："在整个历史上，控制海洋是决定一个国家的领导地位和繁荣的主要因素，同时也常常是决定一个国家存亡的主要因素。"④ 何谓海权？在马汉看来，

---

① 《海国图志》（重订60卷本）卷一〇，《东南洋海岛国三》，第7、20~21页。
② 魏源：《海国图志》（100卷本）卷一六，《东南洋海岛国四》，第15页。
③ 魏源：《海国图志》（100卷本）卷一二，《东南洋海岛国二》，第12~13、18页。
④ 罗伯特·西格：《马汉》，解放军出版社，1989年，第200页。

海权是海军舰队、商船队、海外基地（殖民地）三者的总和。这与魏源的观点颇为相似。而从提出的时间看，魏源要比马汉约早了40年。同时，必须看到，他们的海权思想虽在形式上有类似之处，而在性质上却存在着根本的区别。魏源的海权思想是着眼于抵抗西方海权国家的侵略；马汉的海权思想则是站在帝国主义立场，为西方海权国家的对外侵略扩张提供理论依据。当然，限于自身的经历以及所处的时代和环境，魏源的海权思想只是一种朴素的海权观，还不可能像马汉那样构成一个完整的体系。而用历史的观点看，在当时的中国，他的这一思想具有超前的先进性，还是应该充分肯定的。

第二章　清政府试办海军

第一节　湘军水师的建立与长江水战

林则徐建立近代海军的方案既被否定，尔后兴起的海防运动复遭夭折，于是历史又回复到原先的老样子，绿营水师仍然是当时唯一的水军。实际上，绿营水师早已有名无实，"承平时用朦艟巨舸，绘以云龙。无事委舟江畔，帆樯朽弛弗之问。遇大操则新之，军士腰皮带浮水面，往来攒刺，务为美观。操毕复委之，虚应故事而已"[1]。及太平军起，以水军屡胜，曾国藩始变绿营水师旧制，而另建湘军水师。

先是在1852年12月，太平军连下湖南益阳、岳州，得民船数千，船工水手多加入太平军。因当时无水军编制，颇不便统辖。杨秀清在岳州得湖南祁阳商人唐正财，甚是器重，"封典水匠，职同将军"[2]，于是太平军始有水营。随后，太平军便水陆并进，"千船健将，两岸雄兵，鞭敲金镫响，沿路凯歌声，水流风顺"[3]，连下汉阳和汉口。杨

---

[1] 王定安：《湘军记》，岳麓书社，1983年，第342页。
[2] 向达等编：《太平天国》（中国近代史资料丛刊）（三），上海人民出版社，1957年，第69页。
[3] 《太平天国》（丛刊三），第5页。

秀清又命唐正财以"船横江作浮桥，铁索环之，自汉阳直达省城，俨如坦道"，遂克武昌。1853年2月，太平军继续东进，船约万艘，"蔽江而下，帆樯如雪"①，进逼南京。3月19日，攻占南京，改称天京。唐正财统率水营，以功升职指挥。6月，封恩赏丞相。10月，升殿左五指挥，提督水营事务，总办船只。太平军水营原分前、后、左、右、中五军，不久增至九军，皆归唐正财调遣。此时，太平军"既据金陵，扬帆上驶，往来楚、皖、江西，运粮济师，数日千里"②，基本上控制了长江水面。在一个时期内，太平军水营在战争中发挥了重要的作用。对此，清朝统治者十分惊慌。为了对付太平军的水营，乃有建造战船之议。

最早提出加强水师建议的清朝官员，是湖北巡抚常大淳。当太平军进逼武昌时，常大淳奏称："寇水陆攻武昌，船炮充斥，闻湖南大军有广西炮船，江南水师有广艇炮船，及中小号炮船，请调集江上下游，乃可制遏贼势，断其粮道。"咸丰皇帝诏钦差大臣署湖广总督徐广缙等饬行。"时武备弛，徒存水师名，无船也。"故诏虽下而难落实。1853年春，太平军克九江后，专办军务的钦差大臣向荣奏调广东、福建两省之红单、快蟹、拖罟等外海战船，取海道至江南。6、7月间，太平军北渡淮河，南围南昌，御史黄经上书言兵势，始建议"造船练士"。清廷诏饬湖南巡抚骆秉章，骆"以力所不及，又凡言官论列，例不行，未甚省也"③。知府江忠源初援湖北，与曾国藩论长江战局，"议造战船数百，先清江面"④。9月初，江忠源守南昌时，正式向清廷建议创立水师："行军之法，因敌制胜"，今"欲肃清江面，

---

① 《太平天国资料汇编》，第1册，中华书局，1980年，第11、13页。
② 王定安：《湘军记》，第342页。
③ 王闿运：《湘军志》，岳麓书社，1983年，第71页。
④ 王定安：《湘军记》，第343页。

必破贼船，欲破贼船，必先制造战船，以备攻击"①。他的建议很快得到了朝廷的批准。于是，曾国藩移驻湖南衡州造船，专练水军。江忠源死后，曾国藩追述此事道："公尝疏请三省造舟练习水师，又尝寓书国藩，坚嘱广置炮船，肃清江面以弭巨祸。其后，国藩专力水军，幸而有成，从公谋也。"②故曾国藩衡州造船实为湘军水师筹办之始。

曾国藩造船而不懂船制，完全以意为之。开始排木为筏，长1丈5尺，宽7尺，削尖两头以冲敌。试之不灵，才转而专造炮船。又仿端午竞渡船，短桡长桨，以为战船。"然皆用己意缔造，无成法可循，其制屡更未定。"③岳州营守备成名标颇能言炮船事，自长沙来，告曾国藩广东快蟹、舢板船式，广西候补同知褚汝航自桂林来，告曾国藩长龙船式。曾国藩下令

曾国藩

仿造，试炮果然不震。于是，奏留大营粤饷8万，饬成名标在衡州造快蟹、舢板；并在湘潭设分厂，饬褚汝航监造长龙。

到1854年2月，船厂毕工，共造快蟹40只，长龙50只，舢板150只，计240只，皆仿照广东战舰式样，并造拖罟1只，以为座船。又改造钓钩船120只，雇载辎重船100余只。还从广东先后购到大炮320门，借用广西150门，从本省提用100余门，合计近600门。募水师5000人。"水路分为十营，前、后、左、右、中为五正营。正营之外，又分五副营。"④衡州6营，以成名标、诸殿元、杨载福、彭玉

---

① 《郭侍郎奏疏》卷一，光绪壬辰年刊本，第1页。
② 曾国藩：《江忠烈公神道碑》。见《续碑传集》卷五五，《清代碑传全集》下，上海古籍出版社，1987年，第1091页。
③ 王定安：《湘军记》，第343页。
④ 《曾国藩全集》，奏稿一，岳麓书社，1987年，第99页。

56

麟、邹汉章、龙献琛统之；湘潭 4 营，以褚汝航、夏銮、胡嘉坦、胡作霖统之。褚汝航为水师总统。是为湘军水师之始。

湘军水师建立后，同太平天国水军在长江中游进行过多次水战。其中主要有以下 6 次：

第一次：靖港之战，时在 1854 年 4 月 28 日。

靖港之战，是湘军水师同太平天国水军进行的第一次水上大战。先是在 2 月下旬，清廷谕曾国藩统带水陆各军"刻日间行，由长江下驶"，"力遏凶锋，肃清江面"。曾国藩以水师业已建成，当即率师北上，于 3 月 6 日进抵长沙。随后，命杨载福、彭玉麟等带水师顺湘水而下。30 日，曾国藩率湘军水师驻泊岳州。4 月 4 日，师船猝遇大风，沉没数十只，撞伤无数。7 日，太平军进攻岳州，清军溃败。曾国藩自思"水军亦无固志"，"大风以后，各船损坏，力难应敌，诚恐轻于一掷，或将战船洋炮尽以资贼"[1]，乃退守长沙。太平天国水军乘胜继进，南渡洞庭湖而深入湘江，列水营于靖港至樟树港一带江面，距长沙仅 60 里。靖港一带，汊港纷歧，水陆两路而旁通湘江西岸之宁乡、益阳、湘潭等县，于是太平军决定一面以水军进逼长沙；一面以陆军取道宁乡攻占湘潭，对长沙采取包围的形势。4 月 27 日，曾国藩召集诸将议战，彭玉麟主张攻湘潭。曾国藩令湘潭水师 5 营先发，拟次日自率 5 营继之。当日夜半，长沙乡团来请兵，谓："靖港寇屯中数百人，不虞我可驱而走也。团丁特欲借旗鼓以威贼，已作浮桥济师，机不可失。"[2] 曾国藩闻靖港空虚，也想进行牵制，使太平军首尾不能相顾，便决定改变作战计划，亲率水师进攻靖港。

4 月 28 日黎明，曾国藩率大小战船 40 余只，驶至靖港以上 20 里

---

[1]《曾国藩全集》，奏稿一，第 122 页。
[2] 王闿运：《湘军志》，第 24 页。

之白沙洲，伺机进攻。到中午时，西南风陡发，水流湍急，湘军师船驶至靖港不能停留，只得更番发炮轰击。太平军开炮还击，适中哨船头桅，湘军水师急落船帆，收泊靖港对岸之铜官渚。太平天国水军出小划船200余只，顺风驶逼敌船。湘军水营开炮轰击，炮高船低，不能命中。湘军水师见势不支，纷纷弃船登岸，战船或被焚毁，或遭俘获。曾国藩在白沙洲闻信，急率陆队援救。但陆队见水师失利，心怀疑怯，不肯前进。太平军见状，出队迎击，团勇反奔，湘勇随之，"争浮桥，桥以门扉、床板，人多桥坏，死者百余人"。曾国藩亲自仗剑督阵，立令旗于岸上，大呼："过旗者斩！"[1] 然湘军不顾，皆从令旗旁绕过，争先奔逃。曾国藩目睹此状，羞愤不已，自投江中，被幕中章寿麟救起，逃归长沙。

经过靖港一战，湘军水师损失惨重，溃不成军。曾国藩自称："是日风太顺，水太溜，进战则疾驶如飞，退回则寸步难挽，逮贼舟来逼，炮船牵挽维艰，或纵火自焚，或间以资贼，战舰失去三分之一，炮械失去四分之一。"战后，他以"靖港之败，失去船炮"，"愧恨不能自容"，准备以死谢罪。[2] 适湘潭胜报至，曾国藩奏报大获胜仗，复自请罪，才仅受到褫职自效的处分。

第二次：君山之战，时在1854年7月24日。

太平天国水军虽在靖港水战中获胜，陆军却在湘潭失利，只好撤至岳州。曾国藩则趁此机会抓紧造船置炮。他说："查水师事宜，以造船置炮二者为最要。船只纵修造坚固，而风波间有飘失，战阵不无损伤。数月之后，损失都必须添补，完好者亦须油舱。若非早为预备，随时整理，直待全数破坏之时，众船修齐，必至停兵待船，坐失机

---

[1] 王闿运：《湘军志》，第24页。
[2] 《曾国藩全集》，奏稿一，第137、141页。

宜。"于是，他一面下令修造战船，在衡州续造新船60只，又在长沙设厂修理旧船百余只，一面奏请饬令两广总督叶名琛购买洋炮，到8月初已先后运到600门。他认为，此前湘潭之胜"实赖洋炮之力"，"现止来六百尊，尚属不敷分配。且江面非可遽清，水师尚须增添，尤须有洋炮陆续接济，乃能收愈战愈精之效"。① 与此同时，曾国藩还从各地调募水勇，以加强湘军水师。

曾国藩见太平军集中于岳州，有"舟累万盈千，非舟师莫能制"，遂令水师后营、副后营、左营、右营及先锋营共2000余人进逼岳州。7月21日，湘军水师进泊万石湖，后营兼营务处褚汝航亲驾小船前往君山一带"探明虚实，察看地形"。见湾内太平军水营船只甚多，不敢轻进，便决定采用"诱敌出击，乘隙截击"之计。②

7月24日凌晨，湘军水师分5队进兵，左营埋伏于君山南岸，右营埋伏于雷公湖上游，副后营及先锋营由扁山直趋南津港，后营随后策应。并派队在新樯河口多张旗帜，作为疑兵。到中午时，湘军水师副后营及先锋营向太平天国水军进逼，开炮一周，转舵佯败。太平军水营并不出击。湘军水师副后营等又转头开炮，并派舢板数只斜趋进港，太平军水营各船遂蜂拥而出。舢板又复佯却，水营各船左右攻围。突然间，湘军水师右营从雷公湖窜出，包抄太平军船只之后；左营从君山继起，拦击太平军船只之腰。此时，副后营赶到，并力合攻。太平天国水军多为民船，"旋转不利战，退则相撞碍"③，沉船100余只，并有大小船34只被俘获。

经过此战，太平军只好放弃岳州，退至城陵矶驻守。

第三次：城陵矶之战，时在1854年8月9日。

---

① 《曾国藩全集》，奏稿一，第161页。
② 《曾国藩全集》，奏稿一，第153~154页。
③ 王闿运：《湘军志》，第73页。

太平军放弃岳州后，略事休整，又举行反攻，试图夺回岳州。7月27日晨，太平军水营船三四百只，与陆军配合，发起反攻。湘军水师已有准备，即分5路迎战，"枪炮兼施，趁北风稍逆之字斜行，穿梭开炮"。湘军水师并抛掷火罐，中太平军之火药船，"大烟突起，迷漫半湖"。太平军水营损失严重，仍退回。先是在7月30日，曾国藩率湘军水师后队及陆勇从长沙启程，山东登州镇总兵陈辉龙带广东水师400余人，广西升用道李孟群带两广水勇1000人，并搀配湖南舵工、水手人等，于8月8日抵达岳州。是为湘军水师后队。此时，太平天国水军又从汉口调来船只数千，"连樯数十里，出没无常"①，气势颇壮。陈辉龙闻水师前队战胜，以为太平天国水军不堪一击，主张于翌晨即发起进攻。曾国藩以大队刚到岳州为由，认为必须相机渐进，不可贸然进攻。当时有人担心"南风下水难退"。陈辉龙夸口说："吾习水战三十年，诸君无以为忧。"② 湘军水师统领褚汝航和营官夏銮亦俱怂恿，并请同行。曾国藩认为："陈辉龙在水师营伍四十余年，老成练达，必能相机而行。且褚汝航等屡胜之将，每论战守，皆合机宜，当不至于贻误。"③ 便同意了他们的要求。

8月9日晨，陈辉龙自乘拖罟座船，督队前行。褚汝航、夏銮分坐战船继进。李孟群尚未到岳州，其前队广勇先到者随行。左营彭玉麟、右营杨载福，均拨长龙、舢板以作声援。陈辉龙率领师船顺江下驶，至城陵矶与太平天国水军相遇。广东游击沙镇邦乘炮船先进。陈辉龙乘拖罟继至，见风势愈刮愈猛，即插旗收队。拖罟至于中流，以船身重大，胶浅于旋涡激流之中。太平天国水军见拖罟胶浅，即以小划蜂拥而上，湖港内先已埋伏的船只亦出，将其团团围住。湘军后至

---

① 《曾国藩全集》，奏稿一，第155、171页。
② 王闿运：《湘军志》，第73页。
③ 《曾国藩全集》，奏稿一，第172页。

诸船急往救援,"又被风横吹而下,互相拥挤,枪炮难施"。太平天国水军阵毙陈辉龙、沙镇邦,俘获其拖罟大船。褚汝航、夏銮率船前来助战,势不能支,均被重创,落水而死。其余师船见状,向南遁逃。太平天国水军获得大胜。

在这次水战中,陈辉龙一营船炮尽失,褚汝航、夏銮二营失船10只,李孟群一营失船11只。曾国藩奏称:"经营数月,昼夜赶办,每船器械至百余件之多。一旦损失将半,伤心陨涕,愤恨何言!"[1]

第四次:田家镇之战,时在1854年12月2日。

清军虽在城陵矶失利,却在陆战中获胜。8月25日,大雨滂沱,东南风紧,曾国藩下令水陆齐发。太平天国水营乃凿沉前获之拖罟,与陆军皆退往武汉。于是,湘军水师得以进入长江,并控制了武汉以西的江面。10月2日,曾国藩进驻金口。8日,与诸将会商进兵之策,确定了"以水师先剿江面,使武汉之贼消息隔断;陆路则先攻武昌,后攻汉阳"[2]的方案。湘军水师实行火攻,太平军水营损失很大,失船千余只。14日,武汉再度失守。杨秀清见形势严峻,一面命石达开赴安庆,主持长江中游战守事宜,一面加派将领前往田家镇,以协助秦日纲布置防御。

清军既陷武汉,曾国藩制定了分3路下犯的方案:南路为陆营,进攻江南岸的兴国、大冶;北路亦为陆营,进攻江北岸的蕲州;中路为水师,由杨载福、彭玉麟率前帮先行,自率后帮继进。湘军水师前帮于10月28日启航,后帮于11月3日启航。在武汉陷落的一个多月内,太平军在田家镇修筑了严密的防御工程。临江之半壁山孤峰峻峙,俯瞰大江,与田家镇诸山相雄长,最为险要。秦日纲在山上扎大营1

---

[1]《曾国藩全集》,奏稿一,第172~173页。
[2]《曾国藩全集》,奏稿一,第215页。

座、小营4座，挖沟宽三四丈，深丈余，引湖水环灌之。沟内竖立炮台、木栅，沟外密钉竹签、木桩。在田家镇江面，横安铁锁6条、竹缆7条。"连舟承其下，上作大筏，列炮横中流，守以炮舰。"① 北岸亦筑土城多处，安设炮位，专防湘军战船。这样，水陆配合，构成了严密的防御体系。针对太平军的部署情况，曾国藩决定先夺取半壁山，以便设法毁横江铁锁。此计划得到了清廷的批准。

11月23日，曾国藩下令进攻半壁山，将横江铁锁及竹缆砍断。25日，太平军又将被砍断之铁锁续行钩联。28日，湘军战船进扎蕲州。12月1日，又进扎见峰嘴，距田家镇仅9里。杨载福、彭玉麟等合议，决定将战船分成4队：第一队，专管砍断铁锁，备齐炭炉、铁剪、大椎、大斧之类；第二队，专管进攻太平军战船，与之相对轰击；第三队，俟铁锁开后，直追下游，焚烧太平军船只；第四队，坚守老营，以防太平军战船突向上游。

12月2日，湘军师船出队。第一队循南岸急桨而下，一炮不发，径赴半壁山下铁锁之前。太平军炮船开近救护。第二队烧其快蟹船2只，迫其退回。湘军师船又将铁锁下之船抽出，继用洪炉、大斧，边熔边椎，须臾锁断。于是，第三队的舢板从缺口处飞桨驶下。傍晚时，到达30余里的武穴地方，又纵火上行。是时东南风大作，太平军战船难以下行。有些战船尽力东驶，被劲风吹回，撞近南岸，湘军陆队又纵火焚之。太平天国水军船只被烧4 000余只，被夺500余只。3日凌晨，秦日纲等自焚营垒，退向黄梅一带。

经过田家镇一战，太平军水营损失惨重，元气大伤，湘军水师已控制了湖北境内的江面。曾国藩奏称："长江之险，我已扼其上游，金陵贼巢所需米石油煤等物来路，半已断绝，逆船有减无增，东南大

---

① 王闿运：《湘军志》，第75页。

局似有转机。"① 可见，此次水战对战局影响之大了。

第五次，湖口之战，时在1855年1月29日。

田家镇失守后，湘军水师前队即顺江下驶，到达九江府附近江面。此时，太平军已在九江一带严密设防。九江城与江北岸之小池口、湖东岸之湖口，鼎足而立，互为犄角。南岸九江城外筑炮台3座，附城泊水军大战船6只，杂船10余只；北岸小池口设营垒3处，炮台3座；江心沙洲建营盘1座，高筑望楼，密排炮位，洲尾有巨排横亘数十丈，拦截江面，上环木城，安炮两层，以大战船数只、杂船百余只护之。同时，还吸取此前失败的教训，作战纯用战船，以小划辅之，而不用民船，并紧泊江岸，与陆营紧密配合，改变过去陆水两路各自为战的战术。不久，石达开又自安庆来到湖口，亲自主持军务，太平军的防御更为加强。太平军水营还一改过去单纯防御的打法，经常用小划往攻湘军水师。陆营则在岸边用火箭、火球向敌船抛掷。湘军船只若泊于江心，则难御风涛；若泊近江岸，则易遭火攻。因此，彻夜戒严，不敢安枕。

多日以来，湘军水师屡次发起进攻，皆未得手，且失船100余只。曾国藩奏称："水师在湖口者，以内河狭窄，贼排数十丈横亘江心，排侧有炮船，排外有铁锁、篾缆，层层固护，两岸营墙，百炮轰击，皆以坚守此排，百计攻之，终不能冲入排内。伤亡愈多，军心愈愤。"② 他认为，只有攻破木排，水师才易得手。1月23日，湘军水师分为两队：一队从外江进口，发炮环攻；一队先抵木排之下，砍断铁锁、篾缆。激战中，一炮击中排上药箱，巨烟轰击，将排烂毁。木排被烧后，石达开命凿沉大船，装载砂石，以堵塞鄱阳湖口，仅在两岸

---

① 《曾国藩全集》，奏稿一，第308页。
② 《曾国藩全集》，奏稿一，第370页。

留一出口，并以篾缆拦之。曾国藩决定采取水陆两路进兵，以破太平军水营的防线。29日，湘军陆队进攻太平军营垒，"攻逼终日，以炮多垒坚，卒不能破"。湘军水师营官肖捷三等率各营长龙、舢板120余只，冲入篾缆之内，焚太平军战船30余只，民船约50只。肖捷三等小胜而骄，扬帆南驶，深入鄱阳湖内，日暮不归。石达开见湘军小船皆突入内湖，即派小划20余只突出篾缆之外，围攻敌之快蟹大船。是日深夜，又派小划三四十只攒入湘军水师老营，焚烧敌船。两岸陆营数千人，"火箭喷筒，迷乱施放，呼声震天"。湘军水师被焚快蟹9只，长龙7只，杂色座船30余只。曾国藩感到，"百余轻捷之船，二千精健之卒，陷入鄱湖内河，业被贼卡隔绝，外江所存多笨重船只，运棹不灵，如鸟去翼，如虫去足，实觉无以自立"[①]。遂下令挂帆退至九江。

第六次：小池口之战，时在1855年2月11日。

小池口之战是湖口水战的继续。自湖口大捷后，太平军渡江占领小池口，并在该处扎营。2月8日，湘军副将周凤山渡江进攻小池口，遭到失败。曾国藩以水师陷于鄱阳湖内，陆营又挫于小池口，于是将胡林翼、罗泽南二军调回九江，与小池口之太平军隔江对峙。

2月11日午夜，太平天国水营将岸上的小划数十只投入江中，乘月黑迷蒙，进入湘军水师船队间隙，将火弹、喷筒突然抛掷，猛烧敌船。一船起火，各船慌乱，纷纷挂帆西逃。曾国藩亲坐舢板督阵，禁黑夜不许开船，然江阔船多，莫能禁止。太平军船只遂将曾国藩坐船围住，猛攻不已，击毙其管驾官把总刘盛槐、李子成和监印官典史潘兆奎等，夺其座船。曾国藩将要被擒，情急投江，被左右救起，乘小船逃至罗泽南陆营。

[①]《曾国藩全集》，奏稿一，第376~377页。

在争夺长江中游的 6 次水战中，湘军水师与太平天国水军互有胜负，说明自湘军水师建立后，太平军水营已失去了初期的绝对优势地位。虽然太平军水营在湖口、小池口两次水战中获得很大胜利，为太平天国在军事上进入鼎盛时期创造了条件。但太平天国的领导者并未充分利用这一条件。湖口之战后，湘军水师被截为外江、内湖两段，其内湖水师已成为瓮中之鳖，本应抓住时机，围而歼之。然而，太平天国的领导者却计不出此，不仅使湘军内湖水师赢得了喘息和补充的时间，而且使其外江水师得到进一步的加强。唯其如此，湘军水师后来卷土重来，这才有了可能。所以，湖口之战和小池口之战，既是太平军水营发展的顶峰，也是它由盛而衰的转折点。

无论太平天国水军还是湘军水师，都是当时特定历史条件下的产物。两相比较，后者要比前者先进。前者只是木船加土炮，而后者却是木船加洋炮。湘军水师的船式主要有 3 种，即快蟹、长龙和舢板，并无用蒸汽机发动的新式轮船。据估计，其最大的战船大约为二三百吨。船上的配炮，快蟹、长龙皆为 7 门，舢板则为 4 门，系广东购自外洋的洋庄大炮。从船式到配炮数量，都不仅远比鸦片战争时期的英国战船落后得多，而且比当时中国自己仿造的帆船还要落后。尽管如此，湘军水师究竟与旧式的绿营水师不同。因为它在战船上普遍地安装了新式的洋庄大炮，所以它已经接近于早期的海军，也可以说是走向近代海军的一种过渡形式。

第二节　清军水师抗击英法联合舰队之战

一　"亚罗"号事件与珠江之战

英国侵略者发动鸦片战争，凭借坚船利炮打开了中国闭关锁国的大门，从而向西方海权国家证明，中国既无海权可言，海防也如同虚设，是一攻即破的。因此，为了谋求进一步扩大特权，英国等西方海权国家准备寻找机会再行发动一次侵略战争。这次战争，系由英、法两国于1856年10月挑起，历时4年，是鸦片战争的继续和扩大，故史称第二次鸦片战争。

起初，英国企图通过"修约"的外交讹诈手段达到扩大侵略的目的。1844年中美《望厦条约》有"至各口情形不一，所有贸易及海面各款恐不无稍有变通之处，应俟十二年后，两国派员公平酌办"之语，1842年中英《南京条约》本无"稍有变通"的规定，而英国却援引片面最惠国待遇的条款，声称《南京条约》签订已届12年，要求两国派员修订新约。从1854年开始，以英国为首，法、美两国作为帮凶，对清政府软硬兼施，极尽威胁利诱之能事，然历时两年，终未能达到目的，于是便决定采用战争手段来强迫清朝统治者就范了。

不过，侵略者还需要寻找一个发动战争的借口。1856年2月，广西发生"西林教案"，法国传教士马赖非法潜入西林县被处死，"对于法国说来这就是一个好借口，而对于英国说来这个借口还不太妙"。但是，"由于克里木战争法国和英国之间建立起来的利害一致，使两强有可能并且有精神准备对中华帝国采取共同行动。不管是外交上进行干涉也好，还是军事上进行干涉，而找到借口总是轻而易举的事"①。确实如此。同年10月8日"亚罗"号事件的发生，正好给英国提供了这样一个借口。是日，千总梁国定侦知该艇"有内地水手十二人，常在洋面行劫，伺其艇进港，径往执之，解赴谳局。艇主萧成亦内地人，折落艇上夷旗，激怒英酋，怂恿其索回逸犯"②。本来，事件的真相很清楚：第一，"亚罗"号是一艘中国船，虽曾在香港登过记，但执照已经过期，按法律不允许再悬挂英国旗。第二，"亚罗"号上的英国旗是船主萧成有意扯下的，与中国执勤弁兵完全无关。连英国的香港总督兼驻华全权公使包令也私下承认："经过调查，看来'亚罗'号是无权悬挂英国国旗的，允许它这样做的执照于9月27日满期，此后它就无权接受保护。"但是，他却要借此挑起衅端，指示其驻广州领事巴夏礼说："你应该通知钦差大臣（指两广总督叶名琛），对已发生的事情我要求道歉，并要求保证将来英国国旗将受到尊重；这种通信往来限于四十八小时内，一旦超过时间，你便受命随即要求海军当局协助你强迫要求赔偿。"③ 正如一位西方历史学家指出："这位全权公使显然极不诚实。当然，要向中国启衅，不愁找不到合法的借口；如果需要的话，他还有本领找到比劫持'亚罗'更好的借口。"④

其实，早在"亚罗"号事件发生的前一天，即10月7日，英国舰队已经开始了军事行动，以"兵船入内河，攻毁猎德炮台"。⑤ 10月8日发生的"亚罗"号事件，更给英国提供了"合法的借口"。从10月

---

① 齐思和等编：《第二次鸦片战争》（中国近代史资料丛刊）（六），上海人民出版社，1974年，第53~54页。
② 史澄纂：《广州府志》卷八二，《前事略八》，同治十年刊本。见《第二次鸦片战争》（丛刊一），第290页。
③ 《包令爵士致函巴夏礼领事》，《第二次鸦片战争》（丛刊六），第51页。
④ 科尔迪埃：《一八五七——一八五八中国之征》，《第二次鸦片战争》（丛刊六），第54页。
⑤ 史澄纂：《广州府志》卷八二，《前事略八》。见《第二次鸦片战争》（丛刊一），第290页。

11日起，英国舰队司令西马縻各厘海军少将率领军舰3艘接连进攻，轰毁多座炮台。并一度轰破广州新城城墙，派队从墙缺进城，突入总督衙门。虽然叶名琛采取不抵抗政策，但广州一带群众则纷起抵抗。"在广州河面上正面的骚扰也越来越多；中国人凿沉许多沙船以堵塞通道，并且继续发送放火筏，它们经常给英国船只造成很大的危险。飘扬着西马縻各厘海军上［少］将军旗的'科罗曼德号'在潮水最低时竟然遭到攻击……"由于兵力不足，西马縻各厘于1857年1月14日决定撤退，以等待援军到来。英国舰队退至大黄滘外，在所占领的炮台中"只保留一个位于河流中段，离广州又不远的小岛上称之为奥门的炮台"①。

到1857年5月，英国舰队的力量有所加强，"新添浅水轮船，与大船相辅而行，如虎傅翼"。琼州镇总兵黄开广募集到红单船60余艘，合各巡船100余号，总数达到200余艘。中国师船驻泊在珠江平洲三山河面，"拟与血战一次，驱令出境"②。从5月25日开始，英国海军准将埃利奥特率领炮舰搜索中国师船，并发起炮击，致使中国师船损失16只。26日，英舰再次向遂溪的中国师船发起进攻。水师官兵用火枪向英国水手猛击。同时，"中国官员沙船的甲板上有着火药，并且有引火绳直通到岸上。靠近它的一间房子被点着了火，沙船于是就炸了起来，几乎把一艘大的英国舢板也给炸掉了"。尽管在这次战争中有12艘师船被击沉，但英国海军也损失不轻。据英国《泰晤士报》随军记者柯克报道："在这次交锋中，每十个人就有一个人被打中，即使在欧洲战争中也算得上是一个很大的比例。远征遂溪的结果就是如此。"③

---

① 德巴赞古：《远征中国和交趾支那》，《第二次鸦片战争》（丛刊六），第56页。
② 华廷杰：《触藩始末》卷中。见《第二次鸦片战争》（丛刊一），第177页。
③ 柯克：《中国—泰晤士报—八五七——八五八特派中国报道》，《第二次鸦片战争》（丛刊六），第64页。

6月1日，英国舰队又发起进攻三山江中国师船总队的战斗。按照预定计划，英国海军，舰船先于头一天晚上在珠江河面集结。整个舰队由司令西马縻各厘海军少将亲自指挥，下分两个支队，一队由海军准将凯佩尔率领，一队由海军准将埃利奥特率领。是日凌晨，进攻开始了。旗舰"科罗曼德尔"号作为先导前进，最先对海心沙岛上的炮台进行近距离轰击，并加以占领。但当英国舰艇上溯到湾口时，遭到守军的顽强抵抗。凯佩尔准将的坐舰"西比尔"号被击中沉没，凯佩尔本人侥幸被部下救起。另一只敞篷汽艇则被一发炮弹穿透而沉没。英国官兵共伤亡84人。据西方报道说："英国人遭受到严重的损失。他们承认，在1842年的战争里曾目睹天朝帝国的师船和士兵不经一击，一触即溃；然而在这以后，中国人的军事训练和武装却已大有进步。大炮造得很好，口径很大，另外，火绳枪也由射程很远的欧洲枪所代替。"① 西马縻各厘在给本国政府的报告中甚至认为："这次战斗揭开了中国战史上的新纪元：中国人在防御方面极为灵活，而且很有勇气。"②

但是，中国师船究竟抵不住英国坚船利炮的进攻，有180只船被击毁。英舰乘势进至佛山镇。于是，英国舰队终于掌握了珠江的控制权。

此后，英国为了进一步扩大侵略，并使这次侵华战争"带有国际性质"③，一面协调组建英法联合舰队，并陆续抽调舰只东来，一面散布英军"在孟加拉大败，中埋伏，覆其全军"④的假情报，以麻痹中

---

① 《两个世界杂志的年鉴》第7期（1856—1857年），《第二次鸦片战争》（丛刊六），第65页。
② 《第二次鸦片战争》（丛刊六），第66页。
③ 《海军大臣阁下给印度支那舰队司令果戈·德热努依里海军少将的急件》，《第二次鸦片战争》（丛刊六），第91页。
④ 华廷杰：《触藩始末》卷中。见《第二次鸦片战争》（丛刊一），第178页。

国方面。叶名琛更加自信,"谓省城决无事,故沿海内外俱不设备"①。

先是早在4月间,英国政府即任命原驻加拿大总督额尔金及其弟普鲁斯为正副全权特使,并组织远征军开赴中国。其后,法国政府也派葛罗男爵为特命全权公使,率一支远征军来华。7月初,额尔金先抵达香港。10月中旬,葛罗抵达香港后,双方经过多次协商,决定组成联军,先攻占广州,然后北上白河口,以威逼清政府签订新约。到12月上旬,英法联军正式组成。是月28日,英舰8艘和法炮艇3艘用130门大炮猛轰广州,并以大量部队,其中英海军旅1800余名、水兵2000余名、陆兵800名、法海军旅990名,共约近6000名,在猎德炮台和东定炮台的中间地带登陆。中国守军"置身在灌木丛中,躲在坟墓的后面,……突如其来地用炽烈的火力向我们的人进行射击,把像冰雹似的子弹和箭倾泻在他们身上"。守军的节节抵抗,也给英、法侵略者造成很大伤亡,"有百余英国人被打死或负伤;有三十多个法国人丧失了战斗力,其中三人被打死"②。但是,分散的守军小队终于抵不住联军强劲炮火的进攻。29日,英法联军从城东北隅攀缘登城,遂陷广州。

二 英法强行修订新约与大沽炮台之陷

英法联合舰队既占领广州,便进一步实施贯彻其政府的侵华计划,连樯北上,迳趋天津。于是,发生了第一次大沽口之战。

先是在4月间,英、法两国在远东的舰艇便陆续奉调北上,向白河口集中。到5月11日,集结于白河口的英法联合舰队共26艘,其

---

① 《广州府志》卷八二,《前事略八》。见《第二次鸦片战争》(丛刊一),第290页。
② 德莫热:《1857和1858年出使中国和日本的回忆录》,《第二次鸦片战争》(丛刊六),第129~130页。

中英舰 15 艘，法舰 11 艘。如下表①：

国别	舰名	舰类	火炮（门）	舰员	马力（匹）
英国舰队	加尔各答号	帆舰	84	720	—
	煽动号	快速帆舰	40	270	—
	愤怒号	明轮蒸汽护卫舰	6	220	400
	纳姆罗号	蒸汽炮舰	6	120	180
	鸬鹚号	蒸汽炮舰	8	98	200
	瑟普莱斯号	蒸汽炮舰	8	98	200
	富利号	明轮蒸汽炮舰	8	160	515
	克罗曼德尔号	明轮蒸汽炮舰	5	60	150
	斯莱尼号	蒸汽浅水炮艇	5	48	80
	莱文号	蒸汽浅水炮艇	5	48	80
	鸨号	蒸汽浅水炮艇	3	48	60
	负鼠号	蒸汽浅水炮艇	3	48	60
	坚固号	蒸汽浅水炮艇	3	48	60
	弗姆号	蒸汽浅水炮艇	3	48	60
	海斯坡号	蒸汽供应舰	5	54	120

---

① 参见茅海建：《第二次鸦片战争中清军与英法军兵力考》，《近代史研究》1985 年第 1 期，第 200~201 页。

(续表)

国别	舰名	舰类	火炮（门）	舰员	马力（匹）
法国舰队	复仇者号	快速帆舰	50	—	—
	果敢号	快速帆舰	50	—	—
	普利姆盖号	蒸汽炮舰	8	—	—
	弗勒格顿号	蒸汽炮舰	8	—	—
	监禁号	蒸汽炮舰	12	—	—
	梅耳瑟号	蒸汽炮舰	12	—	—
	雪崩号	蒸汽浅水炮艇	6	—	—
	霰弹号	蒸汽浅水炮艇	6	—	—
	火箭号	蒸汽浅水炮艇	6	—	—
	龙骑兵号	蒸汽浅水炮艇	6	—	—
	雷尼号	轮船（租用）	—	—	—

联军共有3 000余名官兵，装备大炮356门，其中英军官兵2 088名，大炮192门，法军1 000余名，大炮164门。另有美舰3艘和俄舰1艘也随同停泊于白河口外。

白河，源出河北沽源县，古称沽水，亦称沽河。南流至密云县，与潮河相会，称潮白河，经香河、武清等县至天津。天津以下入海，称海河，亦即直沽，而有大小之分，其上流曰小直沽，下流曰大直沽。因此，白河或海河之入海口，俗称大沽口。大沽口为天津的门户，口外"空阔千里，并无岛屿堪以寄碇，近口三十余里，有拦江沙口外之险"①。然拦江沙并不能阻挡所有船只驶入河口。故署直隶总督谭廷襄奏称："至海防关系紧要，拦江沙素称天险，大船出入较难，而舢板

---

① 《谭廷襄筹办天津海防情形折》，《筹办夷务始末》（咸丰朝）卷一九，第670页。

往来，究竟未能阻隔。"① 正由于此，大沽炮台被清政府视为防御重点，曾多次下令检查修葺，然措施不力，一直拖而未办。到1868年春间再行检查，"炮台旧存兵房四十间，房顶半多渗漏，墙垣坍塌不全"②，已经破败不堪了。天津镇总兵达年于4月2日亲到大沽查勘，认为必须择要妥为筹布，以资保卫。因此决定："所有南、北两岸四炮台炮位、火药、铁子等项，按炮整备齐全，哨探各船饬令不分昼夜勤加探巡，并饬将兵丁器械亦皆饬修精纯。其平常无事之时，南岸三炮台拟各派兵一百兵，北炮台派兵二百兵，查河查街、看守火药军器各库等项差使，派兵一百名；倘遇缓急，移拨津标兵三百五十名前赴北炮台。"③ 这样，海口南岸三座炮台各有守兵100名，北岸炮台有守兵200名，合计700名；即使到情况紧急时，移拨350名津标兵增援北炮台，总共才1050名。何况仓促布置，器械窳劣，以御众多船坚炮利之敌，焉有取胜之理！

更为重要的是，咸丰皇帝对于英、法侵略者蓄谋挑起衅端的野心始终缺乏应有的认识。他认为，英、法虽诡谲异常，未必遽起衅端，而应"设法羁縻"④，"待之以礼，动之以诚"⑤。在圣谕的明示下，自4月25日以来，英、法等国船只经常进入拦江沙，停泊于南岸炮台前，谭廷襄及以下官员，"时请诸夷来会，并屡送牛、羊、猪、鸡、果品、蔬菜等物，足征我天朝怀柔远人之意，备极周旋也"。据时人记述："督宪与乌宪、崇宪、藩司均在中炮台之左设芦棚，每日筵宴诸国，备陈我皇上威德如天，开导夷人，……其芦棚也，座西向东，红布为幔，红毡铺地，鼓乐送迎，各大宪及兵将，均免刀剑，仅穿缺襟之袍。其设座也，以西

---

① 《谭廷襄筹办天津海防情形折》，《筹办夷务始末》（咸丰朝）卷一五，第539页。
② 《振麟给酝卿信》，《第二次鸦片战争》（丛刊一），第630页。
③ 《达年给酝卿信》，《第二次鸦片战争》（丛刊一），第630~631页。
④ 《廷寄》，《筹办夷务始末》（咸丰朝）卷一九，第671页。
⑤ 《谭廷襄奏遵旨赴津折》，《筹办夷务始末》（咸丰朝）卷二，第705页。

方为上，大宪等南北相陪，款待优容，诚为衣冠之会。"① 似此卑躬屈节，曲意逢迎，希图感动侵略者，纯系自取败绩之道！

自进入5月以来，英、法舰队竟不断劫掠海户商船和海运沙船，并用竹竿沿海插立，试水深浅，甚至频驾小船，进入口岸探水。面对英、法日益嚣张的挑衅行径，谭廷襄等无计可施，仍然照旧每日宴请不误。直到5月15日，即英法联合舰队发动进攻的前一天，英、法军事头目各带刀剑来赴宴时，竟大言恫吓，声称"他国火炮准而远，他国兵刃锋而快。并云，如我胜他，则彼用白旗展退，永不敢藐视天朝"，已露决战之意。谭廷襄则以"皇上神威，士卒果敢"之空言应之。②

事实上，早在4月下旬，英、法即做出了"封锁河道，攻打并占领白河口的炮台，并派出远征军占领天津"的决定。只是由于英国舰队要等待浅水炮艇前来，不得不将进攻的时间推迟罢了。5月18日，联军头目举行军事会议，一面研究制订作战方案，一面草拟最后通牒的文稿。其作战计划包括两部分内容：一是通过炮艇的大炮进行攻击；二是将登陆部队分成两支，登岸将炮台加以占领。炮艇又分为两组：第一组，英国浅水炮艇"鸬鹚"号，法国浅水炮艇"霰弹"号和"火箭"号，攻击大沽北岸炮台，另有登陆部队457人，其中英军289人，法军168人，负责攻打北岸，并夺取北岸炮台；第二组，英国浅水炮艇"纳姆罗"号，法国浅水炮艇"雪崩"号和"龙骑兵"号，另有登陆部队721人，其中英军371人，法军350人，负责攻打南岸炮台，并以南岸三台中位置最北的左炮台为主攻方向，因为占领这座炮台就可以保障攻占南岸所有的清军阵地。同时商定，必须最先将北岸炮台摧毁和占领，并将其大炮拆除，以防清军以其炮火轰击负责攻占南岸

---

① 《天津夷务实记》，《第二次鸦片战争》（丛刊一），第475~476页。按："督宪"指署直隶总督谭廷襄；"乌宪"指内阁学士正红满洲副都统乌尔棍泰；"崇宪"指天津验米大臣崇纶；"藩司"指直隶布政使钱炘和。
② 《天津夷务实记》，《第二次鸦片战争》（丛刊一），第476页。

工事的联系的登陆点。根据联军的作战计划，到5月19日，"所有的作战命令均已下达，各舰艇的舰长均已接到了在轰击炮台期间应坚守岗位和顺序前进的训令"①。

5月20日上午8时，英法联军送来最后通牒，内称："现因大英、大法国钦差大臣议定进京，以便会同京师大臣办理两国事宜。护卫二位钦差大臣入京，实属紧要，相应照会。为此照会贵大臣，即将北［白］河左右两涯［岸］炮台与河口各炮，交与本提督把守，免生事端。若限一个时辰之久，不见有将各炮台连炮交出，本提督即时开炮轰击。"②

10时，联军开始向大沽炮台发起攻击，以"斯莱尼"号为旗舰，"鸬鹚"号等6艘炮艇分两队迅速冲进海口，开始轰击炮台。炮台守军猛烈地进行回击，战斗异常激烈。官兵舍生忘死，英勇杀敌，决不屈服。据目击当时战斗的美国人丁韪良记载："中国人的确打得不错。有人打赌说只要打半个小时就行了，结果他们却坚持了两个小时又一刻钟。在这期间，炮台上和炮台内的木架都被爆炸的炮弹打得起火，守卫者实在不能再撑下去了。只要大炮还在还击就立刻会被一颗瞄得很准的炮弹打翻在地。……（但是）看不到任何屈服的标志，在被炮弹打掉或被火焰吞没前，有些旗帜还在继续飘扬。"③ 事后，丁韪良逢人便说："予见中国兵械虽不甚精，而兵弁大都忠勇。"④ 另一位目击者美国人卫三畏也记述道："炮台的设施都遭受了重大的破坏：炮架被打坏了，许多大炮也就倒在地上，或炮口都被炸碎，这样就全都不能用了。然而中国人却还没有放弃自己的阵地，继续奔向那些还没有被打坏的大炮。他们的炮手一个接着一个地被我们灵活的射手所击中，然而却立

---

① 德巴赞古：《远征中国和交趾支那》，《第二次鸦片战争》（丛刊六），第145~147页。
② 《英法两国水师提督为护卫使臣进京限时交出北［白］河炮台照会》，《第二次鸦片战争》（丛刊三），第329页。
③ 丁韪良：《中国六十年》，《第二次鸦片战争》（丛刊六），第152页。
④ 夏燮：《中西纪事》卷一四，附录《西人月报》，文海出版社影印本，第12~13页。

即就有人替补。""炮台里有些大炮打得很快，总的说起来中国人进行了英勇的保卫战。有些军官就地自刎而不愿苟生。"① 另据香港报纸所载寄自中国的西人报道，亦盛赞大沽炮台官兵之英勇："此时官兵武弁，胆略甚壮，其坚守炮台之人，三次为英人炮弹所中，三次去而复返。又有一弁，于英人逼近炮台时，单身从炮台上跳跃而下，前来迎战。……此等武弁，忠勇异常，我外国人亦心慕焉。"②

在中国炮台守军的顽强抵抗下，尽管敌我力量强弱悬殊，仍然给联军以严重杀伤。据当时参加战斗的法国人德莫热自述："'霰弹'号的暗轮缠在打渔人的网上，有好几分钟暴露在敌人的火力下，无法还手。炮弹穿过船身、机器和其他部分，到处都是弹痕。船上有十一个人被打伤；二十岁的年轻海军中尉比多先生的头被炮弹削掉。……在'龙骑兵'号上，一位学员巴拉蒂先生被劈成两段抛入海中，只有他的一把宝剑还留在甲板上。'火箭'号的副舰长波尔克先生也被炸成两段。从桅樯上指挥射击的勒尼奥先生被打中面颊，受了伤。我们一共有四位军官被打死，三十多名水手受伤。……中国人的射击既持久又准确，使大家都感到惊奇。毫无疑问，这是精选出来的军队。"③ 经过两个多小时的激烈战斗，清军"死伤兵勇四百余名"④。联军也受到重创，共计死伤133人，其中英军死5人，伤17人；法军死16人，伤95人。⑤

---

① 《卫三畏日记》，《第二次鸦片战争》（丛刊六），第149、151页。
② 夏燮：《中西纪事》卷一四，附录《西人月报》，第12页。
③ 德莫热：《一八五七和一八五八年出使中国和日本的回忆录》，《第二次鸦片战争》（丛刊六），第153~154页。
④ 《金大镛禀报》，《第二次鸦片战争》（丛刊一），第642页。
⑤ 关于第一次大沽口之战英法联军的伤亡数字，历来没有精确的统计，故说法不一。据夏燮《中西纪事》附录《西人月报》称："英兵死者五名，伤者十七名；法兵死伤者八十八名。"（见该书卷一四第13页）。另据《两个世界杂志的年鉴》第八称："法国人有七名被打死，五十九名负伤；英国人有五名被打死，十七名负伤。在进行占领时，由于北岸炮台内某火药库的爆炸，所以法国人的损失就更加重了。"（《第二次鸦片战争》（丛刊六）第153页）。英军伤亡数两相一致，当无疑问。至于法军伤亡数，前说比较笼统，姑且置之；后说比较确定，似应加上在北岸炮台因火药库爆炸而死伤的数目。综合其他资料，可知火药库爆炸使法军"九个人死掉了"，"约有近四十人负伤"。（《第二次鸦片战争》（丛刊六）第154~155页）这样，法军被毙人数应为16人；若火药库爆炸所伤以36人计，则负伤人数共为95名。

到中午12点多钟,英法联军先攻占了北岸炮台。守将游击沙春元"中炮阵亡,炮台失陷,该夷抢上炮台,用北岸之炮并夷船之炮轰击南岸炮台,都司陈毅等阵亡,炮台亦即失陷"[1]。至此,大沽南北两岸炮台完全落入联军之手。

第一次大沽口之战清军失败的主要原因有四:

其一,发动第一次大沽口之战是英法联军早有预谋的,打的是一场主动仗,而中国方面则打的是一场被动仗。自4月25日至5月19日,其间凡25天,清朝前敌统兵大员日日宴请敌军头目,致使我方情况完全为彼方所掌握。例如联军以5月20日上午10时为发起进攻的时间,便是经过精心研究确定的。是日为夏历四月初八日,而上午10时正是潮落之时,非常有利于敌人的进攻,却不利于炮台守军的回击。据时人指出:"夷等得势者,盖乘潮落也。夫海水日夜两潮,水高过丈,若夷等潮长而进,则我炮台与彼船相对,轰击必多,似可取胜。奈彼潮落而来,彼船开炮,乃以下攻上,兼各样火器,置造轻妙而准,我炮虽多,系以上打下,炮子屡空,兼动转不灵,致受其敌。"[2] 当时身临战场的外国人也指出,"有许多炮弹从空中朝着我们这里打过来,……在超过我们头上后就落到后面几百码的水中去了"[3]。相反,在两军相持的关键时刻,清军派出50只放火筏,试图用来焚毁联军的艇船,而由于完全是被动作战,没有选择进攻时机的可能,又正赶上风向相反,结果却都"被搁浅在河道转弯处的淤泥中"[4],未能奏效。

其二,双方武器装备水平差距过大。战后直隶总督谭廷襄曾对敌我火器的破坏力进行比较,称:"夷炮所至,两岸一二里内不能驻足,抬

---

[1] 《绵愉等奏讯明海口失事各员分别按律定拟折》,《筹办夷务始末》(咸丰朝)卷三〇,第1102页。
[2] 《天津夷务实记》,《第二次鸦片战争》(丛刊一),第477页。
[3] 丁韪良:《中国六十年》,《第二次鸦片战争》(丛刊六),第152页。
[4] 德莫热:《一八五七和一八五八年出使中国和日本的回忆录》,《第二次鸦片战争》(丛刊六),第154页。

枪、抬炮不能伤及其船，……万斤及数千斤之炮，轰及其船板，仅止一二孔，尚未沉溺，而北炮台三和［合］土顶被轰揭去，南炮台大石镶砌塌卸小半，炮墙无不碎裂，我之大炮不及其劲捷，船炮两面齐放，不能躲避。"① 在联军船炮的巨大威力的打击下，大沽炮台的掩蔽建筑几乎起不了多少作用。炮弹射穿到炮台内部，其破坏力尤为剧烈。当敌人占领炮台后，目睹了这样一幅凄惨的景象："在那里的守军由于掩蔽得很差，所以伤亡惨重。大部分的建筑物都被在内部所爆炸的炮弹所震坏。当我们的士兵占领这些工事的时候，进行了清点，单在一个炮兵阵地上就有二十九个炮手躺在他们的大炮旁。炮台指挥官的脑袋也被炮弹打掉了。"② 第一次鸦片战争后，西方国家的武器装备进入一个更新换代的时期，木制帆舰渐为蒸汽铁舰所代替，滑腔炮也为线腔炮所更替；中国在武器装备上本来就比西方国家落后很多，而在这十几年中却毫无作为，一切依旧，差距更为扩大，因而不能不带来严重的后果。

其三，清军部署不当，指挥不力，未能制定正确的防御方针。当时集结于大沽附近的清军并不算少，4月中旬谭廷襄等陆续带部赴防，"兵弁齐集，约八千有奇"。后又钦派刑部左侍郎宗室国瑞等"领京营马步各队，兼内火器营，计二千余名，万斤大炮数尊，均赴海口听调"③。总兵力达1万余人，是英法联军的3倍多。谭廷襄认为，"夷长于水，而不长于陆，狡猾性成，未必肯舍长就短"，因此制定了"设防仍以水路为主，兼备炮台后陆路"④ 的防御方针。这样，赴防各营完全分布于炮台后路，离海口较远，而且过于分散，"以水路为主"成了一句空话，炮台守军在敌人的猛烈进攻下只能孤军作战了。当联

---

① 《直隶总督谭廷襄奏宜抚不宜战缘由折》，《第二次鸦片战争》（丛刊三），第337页。
② 德巴赞古：《远征中国和交趾支那》，《第二次鸦片战争》（丛刊六），第149~150页。
③ 《天津夷务实记》，《第二次鸦片战争》（丛刊一），第473~474页。
④ 《谭廷襄奏筹办天津海防情形折》，《筹办夷务始末》（咸丰朝）卷一九，第670页。

军进攻岸炮台时，守将游击沙春元奋力指挥，"亲击敌船"①，不幸被敌"炮伤，洞腹肠出，登时阵亡"②，而副都统富勒敦泰时驻北岸于家堡，距北炮台陆路约有六里，"不能接应，以致北炮台先失，南炮台兵勇均站不住，一齐退散，同时失守"③。刑部侍郎国瑞"所带马队，扎营南岸新城迤南距炮约有二十余里，是日带队赶到，炮台已失"④。水路和陆路，前队和后队，皆是各自为防，未能联为一体，因此一处被破，全线败退，也就势所必然了。

其四，以羁縻开导为上策，幻想总不致决裂，未能认真备战，是导致第一次大沽口之战失败的最根本的原因。本来，英、法发动第二次鸦片战争，是得到美、俄全力支持的，四国相互勾结，沆瀣一气，其侵略目的并无二致。但美、俄伪装成一种调解的姿态，而清廷又看不清其假象，以致大上其当。咸丰皇帝曾经想采取分化英、法与美、俄的策略："先解散俄、米[美]两酋，不至助逆，则英、佛[法]之势已孤，再观其要求何事，从长计议。"⑤ 这不过是一厢情愿，不但不会有任何结果，反而造成了严重的恶果。清政府对美、俄"外虽讲好，中尚袒护英、佛"⑥ 的行径不是没有觉察，但自觉力不从心，只有采取羁縻之计，把希望寄托在美、俄的调解上。咸丰皇帝屡次谕示"不可先行用武"，"未必遽起衅端"，即为此也。直到5月22日，即英法联军攻占大沽炮台的第三天。他仍然希望寻找"挽回补救之方"，降旨"暂缓进攻，且看俄、米二夷日内有无投文说合之事，再作计

---

① 高彤皆纂：《天津县新志》卷一八，《吏政四》。见《第二次鸦片战争》（丛刊一），第610页。
② 《直隶总督谭廷襄等奏炮台被占津郡势难战守折》，《第二次鸦片战争》（丛刊三），第332页。
③ 《王榕吉禀报》，《第二次鸦片战争》（丛刊一），第646页。
④ 《僧格林沁奏查天津失事大员折》，《筹办夷务始末》（咸丰朝）卷二九，第1073页。
⑤ 《廷寄》，《筹办夷务始末》（咸丰朝）卷一九，第685页。
⑥ 《谭廷襄等奏俄使来见要求进京及分界通商各事折》，《筹办夷务始末》（咸丰朝）卷二〇，第723页。

议"。① 身为前敌统帅的谭廷襄，也认为"仍有俄、米说合，虽必要求无厌，较之用兵，究有把握"，奏请准予"先为笼络俄、米，仍示羁縻"。② 像这样一意企盼调解，而在军事上却不肯加强戒备和立足于战，其结局也就不问可知了。

经过第一次鸦片战争，一些先进的中国人开始认识到"船坚炮利"为西洋"长技"，并有"师夷之长技以制夷"口号的提出。将近20年的时间过去了，西洋的"长技"又有了新的发展，而中国的"师夷"却未见诸行动，错过了这一难得的历史机遇。这样，中国的海防不是得到加强，而是形势愈来愈趋于严峻。外国军舰竟任意游弋于中国海口，甚至深入堂奥，攻打海岸炮台，强迫订立城下之盟，弄得个大好神州几于国将不国！没有巩固的海防就谈不上国防，这就是第一次大沽口之战的重要教训所在。

三 进京换约路线之争与大沽海口大捷

第一次大沽口之战后，在侵略者的武力威胁之下，清政府先后与英、法、俄、美分别签订了进一步丧权辱国的《天津条约》。在这个条约中，除中美《天津条约》笼统地规定"限于一年之内……届期互换"外，其他三个条约都明确地写上了"限一年之内两国互交于京""以一年为期，彼此大臣于大清京师会晤，互相交付""限以一年，即在京师交互存照"③ 等字样。孰料此项规定竟引发了大沽口的再次鏖兵。

先是当钦差大臣大学士桂良、吏部尚书花沙纳到天津议和之际，对英、法所要求的一些条款，从咸丰皇帝到朝廷大臣，即皆表示反对。

---

① 《廷寄》，《筹办夷务始末》（咸丰朝）卷二〇，第708~709页；卷二二，第801页。
② 《谭廷襄等又奏俄美愿为说合请斟酌办理片》，《筹办夷务始末》（咸丰朝）卷二二、第803页。
③ 《筹办夷务始末》（咸丰朝）卷二七，第998、990页；卷二八，第1023、1024页。

在清廷看来,这些条款"以派员驻京、内江通商,及内地游行、赔缴兵费始退还广东省城四项,最为中国之害"①。而尤对"派员驻京"一款最不能容忍。吏部尚书周祖培、刑部尚书赵光、工部尚书许乃普等24位官员上奏朝廷,历数"外使驻京"之害,并指出:"该夷一入京师,则一切政令,必多牵制,即欲为生聚教训之谋,不可得矣。"②咸丰皇帝对周祖培等的意见十分重视,谕示桂良与英、法使臣交涉时,"告以遇有要事,尽可来京面诉,不必留人远驻京师。或照俄夷成例,但派学生留住,不能有钦差名目。须改中国衣冠,遵中国制度,不得与闻公事"③。但是,桂良认为,"应允之患无穷,而决裂之患尤重","不可轻试其锋",不如先混过一时,"迅速了结为得计":"此时英、佛两国和约,万不可作为真凭实据,不过假此数纸,暂且退却海口兵船。将来倘欲背盟弃好,只须将奴才等治以办理不善之罪,即可作为废纸。"④并申述从权允准外使驻京的理由说:"夷人之欲驻京,一欲夸耀外国,一欲就近奏事,并非有深谋诡计于其间也。……今议一年始行复来,并不带兵,即数十人,亦不过如高丽使臣,国家待之礼,且彼必欲挈眷,是仿古人为质者,防范倘严,拘束亦易,且以数十人深入重地,不难钤制。……夷人最怕花钱,任其自备资斧,又畏风尘,驻之无益,必将自去。"⑤这纯属自欺欺人之谈!尽管清政府最终还是被迫接受了所有条款,然于心不甘,总想在换约之前予以罢弃。而英、法侵略者则不仅准备用武力保住业已到手的猎物,并且还想攫取更多的在华侵略特权。因此,第二次大沽口之战的发生也就势所必然了。

为了改订条约和商订海关税则,咸丰皇帝于1858年9月派桂良、

---

① 《廷寄》,《筹办夷务始末》(咸丰朝)卷三一,第1167页。
② 《周祖培等奏外使驻京八害折》,《筹办夷务始末》(咸丰朝)卷二六,第954页。
③ 《廷寄》,《筹办夷务始末》(咸丰朝)卷二六,第963页。
④ 《桂良等奏英自定条约五十六款逼令应允折》,《筹办夷务始末》(咸丰朝)卷二六,第966页。
⑤ 《桂良等奏对外不可战者五端英法要求可从权允准折》,《筹办夷务始末》(咸丰朝)卷二七,第982页。

花沙纳前往苏州，意欲用"税课全免"的办法将"四项全行消弭"。①但英、法代表态度强硬，声言"条约以外之事，均可商量，条约既定之说，万不能动"②。"即驻京一节，且以奉到朱批，业经奏明伊国君主，不能更动为词。"③ 咸丰皇帝十分恼火，斥责桂良等："在津滥许该夷所求之事，据奏原思日后挽回，若至今仍无补救，不独无颜对朕，其何以对天下？"④ 桂良等又想用在上海换约的办法，以阻止外使进京，也为英、法代表所拒绝。

其实，决意北上进京换约，是英、法侵略者的既定方针。1859年初，英国政府派普鲁斯为驻华公使，法国政府派布尔布隆为驻华公使，同于6月2日离开香港北上。据巴黎《祖国报》所刊法国使团秘书夏瑟龙的一封来信称："英国使团的离开其性质就完全不一样，看上去不那样怀有和意。事先预见到事态的发展，普鲁斯先生也就决定用他所拥有的一切手段进入北京，……他由两艘大型帆舰、三艘小型帆舰、两艘报信兵船以及九只炮艇护送，除舰上人员外，还随带了一千五百人的登陆部队。"⑤ 所以，这两位公使于6月7日到上海后，根本拒绝与桂良等会面，只是共同商量下一步如何行动。普鲁斯对布尔布隆说："假如要有麻烦的话（我们应该对此有所准备），那末不如就直截了当地去找上这些麻烦，甚至可以说最好事前就去挑起这些麻烦。"⑥ 其不惜使用武力威胁之心昭然若揭。布尔布隆心领神会，当即表示"在任何情况下都和他站在一起"，并保证说："一旦冲突发生，我们的旗帜就应该和英国的旗帜在一起飘扬。"他们还共同商定将挑起战端的决定权

---

① 《廷寄》，《筹办夷务始末》（咸丰朝）卷三一，第1173页。
② 《桂良等奏连日与各国会议条约万不能动折》，《筹办夷务始末》（咸丰朝）卷三二，第1184页。
③ 《桂良等奏洋务办理棘手各国不肯罢弃条约折》，《筹办夷务始末》（咸丰朝）卷三二，1189页。
④ 《廷寄》，《筹办夷务始末》（咸丰朝）卷三二，第1191页。
⑤ 《第二次鸦片战争》（丛刊六），第190页。
⑥ 科尔迪埃：《一八六〇年中国之征》，《第二次鸦片战争》（丛刊六），第191页。

交给英国舰队司令贺布海军少将,因为只要他"认为打开通向天津的道路确系切实可行的话,那末我们就只有把所有事情都委托给他,除此以外就没有别的选择了"①。英、法侵略者蓄谋挑起第二次大沽口之战,它的发生在所难免了。

6月中旬,普鲁斯、布尔布隆由上海起碇北航,直赴大沽口外。美国新任驻华公使华若翰也随同北上,以期一起进京换约。先后到达大沽口外的英国军舰有20艘,法国军舰有2艘。如下表②:英国舰队载炮174门,有官兵2 000余人;法国舰队载炮50余门,有官兵数百人。另有美国"托依旺"号等3艘舰艇,也随同来到。

咸丰皇帝见英法联军再次压境,欲演去年故事,只得应允如期在京换约,但规定外国换约人员须走北塘,到天津静候,不准执持军械,至多不过20人之数。降旨派员谕知:"惟大沽海口不能行走,设竟无理闯入,以致误有损伤,中国不任其咎。"③由直隶总督恒福派易州知州李同文送照会给普鲁斯,但得到的答复是:"定行接仗,不走北塘。"④英、法侵略者在蓄意寻衅,这是再清楚不过的了。对此,马克思专门在《纽约每日论坛报》上发表了一篇题曰《新的对华战争》的评论文章,指出:"既然天津条约中并无条文赋予英国人和法国人以派遣舰队驶入白河的权利,那末非常明显,破坏条约的不是中国人而是英国人,而且,英国人预先就决意要在规定的交换批准书日期以前向中国寻衅了。"⑤

---

① 《布尔布隆致函外交大臣》,《第二次鸦片战争》(丛刊六),第191页。
② 参见茅海建:《第二次鸦片战争中清军与英法军兵力考》,《近代史研究》1985年第1期,第203页。按:表中阿尔及林号以下9艘浅水蒸汽炮艇船员自37人至60人不等,马力自40匹至80匹不等。
③ 《廷寄》,《筹办夷务始末》(咸丰朝)卷三八,第1441页。
④ 《恒福奏洋人骄傲寻衅请派大员办理折》,《筹办夷务始末》(咸丰朝)卷三八,第1456页。
⑤ 《马克思恩格斯选集》第2卷,人民出版社,1972年,第46页。

国别	舰名	舰类	火炮（门）	舰员	马力（匹）
英国舰队	切撒皮克号	蒸汽巡洋舰	51	520	400
	高飞号	蒸汽护卫舰	21	240	250
	巡洋号	蒸汽炮舰	16	165	60
	魔术师号	蒸汽炮舰	16	220	400
	纳罗姆号	蒸汽炮舰	6	120	180
	鸬鹚号	蒸汽炮舰	8	98	200
	富利号	明轮蒸汽炮舰	8	160	515
	科罗曼德尔号	明轮蒸汽炮舰	5	60	150
	负鼠号	浅水蒸汽炮艇	5	48	80
	阿尔及林号	浅水蒸汽炮艇	3	—	—
	庇护号	浅水蒸汽炮艇	3	—	—
	巴特勒号	浅水蒸汽炮艇	3	—	—
	佛里斯特号	浅水蒸汽炮艇	3	—	—
	鸺鸟号	浅水蒸汽炮艇	3	—	—
	欧掠鸟号	浅水蒸汽炮艇	3	—	—
	杰纽斯号	浅水蒸汽炮艇	3	—	—
	茶隼号	浅水蒸汽炮艇	3	—	—
	高贵号	浅水蒸汽炮艇	3	—	—
	协助号	蒸汽运兵船	6	118	400
	海斯坡号	蒸汽供应舰	5	54	120
法国舰队	迪歌拉号	蒸汽巡洋舰	50	—	—
	诺尔札加拉号	浅水蒸汽炮艇	—	—	—

但是，英、法侵略军并不曾料到，大沽口炮台的防御形势已经今非昔比了。自《天津条约》签订和英法联军南撤后，巡防王大臣惠亲王绵愉奏称："现在夷船业经退出，其天津海口一带，急应妥为布置，以防后患。"① 于是，咸丰皇帝派科尔沁亲王僧格林沁和署直隶总督、礼部尚书瑞麟前往天津，布置海口防务。瑞麟于7月18日抵天津，22

---

① 《绵愉等奏酌裁前路官兵天津海口可否令僧格林沁布置折》，《筹办夷务始末》（咸丰朝）卷二八，第1052页。

日到海口查勘，见南北两岸炮台全被联军拆毁，只剩断壁颓垣，认为亟须修复。同时根据天津全郡绅商联名禀请，建议复设天津水师。奏云："查直隶海口水师，自道光元年裁撤之后，现在海口大沽两营，仅止额设陆路弁兵一千六百余名，本形单薄。历年防堵，均系临时征调，现在海氛未靖，设或再有警报，仍复仓猝调度，既虑缓不济急，且调来陆路之兵，于防海亦不得力。思患预防，因时制宜，惟有复设水师，方可捍卫海疆。"他的计划主要有以下三点：一是"请设立水师二千名，步兵八百名，马兵二百名，统共三千名，除海口大沽两营原设弁兵一千六百余名抵补外，计增兵一千三百余名"；二是"请旨敕下闽、广两省督抚，抽调大号战船艇船各二只，配带炮械，酌派熟谙海洋将弁二员，精健水兵各四十名，管驾前项战船艇船，星速赴直，借资教演"；三是"由津招募熟习水性土著乡民，补足兵额，交该提督逐日训练，出洋演习，期成劲旅"。① 此计划得到了咸丰皇帝的批准。

僧格林沁奉旨后，先在通州督造大炮，迄于8月下旬，由水路运赴天津大小炮40门，以备海口各炮台应用。随后，他本人于8月23日移营赴津，28日前往大沽海口查勘，发现旧炮台"均已倾颓残缺，炮台下挡潮拦水坝，亦经冲汕［涮］坍没"，于是决定将其改修加固："炮台仍在原地基建立，拦水坝亦须照旧修整。但原旧炮

僧格林沁

台高止丈余，诚恐受敌，必须增高三丈四丈五丈不等，并宜加宽培厚，方资巩固致远。炮台下随墙，亦须安设大炮，以备近击。"② 到11月

---

① 《瑞麟奏请复设天津水师以重海防折》，《筹办夷务始末》（咸丰朝）卷三〇，第1112页。
② 《僧格林沁等奏查勘双港及海口炮台工程折》，《筹办夷务始末》（咸丰朝）卷三〇，第1110页。

17日，历时3个多月，重建的大沽两岸炮台终于竣工，并由4座增至6座。重建后的大沽炮台形势，正如僧格林沁所奏："海口南岸炮台三座，高自三丈至五丈不等；北岸炮台二座，一高三丈，一高五丈，均经次第兴工。竖立桩木，安设炮台口，周围坚筑堤墙，沿墙修盖土窖，密布炮门枪眼，堤外开挖濠沟，并置木栅，联成巨筏，以扼海口要隘。又于北岸石头缝地方，添设三丈高炮台一座，以为后路策应。"① 每座炮台驻兵400名。并设游击、都司、守备等官共6员，分驻6座炮台。又每炮台设千总以下官弁8员，随营操防。同时还在口内鸡心滩设置了木筏和铁戗，以防敌人突袭。在僧格林沁的督率下，"各营官兵，排列队伍，演放炮位，严密设防"②。大沽炮台的攻守力量大大加强。

英、法侵略者既坚持不走北塘，要以舰队沿海河上驶，武装护送进京换约，便于6月17日派船驶入鸡心滩内，声称"允以三日为期，令将海口安设木筏铁戗等项均行撤去"③。18日午后风雨陡作，数艘英船在傍晚乘风涛黑暗之中，拽倒拦江铁戗4座，内有一艘轮船被铁戗刺伤而搁浅。20日，直隶总督恒福派员上英舰晓谕，英方仍要求撤去铁戗木筏，否则即自行搬运，以便进船。21日，联军又派小艇驶至炮台前，经守军拦阻，临退走时又提出将拦河铁戗等物撤去。所有这些无理要求，皆遭到守军的拒绝，于是英国舰队司令贺布决定用武力"打开通向天津的道路"了。据一位英军参战者的记述："二十一日，法国和美国舰队到达我们的停泊地点。从此到二十四日全从事于战争行动的准备，以便一当我们沿河上溯遭到攻击时能加以应付。……中国人提出普鲁斯先生访问北京应经由北塘的建议被拒绝，由于贺布舰队司令命令为普鲁斯先生开辟一条经由白河到达天津的航道，我们着

---

① 《僧格林沁等奏双港海口等处竣工绘图呈览折》，《筹办夷务始末》（咸丰朝）卷三二，第1199~1200页。
② 《钦差大臣僧格林沁奏英船如蜂拥而至即奋力截击折》，《第二次鸦片战争》（丛刊四），第41页。
③ 《僧格林沁恒福奏英船已抵海口俟三日后派员谈判折》，《筹办夷务始末》（咸丰朝）卷三八，第1427页。

手于二十五日执行这些指示。"①

自英国舰队先行集结于大沽口外以来，每天派有"火轮船八九只，在铁戗外游驶，意在乘间闯入。屡在船桅用千里镜打看，止见营垒数座，不见炮位官兵"。只得再派舢板就近侦探，"每到河边，必询炮位多少，铁戗铁练［链］木筏之外，有无别项物件"。然亦不得要领。因为炮台守军在直隶提督史荣椿和大沽协副将汝龙元的督率下，早就有所戒备，"饬令官兵在暗处瞭望，炮台营墙不露一人，各炮门俱有炮帘遮挡，白昼不见旗帜，夜间不闻更鼓"②。

参加进攻大沽炮台的英法联军舰艇共12艘，其中英国炮艇11艘，即"欧掠鸟"号、"杰纽斯"号、"鸤鸟"号、"鸬鹚"号、"庇护"号、"茶隼"号、"巴特勒"号、"纳姆罗"号、"负鼠"号、"佛里斯特"号和"高贵"号，法国军舰1艘，即"迪歇拉"号。英军参战官兵约1100人，其中有海军登陆部队600人③；法军参战官兵100余人，其中有海军登陆部队60人。④ 美国舰队司令达底拿海军准将竟高喊着"血浓于水"，命令美舰"依托旺"号帮助联军进攻。⑤

在发动进攻之前，贺布制定了攻击和登陆的计划：炮艇都停靠抛锚在铁戗以下不远的地方，成梯形横过河面，离炮台平均距离大约800码。海军陆战队留在帆船上，以备登陆之用。工兵们则分散在各个炮艇上，作为射击炮眼的狙击手，这种特种部队的每一个小队，都要配备各式各样的工具准备上岸时使用，而每支登陆的分遣队都必须携带这样的一套设备。进攻的头一个目标是冲过横江铁链，在炮台上

---

① 费舍：《在中国服役三年的个人记述》，《第二次鸦片战争》（丛刊六），第195~196页。
② 《僧格林沁恒福奏英人等到津后两方情形折》，《筹办夷务始末》（咸丰朝）卷三八，第1439页。
③ 《卫三畏给W·F·威廉士教士的信》，《第二次鸦片战争》（丛刊六），第215页。
④ 参见《布尔布隆致函外交大臣》及雷尼著《在华北和日本的英国武装力量》，《第二次鸦片战争》（丛刊六），第102、215页。
⑤ 丁韪良：《中国六十年》，《第二次鸦片战争》（丛刊六），第216页。

方占据一个位置，这样可以展开正面纵射，并制造机会从背面攻取。此后，准备海军陆战队登陆以获得胜利。①

根据这一计划，贺布先于6月24日午夜派舢板驶入铁戗内，用炸炮轰断拦河大铁链两根。守军未予还击，随即仍将铁链接系牢固，照旧横拦河面。25日拂晓，又派几艘炮艇去破坏铁戗木筏，但当时还在涨潮，好不容易才到达指定地点，由于海潮汹涌激荡，而且木筏造得十分坚牢，"一连搞了几个小时，却怎么也拔不掉它们，于是只得宣告放弃这个打算"②，等待潮汐的变化。在这几小时内，炮台守军仍自岿然不动。

这天为夏历五月二十五日，午后两时左右正是完全落潮的时间，贺布见潮汐转变了，必须立即行动，下令吹响号角，"水手被召集起来，炮弹上了膛，'负鼠'号驶行到前面。她悄悄地靠近铁戗，用大缆索套紧其中的一个，倒转引擎开驶，拖着铁戗离开，把它放到一边，然后放下浮标以标帜所开辟的通道"③。接着又连续拖走其他铁戗。关于当时的详细情形，僧格林沁、恒福奏称："该夷火轮船十余只，排列铁戗口门外，又傍南岸炮台下，驶入火轮船三只，直逼铁戗。旁以数人凫水，用丝绳系铁戗前柱，而引其端于该夷船尾，另以一船轮回曳之，一二小时之久，拉倒铁戗共十余架。其排列多船皆竖红旗，立意启衅用武。"但炮台守军"仍复隐忍静伺"，"派员持天津道照会前往晓谕，该夷不准投递"，只得中途返回。④

大约到下午3时，战斗开始打响。那么，是谁开的第一炮呢？许多英国人的记述比较含混，但有一点是相同的，即在字里行间都隐约

---

① 费舍：《在中国服役三年的个人记述》，《第二次鸦片战争》（丛刊六），第196页。
② 《两个世界杂志的年鉴》第9期，《第二次鸦片战争》（丛刊六），第209页。
③ 费舍：《在中国服役三年的个人记述》，《第二次鸦片战争》（丛刊六），第197页。
④ 《僧格林沁恒福奏洋船先行开炮我军回击折》，《筹办夷务始末》（咸丰朝）卷三八，第1445页。

地指出是中国守军先开的炮。如称："通过第一障碍物的航道现在被清理干净了，'负鼠'号带路，紧随在后的是'鸻鸟'号，船上悬挂着舰队司令贺布的旗帜。接着，我们猛烈地对横江铁链冲去，但被挡回来。挂在炮眼前面的草席升起来了，先仅是一两发炮弹越过我们，随之便激烈迅速地射向我们。"① 按照这一说法，英国炮艇只是猛烈地冲，却没有开炮。再如称："他（贺布）遂下令全体人员就餐并于一时半下达攻击信号。炮艇刚开始攻击第一道障碍物，炮台的炮眼就顿时全打开了，这支小小的舰队遂遭到打得准且又打得猛的炮火的袭击。"② 而按照这一说法，英国炮艇虽然开始攻击，也并未开炮。但是，僧格林沁等的报告则正好相反："该夷……竟将合船蜂拥直上，冲至第二座炮台，直撞铁链，两次皆被拦截，不能径越。该夷即开炮向我炮台轰击，我军郁怒多时，势难禁遏，各营大小炮位环轰叠击。"③ 明确指出中国守军是在忍无可忍的情况下被迫还击的。究竟以何者为是呢？当时亲临目睹这场战斗的美国传教士丁韪良揭开了这个谜底："大约午后三时，炮艇开了进来并开始炮击。顿时两岸的土垒上闪过一道又一道的火光，除稍有间歇外炮击一直持续到夜幕的降临。"这就证实是英国炮艇先开炮，随后炮台守军才还击。他还着重指出："战火重起，大家都责难中国人说是他们的背信弃义挑动了这场战争。然而他们又有什么过错呢？他们不过是阻拦通往未被开放的城市的去路而已。难道联军公使又有权乘轮船前去天津吗？他们根本没有千方百计地想通过任何条款来获得这一权利。不仅因为他们打了第一枪［炮］，所以是侵略者，在整个事件中他们也都是错的。"④

---

① 费舍：《在中国服役三年的个人记述》，《第二次鸦片战争》（丛刊六），第198页。
② 《两个世界杂志年鉴》第9期，《第二次鸦片战争》（丛刊六），第210页。
③ 《僧格林沁恒福奏洋船先行开炮我军回击折》，《筹办夷务始末》（咸丰朝）卷三八，第1445页。
④ 丁韪良：《中国六十年》，《第二次鸦片战争》（丛刊六），第216~217页。

战斗开始后，双方展开了激烈的炮战。"该夷炮势如雨，向我轰击，炮子之大，有重五六十斤者，火箭炸炮，络绎齐施，幸炮营围墙深厚，尚足抵御。而各炮台口门，适当夷船，与之相对轰击。"① 交战不久，贺布便发现自己的处境十分不利。美国舰队司令达底拿在给海军部长托塞的信中有这样的一段记述："中国人炮火的命中是这样致命地熟练，而且完全集中于英国舰队司令座舰以及最邻近他的船只。由于他的旗舰已进退无力而水兵又受重创，他把旗舰的标帜转移到另一艘舰艇上，但这一艘舰只遭受到像前一只舰只的命运，他再一次将标帜旗转移给'鸬鹚'号，这是一条很大的运输汽艇。这时，炮火仍然集中于这位英勇的司令的标帜旗上。到达下午4时，他的好几艘舰艇已被击沉，我看得很清楚，除去了后备的小艇和帆船上的人员外，他已经无法逃脱并退出这场绝望的战斗了。"②

经过一个小时的炮战，联军损失惨重。据僧格林沁等奏称："与该夷接仗，共火轮船十三只，我军轰击，有直沉水底者，有桅杆倾倒不能移动者，仅有火轮船一只驶出拦江沙外，余皆受伤不能撑驾。"③ 一位参加战斗的英国军人也承认："从一开始就很清楚，和我们交手的不是一般的中国炮兵。他们的炮火无论就其炮弹的重量来讲，或就其射击的准确来讲都达到了这样的水平，以致参加过中国战役的人，很少有人，我甚至可以断定没有一个人在以前曾经领教过。"④ "负鼠"号行驶在前，首先受到炮火打击，伤亡一片。炮台火力又集中于其后的英国旗舰"鸻鸟"号，使其受到更严重的打击。舰长拉桑海军少校、舰队司令部参谋官凯南上尉和英国驻华远征军司令部联络官麦肯

---

① 《僧格林沁等又奏查明接仗情形请恤阵亡将弁折》，《筹办夷务始末》（咸丰朝）卷三八，第1448页。
② 《泰晤士报》1859年10月25日。见《第二次鸦片战争》（丛刊六），第211页。
③ 《僧格林沁等又奏查明接仗情形请恤阵亡将弁折》，《筹办夷务始末》（咸丰朝）卷三八，第1448页。按：引文中"共火轮船十三只"应包括美舰"依托旺"号。
④ 香港《中国邮报》1859年7月22日。见《第二次鸦片战争》（丛刊六），第203页。

纳上尉立时毙命。舰队司令贺布也身负重伤,"只能一动也不动地盯着这一死亡的场面,眼睁睁地看着他最勇敢的水兵们一个接一个地躺在他的脚下"。这时,"鸼鸟"号甲板上呈现出一幅"可怕的图画":"在一片废墟中,炮舰上堆满了死人和伤员,他们最后的呻吟声也全都消失在震耳欲聋的大炮声中。在放在前面的六八号炮的周围全是一堆人肉。炮手已换了好几批,由于敌人打得很准确,且又持续不断,所以这门大炮简直是全都泡在炮手们的血污中了。对于这样一场力量悬殊的战斗会有什么样的结果,自己不容怀疑。"① 在"鸼鸟"号的40名船员中,只有一人得以无伤幸免。② 旗舰终因伤重搁浅,贺布只得弃舰而走,逃到"鸬鹚"号上去。

但"鸬鹚"号的处境也并不妙。随着督旗的转移,炮火又集中到"鸬鹚"号上。美国舰队司令达底拿海军准将冒着纷飞的弹丸乘汽艇去慰问贺布,当靠近"鸬鹚"号之际,一阵枪炮打来击中汽艇,其舵手被打死,旗舰的副舰长受伤,好不容易才登上"鸬鹚"号。他看到贺布在甲板上,筋疲力尽的样子,"情景可怕极了,后者则准备送入医院,因为所有能打仗的人都在忙着开炮无暇他顾"③。于是不敢久留,赶紧返回"托依旺"号。不一会儿,"鸬鹚"号也和"鸼鸟"号一样,被击伤搁浅了。据一位参加战斗者记述,英国其他舰艇想奋力救护搁浅的"鸼鸟"号和"鸬鹚"号,"但是它们不断受到敌人的炮击,所以我们所有的尝试都成为无效的,最后它们还是被炸掉了"。④

除"鸼鸟"号和"鸬鹚"号外,"庇护"号也被击中要害,立沉河底。"茶隼"号则被击毁。其他参战舰艇受伤轻重不等,无一瓦全。

---

① 德巴赞古:《远征中国和交趾支那》,《第二次鸦片战争》(丛刊六),第217~218页。
② 《卫三畏给W·F·威廉士教士的信》,《第二次鸦片战争》(丛刊六),第216页。
③ 《卫三畏日记》,《第二次鸦片战争》(丛刊六),第207页。
④ 费舍:《在中国服役三年的个人记述》,《第二次鸦片战争》(丛刊六),第202页。

当时正在贺布身边的法国"迪歇拉"号舰长特里古海军中校见此情景,知取胜绝无希望,不如及早撤退,向贺布建议道:"我们看来是冲不过去了,这样打下去是没有出路的。就看看你的周围吧!"① 贺布虽明知水上进攻已告失败,但不肯认输,还想孤注一掷,派海军陆战队登陆,以挽回败局。因为按照贺布的想法,在此紧要关头,需要利用"登陆部队精神抖擞和渴望求战的情绪",以考验"对手在肉搏方面的勇气"。他认为,是到这样的时刻了。"曾看到很多中国人抵抗的情况——顽强而且固执,直到他们看到你是不开玩笑的,他们才不可思议地屈服下来。"② 因此坚信在面对面的近战搏斗中,中国官兵定会弃营落荒而逃的。

下午 5 时,贺布发出了登陆作战的命令。参加登陆作战的法军陆战队为 60 人,由"迪歇拉"号舰长特里古海军中校亲任指挥官;英军陆战队为 600 人,由勒蒙上校任指挥官,并担任联军登陆部队的总指挥。本来,贺布考虑,实施攻击的舰艇均已丧失战斗力,从陆上攻占炮台是唯一挽回败局之法。但是,联军官兵很快地发现,这是一次"再糟糕也没有的了"的作战。由于作为后备的大部陆战队都在远离炮台的海口,"待在射程外的沙船中。决心使用他们已在午后太晚的时候,但是却没有办法把他们都运过来,唯一能越过栅栏的船只或者已经沉没,或者都已搁浅"③。在美国舰队司令达底拿的帮助下,派"依托旺"号拖曳装载预备队的船只,他们才得以投入登陆的战斗。

英、法海军陆战队的登陆作战开始了。按照贺布的命令,联军陆战队分乘舢板 20 余只,"径行拢泊南炮台河岸,该夷步队一并上

---

① 德巴赞古:《远征中国和交趾支那》,《第二次鸦片战争》(丛刊六),第 217 页。
② 费舍:《在中国服役三年的个人记述》,《第二次鸦片战争》(丛刊六),第 197、199 页。
③ 雷尼:《在华北和日本的英国武装力量》,《第二次鸦片战争》(丛刊六),第 214 页。

第二章　清政府试办海军

岸"①，企图先夺取南岸三座炮台。但他们迎来的却是猛烈的射击。据英国侵略兵的自述："载满着水手和水兵的小船用桨划着驶向河岸，到了那里大家才发觉原来这是一片泥泞之地，要在上面前进的确非常困难。同时炮台又重新开火，给进攻者带来可怕的伤亡。"② "就在第一只船刚靠岸的时候，突然砰地一声，又有一炮从炮台上打来，顿时炮弹、霰弹、枪弹和火箭从南岸所有的炮台里打来，如雨而下，一下子就把我们刚登陆的打倒了十几个。"③ "一部分部队作为散兵向前推进，而其他人则挣扎搬运云梯和便桥来备作跨过沟壕之用。对于这些人，敌人的炮火特别集中，他们遭受到很大的损失。我们必须跨过的泥淖地的广度是约五百码到六百码之间，它深及踝部，跨越费劲，上面有些孔穴，……泥浆特别深而软，许多人跌倒在这些孔穴中，搞得步枪塞满了泥浆。"④ "登陆的人只有百来个才能达到三道又大又深的水壕中的第一道；只有在泥泞中艰难地跋涉上几百步后，这一小批勇士才得以到达水壕的前面。而这一小批人中能使武器和弹药保持上干燥可用的人却勉强只有二十来个。……但是所有带来的梯子除了一个以外，都被炮弹打坏或陷在泥里。结果还是有十个奋不顾身的人带着唯一的梯子冲向前去，其中三个人立即被子弹所击毙，五个人身负重伤。"⑤

在炮台守军的坚决抗击下，联军登陆部队死伤累累，寸步难行，只得下令隐蔽到天黑涨潮时撤退。这时，指挥官勒蒙上校被弹所伤，并有多名军官被打死。到傍晚10时撤离时，"在登陆的军官中至少有

---

① 《僧格林沁恒福奏洋船先行开炮我军回击折》，《筹办夷务始末》（咸丰朝）卷三八，第1445页。
② 《两个世界杂志的年鉴》，《第二次鸦片战争》（丛刊六），第210页。
③ 香港《中国邮报》1859年7月22日。见《第二次鸦片战争》（丛刊六），第204页。
④ 费舍：《在中国服役三年的个人记述》，《第二次鸦片战争》（丛刊六），第200页。
⑤ 香港《中国邮报》1859年7月22日。见《第二次鸦片战争》（丛刊六），第204~205页。

四分之三的人不同程度地身负重伤。不过在撤退的时候，损失的人可能比前进的时候还要多；因为中国人放出焰火就能准确地知道我们这些蹒跚而行、筋疲力尽的究竟在什么地方，所以就像打鸟一样地把他们一个一个地都打倒。就是在来到河边的时候，情况也不见得好转，因为许多船只都给轰成了碎片，剩下的几艘再也容纳不下全部的幸存者。有些人试着逃跑，然而却给淹死；还有很多的人为了能在小船上占一个位置，只能在没到脖子的水中等上一个多小时。由于炮台的火力依然很猛，所以即使到这时候他们也无法全部脱险，有几只满载伤员的小船在划向军舰的时候都被击中沉没"①。直到6月26日凌晨1时，联军登陆部队的幸存者才全部撤离南岸。

在这次几近一昼夜的激战中，中国炮台守军打得坚决、机智而又勇敢。守将直隶提督史荣椿、大沽协副将龙汝元奋勇督战，指挥得力。当时，史荣椿驻守南岸炮台，龙汝元驻守北岸炮台，"奋勇先登，亲燃巨炮，击中夷船，英夷凶焰正炽，炮火横飞。二公酣战多时，有请回帐少息者，辄大声叱之"。遂先后不幸中弹捐躯。"诸将感二公之义，无不以一当百，枪炮连环，声撼天地。"② 鏖战之际，都司奇车布以下4名官员及弁兵32名，"并以接仗奋不顾身，中炮阵亡"③。以较少的牺牲换来了这次重大的胜利。

至于联军方面，所付出的代价却相当惨重。"鸬鹚"号、"庇护"号和"䴗鸟"号3艘炮艇被击沉，"茶隼"号被击毁，其他进入河口的舰艇或搁浅或受伤。登陆部队也遭受重创。"沿河夷尸堆积，除该夷拉运上船外，尚余一百数十具，并洋枪四十一杆，及随枪器具夷人什物多件。又有三［舢］板船三只，闲入浅滩，内夷兵一人蹲伏船

---

① 香港《中国邮报》1859年7月22日。见《第二次鸦片战争》（丛刊六），第205页。
② 高彤皆纂：《天津县新志》卷二四，《碑刻三》。见《第二次鸦片战争》（丛刊一），第615、617页。
③《僧格林沁等又奏查明接仗情形恤阵亡将弁折》，《筹办夷务始末》（咸丰朝）卷三八，第1448页。

内，为我军擒获，并由滩岸生擒夷兵一名。"① 据统计，英军死伤464人，法军死伤14人，共计478人。② 其伤亡数是中国守军的12倍半。战斗结局使侵略者不得不承认这次进攻计划是完全错误的："现在搞清楚了，除了进入一条河道外，要想让一艘舰艇靠近岸边，即使在涨潮的情况下，靠近这一带海岸的任何地方，这都将是不可能的。"③

第二次大沽口之战是以英、法侵略者的彻底失败而告终。自第一次鸦片战争以来，这是中国军队进行海口保卫战所取得的最大的一次胜利。之所以能够获得如此重大的胜利，其原因也主要有四：

其一，这次中国守军打的是有准备的仗，而且准备得比较充分。自第一次大沽口之战后，清政府接受失败的教训，派僧格林沁办理海防，"昼夜辛勤，殚诚竭虑"，"又亲至海口驻扎，与士卒誓同甘苦，风雨无间"，"所有木筏铁链等件，层层布置"④，极大地改善了大沽海口的防御设施。具体负责大沽南北岸炮台重修工程的史荣椿和龙汝元，工作极端认真，"此次办理海防，巨细经理，未尝一刻休息，所以能办有成效。"⑤ "凡相度形胜之地，创造攻守工具，选练士卒教习战阵，无不尽美。"⑥ 特别是在战与抚的界限方面，清政府做出了明确的规定。先是僧格林沁提出，若"决裂情形已露，自未便专恃羁縻"，并向朝廷建议："若仍俟闯入内河，已入咽喉重地，再行观衅而动，则毫无把握，必至如去岁所堕诡计。似宜以拦江沙内鸡心滩为限，虽仍应遵旨派员往谕，然即须加倍提防。设竟闯入鸡心滩，势不得不憼以

---

① 《僧格林沁等又奏查明接仗情形请恤阵亡将弁折》，《筹办夷务始末》（咸丰朝）卷三八，第1447页。
② 《两个世界杂志的年鉴》第9期（1858—1859），《第二次鸦片战争》（丛刊六），第210页。按：关于此役联军的伤亡数字，其他个人的记述很不一致，《年鉴》所引应该是最后综合和核实的数字。马克思在《新的对华战争》一文中所引用的数字，也与此相同（见《马克思恩格斯选集》第2卷，第42页）。
③ 费舍：《在中国服役三年的个人记述》，《第二次鸦片战争》（丛刊六），第202页。
④ 《恒福奏洋人骄傲寻衅请派大员办理折》，《筹办夷务始末》（咸丰朝）卷三八，第1456页。
⑤ 《僧格林沁等又奏查明接仗情形请恤阵亡将弁折》，《筹办夷务始末》（咸丰朝）卷三八，第1448页。
⑥ 《双忠祠记》，《第二次鸦片战争》（丛刊一），第616~617页。

兵威，只可鼓舞将士，奋力截击，开炮轰打。"① 咸丰皇帝肯定了僧格林沁的意见，"若竟恃其船多，一拥而前，直入鸡心滩，则是有意寻衅，亦不能不慑以兵威，惟在僧格林沁相机酌办"②。这就排除了"衅自我开"的顾虑，使前敌统帅有了掌握战机的主动权。故当联军显露决裂之势，于其发起进攻之初，即能当机立断，不再迟疑，勇敢回击。正如恒福奏称："该夷于二十五日连樯而来，向内直驶，迭开大炮，意欲抢上炮台。此时若再迟疑，则炮台营垒悉非我有，又蹈上年覆辙。"③ 所言极是。这是第二次大沽口之战清军能够获得大捷的关键所在。

其二，军民团结一致，士气旺盛，官兵上下一心，抗敌意志坚定，在这次大沽海口保卫战中表现得十分突出。本来，海口水师就是采纳天津全郡绅商禀请而复设的。天津城乡人民痛恨英、法侵略者，大力支持军队抗战，"均各欢欣鼓舞，馈送饼面食物，于矢石交下之时，运赴营盘，络绎不绝"④。许多绅商毁家纾难，或"捐修海口土垒，并营门外大道"，或报效银两、火药，或备办羊、饼慰劳前敌，或"采买米石，解送大营，以助军粮"⑤，这便极大地鼓舞了官兵的抗敌意志。史荣椿、龙汝元等将领"身先督战，奋不顾身"⑥，兵弁"均能一往无前，异常奋勇"⑦，士气十分高涨。正如僧格林沁所说："此次接仗一昼夜之久，各军奋力堵御，战气百倍。"⑧ 如果没有旺盛的士气和抗敌的坚强决心，是不可坚持下来并赢得这次胜利的。

---

① 《僧格林沁奏复陈筹备机宜折》，《筹办夷务始末》（咸丰朝）卷三五，第1337页。
② 《廷寄》，《筹办夷务始末》（咸丰朝）卷三五，第1338页。
③ 《恒福奏洋人骄傲寻衅请派大员办理折》，《筹办夷务始末》（咸丰朝）卷三八，第1456页。
④ 《恒福又奏天津民团办理情形片》，《筹办夷务始末》（咸丰朝）卷三九，第1480页。
⑤ 《天津夷务实记》，《第二次鸦片战争》（丛刊一），第528、534~535页。
⑥ 《僧格林沁等又奏查明接仗情形请恤阵亡将弁折》，《筹办夷务始末》（咸丰朝）卷三八，第1449页。
⑦ 《恒福奏两盟官兵出力开单请奖折》，《筹办夷务始末》（咸丰朝）卷三九，第1476页。
⑧ 《僧格林沁等又奏查明接仗情形请恤阵亡将弁折》，《筹办夷务始末》（咸丰朝）卷三八，第1448页。

其三，战术运用得当，军事技术精熟，各军配合默契，对取得这次大沽海口保卫战的胜利起了重要的保证作用。当战斗打响之前，联军屡次挑衅，中国将领则立意"恣该夷之骄，而蓄我军之怒"，"仍复隐忍静伺"①。不仅如此，炮台守军还很好地掩蔽起来，使敌人难窥虚实。据联军连日用望远镜观察所得的印象："在一段时间内，大沽炮台静悄悄的；它的炮眼都用席子盖得很好，远远望过去一个炮口都看不到，城墙上也看不到一个士兵。"②"所有炮台像怪物似地沉睡在沙岸上，听不到它们的一点声音，也看不到什么旗帜。"③甚至当6月25日英舰去移动铁戗时，仍然"没看到有什么动静，也很少看到有人还在活动，许多人于是都认为炮台已撤离一空"④。造成了极大的错觉。所以，当贺布下令开始攻击时，炮台的炮眼全部打开，猛烈开火，将联军打得措手不及，损失惨重。⑤而且守军的火力又猛又准，更是出乎侵略者的意料之外。"中国炮手的炮打得既有技巧，且又非常准确，我们的海军以前和他们交锋的时候从来没有看见过这样的情况。"⑥"几乎它所有的炮弹都是算准了距离的。"⑦连布尔布隆也承认："所有战役的参加者和目击者均认为，从战斗开始到结束，中国人在瞄准射击和操炮方面已足以和训练有素的欧洲军队相媲美。"⑧尤其是当联军实行登陆作战之际，各炮台"大小炮位环轰迭击"⑨，步队"排列濠沟以外，击退夷众，力保营盘"，马队"于枪炮如雨之中，往来驰突，

---

① 《僧格林沁恒福奏洋船先行开炮我军回击折》，《筹办夷务始末》（咸丰朝）卷三八，第1445页。
② 《两个世界杂志的年鉴》第9期（1858—1859），《第二次鸦片战争》（丛刊六），第209页。
③ 费舍：《在中国服役三年的个人记述》，《第二次鸦片战争》（丛刊六），第197页。
④ 丁韪良：《中国六十年》，《第二次鸦片战争》（丛刊六），第216页。
⑤ 《两个世界杂志的年鉴》第9期（1858—1859），《第二次鸦片战争》（丛刊六），第210页。
⑥ 雷尼：《在华北和日本的英国武装力量》，《第二次鸦片战争》（丛刊六），第214页。
⑦ 香港《中国邮报》1859年7月22日。见《第二次鸦片战争》（丛刊六），第204页。
⑧ 《布尔布隆致函外交大臣》，《第二次鸦片战争》（丛刊六），第219页。
⑨ 《僧格林沁恒福奏洋船先行开炮我军回击折》，《筹办夷务始末》（咸丰朝）卷三八，第1445页。

连环枪炮，轰毙极多"①，齐心协力，配合默契，以落后的军事器械打败了装备优良的敌人。不仅如此，特别值得称道的是，守军还做了进行夜战的准备。据僧格林沁报告，当6月25日入夜后，联军陆战队在南岸"藏匿苇间"，"伏地抢进，不辨远近"，守军难以瞄准射击，因备有火弹喷筒，"每火光一亮，瞥见该夷，即排施枪炮，对准开放，该夷术穷力尽，不敢恋战，向船逃窜"②。可见，正是在战术准备上充分而周密，故能临战应付裕如，指挥有条不紊，终于克敌制胜。

其四，联军指挥官骄傲轻敌，贸然进攻，因而招致失败。对此，时人多有论述。如僧格林沁认为："该夷此次之败，率因骄满欺敌。其意以为炮台营垒，唾手可得，水战失利，继以步卒。是该夷不信中国敢于一战。其轻视官兵，至于如此。"③ 所论是也。当时，英法联军中"唯一能对军事问题作出判断的"是贺布，他坚信将"稳操胜券"④。在发动攻击之前，"他满脸得意洋洋，神气非凡，因为他的预见马上就要兑现"⑤。在他的影响和感染下，联军官兵中间充满了盲目乐观的情绪，都认为不会遇到真正的抗击。所以，当他们开始破坏铁戗时，看到"炮台内的中国人还是沉寂如死"，虽然感觉"一切看上去似乎静寂得可疑"，却根本"没有意识到……将遭受袭击"。舰艇在水上作战失利后，当贺布下达登陆作战的命令时，陆战队官兵竟发出了"饱满和清脆的欢呼声"⑥，"都很热烈地响应，每一艘满载兵员的船只都争先希望第一个到达岸边"。因为他们认为胜利正在等待着他们的到来。正像一个侵略兵自白那样："我相信在这时候舰队没有一

---

① 《恒福奏两盟官兵出力开单请奖折》，《筹办夷务始末》（咸丰朝）卷三九，第1476页。
② 《僧格林沁等又奏查明接仗情形请恤阵亡将弁折》，《筹办夷务始末》（咸丰朝）卷三八，第1447页。
③ 《钦差大臣僧格林沁为天津筹防事致军机处王大臣函》，《第二次鸦片战争》（丛刊四），第260页。
④ 《布尔布隆致函外交大臣》，《第二次鸦片战争》（丛刊六），第191页。
⑤ 德巴赞古：《远征中国和交趾支那》，《第二次鸦片战争》（丛刊六），第217页。
⑥ 费舍：《在中国服役三年的个人记述》，《第二次鸦片战争》（丛刊六），第197、200页。

个人会怀疑，我们很快就能取得胜利。"① 在骄傲轻敌思想指导下所制定的作战方案，必然带有极大的盲目性。正如薛福成指出："是役也，英人狃于往岁海口之无备，且窥见台中炮力轻弱，未知我增置大炮也，贸然轻进。迨我炮击坏数船，洋兵相顾愕眙，心手瞀乱，纵炮弩击，多不能中。海潮方上，易进难退，仓卒不能出口。而我台瞭击敌船，蔑不中者，是以获捷。"② 因此，骄傲轻敌，贸然进攻，应该是联军惨败的最主要的原因。

在中国近代反侵略战史上，大沽海口保卫战的胜利是非常光辉的一页，是应该大书而特书的。但是，我们必须看到，从中外形势的全局看，这只是一次局部性的胜利，并不能从根本上扭转敌强我弱的局面，也不能以此来否定早已发生的中国海防危机的严重性。所以，这一战斗的结局，对敌我双方来说，自然都有其必然性，但其中却包含着更多的偶然性。正由于此，英、法才会决定继续策划更大规模的侵华行动。

四　英法联军第三次北犯与大沽炮台再次陷落

英法联军在大沽海口遭到惨败的消息传到欧洲后，在伦敦和巴黎都掀起了一阵"大规模报复"的喧嚣。英国首相巴麦尊致函外交大臣罗素说："我们要派一支陆海军武装部队攻占北京，赶走中国皇帝，把我们的全权使节驻扎在那里，这是最适当的措施。"③ 巴麦尊派的报纸《每日电讯》甚至鼓吹："如果采取更大胆的政策，则应该在夺取北京以后永远占领广州。我们能够像占有加尔各答那样把广州保持在

---

① 香港《中国邮报》1859 年 7 月 22 日。见《第二次鸦片战争》（丛刊六），第 204 页。
② 薛福成：《书科尔沁忠亲王大沽之败》，《第二次鸦片战争》（丛刊一），第 598 页。
③ Palmerston to Russell, 12th. Sept. 1859. 转引丁名楠等：《帝国主义侵华史》第 1 卷，人民出版社，1987 年，第 151 页。

自己手里，把它变为我们在远东的商业中心，……并奠定新领地的基础。"① 法国政府也不甘落后，其外交大臣华勒夫斯基伯爵上奏拿破仑三世，也提出在战争赔款之外，还要"乘此千载良机从即将到来的远征中捞取另一种性质的好处：这就是在中国领土上获得某个据点，以使我们的军舰和商船在将来得在我们旗帜的保护下，在那里停泊和得到庇护"②。尽管英、法两国在出兵计划方面存在分歧，但共同的利益将它们拴到了一起，决定继续组织联军侵华。于是再次分别任命额尔金和葛罗为特命全权代表，并以格兰特陆军中将和孟托班陆军中将为远征军总司令。

到 1860 年夏，英国海军在华舰艇达 79 艘，并雇用船只 126 艘，地面部队总兵力为 20499 人，其中包括炮兵 2000 名，骑兵 1000 名，工兵 400 名；法国海军舰艇达 40 艘，地面部队总兵力为 7632 人，其中包括炮兵 1200 名。③ 在强大的英法海军舰队兵锋所指下，中国海上藩篱竟成虚设。到 5、6 月间，联军先后占领了大连湾和烟台港，并以此为进攻的前进基地。

最初，在联军海陆军将领举行的一次军事会议上，曾"决定部队应在白河右岸登陆"④。后又决定改为分两路实行登陆，即在英军从北塘登陆的同时，法军从白河右岸（大沽海口南岸）登陆。为此，孟托班中将特遣两名中国基督教徒送密信给北京法国大主教穆利，要求他提供有关大沽炮台的准确情报。穆利复信告知，中国人"把所有的防务手段都集中在白河入口处"，并且，"在大沽要塞遍布大炮，而大沽要塞的所有炮眼又都是朝着大海"。还进一步建议说："中国人只作过

---

① 马克思：《新的对华战争》，《马克思恩格斯选集》第 2 卷，第 43 页。
② 科尔迪埃：《一八六〇年中国之征》，《第二次鸦片战争》（丛刊六），第 237 页。
③ 茅海建：《第二次鸦片战争中清军与英法军兵力考》，《近代史研究》1985 年第 1 期，第 205 页。
④ 夏尔·德米特勒西：《中国战役日志（1859—1861）》上卷，《第二次鸦片战争》（丛刊六），第 270 页。

一种推测：联合舰队将强行通过。至于派一支军队在海岸某处登陆，然后再从背后进攻要塞的可能性，他们甚至连想都没想过。"① 穆利所提供的军事情报，引起了这位总司令的高度重视。

于是，孟托班便特派舰队司令官布古阿海军上校、远征军参谋长斯米兹陆军中校亲自率领一批海陆军校官和尉官，前往勘察。因为"这一次勘察具有十分重要的意义：它是关系到部队究竟应该在什么地方登陆和究竟登陆或不登陆的问题"。根据过去的侦察报告，若从大沽海口南岸登陆，只要穿过一片水深刚及步兵踝骨的泥泞地带，就会进入各兵种都可通过的坚实地段。而这次勘察的结果却推翻了此前的报告，认定："要使炮队、车辆、战地医院和马匹在白河右岸进行登陆是不可能的；而且即使部队能到达中国海滩，那么要海军进行供应也是完全不可能的。"② 正是由于这次勘察的结果，孟托班才同格兰特达成协议，决定法军不从白河右岸登陆，改为在北塘与英军会师。

那么，为什么联军要选择北塘作为登陆的地点呢？首先，北塘为清政府专门指定的英、法公使登陆进京换约的地点，并且曾降谕直隶总督恒福，如英、法代表迳抵北塘，"称欲进京换约，不肯遽言用兵，或投递文书，该督亦不必拒绝"③。因此，联军正在"进京换约"的合法名义掩盖下，轻而易举地占领北塘。甚至到联军从登陆北塘以后，其部队遇见清军，仍然可以打出"白旗一面，上书'免战'二字"④，以进行蒙混，使清军不敢制止，对之无可如何。其次，联军曾对北塘河进行过周密的勘察，认为尚可有选作登陆地点之处。据侦察军官报告：河口在涨潮时约有 3.048 米深，能通行吃水较浅的船只；沿河上

---

① 德里松伯爵：《翻译官手记》，《第二次鸦片战争》（丛刊六），第 268 页。
② 夏尔·德米特勒西：《中国战役日记（1859—1861）》上卷，《第二次鸦片战争》（丛刊六），第 270 页。
③ 《廷寄》，《筹办夷务始末》（咸丰朝）卷五三，第 2015 页。
④ 《某人给酝卿信》，《第二次鸦片战争》（丛刊一），第 660 页。

溯4.8279公里，除捕鱼场以外别无障碍物，即可在此右岸登陆；上岸后要经过近200平方米的积水黏土地带，再走过一片长达300多平方米的比较结实的淤泥地带，然后就到了坚土地段。由于没有更理想的地段，因此认为选择此处作为登陆地点，尚算差强人意。① 复次，关于从北塘到大沽一线清军的设防情况，联军不仅已从穆利主教的密报中得其概略，而且还从俄国公使伊格纳切夫那里得到了他亲口说出的重要情报。② 这样，联军对大沽北岸炮台后路的布防情况了如指掌，完全掌握了战争的主动权。最后，也是最为重要的一条，就是北塘根本没有设防。这也正是穆利建议的主旨所在。基于以上诸种原因，联军选择北塘作为登陆地点，从军事的角度看，应该是最佳的作战方案。

清军北塘撤防，不仅是一个严重的军事错误，而且也是一个严重的政治错误，为世人所诟病。然其故何在？北塘在宁河县境，距大沽30里，旧有炮台7座，因长期废置，迄于第二次鸦片战争时，"各炮存放炮台，日久飘零并无遮盖，铁炮均已长锈，火门膛口间有损伤"，"炮架车辆多有破烂"③，而且"炮台土垒，均被水冲刷，日久未修"。1859年春，直隶提督史荣椿前往北塘查勘，认为该处"地势险要，亟宜设法驻守"④。直隶总督庆祺采纳史荣椿的建议，决定重新修葺。由僧格林沁派察哈尔都统西凌河统带提标官兵500名在海口驻守。后又增派通永镇标兵300名，北塘营本标兵300名。4月间，英、法决意要进京换约，僧格林沁提出换约代表须由北塘登陆到津，再乘船至通州，得到了咸丰皇帝的批准。同时，另有谕示，设若英、法舰队驶至大沽

---

① 布隆代尔：《一八六〇年远征中国记》，《第二次鸦片战争》（丛刊六），第269页。
② 德里松伯爵：《翻译官手记》，《第二次鸦片战争》（丛刊六），第271页。
③ 《春保给酝卿信》，《第二次鸦片战争》（丛刊一），第629页。
④ 《庆祺奏遵查沿海情形请敕修葺炮台防守大沽口折》，《筹办夷务始末》（咸丰朝）卷三五，第1302~1303页。

口外，务要"随机应变，与之羁縻"①。在这种情况下，僧格林沁考虑在北塘安炮屯兵，深恐洋兵上岸滋扰，易启衅端，因此奏请："在北塘、芦台适中之营城地方，两岸另建立营垒，紧赶修筑炮台，一俟竣工，即将北塘安设炮位移往，并将现扎北塘之兵移扎该处。"② 6月中旬以后，英、法军舰麇集大沽口外，情况紧急，既遵旨令英、法移泊北塘，"由此进口，自应撤后以示不疑"。因此，"除酌留兵丁数十名看守两岸炮台，其余前项官兵与一应炮位，均令星速撤往营城驻扎"③。此北塘撤防之由来也。

大沽海口大捷后，在清廷内部"抚驭怀柔"主张更为抬头。6月27日，即大沽海口大捷的第三天，咸丰皇帝接到僧格林沁的胜利捷报后，深恐"夷情狡悍，来图报复"，便谕令直隶总督恒福，俟普鲁斯来到，"设法开导"，"冀其悔悟转圜，以全抚局，此事如有可乘之机，恒福等切不可失，是为至要！"④ 其急迫之情溢于言表。于是，恒福单衔复奏，极言"抚驭怀柔，为历来御夷之策"，提出："目前大局，夷人既经挫折，稍敛凶锋，若派员赶紧来津，专办和议，或能办理较易。"⑤ 此奏正投合咸丰皇帝的心思，立即发出廷寄，虽肯定僧格林沁"亲督官兵，奋力轰击，使该夷大受惩创，尚属调度有方"，但又警告说："惟驭夷之法，究须剿抚兼施，若专事攻击，恐兵连祸结，终无了期，不如乘此获胜之后，设法抚驭，仍令就我范围，方为妥善。……该大臣必能深悉此意，惟恐各官兵因此次获胜，总以攻剿为是，致误大局。"谕令恒福驻扎北塘，"专办抚局"⑥。所谓"剿抚兼

---

① 《廷寄》，《筹办夷务始末》（咸丰朝）卷三五，第1338页。
② 《僧格林沁等奏拟在营城修筑炮台以备不虞折》，《筹办夷务始末》（咸丰朝）卷三七，第1381页。
③ 《僧格林沁恒福奏英人等到津后两方情形折》，《筹办夷务始末》（咸丰朝）卷三八，第1440页。
④ 《廷寄》，《筹办夷务始末》（咸丰朝）卷三八，第1449~1450页。
⑤ 《恒福奏洋人骄傲寻衅请派大员办理折》，《筹办夷务始末》（咸丰朝）卷三八，第1455、1457页。
⑥ 《廷寄》，《筹办夷务始末》（咸丰朝）卷三八，第1459页。

施"，实际上是以"抚"为主，而且北塘又成为"专办抚局"之地，那么还要不要在此设防呢？由此而引发了一场长达数月的争论，其结果关系时局的发展至巨，是不可置而不论的。

争论最初发生于1859年7月。先是兵部尚书全庆对北塘撤防提出异议，对"我之精锐，现只聚于大沽，旁无应援，后无拥护"的情形表示忧虑。指出："闻北塘一带亦颇空虚，彼正多方以谋之，我不悉力增兵以应之，仅恃海上一军，当其非常凶燄，万一有他，何以善其后乎？"① 不久，山西道监察御史陈鸿翊亦奏请严防北塘，谓英、法虽受重创，然"自必变计而思逞"，"阴令步队由北塘上岸，阻我营城之兵，不得过河援应，因而南趋大沽北炮台后路"。② 建议将北塘撤至营城的部队和大炮，仍旧移驻北塘。这才引起咸丰皇帝的重视，提醒僧格林沁，"北塘为大沽北炮台后路，应如何安设炮位拨调防兵之处，不可稍涉大意"③。僧格林沁复奏，认为北塘"限于地势不能设守"，而目下的布置仍是采取"留为虚步，远设防维"之法："北塘炮台内，暗设火器，以为埋伏"；北则于营城赶修炮台营垒，将北塘炮位防兵全数移至营城，以"截其由水陆北窜之路"；"又于西南大沽迤北之新河地方，派拨马队官兵扎营驻守，截其由水路分窜。该夷如敢由北塘上岸，以袭大沽北炮台后路，新河防兵足资扼截"。④ 咸丰皇帝对此防御计划也表示满意，称其"布置事宜，亦属周密"⑤。

北塘撤防之举既然与朝廷醉心于抚局而采取羁縻政策密切相关，其责任自然不能完全由僧格林沁一人来负。但作为前敌最高统帅，未能盱衡形势，特别是在大沽海口大捷之后，当朝议纷纷多以北塘撤防

---

① 《兵部尚书全庆等奏请乘胜挫凶以控和议之局折》，《第二次鸦片战争》(丛刊四)，第135页。
② 《陈鸿翊奏请敕严防北塘折》，《筹办夷务始末》(咸丰朝)卷四二，第1607页。
③ 《廷寄》，《筹办夷务始末》(咸丰朝)卷四二，第1608页。
④ 《僧格林沁奏复陈北塘不能设守实在情形折》，《筹办夷务始末》(咸丰朝)卷四二，第1616页。
⑤ 《廷寄》，《筹办夷务始末》(咸丰朝)卷四六，第1731页。

为忧之时，仍不亟思改弦更张，采取补救之策，僧格林沁是不能辞其咎的。以此，时人批评他"狃于大沽之捷"①，"事多专决，尤不知用兵"②，不是没有道理的。大沽之捷后，僧格林沁名重朝野，颂声四起，因之骄傲轻敌思想严重地滋长起来。他既不知彼也不知己，认为："其英、佛二夷挫败后，意图报复，势所必然，然越七万里滋扰中国，非处万全，必不肯轻动，若再惩创一次，则其势亦不能复振。"③ 两江总督何桂清译出西文报纸，将"佛国一意主战""英夷用兵之意已决"的消息上报朝廷后，他竟嗤之以鼻，断言"均不可信"④。根据他的分析，大沽以北海岸"均系淤滩，炮台上一望即在目前，该夷船只不能隐伏，登岸不得地利，似可无虑；惟南岸地方较远，兼之汊河数处，地势曲折，……均可登岸，或抄截炮台后路，或扑犯大沽村庄"。因此错误地将海口南岸确定为防御的重点。在他看来，敌人从大沽南岸登陆，"此夷策之上者"；或谓从北塘登陆，"恐未必出此下策也"。⑤ 不仅如此，他还过高地估计了马队在这场近代战争中的作用，认为联军若从北塘登陆推进，正便于"施可兜击之术"⑥，"我军马队随地可以截击，该夷岂能驰骤自如"。更为狂妄的是，他向朝廷夸下海口："夷船一至，各营将士势必勇气奋发，定欲再挫贼锋，使该夷片帆不返！"⑦ 并声称："河内布置，似已严密，夷船断难闯入；陆路马步官兵练勇，足资抵御，设使该夷马步万余，我兵迎剿兜拿，必握胜算。"甚至奏请敕下何桂清等："向该夷明言直告，沿海马步官兵虽不甚多，

---

① 陈衍纂：《闽侯县志》卷六八，《列传五上·林寿图》，1931年刊本。见《第二次鸦片战争》（丛刊一），第619页。
② 赘漫野叟：《庚申夷氛纪略》，《第二次鸦片战争》（丛刊二），第5页。
③ 《僧格林沁奏办理抚局当刚柔相济折》，《筹办夷务始末》（咸丰朝）卷四〇，第1522页。
④ 《僧格林福奏查新闻纸所载均不可信又津沽布置并俄使南下各情折》，《筹办夷务始末》（咸丰朝）卷五一，第1914~1915页。
⑤ 《僧格林沁恒福奏遵筹海防布置事宜折》，《筹办夷务始末》（咸丰朝）卷四六，第1727~1728页。
⑥ 《僧格林沁奏复陈北塘不能设守实在情形折》，《筹办夷务始末》（咸丰朝）卷四二，第1616页。
⑦ 《僧格林沁恒福奏遵筹海防布置事宜折》，《筹办夷务始末》（咸丰朝）卷四六，第1728、1730页。

尚称精锐，如该夷登岸接仗，情愿与决一战。"① 似此盲目自信，刚愎自用，"识者早已料其必败也"②。

局势的发展正与僧格林沁之所料恰恰相反，联军并未从大沽南岸登陆，而是采取他所认为的"下策"，舰船连樯驶向北塘而来。1860年8月1日下午两时，英军11000余名，法军6700名，开始从北塘河口登陆，并占据村庄。8月2日，咸丰皇帝谕示恒福，"不可因海口设防严密，仍存先战后和之意"，"总须以抚局为要"。③ 僧格林沁根据朝廷旨意，命令马队"遥为屯扎"，即使英、法直扑大沽或竟犯天津，"总俟离北塘较远，再为截剿，不得先行迎击，使该夷有所借口"④。

8月3日清晨，即咸丰皇帝降旨"总须以抚局为要"的第二天，联军2000人由北塘村南行10里，进行试探性的攻击。清军马队意其攻扑营垒，整队抵御。联军忽放大炮，清军马队迅速展开，将其包围，并开枪还击。在枪炮相互射击中，英、法军各有8名受伤，清军马队兵弁受伤3名，马伤数匹。相持至中午，清军因奉命"只许迎敌，未许进攻"⑤，不敢猛攻，联军遂退回北塘村。据一位参战的法国军官记述："通过第一次交锋，我们就可以作出如下的判断，即假如说骑兵武装得并不好，因为手头只有弓箭、腰刀、长矛和很少几支枪的话，他们都并不缺乏无可争辩的勇气，并且很熟练地驰乘［骋］着他们的马匹。"⑥

直到此时，清廷还对和平了结争端抱有莫大的希望。咸丰皇帝谕

---

① 《僧格林沁等又奏津沽布置情形无妨明告洋人片》，《筹办夷务始末》（咸丰朝）卷四六，第1730~1731页。
② 赘漫野叟：《庚申夷氛纪略》，《第二次鸦片战争》（丛刊二），第5页。
③ 《廷寄》，《筹办夷务始末》（咸丰朝）卷五五，第2053页。
④ 《僧格林沁恒福奏洋船至北塘登岸占据村庄已给美照复折》，《筹办夷务始末》（咸丰朝）卷五五，第2054页。
⑤ 《恒福致美使照会》，《第二次鸦片战争》（丛刊四），第451页。
⑥ 德里松伯爵：《翻译官手记》，《第二次鸦片战争》（丛刊六），第271页。

令恒福,一面与美国公使华若翰继续保持联系,托其从中调处;一面直接照会英、法,"不必提上年打仗之事,但告以汝等此次即到北塘,足见真心和好,有意换约而来,如愿照米国之例进京换约,必代为转奏,俟奉旨允准,即可由此北上;佛国照会内,告以上年尔国并未助英国打仗,大皇帝深为嘉奖,此次来此北塘换约,更可永敦和好"①。但是,华若翰复照称,从中调处,"奈实系不能"②;英、法则无回复。咸丰皇帝仍不死心,再次谕令恒福:"该夷并无动静,未必非候我给与照会,借此转圜,此机断不可再失。"并告诫说:"倘再贻误事机,致令大局决裂,惟恒福是问!"③ 恒福只好派佐领定安亲持一照会送至英舰,询以何时复照,亦无明确答复。直到8月11日,恒福才收到英国全权大臣额尔金的照会,内称:"似此不能不有动兵之祸,虽本大臣亦以为可惜,而来文并无贵国改意必定尽约之语,本大臣何得咨行水陆二军中止?"④ 分明告知要大举进兵了。

果然,8月12日,即额尔金复照的第二天,联军便向新河发起了进攻。新河位于北塘西南,仅一路可通,相距约30里,驻有清军马队官兵近2000名。是日拂晓,联军1万余人整队顺大路向南进发,至中途又分为两翼:英军步兵第一师、全部法军及所有骑兵担任右翼;英军步兵第二师担任左翼。上午9时,清军马队见联军进逼,遂主动出击,"其意图是很明显的,就是要切断联军右翼,把它完全分割开来,然后从两方面把它赶到沼泽地带去"⑤,加以歼灭。清军马队一直冲到距联军炮队100多平方米的地方,由于敌人的炮火炽烈而准确,无法长时间地支撑下去,只得后撤。据僧格林沁奏报:"该夷炮车数十辆,

---

① 《廷寄》,《筹办夷务始末》(咸丰朝) 卷五五,第2055页。
② 《美使华若翰给恒福照会》,《筹办夷务始末》(咸丰朝) 卷五五,第2063页。
③ 《廷寄》,《筹办夷务始末》(咸丰朝) 卷五五,第2065页。
④ 《英使额尔金给恒福照会》,《第二次鸦片战争》(丛刊四),第460页。
⑤ 夏尔·德米特勒西:《中国战役日志(1859—1861)》,《第二次鸦片战争》(丛刊六),第272页。

继之以火箭,一齐并发,马匹惊惶,兼之连日大雨,遍地积水,仅有一线道路,马队不能抄击,万难支持。"① 清军马队伤亡 600 余人②,退向塘沽,联军遂占领新河。

8月14日凌晨4时,联军5000余人拔营继续前进。6时,由猎兵、水兵和工兵共4个连组成的先头部队抵达塘沽近郊。其主力部队亦随后赶到。塘沽与大沽相距8里,白河横亘其间,为大沽炮台后路,最为紧要,守兵原有2000人,由副都统克兴阿统率。新河被占后,清廷曾严谕克兴阿"扼守壕沟,不准稍有松懈"③。然敌我强弱悬殊,难以抵御。当联军逼近塘沽时,停泊于白河北岸的清军水师船只立即发炮,试图从侧翼进行猛烈射击以阻止联军前进。联军炮队回击。双方炮战约半小时,师船大炮始停止射击。7点30分,联军先用大炮猛轰,继以炮火掩护步兵,向塘沽发起总攻。清军官兵奋力抵御,死伤甚重。据一位目击当时情景的法国军官记述,在清军阵地上"堆满了人和马的尸体","中国的炮手们都勇敢地战死在自己的炮位上"。④ 战至上午9时半,守军终于不支,退向后路,联军又进占了塘沽。

新河、塘沽既失,大沽北岸炮台的后路完全暴露于敌锋之前,形势岌岌可危。清廷愈加慌张,更加紧了议抚的活动。咸丰皇帝获悉新河已失,当即传谕:"恒福办理抚局,责无旁贷,不得因业经接仗,遂置抚局于不问,著仍遵前旨,迅速照会该酋,设法转圜,以顾大局,是为至要!"⑤ 并一面督催恒福照会英、法使臣,告以和好之意;一面派西宁办事大臣文俊、武备院卿恒祺到天津,以便伴送英、法公使进

---

① 《僧格林沁恒福奏洋人攻扑新河我军退守唐儿沽折》,《筹办夷务始末》(咸丰朝)卷五五,第2080~2081页。
② 《英夷和议纪略》,《第二次鸦片战争》(丛刊二),第465页。
③ 《廷寄》,《筹办夷务始末》(咸丰朝)卷五五,第2081页。
④ 德里松伯爵:《翻译官手记》,《第二次鸦片战争》(丛刊六),第275页。
⑤ 《廷寄》,《筹办夷务始末》(咸丰朝)卷五五,第2082页。

京换约。到8月18日，额尔金和葛罗分别照复，内容则完全一致，提出罢兵的两个条件：一是"必将河口左右炮台占取，俾得河道通畅，使本大臣直抵津城荡平之路"；一是"务将二月间去文内开各条，一概准切实可凭之据"。① 所谓"二月间去文"，指的是上海英商秉承普鲁斯之意所拟八条，其中除《天津条约》"不能更改一字"外，还有"带兵至大沽口外驻扎""带兵一二千至天津府城候旨""撤大沽之防"各条。当时，咸丰皇帝即认为："显系借此要挟，乘间滋扰，岂可为其所愚？"② 而目前时势危迫，恒福主张接受其条件，"使其得有颜面，可以回国，或可冀其息兵就范"。咸丰皇帝始觉"战机已决，挽回无术"，然仍"希其万有一得，以不改前年原约为钓饵"③。于是谕令文俊、恒祺照会英、法公使，略谓：《天津条约》"既经定议在先，自应即照上年米国之例，进京互换和约，以敦和好"；至本年二月所定各条"俟来京会晤派出之钦差大臣后，如所言均在情理之中，亦无不可商办也"④。这样含糊其词的答复，当然不会满足英、法侵略者的要求和贪欲。

在与英、法公使照会往来的同时，清廷也开始做应付联军进攻的准备。8月14日塘沽失守的当天，僧格林沁奏称："现在南北两岸，惟有竭力支持，能否扼守，实无把握。京畿一带，防守极关重要，伏乞皇上迅派重兵，以资守卫。"⑤ 尽管如此，他仍以"与大沽炮台共相存没"自誓。恒福则认为，联军必占大沽炮台，"海口一失，天津必不能保，京城必致震动"，"与其大沽炮台为该夷所踞，莫若先行撤

---

① 《英使额尔金给恒福照会》，《第二次鸦片战争》（丛刊四），第490页。
② 《廷寄》，《英商所拟条款单八条》，《筹办夷务始末》（咸丰朝）卷四八，第1813~1814页。
③ 《恒福又奏可否俯准英国所请各款片》，《筹办夷务始末》（咸丰朝）卷五六，第2105页。
④ 《军机处即照会英使来京换约》，《筹办夷务始末》（咸丰朝）卷五六，第2110页。
⑤ 《僧格林沁恒福奏洋兵攻唐儿沽我军退回现在竭力支持折》，《筹办夷务始末》（咸丰朝）卷五五，第2083页。

防",因此建议朝廷:宜令僧格林沁马步官兵"保卫京城,根本既固,则设法议抚,亦可变通转圜"①。此时此刻,咸丰皇帝主要担忧的不是大沽炮台之是否失陷,而是京城的安全问题。他也真怕僧格林沁死守炮台以身殉职,特颁朱谕:"天下根本,不在河口,实在京师,若稍有挫失,总须带兵退守津郡,设法迎头自北而南截剿,万不可寄身命于炮台。切要!切要!以国家倚赖之身,与丑类拼命,太不值矣!"并颇动感情地谕告:"今有朱笔特旨,并非自己畏葸,有何顾忌?若执意不念大局,只了一身之计,殊属有负朕心。握管不胜凄怆,谆谆特谕,汝其懔遵!"②怡亲王载垣等王大臣也联名致函规劝:"此时敌势方盛,断难力御,须筹缓兵之法,以期计出万全。该夷如再来攻扑,似无妨我军先竖白旗,并遣人告以:中国与该夷等,于上年业经议和,何可迭次用武?现在大皇帝已派有钦差前来议事,即日可到。至王爷为国家柱石,人望所系,断不可计较一时之胜败。……万不可因小有挫折,遂致轻于赴难,是为至要!"③在此关键的时刻,僧格林沁和恒福的态度迥然不同:僧格林沁"总欲扼守两岸炮台,使该夷在海外就抚,否则惟有一死相拼";恒福则坚持"先撤大沽之防",因此建议朝廷将僧格林沁调往通州一带,"一俟僧邸走后,徐图撤防"。④这正符合咸丰皇帝的心意,于是特寄僧格林沁加急密谕:"万一事机紧急,该大臣总当恪遵朱谕,断不可固执己见,谅该大臣必能仰体朕心,勿专以大沽为重,置京师于不顾,孰轻孰重,又何待朕屡次谆谆训谕也。"⑤怡亲王载垣等也再次驰书僧格林沁:"王爷乃国家柱石之臣,

---

① 《恒福奏京师吃紧宜令僧格林沁保卫京城折》,《筹办夷务始末》(咸丰朝) 卷五五,第 2088 页。
② 《朱谕》,《筹办夷务始末》(咸丰朝) 卷五五,第 2083~2084 页。
③ 《怡亲王载垣等致僧格林沁兵退府城与恒制军熟商守御之策函》,《第二次鸦片战争》(丛刊四),第 469~470 页。
④ 《直隶总督恒福致军机处王大臣请令僧王前往河西务一带布防函》,《第二次鸦片战争》(丛刊四),第 472 页。
⑤ 《廷寄》,《筹办夷务始末》(咸丰朝) 卷五六,第 2094 页。

中外倚以为重。京师为根本重地，与〈其〉徒守海口，何如近卫神畿？前日钦奉朱谕，谆谆训诫，固不可宣露，致令人心摇惑，然至事机紧急之时，亦必当钦遵办理。"[1] 在这种情况下，僧格林沁仍坚持到大沽北岸炮台失守以后，才从南岸退走。这就是僧格林沁撤离大沽的背景。或指责他的西撤是为了"自保身命"[2]，这是不够公平的。

正当清廷和战不定之际，联军已做好了进攻大沽炮台的准备。8月20日早晨，联军派英国驻上海领事巴夏礼，在司令部几位参谋的陪同下，乘马到大沽北岸炮台面见直隶提督乐善，要求守军投降。乐善拒绝了侵略者的无理要求，并下令巴夏礼等人离开炮台。

先是在8月14日联军攻占塘沽后，曾根据法军总司令孟托班将军的建议：将所有军需物资集中于新河和塘沽，在新河和南岸大小梁子之间的河面上架起一座300平方米的桥；一旦桥梁架起，联军便兵分两路，一支先过桥占领南岸炮台，另一支则攻取北岸炮台。但是，"由于潮水涨落和河边土质关系所产生的某些困难，要指望在几天内就能架好，显然也是办不到的"[3]。于是，英军总司令格兰特将军提出一个新的作战计划：首先进攻离塘沽仅600米的石缝炮台，然后再借助于炮艇的配合，沿北岸去攻打第二座炮台；一旦北岸炮台完全占领，就趁夜间拔除附近的障碍物以清除河道，使炮艇得以绕到南岸炮台的背后，与派往南岸的登陆部队协同作战。虽然孟托班感到这个方案有某些不足之处，还是表示了同意。最后共同决定以8月21日为总攻之期。

8月21日凌晨5时，联军在两国海军炮艇炮火的配合下，以攻城炮开始向石缝炮台猛轰。石缝炮台守军在背腹两面遭到炮火的攻击下，

---

[1]《怡亲王载垣等为保卫京师致僧格林沁函》，《第二次鸦片战争》（丛刊四），第483页。
[2] 赘漫野叟：《庚申夷氛纪略》，《第二次鸦片战争》（丛刊二），第6页。
[3] 布隆代尔：《一八六〇年远征中国记》，《第二次鸦片战争》（丛刊六），第278页。

坚持发炮还击。这时，位于其东南侧的北岸土炮台也用炮火进行支援。双方展开了一场激烈的炮战。据一位法国侵略兵在信中写道："法国和英国的炮队持续地、密集地、猛烈地进行轰击；他们拼命地干，相互竞争，并且在准确性上互比高低。另外，两国海军的炮艇也在旁助威。中国人有力地进行回敬，特别是他们使用了英国人在第一次攻打时所遗留下来的口径大且又准确性高的大炮，所以还击得很不错。"炮战持续了近3个小时。战到8时，"炮台的火药库陆续爆炸，其声如雷，盖过一切。然而中国人却依然坚持着，不过他们的炮火却稀疏下来"①。这时，炮台上只剩下唯一的一门大炮还可使用，唯一的一个还活着的炮手仍在继续发炮轰击敌人。据联军参战者的记述："在离要塞三十五公尺的地方，可以看到某个人在操纵着这门大炮。这个勇敢的人把背贴在地上，钻到大炮下面去，就这样装好炮弹，然后再站起来开炮。只要还没被我们的子弹打中，他就又重新开始这种奇怪的操作方法。"②

火药库爆炸使石缝炮台丧失了应有的攻防能力，成为它未能坚守的一个重要原因。据僧格林沁奏报："该夷马步万余名，全力攻扑石缝炮台。提督乐善督带官兵，奋力攻击，各炮台亦开炮策应，已将夷人击退。惶乱之际，被该夷炸炮将我北岸炮台及石缝炮台药库燃着，烟气迷漫，官兵不能看视，该夷舍命回扑，以致失陷。"③ 由于炮台护墙被炸开了一个缺口，联军遂趁炮火稀疏的时机，以英国纵队在左翼，法国纵队在右翼，向炮台发起了冲锋。这时，僧格林沁见敌攻甚急，知不可守，便檄令乐善暂退。乐善对使者说："速归告王，炮台存，

---

① A·阿尔芒：《出征中国和交趾支那来信》，《第二次鸦片战争》（丛刊六），第284页。
② 保尔·瓦兰：《征华记》，《第二次鸦片战争》（丛刊六），第283页。
③ 《僧格林沁奏洋兵攻石缝炮台失守拟扼守通州以固京师折》，《筹办夷务始末》（咸丰朝）卷五六，第2124页。

乐善生。"① 他抱定必死的决心，要与炮台共存亡了。

面对蜂拥而来的敌人的冲锋，炮台守军在乐善的指挥下同仇敌忾，坚决抗御。他们置生死于度外，全力进行自卫。"在进行这场了不起的保卫战的时刻，可以说已是和对手进行着面对面地厮杀，他们利用了一切手头现有的东西：他们把云也似的密箭射向攻城者；企图用长矛刺穿那些站在云梯顶端的人，或者手扔圆弹想砸死那些攻城的人。"② 当时，有一位参加战斗的法国军官，目击这种悲壮的场面，在日记里这样写道："假如说，进攻者的一方是勇猛的话，那末防御者一方也是够英勇的。中国人在打完他们的最后一颗子弹后，就拿起了石头，并且把所有手里的东西都往水兵们的身上扔去。他们真是值得赞赏的。"③

当联军冲锋部队越过重重障碍物进入炮台之后，守军官兵又纵身扑上前去，同敌人进行肉搏。他们身边仅有的武器大都是极其原始的，连敌人看了都觉得惊奇不已："那又是一些什么样的武器啊！有一些是弯把子的火绳枪，样子古里古怪的，式样老透了，使用既不方便，也没有杀伤力，其中大多数都涂上了一层红颜色；还有一些则是弓、弩、标枪和几把坏刀。我们经常问自己，用这样的武器，他们又怎能给我们带来这么大的危害呢？对于我们说来，致命的倒不是他们的武器，而是他们拼死拼活干的精神。他们就像在古代围城时那样，用双手把我们站满水兵的云梯推开。他们把自己的火枪、圆炮弹、我们自己炮弹的残片以及还有石头，都扔在我们的身上。所有被指派去防守城墙的人都英勇战死在自己的岗位上。"④ 这场肉搏战足足持续了1个

---

① 高彤皆纂：《天津县新志》卷一八，《吏政四》。见《第二次鸦片战争》（丛刊一），第610页。
② 德巴赞古：《远征中国和交趾支那》，《第二次鸦片战争》（丛刊六），第281页。
③ 德里松伯爵：《翻译官手记》，《第二次鸦片战争》（丛刊六），第282页。
④ 德里松伯爵：《翻译官手记》，《第二次鸦片战争》（丛刊六），第282~283页。

小时，守军大部分牺牲，乐善自杀殉国。

石缝炮台被敌攻陷后，北岸其他两座炮台的守军仍"以难以描述的勇猛精神，寸土必争地进行防御"①，直至最后陷落。

长时期以来，中国的封建统治者推行闭关政策，以"天朝上国"自居，视其他国家为"裔"，把自己完全封闭起来，妄自尊大，故步自封，还自以为得计，根本不想去了解中国以外的世界。第一次鸦片战争时期，以林则徐为代表的先进中国人开始睁眼看世界，认识到"船坚炮利"乃西洋"长技"，为中国所无，应该学习，从而推动了海防运动的兴起。然而，在封建统治者内部，封闭观念根深蒂固，他们满足于现状，只求苟安于一时，不思进取，从而导致这场海防运动昙花一现似的夭折了。虽山河已非，但朝政依旧。中国在落后的道路上继续地滑下去。因此，到第二次鸦片战争时，中国将士只能靠极其陈旧甚至相当原始的武器，来抵御联军近代化武器的进攻。在大沽北岸炮台的保卫战中，守军几乎是以血肉之躯与装备精良的敌人拼搏，其艰苦卓绝的无畏气概虽赢得了敌人的赞叹，却无可避免地都一一倒在敌人的枪弹之下。战斗结束后，联军"在炮台内找到了包括司令官在内的成千具的尸体"②。可知清军伤亡在1000人以上。当然，联军也为此付出了相当的代价，法军伤亡200人，其中死40人，伤160人；英军伤亡200余人。在联军伤亡的400多人当中，轻伤者只占一半。"共有两百人，其中包括六名法军军官和十七名英军军官，或被击毙，或身负重伤，躺在堡垒的斜堤和城墙上。"③

大沽北岸炮台失守后，恒福决定实施南岸炮台撤防的计划。他以

---

① 布隆代尔：《一八六〇年远征中国记》，《第二次鸦片战争》（丛刊六），第281页。
② 布隆代尔：《一八六〇年远征中国记》，《第二次鸦片战争》（丛刊六），第280页。
③ 格朗登少校：《一八五九年法国人在意大利的战役，以及法国人在中国、叙利亚、印度支那的战役》，《第二次鸦片战争》（丛刊六），第287页。

"南岸炮台势孤,万难扼守",向僧格林沁历述钦奉谕旨,力劝其"统带防兵即日起程,退守通州一带,保卫京师",切勿"邃蹈危险,以期仰慰圣怀"。① 僧格林沁见南岸炮台确实"万难守御",而且守也无补大局,唯有遵旨行事,"酌量撤退,扼要防守"②。当天傍晚 7 时,僧格林沁遵照怡亲王载垣来函所嘱,传饬各营"竖立免战白旗"③,然后统带马步各军西撤。此举得到了咸丰皇帝的肯定:"夷氛猖獗,炮台虽不能守,而马步官军为数不少,该大臣等现拟酌量退撤,再图决战,实能顾及大局,闻之稍慰!"④

僧军西撤后,联军又派巴夏礼同 5 名英、法军官到大沽南岸炮台,劝恒福下令投降。巴夏礼要求交出炮台和所有武器弹药,方可不用武力攻取。因已有谕旨到营:"至大沽炮位军火不少,并著恒福将可以运回者,即行搬运;其不能搬运者,炮位即应钉眼,或推落海河,其余军装、火药、粮饷等,均应立时焚毁,勿许存留资敌。"⑤ 他因未执行谕旨,起初不敢答应。但巴夏礼威胁说:"假如一小部分的海军就能把左岸的最大炮台都打得人仰马翻的话,那末当所有的军舰都开火的时候,右岸的炮台岂不马上就要被夷为平地!"并虚张声势地声称,不久将"有后备军派到海湾来"⑥。于是,恒福屈服了,完全接受了联军的条件。随即书写一投降照会交付巴夏礼,内称:"本月初五日贵国水陆二军已占我后路炮台,是贵国善能攻战,我军情愿输服。为此照会贵大臣不必用兵。其八年及本年二月条约,已有钦差全权大臣前

---

① 《恒福奏遵旨劝僧格林沁退守并请派重臣议和折》,《筹办夷务始末》(咸丰朝) 卷五六,第 2124 页。
② 《僧格林沁奏洋兵攻石缝炮台失守拟扼守通州以固京师折》,《筹办夷务始末》(咸丰朝) 卷五六,第 2124 页。
③ 《僧格林沁奏天津难守应退通州请恤乐善自请治罪折》,《筹办夷务始末》(咸丰朝) 卷五七,第 2138 页。
④ 《廷寄》,《筹办夷务始末》(咸丰朝) 卷五六,第 2126 页。
⑤ 《廷寄》,《筹办夷务始末》(咸丰朝) 卷五六,第 2126 页。
⑥ 海军大尉帕吕:《一八六〇年征华记》,《第二次鸦片战争》(丛刊六),第 286 页。

来面议，即日必到，并请贵大臣由大沽河口行走。"① 至此，大沽海口南北岸6座炮台全部陷入敌手。

大沽炮台的再次陷落，既标志着英、法侵略者的"大规模报复"行动实现了极其关键的第一步，也预示着中国在历时4年的第二次鸦片战争中败局已定。随后，联军便乘胜长驱，势如破竹，而天津，而北京，终于迫使清政府完全屈服，除互换中英、中法《天津条约》批准书之外，又分别与英、法订立了中英、中法《北京条约》。这次战争的失败，使中国的国家主权和领土完整都遭到极大的破坏，更进一步加深了中国社会的半殖民地化进程。同时，这次战争还完全暴露了中国的全面海防危机，万里海疆已无任何保障可言。但是，也应该看到，这次战争的失败极大地震动了中国的许多朝野人士，他们深感创巨痛深，视之为千古变局，鼓吹转害为利，采西学，制洋器，进而将林则徐、魏源的"师夷"观从理论推向了实践。

第三节　昙花一现的"阿思本舰队"

一　清政府议办海军

林则徐建立近代海军的建议提出后，过了整整20年，西方国家的军舰制造和武器装备又有新的发展。蒸汽舰逐步取代帆舰，已成为海军的主要舰只了。直到此时，清朝统治者才如大梦初醒，开始议办海军，其主要动机并不是为了防范外来的侵略，而是出于镇压太平天国

---

① 《恒福为认输求和事给英法照会底稿》，《第二次鸦片战争》（丛刊四），第501页。

的需要。

先是在1856年，浙江省曾雇用两艘外国轮船，以护送海运北上米船。光禄寺卿、署礼部左侍郎宋晋即曾向清廷建议，饬令这两艘轮船进入长江，配合清军进攻太平军。他认为，此举"不特解江南之急，即江北亦愈就清谧"。不仅如此，他还建议多雇洋船："现雇之火轮船只有二只，尚觉稍单，似可仿照此法，多雇数只，庶冀一举鼓荡，使江路千里肃清，贼氛可迅就殄灭。"① 当时，清廷对此建议颇有顾虑，未予采纳。到1860年，江苏巡抚薛焕始商令外国轮船参加进攻太平军的战斗，但英国公使卜鲁斯忽将船上的外国水手、舵工、炮手等全部撤回，不准为清军驾船参战。于是，清政府开始感到，单靠雇用外国轮船来镇压太平军的办法行不通，因为这些雇用的外国轮船只听命于其本国政府，在需用之时往往"大为掣肘"②。

1860年10月以后，清政府与英、法、俄、美等国签订了一系列不平等条约。列强为巩固其在华利益和进一步扩大侵略，开始对清政府采取积极扶持的态度，并且主动提出帮助清政府镇压太平军。俄国公使伊格纳切夫首先向恭亲王奕䜣提出：俄国准备派舰只配合清军在江南作战，"拨兵三四百名，在水路会击"③。法国也不甘落后。法国将军马勒和军政司达布理面见清朝三口通商大臣崇厚，表示可代购"火轮战船"，提出："计内江地面，大号战船不能行驶，只须用中国小号轮船，即可肃清江面。"④ 列强"助剿"的建议，使清廷处于两难之中，一时拿不定主意。咸丰皇帝说："惟思江浙地方糜烂，兵力不敷剿办，如借俄兵之力帮同办理，逆贼若能早平，我之元气亦可渐复。

---

① 宋晋：《水流云在馆奏议》卷下，光绪十三年刊本，第6页。
② 中国史学会主编：《洋务运动》（中国近代史资料丛刊）（二），上海人民出版社，1961年，第229页。
③ 《第二次鸦片战争》（丛刊五），第291页。
④ 《海防档》（甲），购买船炮，第5页。

但恐该国所贪在利，借口协同剿贼，或格外再有要求，不可不思患预防。"在左右为难之际，他只好降旨征求曾国藩等人的意见："公同悉心体察，如利多害少，尚可为救急之方，即行迅速奏明，候旨定夺。"①

对于列强"助剿"一事，在大臣当中引起了激烈的争论。主要有三种意见：第一种，以钦差大臣袁甲三为代表，持坚决反对的态度，认为此举有害无利，必不可行，因为"夷人名为就抚，实则包藏祸心"，"与其悔之于后，不如慎之于初"。第二种，以江苏巡抚薛焕、杭州将军瑞昌为代表，持赞同的态度。薛焕认为此举"利多害少"，因为：（一）"俄、佛［法］

恭亲王奕䜣

兵费虽巨，若地方早得肃清，则所省转不可胜计"；（二）"俄、佛［法］由水路而进，先取金陵，以次廓清江面，我即可收长江之利，以赡陆路之军，饷充则兵自得力"；（三）"若联络俄国收为我用，则英夷自必戢其骄"，"此又以夷制夷之法"。瑞昌则认为："借资外国之兵，其有无格外要求，虽难预料，但……亦足征同仇敌忾之诚，如果照议举行，可期迅速应手。"第三种，以曾国藩为代表，倾向于第一种意见，但措辞较为婉转。他说，列强主动请出兵"助剿"，"自非别有诡谋"，但目下情势，关键"在陆而不在水"，因此可"奖其效顺之忱，缓其会师之期"。最后，他特别提出："将来师夷智以造炮制船，尤可期永远之利。"由此看来，反对的意见占了上风，奕䜣认为："袁甲三于利害之间，辩论最为明晰。"曾国藩所说"将来师夷智以造炮制船"，亦甚切合时宜。但是，他在造船还是雇船的问题上却犹豫不定，因此提

---

①《第二次鸦片战争》（丛刊五），第291页。

出:"外洋师船,现虽无暇添制,或仿照其式,或雇用其船,以济兵船之不足。"但又说,对俄、法请派师"助剿"不便断然拒绝,以免生疑,"或筹款购买枪炮船只,使其有利可图,即可冀其暖就"。并请密谕曾国藩"斟酌试行"①。咸丰原则上同意了奕䜣的上奏。这便成为清政府试办海军之张本。

清政府议论买船的消息传出后,英国见机会难得,立即闻风而动。1861年4月,英国侵略分子巴夏礼到北京,对曾国藩扩充湘军水师之说表示怀疑,认为其"船炮不甚坚利,恐难灭贼"②。英国公使卜鲁斯和参赞威妥玛趁机怂恿清政府购买舰船。后来,总理衙门致函威妥玛,追述此事说:"中国购买轮船一事,从前中国举办之初,原因两国既经和好,卜大臣时思为中国平贼,贵参赞又尝谓中国非创立新法,不足挽回从前之积习,因而本衙门与赫(德)税司议及外国轮船。"③赫德本是英国驻华领事馆的职员,曾任广州海关副税务司,1861年4月刚刚代理中国海关总税务司的职务,对清政府购买英国舰船表现出特别的热心。他向奕䜣献计道:"火轮船一只,大者数十万两,上可载数百人;小者每只数万两,可载百数十人。大船在内地不利行驶,若用小火轮船十余号,益以精利枪炮,其费不过数十万两。至驾驶之法,广东、上海等处多有能之者,可雇内地人随时学习,用以入江,必可奏效。若内地人一时不能尽习,亦可雇用外国人两三名,令其司舵、司炮,而中国雇用外国人,英、佛亦不得拦阻。如欲购买,其价值先领一半,俟购齐验收后再行全给。"只花几十万两银子便可买一支海军,其诱惑力是相当大的。因此,奕䜣主张从速购买,并批评曾国藩办事迟缓:"当此时事孔亟之时,何可再事因循?"户部左侍郎文祥也

---

① 《第二次鸦片战争》(丛刊五),第315、320、330~332、351~354页。
② 《海防档》(甲),购买船炮,第7页。
③ 《海防档》(甲),购买船炮,第299页。

主张买船，认为自己设厂造船，不如购买火轮船"剿办更为得力"①。靠购买外国舰船来成立海军的基调，就这样定下来了。

法、美两国军火商的在华代理人，也参加了这场代购舰船的竞争。法国驻华使馆参赞哥士奇曾到总理衙门游说，声称："请总理衙门给札，令其购买船炮，伊即禀请国主，代为购买。"② 当时，美国人华尔正在上海组织"洋枪队"，与江海关道吴煦和道员杨坊相勾结，也托其弟亨楞华尔回国购买舰船。对于哥士奇的游说，奕䜣虽认为其言不甚可靠，但未便遽行拒绝，只好以敷衍对付之。至于华尔购船经费，本是上海商户所捐，议定专防上海之用，清政府不加干预。不过，华尔不久被太平军击毙，此事也就耽搁了下来。

在清廷看来，赫德的买船方案似较切实可行，决定饬令赫德经办。于是谕在事诸臣"务当悉心筹议，期于必行，不得畏难苟安"。随后，赫德便向清政府提出了一个详细的计划。按照这项计划，清政府应购明轮军舰3艘，暗轮军舰7艘，连其他武器装备，如鸟枪、车炮、火箭炮、手枪、洋刀等，需银81.5万两。再加上雇用外国武员水手费用，共需银约130万两。赫德指出，只要海军建成，与陆路配合进攻南京，"一日之内可保成功"。同时恐吓说："此事在今年赶办，尚属可行；若迟至明年，即恐不能办理。"奕䜣看了赫德的计划，认为："所陈各节，于现在时事利弊，诚不为无见。惟所费甚巨，筹划大非易易。"③ 未即时上奏。

8月23日，曾国藩上《复陈购买外洋船炮折》，也强调"购买外洋船炮，则为今日救时之第一要务"。指出："轮船之速，洋炮之远，

---

① 《筹办夷务始末》（咸丰朝），卷七九，第2914~2915页。
② 《筹办夷务始末》（咸丰朝），卷七九，第2916页。
③ 《海防档》（甲），购买船炮，第10, 11~12, 19页。

在英、法则夸其所独有，在中华则震于所罕见。若能陆续购买，据为己物，在中华则见惯而不惊，在英、法亦渐失其所恃。"① 其后，御史魏睦庭还建议："将西洋火器、火轮船等议定价值，按价购买。沿海绅商亦许捐购，从优奖励。"② 但是，清政府以财政拮据，经费有常，仍然拖而未办。

同年冬天，太平天国李秀成部进军浙江，连克绍兴、台州、宁波、杭州等府，清廷为之震动。在此期间，赫德一直来往于上海与北京之间，到处进行游说。他对江苏巡抚薛焕大讲"买船之利，可以剿办发逆"。薛焕强调："买成之后，必须任凭中国雇用洋人管理行驶，开炮击贼，领事等官不得阻挠。此事应由该税司禀明公使，先行议定，方可举办。"赫德又访江海关道吴煦，称："发逆偏扰东南，势愈猖獗，非用外国船炮，无以剿灭。在京时曾赴总理衙门面陈，曾蒙奏明允办。倘贵道奉文后，能否遵筹关税？"吴问："需银若干？"赫谓："购小火轮十余号，约共需银八十万两，拟在江海关筹拨银二十万两，于粤海、闽海、厦门、宁波等关分别酌筹，一经议定，便可往办。"吴答："外国船炮坚利，实为剿贼利器，倘奉文指拨关税，自当设法筹办。"③ 可见，筹款一事，赫德已经胸有成竹，只等吴煦这一句话了。于是，他再往北京进见奕䜣。奕䜣仍然表示："中国剿贼情形，皆由器械不利，以故不能取胜，欲向外国购买船炮等物，又苦此项经费无出。"赫德立即和盘托出他的筹款办法："如果欲办此事，筹款并无所难。查粤、闽、江三海关，现在所征税银，尚属畅旺。若由此三关按月抽拨银十万两……即可以此银，作为购买船炮、火箭各种器械，并外国教演兵弁、船上水手工食之用。"赫德的建议使奕䜣心里有了底，便于1862

---

① 《曾国藩全集》，奏稿三，第1603页。
② 《海防档》（甲），购买船炮，第22页。
③ 《海防档》（甲），购买船炮，第41~42页。

年1月24日奏称："现在浙江宁波、杭州两府，相继失守，贼势益张，难保不更思窜出宁波，为纵横海上之计。……应请饬下江苏巡抚，迅速筹款雇觅外国火轮船只，选派将弁，驶出外洋，堵截宁波口外，以防贼匪窜逸。并令广东、福建各督抚，一体购觅轮船，会同堵截。"①第二天，清廷便批准了奕䜣的上奏。

自从宋晋建议雇用外国轮船以后，清政府在雇船还是买船的问题上始终犹豫不决，争论达5年之久，后因为国内军事形势所迫，才最终下定了购买轮船的决心。

二 李泰国买舰内幕

1862年2月，清政府与赫德之间关于买船问题的商谈，开始进入了实质性阶段。

此时，赫德适到广州办理海关事务，两广总督劳崇光奉到总理衙门行文，当即与赫德面商购船事宜。赫德称："各船系在内河及海口备用，毋庸上等大船，只须中号、小号船便可合用。中号船每只连配炮位及火药、火弹等项，约需价银十五万两。下等船每只连配炮位及药弹等项，约需价银五万两。"如果不算炮位及弹药价格，则据此前所报，小号轮船价银为4万两，中号轮船价银为10万两。试将赫德所开船价与美国船价作一对比。如下表：

轮船类别	排水量（吨）	马力（匹）	价银（万两） 赫德开价	价银（万两） 美国价格	赫德开价高于美国价格
小号轮船	200	100	4	3~3.5	约23%
中号轮船	400	200	10	6~7	约54%

---

① 《海防档》（甲），购买船炮，第22~24页。

可知赫德利用清朝官员的懵懂无知，所开的船价也比实际价格要高出许多。为此，中国需多付出约14万两银子。劳崇光最后同赫德议定，由赫德代购中号轮船3只，小号轮船4只，以及船上所需的炮位、火药等项。按赫德所开的价格，共需价银65万两。商定先交船价20万两，余银分8个月交清。赫德又以"轮船、枪炮须在本国购买，价减而佳"为由，函请回英国休假的总税务司李泰国承办购船事宜。①

此后，总理衙门又与江苏、广东、福建、浙江各省商定，落实购船经费的调拨问题。先是议定江海关筹20万两，粤海关筹20万两，闽海关筹10万两，厦门、宁波两关各筹5万两，计60万两。但宁波已被太平军攻克，5万两筹款落空，离65万两之数还差10万两。总理衙门只好又与劳崇光、薛焕函商，由粤海关和江海关再各筹银5万两。这样，65万的购船经费才算有了着落。

当赫德在广东期间，劳崇光还就船上的人员配备问题进行了商谈。当时议定：中号轮船，每只配用外国舵工、炮手、水手及看火人共30名，另添配内地水勇、水手100名；小号轮船，每只配用外国舵工、炮手、水手及看火人共10名，另添配内地水勇、水手三四十名。聘用外国军官1人，驾驶舰队来华。至船款65万两，"系将船炮器械等项价值，并外国各色人等，自英国以至入口支用薪粮，概行汇计在内。俟到口再由中国另支粮饷"②。

但是，在内地水勇、水手的选配问题上，各方的意见却未能统一。起初，总理衙门奏明：所购轮船来华之后，由曾国藩"酌配兵丁，学习驾驶，以备防江之用"。但赫德认为："添配内地之水勇人等，应由广东、福建、山东沿海等处，选募生长海滨、习惯出洋、不畏风涛之

---

① 《海防档》（甲），购买船炮，第14、26、57、58页。
② 《海防档》（甲），购买船炮，第72页。

人，分配驾驶，可期得力。"劳崇光支持赫德的意见，认为曾国藩所部水师，"皆系湘勇，从未涉历海洋，于外国船只素未经见，与外国之人尤难遽相浃洽，参杂配驾，恐不相宜。似应仍照赫德原议，于闽、粤人中选募配用，较为妥协"。曾国藩则主张仍维持总理衙门原议："既已购得轮船，即应配用江楚兵勇，始而试令司舵司火，继而试以造船、造炮，一一学习，庶几见惯而不惊，积及而渐熟。"由于曾国藩的坚持，赫德做出让步，提出船上炮手可用湖南人，"取其胆气壮实，果于用力"。最后，由总理衙门拍板，请饬曾国藩"悉心筹商，妥为配派，不必拘定何省之人，但以熟悉洋面，能守法度，日久易于驾驶为要义"。11月20日，清廷谕湖广总督官文与曾国藩详细筹办，选派上船人员，并即迅速具奏。曾国藩同官文商议后，决定派巡湖营提督衔总兵蔡国祥统带7艘轮船，副将衔参将盛永清、参将袁浚、参将衔游击欧阳芳、邓秀枝、周文祥、蔡国喜、游击衔都司郭得山各领一船。俟7艘轮船驶至安庆、汉口时，每船酌留洋弁三四人司舵司火，其余即配用楚勇。在曾国藩看来，"始以洋人教华人，继以华人教华人，既不患教导之不敷，又不患心志之不齐，且与长江各项水师出自一家，仍可联为一气，不过于长龙、舢板数十营中，新添轮船一营而已"①。

到此时为止，清政府为接收李泰国在英国代购的7艘轮船，已经做好了各方面的准备，只等这7艘轮船驾驶来华了。

李泰国早在1842年就来到中国，是著名的中国通。曾任英国驻上海副领事。后担任上海海关委员，逐步攫得了上海海关的大权。1859年，被任命为总税务司。1960年，清政府又命他帮办各海口通商事务。从此，中国的海关关税全为英人所把持。就是这个李泰国，却用

---

① 《海防档》（甲），购买船炮，第61、69、73、74、116~117、125页。

由中国海关筹集的这笔巨款,来为英国政府的侵华政策服务,以达到从军事上控制中国的目的。当时,英国下议院议员塞克斯在伦敦《每日新闻》上撰文,揭露李泰国的可耻行径时说:"此人曾被中国政府授以高官厚禄。作为中国政府的一个未经委托的代理人,他显然成了英国政府与中国政府之间进行联系的中介。……李泰国一到英国就抓紧建造和装备那些炮艇。最近收到的伦敦报纸曾提到这件事。英国政府对此帮了多少忙目前还不清楚,但看来这些船是在政府的船坞里建造的。实际上,李泰国先生也无法掩盖他那些见不得人的勾当。"①

应该看到,李泰国的"这些见不得人的勾当",都是在英国首相帕麦斯顿的策划下进行的。英国排除法、美两国的插手,怂恿清政府在英国订造轮船,其目的是要乘机控制中国海军。英国内阁审议关于中国买船案的建议,即是:"船只应视为女王政府所有。"欺骗英国舆论,声称这支舰队的任务是在中国海域"缉盗"②。李泰国在给英国外交大臣罗塞尔的报告中,明确地说出:"这支舰队不会在任何方面妨碍女王陛下政府,反而会使它在没有进行直接援助时那些烦恼的情况下,享有一切好处。"公然把这支舰队称作"英中联合海军舰队"。为了有效地控制这支舰队,英国政府还特别挑选皇家海军上校阿思本担任司令。英国海军部通知阿思本说:"兹奉海军部各位大臣的命令,他们乐意给你发给许可状,让你暂时担任中国政府的军事职务。"③ 英国政府枢密院还颁发了一项特别法令,规定:(一)"李泰国和阿思本依法得以加入中国皇帝的陆海军部队,并在这个皇帝的统率之下,可以接受任何委任、授权或其他任命";(二)"每一个英国臣民依法均

---

① 参见《太平天国史译丛》,第1辑,中华书局,1981年,第99页。
② 同上书,第100页。
③ 《关于为中国政府在英国聘用海陆军官兵的文书》,《英国蓝皮书》(1862年)。见《历史教学》1984年第4期,第12~13页。

可应李泰国和阿思本而不是其他任何人的雇佣和征募，应聘加入这个皇帝的陆海军部队，而后得以在陆地或海上，以任何军事、战争或其他行动为这个皇帝服务。"①

英国政府之所以特别看中了阿思本，并不是没有由来的。阿思本曾参加过第一次鸦片战争。在第二次鸦片战争期间，他是英国军舰"狂暴"号的舰长。英国著名侵略分子额尔金勋爵到中国指挥作战时，就是以"狂暴"号为座舰的。塞克斯指出："阿思本船长靠着自己的职位和实际经验，成为额尔金勋爵在所有这些特殊活动中的一名心腹。他自然也要设法顺便为自己捞一把。"他接到英国海军部的许可状后，一方面向政府要求担任舰队司令后仍保持双重身份，即"不因他曾以海军军官身份为中国政府服役而影响他在英国海军中的地位"②，积极为英国的侵略政策服务，一方面决不放弃这个难得的"为自己捞一把"的机会，同李泰国沆瀣一气，向清政府大敲竹杠。

在船价问题上，李泰国推翻 65 万两的原议，不断层层加码。最初，他接受委托后，即致函赫德，声称："前拨银六十五万两，实属不敷，请添拨银二十万两。"总理衙门答应再拨银 15 万两，由闽海关筹 10 万两，厦门关筹 5 万两，以符赫德原议 80 万两之数。这两处海关一时无从筹措，只好从香港洋商那里借款，年利 8%，限期一年，这才凑够了 15 万两。不久，李泰国又通过威妥玛向总理衙门提出，购船经费除指拨银 80 万两外，还需预支外国武弁薪银及路上经费，尚短缺 10 余万两。但是，按照原来议定的章程，路上经费等是包括在购船经费之中的。李泰国自知失言，又改口说"不敷造船募兵之费"，由他代垫银 12 万两。他还亲自跑到上海，向江苏巡抚李鸿章索款，"意

---

① 《下院关于中国事务的文件》，《英国蓝皮书》(1863 年)。见《历史教学》1984 年第 4 期，第 13 页。
② 《太平天国史译丛》，第 1 辑，第 98 页。

存胁逼，云非此数不可，且以后仍须源源济用，毫无限制"。事后，李鸿章致函总理衙门说："李泰国性情褊躁，索饷紧急，情势汹汹，刻不容缓。目下海关收数太绌，无力承应，若不预为陈明，稍有贻误，致滋他变。"建议："请旨严饬各关，按月由税务司扣交李泰国、赫德收用，庶免决裂。"总理衙门明知李泰国意在趁机敲诈，当然不情愿白拿这笔巨款，便采取拖延应付的态度。李泰国看透了清政府惧怕洋人的特点，在上海扬言："便令天翻地覆，亦须索此十二万银！"李鸿章估计，他必定还要继续纠缠。果然，一波未平，一波复起。这12万两银子尚未拿到手，他又想出新的花招，致函总理衙门称：除代垫银12万两外，还在英国"向人借银五万镑，约合中国银十五万两左右，即交统带兵船之提督阿思本收存，以买各物"。"是先后共计银一百零七万两。"他直言不讳地说："凡外国人为中国办事，岂有他哉？图多得钱耳。"① 总理衙门怕李泰国继续闹下去，不免又生波澜，更难收场，于是按他的要求，从江海关每月抽提1万两，一年内拨给12万两之款。至于所谓在英国所借15万两，则由粤海关、九江关、闽海关各拨银3万两，厦门关、江海关、潮州关各拨银2万两，皆于一个月内付交。至此，这桩索款公案，始告结束。

无论如何，7艘火轮兵船终于买成了。李泰国给这7艘兵船命名为"北京"号、"中国"号、"厦门"号、"穆克德恩"号、"广东"号、"天津"号和"江苏"号。后总理衙门重新拟定船名，分别改为"金台""一统""广万""德胜""百粤""三卫"和"镇吴"。李泰国还招募了英国海军官兵约600人，分配于各船，一切皆由阿思本节制调度。

这支所谓"英中联合海军舰队"，习惯上被称为"阿思本舰队"，就这样编成了。

---

① 《海防档》（甲），购买船炮，第105、141~142、148、149、151~152页。

三 "阿思本舰队" 的解散

1863年9月，阿思本带领由7艘兵船和1艘趸船组成的舰队驶抵上海。本来，清政府认为："此项兵船，系中国购买雇用，即是中国水师。进退赏罚，应由中国统兵大员，及该船管带之中国大员主张。其会带之外国兵官及办事人等，不得把持专擅。"① 当然，这只是中国方面的一厢情愿。

其实，早在1月16日李泰国还在伦敦时，就秉承英国政府的意志，擅自代表清政府同阿思本签订了合同十三条。其主要内容如下：

（一）"中国现立外国兵船水师，阿思本允作总统四年。但除阿思本之外，中国不得另延外国人作总统。""凡中国所有外国样式船只，或内地船雇外国人管理者，或中国调用官民所置各轮船，议定嗣后均归阿思本一律管辖调度。"

（二）"凡朝廷一切谕阿思本文件，均由李泰国转行谕知，阿思本无不遵办；若由别人转谕，则未能遵行。""如有阿思本不能照办之事，则李泰国未便转谕。"

（三）"此项水师各船员弁兵丁水手，均由阿思本选用，仍须李泰国应允，方可准行。""倘有中国官员，于各兵船之官员兵丁水手人等有所指告事件，则李泰国会同阿思本必得详细查办。"

（四）"此项水师俱是外国水师，应挂外国样式旗号。一则因船上俱系外国人，非有外国旗号，伊等未必肯尽心尽力；一则要外国各商不敢藐视。"

（五）"李泰国应即日另行支领各员薪俸工食、各船经费等银两，

---

① 《海防档》（甲），购买船炮，第149页。

足敷四年之数,存储待用。"①

同时,李泰国还开出了一份"足敷四年之数"的"经费单",要求清政府从关税中划拨银1 000万两,归李泰国支配,作为英国水师官兵的4年薪饷,每年计250万两。

根据这些条款,清政府花费巨款买来的这支舰队,必须任命阿思本为司令,不仅新购的兵船归他指挥,而且中国所有的其他轮船都要归他管辖调度;船上的官弁、炮手、水手等人的选用,一概由李泰国和阿思本决定,而且全用外国人;阿思本只接受中国皇帝的谕旨,但必须由李泰国转达,否则不能遵行;李泰国对中国皇帝的命令有权加以选择,可以拒绝接受。如此等等,其目的是要把这支舰队牢固地控制在英国手里,成为事实上为英国效忠的舰队。其手段是相当毒辣的。当时的外国舆论即指出:"英国管兵船官请命于国王,将兵船、军火等物发与中国,说他百姓在此做生意,借此以备不虞,甚为有益。且各费均出自中国,英人不须自设防守,致费钱财。岂不是一举两得?"②和盘托出了英国政府的阴谋。

5月间,李泰国到达北京,与奕䜣等反复辩论,态度蛮横无理,非要清政府认可他同阿思本订立的合同不可。对此,总理衙门致函李鸿章说:"李泰国到京,即递节略条款章程数件,大意欲派阿思本为水师总统,李泰国会办,一切均归阿思本、李泰国调度。而每年所用经费则以数百万计,并请将各关税务全归李泰国管理,任其支取使用。其意竟思借此一举,将中国兵权、利权全行移于外国。并自来本衙门,反复抗论,大言不惭。其愿望之奢,殊出情理之外。"奕䜣等坚持认为:"所立合同十三条,事事欲由阿思本专主,不肯听命于中国,尤

---

① 《海防档》(甲),购买船炮,第158~159页。
② 《海防档》(甲),购买船炮,第148页。

为不谙体制，难以照办。"① 双方辩论的关键，就是谁来掌握舰队的指挥权问题。

争论达一个多月之久。李泰国色厉内荏，因为擅订合同心虚，始与总理衙门重新议定《轮船章程》五条。其主要内容是："由中国选派武职大员，作为该师船之汉总统。阿思本作为帮同总统，以四年为定。用兵地方听督抚节制调遣。阿思本由总理衙门发给劄谕，俾有管带之权。此项兵船，随时挑选中国人上船学习。轮船七只、趸船一只应支粮饷、军火，及火食、煤炭、犒赏、伤恤银两，并一切未能预言之各项用款，议定每月统给银七万五千两，统归李泰国经理。所支银两，每月在江海关支银一万两，九江关支银一万两，闽海关支银三万四千两，厦门关支银六千两，潮州关支银五千两，自本年六月十七日、即英国八月初一日起，先尽此项轮船经费，按照所定本月之数，由李泰国派人赴银号支领。"②

此外，李泰国还就攻下南京后所得财物的分配问题与总理衙门进行了交涉。他提出：如果南京由英兵攻下，所获财物应拿出一半给英兵充赏。奕䜣认为，李泰国言大而夸，未免自负太过，难能独力攻下南京。因此，便与李泰国议定："如得金陵，所得贼遗财物，就十分而论，以三分归朝廷充公，以三分半归阿思本赏外国兵弁，以三分半归中国官兵作赏；如系阿思本克复，并无官兵在事，则七分均归阿思本充赏。"③ 他们在分赃问题上也达成了协议。

《轮船章程》订立后，清廷降谕：轮船驶抵海口后，即着曾国藩、李鸿章节制调遣。"总须一切调度机宜事权，悉由中国主持。""无论

---

① 《海防档》（甲），购买船炮，第161~162、164页。
② 《海防档》（甲），购买船炮，第164页。
③ 《海防档》（甲），购买船炮，第174页。

如何用法，总须俾中国人熟习驾驶，收其利益，断不日久仍为外国人所主持。"总理衙门也致函曾、李，嘱其"随时驾驶，不至授人以柄"①。

但是，对《轮船章程》五条之能否实现，李鸿章则表示怀疑。他认为："令派中国武职大员作为该师船之汉总统，阿思本作为帮同总统，听督抚节制调遣，挑选中国人上船学习，名綦正矣，义极严矣。"然"外国人性情，揽权嗜利，不约皆同"。因此，欲分其权，则实有"三难"："外国弁兵、水手有六百人之多，言语不通，气类不合，彼众我寡，一传众咻。加以武夫愚蠢，英人猜忌，偶失周旋，则谤毁随之；略与争论，则辱詈及之。始则嫌于相逼，久或不能相容。此总统之难分其权者一也。""李泰国久在中国，深知虚实，往者抚局难成，当事不免婷婀，彼遂藐视等夷，趾高气扬。……若彼不另出主意，搀越调度，尚未见阿思本辈之果听指挥；若彼再把持唆弄，颠倒是非，更难保统兵大员之不受挟制。此调度之难分其权二也。""洋人据为利薮，未必肯实心教练，果愿华人之擅长。且其轮船机器、炮火精微，亦非顽夫健卒所能尽得其奥妙。此学习驾驶之难分其权三也。"此"三难"，是李鸿章根据"与若辈交涉军务，悉心体会"而悟出来的。他断定：李泰国不仅"目前不愿中国人专权，即将来不愿中国人接手"②。

曾国藩对此也持怀疑态度，认为："悉由中国主持，窃恐万办不到，其势使之然也。""节制之说，亦恐徒托虚名。"他竟然异想天开，提出一个奇特的办法，以折李泰国的骄气："以中国之大，区区一百七万之船价，每年九十二万之用款，视之直轻如秋毫，了不介意。或

---

① 《海防档》（甲），购买船炮，第166、175页。
② 《海防档》（甲），购买船炮，第188~189页。

竟将此船分赏各国，不索原价，亦足使李泰国失其所恃，而折其骄气也。"① 他的办法尽管极端荒谬，却反映出他同李鸿章一样，都感到李泰国等人是不会真把舰队交给清政府的。

继李鸿章、曾国藩之后，留办金陵军务浙江巡抚曾国荃提出一个"两善"之策：一则修改原订章程，将新购之轮船专任"出洋巡缉，南至二粤，北至盛京，内外洋面，分途逻哨"；一则酌量裁撤沿海水师，每年可节省经费一二百万两，"充轮船之饷而有余"，"更于粤东、江苏海口设立船厂，令中国工匠学习整修轮船之事，以期尽通巧妙"。他认为：此策"两善具备，目下之费不患不充，将来亦不难乎为继。如此办法，海口以内，水师之军政改观；海门以外，轮船之巡缉益力"②。在他的方案中，第一条根本行不通，因为李泰国和阿思本都不会接受。至于第二条"设立船厂"，不失为一项有远见的建议，却被清政府轻率地否定了。

果然不出李鸿章、曾国藩所料，阿思本于9月20日一到北京，便要推翻《轮船章程》五条。他同李泰国一起在总理衙门辩论20余日。10月18日，向总理衙门递交申呈，坚持要履行其私订的合同十三条，"未能稍为更移"，并要求在两日内做出明确答复。最后还威胁说："倘二日以内不能示复，本提督既无权柄，势难再为迁移，只得将员弁、水手等遣散可也。"英国公使卜鲁斯竟然支持阿思本的无赖行径，以购船时英国"秉权大臣亦曾襄办"为由，照会清政府称："理合即将此事情形报明我国家，请示船只等物应作如何办理。并已饬知该总兵，将所有船只、火炮、军械暂留候示遵办。"总理衙门在复照中，驳斥李泰国与阿思本所立合同之无理，是欲"中国费数百万之帑金，

---

① 《海防档》（甲），购买船炮，第244~245、246页。
② 《海防档》（甲），购买船炮，第252~253页。

竟不得一毫之权柄"。以卜鲁斯曾有"中国兵权不可假与外人"之言相诘①。卜鲁斯自知理屈，不便公开出面交涉，便请出美国公使蒲安臣从中调说。

蒲安臣到总理衙门同奕䜣等会商数次，意见难以统一。最后，双方皆认为只有解散舰队之一途。对此，有如下之对话：

蒲安臣："卜鲁斯允为撤退，并欲将船炮一并驶回英国。"奕䜣："船炮系由我备价所买，自应资我留用。"

蒲安臣："据卜鲁斯云，此项船炮乃英国朝廷之物，非买自商人可比，既不用其人，则船炮亦应缴还本国，方能了结。"

奕䜣："买价亦应由英国交还中国，方昭平允。"②

随后，便由美国公使馆参赞卫廉士起草致英国公使照会。总理衙门在卫廉士照会稿的基础上加以改定，照会卜鲁斯："览该合同十三条，多与中国买船本意不符。今阿总兵既欲将所募兵弁遣散回国……阿总兵与各武弁、水手人等，中国自应给发各人来往薪俸及杂项碎用，以回国之日为止外，另送阿总兵银1万两，以酬其劳。其银统在轮船变价内付给。至中国已费原买轮船、火炮、军械各银，并请贵大臣代立善法，俾得交还中国，以清朝廷库款是荷。"③

清政府迫于无奈，只好同意将舰队驶回变卖。这样，清政府不仅在购船时花费了巨款，如今又要为遣散这支舰队付出一大笔费用。一买一卖，竟白白地耗费了70万两银子。如下表④：

---

① 《海防档》（甲），购买船炮，第254~255、257页。
② 《海防档》（甲），购买船炮，第277页。
③ 《海防档》（甲），购买船炮，第259页。
④ 清政府究竟耗费了多少银两，说法很不一致。实际上，这笔账目既琐碎又杂乱，有些款支出而未用，有些款拨出后未用完，甚至有些分派后并未拨出，故很难有精确的估算。笔者在《北洋舰队》一书里曾估算为892 714两。现逐项核实，计为702 562两。这仍是一个大体的数字。其中，有些支出系用英镑或规平银付款，皆按比价折算为关平银。

项目	支出（两）	收回（两）	备注
购买船炮	818 583		《阿思本轮船总账》（《海防档》页450附录）按：购买轮船款支付很杂，很难计算。此据阿思本实报数，较为可靠。
闽省筹款付息	120 00		《福州税务司美里登禀》（《海防档》页173、174）
江海关零税银划用	17 935		《李鸿章咨文》（《海防档》页376）
舰队抵华后月款	65 000		《李泰国经手银两大略清单》（《海防档》页309附录）按：月款三个月，共银22.5万两，但多未如数交上，只收6.5万两。
舰队遣回经费	263 640		《李鸿章咨文》（《海防档》页375）按：其中包括李泰国寄回英国约129 143两，阿思本带回134 497两。
阿思本赏金	10 000		《总署致蒲安臣函》（《海防档》页270）
李泰国续发半年薪俸	12 000		《总署致英国照会》（《海防档》页309）、《赫德呈文》（《海防档》页380）
李泰国回国25个月补给半俸	12 500		《赫德呈文》（《海防档》页380）
李泰国驻京经费	18 000		《赫德呈文》（《海防档》页380）
李泰国兼办轮船费	7 000		《赫德呈文》（《海防档》页380）

(续表)

项目	支出（两）	收回（两）	备注
李泰国在英国费用	7 500		《赫德呈文》（《海防档》页380）
李泰国在上海房租	4 000		《赫德呈文》（《海防档》页380）
李泰国回国路费	6 000		《总署致英国照会》（《海防档》页309）
李泰国卖器物补价	4 853		《赫德呈文》（《海防档》页380）按：原规定该器物变卖后，应将实得款归还中国，但未见归还。
彭北莱酬金	700		《总署致蒲安臣函》（《海防档》页334）按：彭北莱为美国地质学家，总署令其赴西山察看轮船用煤。
变卖船炮		557 149	《赫德申呈》（《海防档》页486）按：其中船只变卖467 500两，炮位等变卖89 649两。
合计	1 259 711	557 149	共亏损702 562两

本来，清政府对李泰国的飞扬跋扈，种种刁诈，早已难以容忍，屡欲去之而不能，如今正好借此事端，以"办事刁诈，以致虚糜巨款"的名目，将其革退。李泰国被解除中国海关总税务司职务后，气焰为之一挫。他到总理衙门面辞出京时，"词色之间，业已神丧意沮"，到上海后闭门不出，"赧于见客"；于1864年1月9日乘轮离沪，转道香港灰溜溜地回国了。①

清政府初次试办海军，想用钱从外国买一支舰队回来，就这样落空了。

---

① 《海防档》（甲），购买船炮，第278、303、334、344页。

第三章　创办造船工业与海军初建

第一节　仿造轮船的尝试

清政府靠买船来建海军的办法既告失败，封疆大吏中的有识之士便设想设厂造船，靠自己的力量来创建海军了。其代表人物就是两江总督曾国藩和闽浙总督左宗棠。

早在 1860 年，曾国藩鉴于英、法、美等国"恃其船坚炮大，横行海上"的严峻局面，即曾产生了仿造轮船的想法。他认为："将来师夷智以造炮制船，尤可期永远之利。" 1861 年，他在主张购买外洋船炮的同时，进一步提出："购成之后，访募覃思之士，智巧之匠，始而演习，继而试造，不过一二年，火轮船必为中外官民通行之物。"① 当时，他可能还不了解，制造轮船必须依赖资本主义的机器生产技术，在封建生产方式的土壤上是产生不出近代海军来的。因此，他把制造轮船的事看得过于简单，以为依样画葫芦地仿造，不出一两年便会成功。尽管如此，这种不甘于落后的精神还是值得称道的，学习外国造

---

① 《曾国藩全集》，奏稿二，第 1270、1272 页；奏稿三，第 1603 页。

船的主张也是正确的。

曾国藩主张造船，具有双重目的：就近期来说，是为了镇压太平军；从长远看，是为了防范外来的侵略。当然，前者是最主要的目的。所以，他在安庆设立内军械所后，首先就是"制造洋枪、洋炮，广储军实"①，以补给湘军。但是，他仍然想着仿造轮船的计划，并时时留意"访募覃思之士"。1861年春，他督师祁门时，闻无锡人徐寿之名，遂以"研精数理，博涉多通"，奏请征赴军营。奉旨着江苏巡抚薛焕访求徐寿，资遣赴曾国藩军。徐寿至，得保主簿，派至内军械所专掌制造事。徐寿自请仿造轮船，并荐举其同乡好友华蘅芳来所参加造船工作。在设计汽机的过程中，徐寿"苦无法程，日夜凝想"。其次子徐建寅才18岁，当时随侍在侧，"累出奇思佐之"，"创从前之所未有，得建寅之助为不少"②。到1862年夏，轮船所用之汽机终于试验成功。7月30日这天，曾国藩亲自来观看试演。"其法以火蒸水，气贯入筒，筒中三窍，闭前二窍，则气入前窍，其机自退，而轮行上弦；闭后二窍，则气入后窍，其机自进，而轮行下弦。火愈大，则气愈盛，机之进退如飞，轮行亦如飞。"试演进行了两个小时。曾国藩大为高兴，说："窃喜洋人之智巧，我中国人亦能为之，彼不能傲我以其所不知矣。"③

其后，徐寿和华蘅芳便着手进行轮船的设计和制造。"一切绘图、测算，推求动力，盖蘅芳之力居多。"④ "造器置机，皆出寿手制，不假西人。"徐、华两位科学家，以其各自的专长，紧密配合，相得益彰。不久，这艘用蒸汽机为动力的轮船，终于在安庆内军械所诞生了。

---

① 黎庶昌：《曾文正公年谱》卷七，岳麓书社，1986年，第142页。
② 钱基博：《徐寿传》，《清代碑传全集》（下），第1516页。
③ 《曾国藩全集》，日记（二），岳麓书社，1988年，第766页。
④ 钱基博：《华蘅芳传》，《清代碑传全集》（下），第1516页。

轮船"长五十余尺，每一时能行四十余里，名之曰'黄鹄'"①。"黄鹄"号与西方国家的新式轮船相比，虽要落后很多，其"行驶迟缓，不甚得法"，但从设计到制造，却"全用汉人，未雇洋匠"②，终究是中国靠自己的力量建造的第一艘轮船。

不过，曾国藩还是看到了中国造船与西方国家的巨大差距。徐寿和华蘅芳也深感没有自己的机器工业，光靠手工业的生产方式是造不出先进的轮船的，于是一起向曾国藩建议设立西式机器厂。曾国藩采纳了这个意见。当时，曾国藩广揽贤能之士，"中国一切出类拔萃和著名的人物，都被……吸引到他那里"。中国最早的留美学生容闳，曾毕业于耶鲁大学，是徐寿、华蘅芳在上海的旧交，也被罗致于此。他知道曾国藩有建立机器厂之意，便建议说："目前中国所需要的机械厂，应该是一个普通的、基础性的机械厂，而不是供应特殊需要的。换句话说，就是应该建立一个能够由此再派生出许多类似的分厂的机械厂，由那些分厂再去制造供应特殊需要的机器。简而言之，……应建立一个一般性的基础性的机器厂，以便生产专门机械。"③曾国藩对容闳发展机器工业的意见颇为重视，决定派他到美国去专门采购机器，以扩充安庆内军械所。

继曾国藩之后，左宗棠也在杭州仿造轮船。他建造轮船的主张由来已久。早在1839年，英国挑起侵略中国的鸦片战争后，左宗棠便开始留意海防问题。他自称："自道光十九年海上事起，凡唐宋以来，史传、别录、说部及国朝志乘、载记官私各书，有关海国故事者，每涉猎及之，粗悉梗概。大约火轮兵船之制，不过近数十年事，于前无

---

① 孙毓棠编：《中国近代工业史资料》，第1辑，中华书局，1962年，第251页。按：据1868年8月31日《字林西报》载，"黄鹄"号为25吨，长55尺，在长江顺流时速约28里，逆流时约16里。
② 《洋务运动》（丛刊四），第16页。
③ 容闳：《我在美国和在中国生活的追忆》，中华书局，1991年，第83、84页。

征也。"① 他已经预感到,轮船这一新鲜事物的出现,其影响非同小可。1840年,他在写给老师贺熙龄的信中,便把"造炮船、火船"作为"固守持久之谋"的要策之一。他对魏源的《海国图志》赞许备至,称之为发愤之作,对其"师夷长技以制夷"的主张得不到实行,感到无比的气愤。他猛烈抨击那些故步自封的封建顽固派:"策士之言曰:'师其长以制之。是矣!一惭之忍,为数十百年之安,计亦良得,孰如浅见自封也?"② 后来,他又在一份说帖中写道:"自海上用兵以来,泰西诸邦以机器轮船横行海上,英、法、俄、德又各以船炮互相矜耀,日竞其鲸吞蚕食之谋,乘虚蹈瑕,无所不至。此时而言自强之策,又非师远人之长,还以治之不可。"③ 他是以魏源主张的实践者自居的。1850年初,左宗棠在长沙的湘水舟中与林则徐相见,言谈达曙,十分投机。林则徐在说话中颇以未竟其事为憾,左宗棠听后深有所悟,决心要成为其事业的后继者。此后,他便不断思考设厂造船的事。

1862年,当曾国藩还正在安庆试制轮船之时,左宗棠即向清政府提出:"将来经费有出,当图仿制轮船,庶为海疆长久之计。"④ 1864年初,他在致宁绍台道史致锷的信中说:"轮船为海战利器,岛人每以此傲我,将来必须仿制,为防洋缉盗之用。中土智慧岂逊西人?如果留心仿造,自然愈推愈精。……意十年之后,彼人所恃以傲我者,我亦有以应之矣。"⑤ 他主张仿造轮船的目的,侧重

左宗棠

---

① 《海防档》(乙),福州船厂,第8页。
② 《左文襄公全集》,文集,卷二,光绪十六年木刻本,第11页。
③ 《左文襄公全集》,说帖,第1页。
④ 《左文襄公全集》,书牍,卷六,第10页。
⑤ 《江浙豫皖太平天国史料选编》,江苏人民出版社,1983年,第245页。

于"防洋","庶为海疆长久之计",是非常明确的。

不久,左宗棠便在杭州觅雇能工巧匠,仿造了小轮船1只。其形模粗具,试之西湖,"均能合用"①,唯"驶行不速"。试验虽有结果,但未获得最后成功。当时,适法国军官德克碑和日意格正在杭州。德克碑是"常捷军"统领,日意格是"常捷军"帮统,因"常捷军"已解散而滞留于此。左宗棠让二人观看了仿造的小轮船,他们认为:"大致不差,惟轮机须从西洋购觅,乃臻捷便。"遂"出法国制造图册相示,并请代为监造"。左宗棠深知欲"固海防,必造炮船以资军用",但此项工程用费甚巨,"一时筹措无从,不得不缓期以待"。②

曾国藩和左宗棠仿造轮船,基本上是属于试验性质的。其结果虽不尽相同,但都从实践中认识到,制造轮船而不引进机器生产技术,是绝对不行的。从林则徐以来,经过四分之一世纪,遭到多次严重挫折之后,中国人在造船问题上才发生了观念的转变。这也是一个不小的进步。观念的更新带来了造船事业的发展。其后,清政府批准在上海、福州设厂造船,应该说就是滥觞于曾、左的。

第二节　创办近代造船工业

一　江南制造总局分厂造船

中国近代之正式有造船工业,是从江南制造总局开始的。

1862年,李鸿章到上海后,参观英国和法国军舰,"见其大炮之

---

① 陈其元:《庸闲斋笔记》,卷一一,第34页。
② 《左文襄公全集》,奏稿,卷一八,第5~6页;卷一一,第65页。

精纯，子药之细巧，器械之鲜明，队伍之雄整，实非中国所能及"，"深以中国军器远逊外洋为耻"，感到"若驻上海久而不能资取洋人长技，咎悔多矣"。因此前已有"饬令中国员弁学习洋人制造各项火器之法，务须得其密传，能利攻剿，以为自强之计"的谕旨，于是他便一面派在沪的参将韩殿甲督率中国工匠尽心学习，一面调在广东的同知衔候补知县丁日昌来沪专办制造事宜，"以期得其密传，推广尽利"①。

1863年，李鸿章办起了3所炮局：一所由英国人马格里主持；一所由副将韩殿甲主持；一所由苏松太道丁日昌主持。马格里主持的炮局购进部分机器，用洋匠四五名，中国工匠五六十名。然"所购机器未齐，洋匠未精，未能制造轮船、长炮，仅可锉铸炸弹而已"。其他两洋炮局未雇用洋匠，完全用土法制造短炸炮和炸弹。对于这种局面，李鸿章急欲尽早改变。他在给总理衙门的信中指出："中国之制器也，儒者明其理，匠人司其事，造诣两不相谋，故功效不能相并。"而泰西各国则不然，"明于制器尚象之理而得其用。所凭借以横行海外者，尤以轮船与火器为最"。因此，他认为："中国欲自强，则莫如学习外国利器。"② 在这一计划的实施中，丁日昌成为李鸿章的主要助手。

1864年9月，丁日昌给李鸿章上一"密禀"，内称："夫船坚炮利，外国之长技在此，其挟制我中国亦在此。……船、炮二者，既不

---

① 《中国近代工业史资料》，第1辑，第252、254页。
② 《中国近代工业史资料》，第1辑，第259~262页。

能拒之使不来，即当穷其所独往。门外有虎狼，当思所以驱虎狼之方，固不能以闭门不出为长计也。"他认为，闭关锁国的时代已经结束，当熟思自强之策，弃我之短以就彼之长，而当务之急就是设厂造船。总理衙门读了李鸿章转递的

江南机器制造总局炮厂

丁日昌"密禀"，极表赞同，复函称："今论设立船厂，广购机器，精求洋匠，其于造船之法已得要领。所有驾驶之法，仍望密为讲求。其如何用外国人而不致授外国人以柄，用中国人而能使渐窥外国人之秘，而不致启外国人之疑，是在大才神明默运。"① 就是告诉李鸿章要注意两点：一是设厂造船必须中国自操其权；二是不要引起列强疑心而干扰设厂造船。当时，上海外国人开设的机器厂不下10家，李鸿章嘱丁日昌就近访求愿出售者，以便议购。

金陵机器制造局内部

1865年6月，丁日昌在虹口老船澳附近访得一家美商科而所开的旗记机器厂，"能修造大小轮船及开花炮、洋枪各件，实为洋泾浜外

① 《海防档》（丙），机器局，第4~5、6页。

国厂中机器之最大者"。科而索价洋银10万两以上，最后以6万两银子成交。有8名外国工匠留用，其中科而"技艺甚属精到，所有轮船、枪炮、机器，俱能如法制造"，则留为匠目。为了"正名辨物，以绝洋人觊觎"，李鸿章将该厂改名为江南制造总局。当时，马格里主持的炮局早已迁往苏州，丁日昌和韩殿甲两所炮局即归并总局。适容闳从美国购买的机器也运到上海，便一并拨给总局。江南制造总局是中国近代第一座大型兵工厂。建立之后，李鸿章奏称："今办成此座铁厂，当尽其心力所能及者而为之，日省月试，不决效于旦夕，增高继长，尤有望于方来，庶几取人之长技，以成中国之长技，不致见绌于相形，斯可有备而无患。"[①] 此时，太平天国已经失败，所以他很自然地把筹办江南制造总局同防范外来侵略联系起来。

江南制造总局开始设机器厂、木工厂、铸铜铁厂、熟铁厂、轮船厂、锅炉厂、枪炮厂7个分厂，后又增设炮厂、火药厂、枪子厂（后改名炮弹厂）、水雷厂（后改为铜引厂）、炼钢厂等分厂。当江南制造总局建成之时，丁日昌曾拟具《开办章程》数项，其一曰："查铁厂向以修造大小轮船为长技，此事体大物博，毫厘千里，未易絜长较短，目前尚未轻议兴办，如有余力，试造一二，以考验工匠之技艺。"开厂之初，确实不具备造船的条件。虹口地方，"中外错处，诸多不便，且机器日增，厂地狭窄，不能安置"[②]，根本不能正常地进行生产。直到1867年夏，江南制造总局迁至城南高昌庙后，才有可能开始造船。同年，曾国藩奏请拨留江海关洋税二成，以一成作为专造轮船之用，初步解决了造船的经费问题。

此后，江南制造总局便开始了轮船制造的筹备工作。"创办之始，

---

① 《李文忠公全集》奏稿，卷九，第31~35页。
② 《中国近代工业史资料》，第1辑，第273、277页。

考究图说，自出机杼。"本来，过去上海洋商船厂制造轮船，其汽炉、机器均从欧美采购，然后运至上海装配船壳。此次汽炉、船壳两项皆系厂中自造，只有机器是购买旧的修整后安装的。这艘轮船于1868年7月23日下水，一个月后竣工，两江总督曾国藩命名为"恬吉"。[①]"恬"者，"四海波恬"也。可见，其命名含有保卫海疆防御外来侵略之意。"恬吉"轮先在吴淞口外试航，然后直驶大洋，至浙江舟山而返航。9月底，曾国藩已奉调直隶总督而尚未赴任，适"恬吉"轮驶至南京，他亲自登轮试行，直至采石矶而回。"恬吉"轮是中国制造的第一艘可以航行于大洋的轮船。曾国藩登轮试行后，高兴地说："中国初造第一号轮船而速且稳如此，殊可喜也。"甚至认为："中国自强之道或綦于此。"[②]李鸿章声称："计至明年夏间，约可造成四号，将来但患无驶船之人，统船之将，与养船之资已耳！"[③]

从1867年到1885年的18年间，江南制造总局共造轮船8艘。如下表：

船名	制成年份（公元）	船型	长度（尺）	宽度（尺）	马力（匹）	排水量（吨）	航速（节）	造价（万两）
惠吉	1868	木壳明轮	185.0	27.2	392	600	9.0	8.14
操江	1869	木壳暗轮	180.0	27.8	425	640	9.0	8.33
测海	1869	木壳暗轮	175.0	28.0	431	600	9.0	8.27
威靖	1870	木壳暗轮	205.0	36.6	605	1 000	10.0	11.80
海安	1873	木壳暗轮	300.0	42.0	1 800	2 800	12.0	35.52
驭远	1875	木壳暗轮	300.0	42.0	1 800	2 800	12.0	31.87
金瓯	1876	铁甲暗轮	105.0	20.0	200	195	12.5	6.26
保民	1885	钢板暗轮	225.3	36.0	1 900	—	11.0	22.38

---

① 光绪皇帝载湉即位后，以避讳改名为"惠吉"。
② 《中国近代工业史资料》，第1辑，第287页。
③ 《海防档》（丙），机器局，第45页。

此外，还制造了双暗轮铁壳船5只、大夹板船1只和轮机舢板1只。①

江南制造总局分厂造船，使中国近代造船工业有了自己的开端。当时，对沪厂所造之船，中外人士评价不一。在同文馆担任总教习的美国传教士丁韪良说："局中制造，灿然可观。其于富强之道不甚伟哉！"并且预言：不数年间，中国"水师之船，将舍风篷之笨，而独取大轮之速矣"。②英国海军提督沙德威尔参观海安轮时，虽然"发现了几个技术上的缺点，但大体上认为它应算是修造得很好的船只"。而《北华捷报》所刊登的一篇评论则认为，这些船"只能供沿海岸巡缉之用，太平年月无用，战争起时是废物"③。这些评论，皆从不同角度而发，各有各的道理。但平心而论，当时破除种种阻力，克服重重困难，而开创了中国自己的造船工业，这件事本身就是值得肯定的。

尤应注意的是，沪厂在造船工作中坚持了两条方针：

一是由熟生巧，渐推渐精。第一号船"恬吉"还是按明轮制作，从第二号船"操江"起，就改为暗轮了。所造的8艘轮船中，除个别船系从国外购买汽炉、机器外，其余各船"所有机器、汽炉、木壳三项，均由局出样购造"④。其中，前3艘还都是600吨的小型轮船，第5艘"海安"和第6艘"驭远"便达到2800吨了。李鸿章说这两艘兵轮"在外国为二等，在内地为巨擘"。当"驭远"下水时，上海全城官绅及士女往观者不下万人，观其入水时水不扬波，皆谓："真有驾轻就熟、从容不迫、好整以暇之妙"，"亦可谓技精入神矣！"⑤ 不仅如

---

① 魏允恭：《江南制造局记》，卷三，《制造表》其中，航速一项见戚其章著《北洋舰队》第11~12页。按：表中的"海安"轮，后归招商局，上海道冯焌先以李鸿章父名文安，避讳易为"海宴"。此举曾引起长江水师提督李成谋的抗议（见欧阳昱《见闻琐录》）。

② 丁韪良编：《中西闻见录》，第1号，第22页。

③《中国近代工业史资料》，第1辑，第288~289页。

④《海防档》（丙），机器局，第101页。

⑤《中国近代工业史资料》，第1辑，第290页。

此，造船技术水平也不断提高。如所造第3号船"测海"，便将机器改为卧式，"款式甚矮，安置舱内，系在水线之下。设遇接仗，机器在水线下，炮子不能轰击。较别项轮船，更为稳固"。"暗轮能上能下，烟通（筒）可高可低，确系兵船制度。"① 在短短的数年之内，沪厂急起直追，初步具备了制造轮船的能力，虽与西方先进国家相比，差距还相当之大，却也难能可贵了。

二是通过造船的实践以掌握西洋之"长技"。江南制造总局总办冯焌光说："卑局志在尽得西洋所长，借洋人以为引导，不令洋人以把持。募集内地工匠，日与洋匠讲求，寓教习于制造之中，而不欲多用洋人，致长盘踞之渐。年来口讲指画，心摹手追，亦觉门径渐窥，粗有造就。"在轮船的制造方面是如此，在轮船的管理和驾驶方面也是如此。起初，轮船竣工后，皆先由外国人管理，以后逐步由华人接替。1870年10月初，经曾国藩奏请，将前台湾道吴大廷调至江南，综理轮船操练事宜。吴大廷莅任后，提出将轮船管驾尽易华人，先后破格任命六品军功黄梅生为"恬吉"船主，五品军功张顺高为"操江"船主，六品军功王予照为"测海"船主，都司衔孙绍钧为"威靖"船主。"各船大副、铁柜、队总人等，亦俱改用华人，以资练习。"②

沪厂造成这样一批外洋轮船，虽然并不等于中国已经有了海军，但对中国建立近代海防来说，却是一个起点。在吴大廷的督率下，各船"讲求驾驶，逐日遵章督同操练，寒暑无间，或出洋练习波涛，仿演船图阵式；或奉差往来江海，熟习沙线礁石"③。这是中国历史上从来没有过的破天荒大事。

---

① 《海防档》（丙），机器局，第75、106页。
② 《海防档》（丙），机器局，第102、69、112页。
③ 《海防档》（丙），机器局，第112页。

二 福州船政局的创设

如果说江南制造总局造成中国近代第一艘外洋轮船的话，那么，福州船政局便是中国近代成立的第一个造船企业了。福州船政局的成立，无论在中国造船史上还是在中国海军史上都有着划时代的意义。

1866年，中国南部坚持斗争的太平军余部遭到了失败。此后，列强侵略所引起的民族矛盾，便显得格外突出了。造船问题再次提到了议事日程。当时，左宗棠适在闽浙总督任上，便率先向清廷建议设局造船。同年6月25日，他在给清政府的奏折中，指出内外形势已发生了变化，"东南大利在水而不在陆"，并从海防、航运、贸易、漕运等方面说明"非设局急造轮船不为功"。当然，他首先考虑的是海防问题。他说："自海上用兵以来，泰西各国火轮兵船直达天津，藩篱竟成虚设，星驰飙举，无足当之。……欲防海之害而收其利，非整理水师不可；欲整理水师，非设局监造轮船不可。泰西巧而中国不必安于拙也，泰西有而中国不能傲以无也。"还打比喻说："彼此同以大海为利，彼有所挟，我独无之。譬犹渡河，人操舟而我结筏；譬犹使马，人跨骏而我骑驴，可乎？"同一天，左宗棠尚觉意有未尽，又上《复陈筹议洋务事宜折》，进一步说明不造轮船就无法抵御列强的侵略："西洋各国向以船炮称雄海上……道光十九年海上事起，适火轮兵船已成，英吉利遂用以入犯。厥后寻衅生端，逞其狂悖，瞰我寇事方殷，未遑远略，遂敢大肆彼猖。"他认为：列强"借端要挟恐所不免，如有决裂，则彼己之形所宜审也。……若纵横海上，彼有轮船，我方无之，形无与格，势无与禁，将若之何？"[1] 可见，他办船局的宗旨，与前次清政府买船以镇压太平军为目的，是完全不同的。左宗棠自称：

---

[1]《左文襄公全集》，奏稿，卷一八，第1~4、10~12页。

此举即"魏子（源）所谓师其长技以制之也"①。

7月14日，清廷批准了左宗棠的计划，发布上谕称："中国自强之道，全在振奋精神，破除耳目近习，讲求利用实际。该督现拟于闽省择地设厂，购买机器，募雇洋匠，试造火轮船只，实系当今应办急务。所需经费，即著在闽海关税内酌量提用。"② 随后，左宗棠便着手筹划建厂造船事宜。

经过广泛征求意见和实地勘察，左宗棠决定在福州马尾山后建厂。于是，开始筹买民田，设计一切工程，令日意格与上海殷实中外商人定议承包。至于一切工料、延聘洋匠、雇用工人等项，责成道员胡光墉，一手经理。左宗棠最关心的一点是："既能造船，必期能自驾驶，方不至授人以柄。"③ 为此，特制定《船政事宜》十条，其主要内容是：

（1）洋员应分正副监督，日意格为正监督，德克碑为副监督。"一切事务，仍责成该两员承办。""洋人共事，必立合同。船局延洋匠至三十余名之多，其中赏罚、进退、薪工、路费，非明定规约无以示信。已饬日意格等拟定合同规约，由法国总领事钤印画押，令洋匠一律遵守。"

（2）优待艺局生徒以拔人才。"艺局之设，必学习英、法两国语言文字，精研算学，乃能依书绘图，深明制造之法，并通船主之学，堪任驾驶。""此项学成制造、驾驶之人，为将来水师将才所自出。拟请凡学成船主及能按图建造者，准授水师官职；如系文职、文生入局学习者，仍准保举文职官阶，用之本营，以昭奖励。"

---

① 左宗棠：《海国图志序》，见魏源《海国图志》（100卷本），后叙。
②《海防档》（乙），福州船厂，第10页。
③《左文襄公全集》，书牍，卷八，第55页。

（3）限期完成生产计划，"轮船一局实专为习造轮机而设，俟铁厂开设，即为习造轮机之日。故五年之限，应以铁厂开设之日为始。一面造铁厂房屋，一面购运铁厂机器"。"大轮船轮机马力以一百五十匹为准，除拟买现成轮机两副外，其余九副皆开厂自造。""乘船厂闲工，加造小轮船五只。"

（4）预定奖格。"现已与日意格等议定，五年限满，教习中国员匠能自按图监造，并能自行驾驶，加奖日意格、德克碑银各二万四千两，加奖各师匠共银六万两。计共定奖格银十万八千两。"①

根据《船政事宜》十条，日意格和德克碑必须保证中国员匠在5年之内能自行制造。因具《保约》称："认限自铁厂开厂之日起，扣至五年，保令外国员匠教导中国员匠，按照现成图式，造船法度，一律精熟，均各自能制造轮船。并就铁厂家伙，教令添造一切造船家伙。并开设学堂，教习法国语言文字，俾通算法，均能按图自造；教习英国语言文字，俾通一切船主之学，能自监造驾驶，方为教有成效。此系卑镇等两人分内保办，决不有误。"②《保约》既经写成，左宗棠要求洋员恪守无违，明确地向日意格、德克碑指出："条约外勿多说一字，条约内勿私取一字。倘有违背，为中外讪笑，事必不成，尔负我，我负国矣。"③ 二人连连答应。不仅如此，左宗棠还要求法国驻上海总领事白来尼在《保约》上签字担保。

左宗棠正忙于筹办船政之际，忽于9月25日被清政府调任陕西总督。他怕影响原定计划，更加忙碌不堪，在一封家书中写道："自奉西征之命，自限四十日，料理闽事而后卸篆，发折三十余条，片四十

---

① 《中国近代工业史资料》，第1辑，第386~387页。
② 《海防档》（乙），福州船厂，第31页。
③ 《左文襄公全集》，书牍，卷八，第64页。

余件，心力为瘁。"① 10月31日，左宗棠奏请派前江西巡抚沈葆桢总理船政，凡事涉船政其专奏请旨。福建官绅"以创轮船一事，机不可失"，怕左宗棠一走会影响造船，纷纷上书恳留缓行。福州将军英桂和福建巡抚徐宗幹据实上奏。11月17日，谕左宗棠"暂缓交卸督篆，克日催督工匠上紧制造，妥定章程，与英桂、沈葆桢会商办理。"② 19日，派沈葆桢总理船政，准专折奏事。在此期间，左宗棠从香港买来一艘轮船，改名为"华福宝"，派宁波五品军功贝锦泉为管带，船上所用管车、看盘、炮手皆中国人。因宁波人熟悉航海，又令贝锦泉多募宁波熟练舵工，优给饷银，随同学习，"意在熟悉闽、粤、江、浙、山东、直隶洋面，能多造就数人，则后此厂中所造之船，即可用中国人驾驶"③。23日，他交卸督印，遗任由福州将军英桂兼署。沈葆桢母丧守制在籍，一切船政事宜由署藩司周开锡、道员胡光墉请督抚代为咨奏。直到12月16日，左宗棠与日意格、德克碑将船厂计划完全确定后，才离开福州赴任。

沈葆桢

1866年12月23日，建造船厂工程开始破土动工，基建工作进展顺利。1867年7月18日，沈葆桢正式到职视事。从10月起，仅用了3个月的时间便建成了第1座船台。1868年2月2日，沈葆桢奏称："自去年九月中旬而后，匠作百余人，斧斤无间。至十二月初五日，第一座船台始竣。其余三座，今年秋冬当陆续告成。然而，船之所可

---

① 罗正钧：《左宗棠年谱》，岳麓书社，1982年，第135页。
②《海防档》(乙)，福州船厂，第17页。
③《左文襄公全集》，书牍，卷八，第55~56页。

贵者在机，机之所从出者在厂。铁厂关系既重，工费益繁。……划前右方百余丈之地为船台四，划后左方百余丈之地为铁厂五。其一曰铁厂，其二曰水缸厂，其三曰打铁厂，其四曰铸铁厂，其五曰合拢铁器厂。"[①] 此时，日意格在法国为船厂代购的各种机器，也陆续雇船运来。同年8月，先后4批机器都已运到。船厂的各主要分厂和车间，也都先后建成。于是，便开始了第1艘轮船的建造工作。

马尾船厂的建设工程，是在不断排除各种阻力的情况下进行的。当船政甫建之初，法国驻华代理公使伯洛内即致函给总理衙门，对清政府的设厂造船提出异议，他说："中国设立船厂一事，必有高见，本大臣本不愿多言，因念情好相关，又当明告。切思贵国船厂新立，一切火轮器具皆由自造，恐造成之后，每只较买外国现成之船，价银总有数倍之差。"言下之意，中国自己造船成本太高，还是从外国买现成的船为好。赫德代表英国的利益，主张造船应在海关的管理下进行，并指使闽海关税务司法国人美理登出面活动，以达到控制船政的目的。于是，美理登向英桂递交"前议试造轮船有欠妥协"的信件，预言中国造船"徒縻巨款，终无成功"，并提出：仿照广东成例，"只置轮船三只，每只价约四万五千两，为费不多。轮船办妥，始雇中国数十人于船中，日习进退行止之法，枢机转动之妙，水火既济之宜，有物可视，有法可循，日相观摩，谅数年中即能实得驾驶之要诀"。"且内地试造之船，势必不及洋来惯造之坚。况试造之船，比诸购买者价尚高三倍。然福州一口，亦不必用此多船，如欲奉公缉盗，有三四只轮船分巡台、厦、本口已足。""拟请将船只减少，只造四条，限约更改，著令签押只可试办三年，洋匠止雇十五人。一面请管理船政人员，随时将应用银两咨商本口税司核实勘估，按目咨报税司察核转

[①]《船政奏议汇编》卷四，文海出版社影印本，第2~3页。

报总理衙门。"① 但是，英桂看穿了其阴谋，丝毫不为所动，致函总理衙门称："细察美理登所言各节，名为中国节省经费，实则暗事阻挠。且其词语，前后多相矛盾。盖因议造轮船之始，美理登原未预闻。及至腊月来闽接办税务司，即谋搀入，希图从中取利。然此事现与日意格、德克碑等既有成约，即有责成。美理登系局外之人，自未便复令干预。"美理登仍不死心，又向英桂提出，派他为船政正监督，将日意格、德克碑改为左右副监督，也同样遭到了拒绝。此后，一些外国侵略分子仍然蓄意制造事端，如英国驻福州副领事贾禄企图在船政界内建副领事馆，美理登扣留船政局进口的飞轮炮，法国领事巴世栋坚持要在船厂内实行领事裁判权，等等。由于沈葆桢的态度坚决，他们的这些企图都遭到了失败。在当时来说，反对中国造船的主要国家是英国。一位参观过马尾船厂的英国海军军官说："中国还需要许多年月才有可能成为一个海军国家，使我们英国觉到恐慌或忧虑。中国的海军还在摇篮时代。从中国的士兵数目来说，是不少的，但是军官则还需要培养。……它有可造就之才吗？有的人认为有。他们说，如果中国军队获得适宜的武装与正确的领导，他们将成为我们可怕的敌手。"② 寥寥数语，道破了英国之所以要那么起劲地反对中国造船的真实目的。

在中国国内，反对造船的保守力量也是很强大的。接替左宗棠的新任闽浙总督吴棠，即其代表人物。吴棠是反对造船的，他说："船政未必成，虽成亦何益！"③ 到任后，一反左宗棠之所为，对船政之事处处掣肘。在吴棠的影响下，福州到处是流言蜚语，并传扬所谓"闽

---

① 《海防档》（乙），福州船厂，第13~14，55~56页。
② 《洋务运动》（丛刊八），第375~376页。
③ 《左文襄公全集》，书牍，卷九，第35、39页。

省新竹枝词",其一云:"抽收厘税不为难,欲造轮船壮大观,利少害多终罔济,空输百万入和兰。"与吴棠所论遥相呼应。对此,左宗棠极为愤慨,在一封信中写道:"闽省自新制军到后,一意更张,一则恶其害己,一则恶其名不自己生。而群不逞之徒,因而肆其狂吠,靡所不至。弟所定诸大政,泯然俱尽。"并致书沈葆桢说明自己的态度:"诸所翻异者,皆弟任内奏准之件,自不能无言,然亦未可出之太易,高明以为何如?闽官之喜造谣言,挟制长官,本是习见之事。竹枝词亦何足据!惟此次从轻了结,恐日后新闻更多,不成事体耳。"① 左宗棠此信,对沈葆桢是一个很大的支持。他决心起而抗争,致函总理衙门,论及吴棠在闽"事事务反前人,即船政一端,在在阴起而为难,殊不解用意何在"②。左宗棠以吴棠前任清河县知县时,颇得时誉,曾驰书规劝,吴棠以"萧规曹随"答之,实则变本加厉,一意孤行。他不得已上疏密陈:"吴棠到任后,务求反臣所为,专听劣员怂恿。凡臣所进之人才,所用之将弁,无不纷纷求去;所筹之饷需,所练之水陆兵勇,窃拟为一日之备者,举不可复按矣。"③ 事态已发展到如此地步,总理衙门才不得不表态支持船政局,致函英桂说:"此事断不能因一二浮言致滋摇惑。帑金所费,几及巨万,则事期必集,志在必成。垂竟之功,又岂肯败于中止?仲宣(吴棠字)在闽,闻事事务反前人。即造船一节,诸多作难。此中是是非非,谁誉谁毁,本处原未据为定评。惟以大局而论,创造轮船乃国家公事,非幼丹(沈葆桢字)私事,若因意见不合,遂阴为掣肘,是因一人而隳全功,其咎伊谁职之!"④ 不久,清政府将吴棠调任四川总督,这才搬掉了这块船政前进

---

① 《左文襄公全集》,书牍,卷九,第35、39页。
② 《海防档》(乙),福州船厂,第103页。
③ 《左文襄公全集》,奏稿,卷二二,第80~81页。
④ 《海防档》(乙),福州船厂,第102~103页。

道路上的最大绊脚石。

　　福州船政局就是这样在不断排除内外干扰的情况下办起来的。1868年1月18日，船政第1号轮船正式开工建造。1869年6月10日，这艘轮船于举行下水仪式后，"一瞬之间，离岸数十丈，船上人乘势下碇，抛泊江心。万斛艨艟，自陆入水，微波不溅，江岸无声，中外欢呼，诧为神助"①。这艘轮船被命名为"万年清"。派游击贝锦泉为管带，船上舵工、水手80余名一律用中国人。9月25日，"万年清"竣工。28日，直接驶出大洋，迎风破浪，"在事人等皆动合自然。随于大洋中饬将船上巨炮周四轰放，察看船身，似尚牢固，轮机似尚轻灵，掌舵、管轮、炮手、水手人等亦尚进退合度"②。"万年清"试航成功，是鼓舞人心的，也为后来的造船积累了经验。

　　从第2号轮"湄云"以后，工匠等驾轻就熟，工程速度大为提高，周期缩短了将近一半。船政局所造的头四号轮船，或为80马力，或为150马力，其轮机都是购自国外的。第5号轮"安澜"，"所配轮机汽炉，系150匹马力，均由厂中自制"③。这是造船工业技术上的一项突破，为提高近代中国造船的自给能力做出了贡献。据一位英国海军军官称，其工艺水平"可以和我们英国自己的机械工厂的任何出品相媲美而无愧色"④。但是，当时船政所造之船，与西方国家相比，仍有很大差距。1870年10月，沈葆桢因父亲病故回家守制，此后即由福州将军兼署闽浙总督文煜奏事。1871年4月29日，文煜会同左宗棠奏称："查轮船之设，外洋所长，全在炮位多而马力大，故能于重洋巨浪之中，纵横颠簸，履险如夷，制胜确有把握。今闽省不惜巨帑，

---

① 《海防档》（乙），福州船厂，第160页。
② 《沈文肃公政书》，卷四，文海出版社影印本，第38页。
③ 《船政奏议汇编》卷七，第9页。
④ 《洋务运动》（丛刊八），第370页。

创造轮船，自应设法讲求，得其奥妙。"① 经与日意格议定，仿照外国兵轮式样制造，加大到250马力，排水量近1500余吨，配炮13门。这就是第7号轮"扬武"，成为当时中国最大的一艘巡洋舰。在短短的几年内，船政的造船水平迅速提高，而且达到了相当的高度。

正当造船工作进展顺利之时，停止造船之议又起，使船政面临下马的危险。1872年1月23日，内阁学士宋晋奏称："此项轮船，将谓用以制夷，则早经议和，不必为此猜嫌之举，且用之外洋交锋，断不能如各国轮船之利便，名为远谋，实同虚耗。将谓用以巡捕洋盗，则外海本设有水师船只……今则军务未已，费用日绌，殚竭脂膏以争此未必果胜之事，殊为无益。"② 建议停止闽浙、两江两处造船。对此，清廷暂不表态，发给曾国藩、文煜酌量情形议奏。曾国藩复函总理衙门，最先表示不同意宋晋的建议。他说："窃思铁厂之开创于少荃（李鸿章字），轮船之造始于季皋（左宗棠字），沪局造船则由国藩推而行之，非不知需费之巨，成事之难，恃以中国欲图自强，不得不于船只、炮械、练兵、演阵入手，初非漫然一试也。刻下只宜自咎成船之未精，似不能谓造船之失计；只宜因费多而筹省，似不能因费绌而中止。"并针对宋晋之论，驳之曰："趁此内地军务将竣之际，急谋备御外侮，非好动也。仇不可忘，气不可懈，必常常有设备之实，而后一朝决裂，不至仓皇失措。"文煜的复奏，则模棱两可。先谓："现在造成之各号轮船，虽均灵捷，而与外洋兵船较之，尚多不及，以之御侮，实未敢谓确有把握。"继称："应否即将闽省轮船局暂行停止，以节帑金之处，伏候圣裁。"但指出，"师船须候风汛，不敌轮船之灵捷"，将已成各船"租给殷商驾驶，殊为可惜"，而且洋员、洋匠等五

---

① 《船政奏议汇编》卷七，第5页。
② 《洋务运动》（丛刊五），第105~106页。

年期内须给薪金,遣散回国须给盘费,所订购之外洋物料亦须付款。"以上各款,约需银七十余万两,应行筹拨。"①

文煜的奏折使清廷一时举棋不定,便又于4月8日谕李鸿章、左宗棠、沈葆桢三人通盘筹划,悉心酌议具奏。对于宋晋所奏停止造船一节,左宗棠早就义愤填膺。他说:"于当时应节之费不一置喙,独于此断断不舍,不解是何居心?"并流露出对朝廷不满之意说:"自海上军兴已来,惟此著尚为扼要,事可有成,忽为浮言所动,诚所不解!"②及接"酌议具奏"的上谕,即于5月2日上《复陈福建轮船局务不可停止折》,首先回顾当初创办船政的宗旨:"窃维制造轮船,实中国自强要著。臣于闽浙总督任内请易购雇为制造,实以西洋各国恃其船炮,横行海上,每以其所有傲我所无,不得不师其长以制之。"然后,针对宋晋、文煜所论,予以反驳。他说:"尚多不及外洋兵船者,亦只就目前言之,并非画地自限,谓此事终应让能于彼族也。""至于制胜之有无把握,此时海上无警,轮船虽成未曾见仗,若预决其必有把握,固属无据之谈,但就目前言之,制造轮船已见成效,船之炮位、马力又复相当,管驾、掌轮均渐熟悉,并无洋人羼杂其间,一遇有警,指臂相联,迥非从前有防无战可比。"至于此后有无可节之费,他指出,"大约工作之事,创始为难,亦惟创始最巨","创造伊始,百物备焉,故始造数只所费最多。以船工之先,凡轮船各具均须修造齐全,名目既多,款项甚巨也。迨接续制作,则各项工程无须再造,经费专用之船工,而经费亦日见其少"。最后,他激昂陈词:"窃维此举为沿海断不容已之举,此事实国家不可少之事。若如言者所云,即行停止,无论停止制造,彼族得据购雇之永利,国家旋失自

---

① 《海防档》(乙),第326、333~334页。
② 《左文襄公全集》,书牍,卷一二,第11、22页。

强之远图,隳军实而长寇仇,殊为失算。且即原奏因节费起见言之,停止制造,已用之三百余万能复追乎?定买之三十余万及洋员、洋匠薪工等项能复扣乎?所谓节者又安在也!"①

5月7日,沈葆桢更以具体事实对宋晋所论逐条驳斥:其一,"查宋晋原奏称:'此项轮船,将谓以之制夷,则早经议和,不必为此猜嫌之举。'果如所言,则道光年间已议和矣,此数十年来列圣所宵旰焦劳者何事,天下臣民所痛心疾首不忍言者何事?耗数千万金于无底之壑,公私交困者何事?夫恣其要挟,为抱薪救火之计者,非也。激于义愤,为孤注一掷之计者,亦非也。所恃者,未雨绸缪,有莫敢侮予之一日耳。若以此为猜嫌,有碍和议,是必尽撤藩篱,并水陆各营而去之而后可也。"其二,"原奏称:'用之外洋交锋,断不能如各国轮船之利,名为远谋,实同虚耗。'夫以数年草创伊始之船,比诸百数十年孜孜汲汲精益求精之船,是诚不待较量,可悬揣而断其不逮。顾亦思彼之擅是利者,果安坐而得之耶?抑亦苦心孤诣,不胜糜费而得之耶?譬诸读书,读之数年,谓弟子当胜于师者,妄也。谓弟子既不如师,莫若废书不读,不益妄乎?""勇猛精进则为远谋,用循苟且则为虚耗,岂但轮船一事然哉?"最后,他斩钉截铁地说:"窃以为不特不能即时裁撤,即五年之后,亦无可停。"②

6月20日,李鸿章奏到,也主张继续造船。对于宋晋的迂腐之论,他批评说:"士大夫囿于章句之学,而昧于数千年来一大变局,狃于目前苟安,而遂忘前二三十年之何以创巨而痛深,后千百年之何以安内而制外。"他认为:"左宗棠创造闽省轮船,曾国藩饬造沪局轮船,皆为国家筹久远之计,岂不知费巨而效迟哉?惟以有开必先,不

---

① 《左文襄公全集》,奏稿,卷四一,第31~35页。
② 《海防档》(乙),福州船厂,第346~349页。

敢惜目前之费，以贻后日之悔。该局至今，已成不可弃置之势，苟或停止，则前功尽弃，后效难图，而所费之项，转成虚糜，不独贻笑外人，亦且浸长寇志。由是言之，其不应裁撤明矣。"①

由于左宗棠、沈葆桢和李鸿章都反对停止造船，对清廷的决策产生了决定性的影响。奕䜣等奏称："朝廷行政用人，自强之要，固自有在，然武备亦不可不讲。制于人而不思制人之法与御寇之方，尤非谋国之道。虽将来能否临敌致胜，未能预期，惟时际艰难，只有弃我之短，取彼之长，精益求精，以冀渐有进境，不可惑于浮言，浅尝辄止。"② 这算是给宋晋挑起的这场争论做出了最后的结论，使船政岌岌可危的局面得到扭转，其造船计划才得以继续实施。

到1874年春，原先左宗棠与日意格等所订合同期满，大批外籍人员离厂回国，技术设计改由中国技术人员主持。在日意格担任船厂监督的五年中，闽局共建造了15艘轮船。如下表：

船名	下水日期	排水量（吨）	马力（匹）	航速（节）	配炮（门）	乘员	造价（万两）
万年清	1869.6.10	1 450	150	10.0	6	100	16.3
湄云	1869.12.6	515	80	9.0	3	70	10.6
福星	1870.5.30	515	80	9.0	3	70	10.6
伏波	1870.12.22	1 258	150	10.0	5	100	16.1
安澜	1871.6.18	1 005	150	10.0	5	100	16.5
镇海	1871.11.28	572	80	9.0	6	70	10.9
扬武	1872.4.23	1 393	250	12.0	13	200	25.4
飞云	1872.6.3	1 258	150	10.0	5	100	16.3
靖远	1872.8.21	572	80	9.0	6	70	11.0
振威	1872.12.11	572	80	9.0	6	70	11.0
济安	1873.1.2	1 258	150	10.0	5	100	16.3

①《海防档》（乙），福州船厂，第368页。
②《海防档》（乙），福州船厂，第386页。

(续表)

船名	下水日期	排水量（吨）	马力（匹）	航速（节）	配炮（门）	乘员	造价（万两）
永保	1873.8.10	1 391	150	10.0	3	100	16.7
海镜	1873.11.8	1 391	150	10.0	3	100	16.5
琛航	1874.2	1 391	150	10.0	3	100	16.4
大雅	1874.5.16	1 391	150	10.0	3	100	16.2

三 自造轮船与船政的新发展

船政设立之后，在5年之内造出了15艘轮船，这应该说是很大的成绩。不过，也要看到，这些船都是在洋员主持下造成的。如今日意格等既已如约辞离，那么船政能否还继续造下去呢？这又使船政面临着一次严峻的考验。

船政所聘雇之外国人员遣散后，福州将军文煜向清廷提出："停止造船，除修船、养船而外，一切皆可节省。"[1] 其他封疆大吏也有对船政是否继续兴办持怀疑态度的。当时，因清政府尚未作出决定，船政不敢擅自动工。于是，沈葆桢一面函请李鸿章给予支持，一面奏请准许续行兴造。他说："该工匠等学习多时，造轮之法已皆谙悉，聚之数年，散之一旦，不免另图生计。他日重新召募，殊恐生疏。而已成之水缸、机器，已购之木料，将俱置诸无用之区，实则暗中糜费。似不如仍成此局，接续兴工，在匠作等驾轻就熟，当易告成。而厂中多造一船，即愈精一船之功；海防多得一船，即多收一船之效。况由熟生巧，由旧悟新，即铁甲船之法，亦可由此肇端。购致者权操于人。何如制造者权操诸己？"[2]

---

[1]《洋务运动》（丛刊五），第143页。
[2]《海防档》（乙），福州船厂，第526页。

此时，适逢日本出兵入侵台湾，东南沿海形势趋于紧张。在此关键时刻，船政所造之船起了重要的作用。在15艘轮船中，除"镇海"驻天津，"湄云"驻牛庄，"海镜"归招商局外，其余各舰皆由沈葆桢调遣；"扬武""飞云""安澜""靖远""振威""伏波"六船，派往澎湖，操演阵式；"福星""万年清""济安"三船，分驻台北、厦门、福州；"永保""琛航""大雅"三船，派迎淮军，并装运炮械军火，往来南北。沈葆桢还亲自乘轮渡台，布置防务。由于中国在军事上处于有利地位，日本侵略军陷入困境，后来才不得不索偿退兵。在解决日军侵台事件中，清廷看到了船政的作用，因于1874年9月12日发布上谕："铁甲船必不可少，即使议购有成，将来仍应鸠工自造。目前尤须讲求驾驶之法，沈葆桢等惟当切实筹办，力图自强。闽厂轮船即照所请，准其续行兴造得力兵船，以资利用。"[①] 在沈葆桢的坚持下，船政才得以继续发展。

1875年6月4日，船政所造的第16号轮"元凯"下水。这是外国员匠解聘后船政造的第1艘轮船。但是，它还是按法国技术人员的设计，而且机器和材料也是原来准备好的。所以，"元凯"轮的制成，还是日意格监制时期造船工作的延续。从第17号轮"艺新"开始，船政才进入了新的发展时期。船政的造船技术达到了一个新的水平，在8年内连上3个台阶：

第一，自造轮船。1876年3月28日，"艺新"轮下水。它是中国技术人员独立设计、制造的第1艘轮船，"并无蓝本，独出心裁"。"艺新"竣工后，先在坞前试轮，又到外洋试航，船身坚固，轮机灵捷。此时，沈葆桢先已调任两江总督，其继任丁日昌改任福建巡抚，由顺天府尹吴赞诚督办船政事宜。"艺新"轮在设计、制造虽尚有不

[①]《海防档》(乙)，福州船厂，第527页。

足之处，但吴赞诚还是肯定了它的成功。并致函总理衙门说："第十七号'艺新'装配妥竣，于闰五月十九日驶出五虎门外试洋。轮机运动尚能如法，惟马力较小，一遇风浪，不免簸摇，须加铁片压舱，方得稳称。此系学生自绘自制，初次试手，由此进加考究，当可渐底精纯。"① 这是中国人自己造的第1艘外洋轮船，开中国近代自行设计、制造外洋轮船之先河。

第二，仿造铁胁兵轮。制造铁胁兵轮的计划先是沈葆桢提出的。丁日昌视事后，看到世界造船工业日新月异，主张急起直追。他说："外国轮船改用康邦机器将十年矣，用煤少而行驶速，而中国沪、闽二厂仍用旧式机器，况彼之轮船已改用铁甲，而我仍以木。"建议在制造铁甲的同时，"自开煤铁，先学炼铁炼钢之法，方能取不尽而用不竭"。吴赞诚到任后，表示一切"率循旧章，无事更改"，"悉心筹度，切实讲求，冀有进益"②。所以，他到职后的主要工作，就是实施船政原定的制造铁胁兵轮计划。这艘铁胁兵轮于1877年5月15日下水，命名为"威远"。"威远"轮所用的轮机，是从国外购进的新式卧机，装配在水线以下，马力为750匹，是以前所装轮机的3倍。9月14日，"威远"轮由"飞云"管驾吕翰驾驶，抵达白犬洋面，果然"船身坚固，机器精良"，虽"巨浪掀腾"，而"尚觉稳捷"。这是船政所造的第1艘铁胁轮船。第2艘铁胁轮船"超武"，其"胁骨、轮机及船上所需各件，均系华工仿造外洋新式，放手自造，与购自外洋者一辙"。铁胁兵轮的仿造成功，是来之不易的。它是船政上下群策群力的智慧结晶，正如吴赞诚所说："闽厂自仿造铁胁船以来，调度者苦心擘画；监视者锐意推求；测算者触类旁通，体认于意象形声之

---

① 《海防档》（乙），福州船厂，第575、691页。
② 《海防档》（乙），福州船厂，第626、685页。

表；操作者因难见巧，神明于方圆规矩之中；巡查者冒暑冲寒，既始终以赴役；采办者裒多益寡，亦转运之应时。群力毕宣，巨工用举，事虽因而实创，咸坚学制之心；艺由浅而得深，遂集观成之效。"①

第三，仿造巡海快船。仿造巡海快船的建议，是李鸿章最早提出来的。先是在1876年10月，李鸿章致函吴赞诚，提出："应于铁甲船未购之先，配造巡海快船四只，以备将来购成铁甲，可以练成一军。"并饬日意格向法国地中海船厂购齐巡海快船的图纸。1879年4月，吴赞诚因病奏请开缺。11月，清政府任命前直隶按察使黎兆棠督办船政。1880年3月，黎兆棠行抵马尾，开始视事。他一上任就先抓巡海快船的制造，"悉心询考，该船样新见固"，认为"亟应勉力仿制"，因"船政与海防相表里，既得铁甲，又必佐以快船，始堪训练成军，宣威海上"。在黎兆棠的主持下，第1艘巡海快船终于仿造成功。这艘海快船于1883年1月11日下水，被命名为"开济"。"全船吨载二千二百吨，配新式二千四百匹马力省煤康邦卧机一副，汽鼓三座，水缸八个，机件之繁重，马力之猛烈，皆闽厂创设以来目所未睹。"并"配炮十尊，进可角战，退可拒敌，船炮猛快当无有逾于此者"②。

正当船政工作蒸蒸日上之际，爆发了中法战争。1884年7月，法国军舰闯入马江。8月23日，法国舰队发动攻击，挑起了马江之战。在法舰的炮击下，马尾船厂遭到一定的损失，但并未被摧毁。战后，船政一面恢复铁胁兵轮的制造，一面着手准备制造钢甲兵船。1888年1月29日，船政制造的第1艘钢甲兵船下水，被命名为"龙威"③。是时，"风潮顺满，循轨徐趋，势极灵稳，万目共瞻，莫不同声称快"。"龙威"轮的试制成功，标志着船政的造船技术又提高到一个新的水

---

① 《船政奏议汇编》卷一五，第12页；卷一六，第5页；卷一七，第12页。
② 《船政奏议汇编》卷一八，第6~8页；卷二〇，第16~18页。
③ 1890年5月，"龙威"拨归北洋差遣，被李鸿章改名为"平远"。

平。其船式之精良，轮机之灵巧，钢甲之坚密，炮位之整严，都远在已成各船之上。时前按察使裴荫森督办船政，奏称："近日海上争衡，全资铁舰，该船工料坚实，万一海疆有事，不特在深入洋面纵横荡决，可壮声威，即使港汊浅狭，进退艰难，斯船吃水不深，其攻守尤资得力。倘能宽筹经费，多制数艘，分布各省，互相联络，洵足内固沿海之边防，外杜强邻之窥伺。"①

船政克服重重困难，破除种种阻力，取得如此成就，是很不容易的。从1875年到1894年甲午战争爆发的20年间，共造各式轮船18艘。如下表：

从船政创办伊始，迄甲午战争爆发为止，闽厂共造船33艘。其中，"平远""康济""威远""海镜""泰安""湄云""镇海"七船分拨到北洋；"开济""镜清""横海""澄庆""登瀛洲""靖远"八船分拨到南洋；"元凯""超武"分拨到浙江；代广东造"广甲""广乙""广丙""广庚"四船；"扬武""伏波""济安""飞云""福星""艺新""振威""永保""琛航"九船留福建差遣。合计28艘，占造船总数的82%。这些船后来成为建立四洋海军的基础。与此同时，船政还培养了大批近代海军人才。所以，时人称船政之设"为中国海军萌芽之始"②，不是没有道理的。

---

① 《船政奏议汇编》卷三七，第4~5页。
② 《洋务运动》（丛刊八），第481页。

船名	下水日期	排水量（吨）	马力（匹）	航速（节）	配炮（门）	造价（万两）
元凯	1875.6.4	1 258	150	10.0	5	16.2
艺新	1876.3.28	245	50	9.0	5	5.1
登瀛洲	1876.6.23	1 258	150	10.0	5	16.2
泰安	1876.12.2	1 258	150	10.0	10	16.2
威远	1877.5.15	1 300	750	12.0	7	19.5
超武	1878.6.19	1 268	750	12.0	5	20.0
康济	1879.7.20	1 300	750	12.0	11	21.1
澄庆	1880.10.22	1 268	750	12.0	6	20.0
开济	1883.1.11	2 200	2 400	15.0	12	38.6
横海	1884.12.18	2 200	2 400	12.0	7	20.0
镜清	1885.12.23	2 200	2 400	15.0	10	36.6
寰泰	1886.10.15	2 200	2 400	15.0	11	36.6
广甲	1887.8.6	1 300	1 600	14.0	11	22.0
平远	1888.1.29	2 100	2 400	14.0	8	52.4
广庚	1889.5.30	316	400	14.0	4	6.0
广乙	1889.8.28	1 030	2 400	15.0	9	20.0
广丙	1892.1.2	1 030	2 400	15.0	11	20.0
福靖	1893.1.20	1 030	2 400	13.0	11	20.0

四 广东船局试造浅水兵轮

广东造船本来起步甚早，但经过鸦片战争的破坏，所有设施已被摧残殆尽。此后30余年间，再无倡议造船者。

1866年，两广总督瑞麟以"轮船一项驾驶迅速，亦缉捕所必需"①，开始从国外购买轮船。1867年后，先后从英、法两国购进7艘轮船。如下表：

船名	制地	到粤时间	雇用洋员情形
飞龙	英国	1867.1	雇洋员3人：管驾佛兰斯（英）；二副赖底（英）；大管轮葛喜迩（英）。
镇海	法国	1867.3	雇洋员4人：管驾哆哩（法）；二副滔路雅（法）；大管轮白勒果（美）；二管轮勒斯德（英）。
澄清	法国	1867.6	雇洋员4人：管驾白萨（法）；二副武吟（法）；大管轮衣齐（法）；二管轮焓科（法）。
绥靖	法国	1867.11	雇洋员4人：管驾斯杜华（英）；二副威霖（英）；大管轮卞德（英）；二管轮欧底（英）。
恬波	法国	1868.4	雇洋员4人：管驾龙飞（法）；二副厄未些（法）；大管轮威廉不爷（英）；二管轮生百驾（英）。
安澜	英国	1868.8	雇洋员7人：管驾葛西利（英）；二副威霖（英）；三副勒植（英）；大管轮叶尼（英）；二管轮额圭士（英）；炮手莫利（英）、万维（英）。
镇涛	英国	1868.8	雇洋员7人：管驾额华斯（英）；二副骆伯逊（英）；三副李嘉（英）、汉谢人（英）；大管轮司密（英）；二管轮文尼（英）；炮手贾礼达（英）、伯洛文（英）。

船价共用银28.4万余两，另添置炮位等项4.7万余两，合计33.1万余两。

1873年，瑞麟鉴于"军火采自外洋，所费甚巨，且轮船汽机时有

---

① 《广州府志》卷六五，光绪五年刊，第12页。

损坏，必须赴香港修补，办理亦多周折，莫若购买机器，自行修造，以期省便"，于是在文明门外聚贤坊购民铺 10 余间，设立机器局。访知在籍候选员外郎温子绍精于机器，便委派其督办机器局工作。其后，轮船遇有损坏时，即在机器局修理。据香港报纸称："这机器制造局打算完全不用外国技师，闻之实难置信。然而，据说它的中国总办精于机器，善于发明。" 1874 年，广州机器局计划制造内河小轮船。虽然瑞麟在当年 10 月病死，但此计划在温子绍的主持下仍继续实施，先后制成小轮船 16 号。但这些小轮船只能航行于内河，"派拨东、西、北三江分段巡缉"①。

1875 年 9 月，刘坤一调任两广总督后，即想扩大原来的机器局，自行制造船炮。适在此时，英国人经营的黄埔船坞准备出让。早在鸦片战争后，苏格兰人柯拜作为大英轮船公司的代表，来到黄埔。他看到修船事业在这里极有发展前途，便从中国人手里租了几处泥坞，营业以后非常赚钱，便建造一座新船坞。后来这座船坞卖给了香港黄埔船坞公司。这个公司成立于 1863 年，当年购得了黄埔船坞，两年后又购买了香港的两座船坞，于是大发其财。公司成立时资本为 24 万元，1867 年便增到 75 万元。到 1870 年，即苏伊士运河通航的翌年，资本又增至 100 万元。但是，1872 年以后，黄埔船坞遇到了激烈的竞争。此时，该公司兴办的九龙船坞已经建成。黄埔船坞竞争不过香港和九龙，生意清淡，每月须支付工资四五千元，已经很难维持下来。到 1873 年，黄埔船坞事实上已经歇业。香港船坞公司想把这处荒废的船坞卖给中国地方当局，连续进行了几年的交涉，都未成交。刘坤一莅任后，决定买下这座船坞。

1876 年秋，双方达成协议，广东省购买这座船坞，售价银 8 万

---

① 《中国近代工业史资料》，第 1 辑，第 456、460 页。

元，分期付款。1877年，清政府批准了这笔交易。

1879年，清廷谕刘坤一遣广东兵轮驶赴吴淞操练。8月2日，刘坤一奏称："粤东数年以来购制各号轮船，皆为本省各海口及内洋近处缉捕之用，船身本不甚大，入水亦不甚深，实未能经涉大洋，远赴吴淞口操练。……即使勉强从事，前往听操，仍无裨于战守。"1880年1月15日，刘坤一在《筹备蚊船以固海防折》中，正式向清政府建议利用黄埔船坞自造炮船："此项蚊子船如往外洋购造，必须一两年方可到粤；倘购造三四号，恐一两年尚不能到齐。粤省现无大号兵轮可以守口，若旷岁需时，实属缓不济急。……粤省于光绪三年间购买英国所置黄埔船墺大小数处，机器皆全。所有仿造此项蚊子船，以及将来随时修理，甚属合用。既可不费巨款，且始终不借力于外洋。"①广东造船因系地方集资，清政府不用筹款，当即饬令先行试办。此项工程在温子绍的主持下，"选购料物，按照外洋购来式样，酌量变通，绘具图说，督匠依法制造"。历时一年多，仿造炮船成功，计用工料银3.99万余两。"即经驶往虎门试演大炮，皆能合度。"② 被继任两广总督张树声命名为"海东雄"。此次仿造炮船还是属于试验性质的。1882年曾国荃调署两广总督期间，也曾造小火轮"肇安""南图"两艘。但是，所造之船，都只能供巡缉之用，是无助于海防的。

中法战争后，张之洞授两广总督，决定利用黄埔船坞试造浅水兵轮。其计划是："博访水师将弁，招致香港工匠，采取香港华洋船厂图式，令明于管理者推究斟酌，度华工之能为者，拟成一式。大率长英尺十一丈，广一丈八尺，舱深八尺六寸，吃水六尺，马力七十八匹，内用康邦卧机，冷水气柜，双轮暗车，前后两桅，桅身上半可以伸缩，

---

① 《刘忠诚公遗集》，奏疏，卷一五，文海出版社影印本，第1, 47~48页。
② 《张端达公奏议》，卷五，文海出版社影印本，第14~15页。

下用铁胁，旁施钢板。船头后膛巨炮一，船尾中等后膛炮一，前后桅盘悬连珠炮各一，船腰两旁配连珠炮各一。取其身浅行速，可于六门内外贯穿往来，内可过黄埔以至省河，外可出虎门以达香港，至于沿海近岸，亦尚可行。"他认为："有此船十艘，可以卫虎门；有三十艘，可以遍防五门，旁扼西海。"1885年冬，第一批试造的浅水兵轮4只"广元""广亨""广利""广贞"下水。1886年6月24日，张之洞亲往检阅操演。"远而琼山浅洋，近而省河、西海，均堪行驶。船头之炮，可击水路八里，中靶五里，以之防护内河及近海各口，颇为合用。"① 其后，又造成"广戊""广己"两艘，船身较"广元"等4船稍为加大。

1889年，广东又开始试造铁胁浅水兵轮。按照设计，"船长英尺一百五十尺，宽二十三尺，吃水极深十尺，配康邦新式卧机马力五百匹，船前耳台拟安十二生炮两尊，船后拟安十一生炮一尊，中桅上拟安五管荷乞开士联珠炮一尊。以能出大洋为度，每半时约行三十三中里。炮价在外，估计全船工料银五万七千余两。拟共造两艘：一名广金，备钦州海面常川巡防之用；一名广玉，备琼州海面常川巡防之用"②。1890年夏，"广金""广玉"先后下水。经"开赴莲花山一带试洋，汽机融称，行驶稳捷"。"其经营缔造之巧，实不亚于欧洲各国。"③

应当承认，广东船局的造船工业，不仅远不能与西方国家相比，即使与闽、沪二局相较，也有很大的差距。尽管如此，广东试造浅水兵轮的成功，究竟有开风气的意义。正如张之洞所说："查粤厂船工，不比他省巨厂，所筹者零星之捐款，所用者土著之工匠，锐意发端，

---

① 《张文襄公全集》，奏议，卷一一，第29~32页；卷一七，第18~20页。
② 《张文襄公全集》，奏议，卷二八，第9~11页。
③ 《中国近代工业史资料》，第1辑，第471页。

冥思创造，只如椎轮大辂，小试其端。今由木壳渐制铁壳，由浅水渐驶大海，风气可望日开。"[1] 广东省依靠自己的力量，在自造小轮船的基础上，又制成6艘浅水兵轮，便为后来建立广东海军奠定了基础。

第三节 培养近代海军人才

一 中国近代海军的摇篮——福州船政学堂

福州船政局设立之初，即着手兴建学堂。左宗棠说："夫习造轮船，非为造轮船也，欲尽其制造驾驶之术耳；非徒求一二人能制造、驾驶也，欲广其传使中国才艺日进，制造、驾驶辗转授受，传习无穷耳。故必开艺局，选少年颖悟子弟习其语言文字，诵其书，通其算学，而后西法可衍于中国。"[2] 沈葆桢也说："船政根本在于学堂。"[3] 设厂与办学并重，是福州船政局的一个显著特点。

1866年12月，左宗棠制定《艺局章程》后不久，即开始招收学生。学堂初名求是堂艺局，学生被称为艺童。因当时马尾各项工程还在进行之中，便先在福州城内白塔寺、仙塔街两处租赁民房为校舍。[4] 根据《船政事宜》十条，艺局要开设英、法两门外语，培养两方面的人才：一是"能依书绘图，深明制造之法"的造船技术人员；一是"通船主之学，堪任驾驶"的海军战官。但一时来不及完全实施，便由广东招来已通英语的学生张成、吕瀚、叶富、李和、李田、邓世昌、

---

[1]《张文襄公全集》，奏疏，卷二八，第9~11页。
[2]《中国近代学制史料》，第1辑，上册，第355页。
[3]《沈文肃公政书》，卷四，第3页。
[4] 陈景芗：《旧中国海军各军事学校及训练机构沿革史》（未刊本）。

黎家本、梁梓芳、林国祥、卓关略等10人，作为外学堂艺童。对此，英桂奏称："十一月十七日开局，先行鸠工庀材，派委员绅与洋员督同砌岸筑基，缭垣建屋。习学洋技之求是堂，亦经开设，并选聪颖幼童入堂，先行肄习英语英文。"①

1867年春，厂舍落成，艺局迁回马尾，改名为船政学堂。并按学科分班，学生被称为法学艺童和英学艺童。后来，又把法文班叫前学堂，英文班叫后学堂。当时认为法国人精于制造，英国人精于驾驶。所以前学堂多聘用法国教习，教授制造专业；后学堂多聘用英国教习，教授驾驶专业。

福州船政局前学堂

艺童的饭食由学堂供给，每月赡家银4两。医药费也由学堂发给，但病情较重者，经监督验后，送回家中调理，病愈后即行销假。学习期限为5年。入学时，由艺童本人及其父兄画押，学习期间不得请长

---

① 《海防档》（乙），福州船厂，第59页。

假,不得改习别业。入学后,每3个月考试一次,由教习、洋员分别等次:列一等者,赏洋银10元;列二等者,无赏无罚;列三等者,记惰一次。两次连考三等者,戒责;三次连考三等者,勒令退学。三次连考一等者,在照章奖赏之外,另赏给衣料以示鼓励。每年逢端午、中秋给假3天,度岁时于封印日回家,开印日到局。但逢外国礼拜日,则不给假。艺童结业后,准以水师员弁擢用。具有监造、船主之才者,则破格优擢,以奖异能。这些规章制度充分照顾到中国的习俗,而且赏罚分明,对保证船政学堂的教学工作起了很大的作用。

左宗棠奏设学堂的目的,是要培养中国自己的造船和海军人才。他认为:"兹局之设,所重在学造西洋机器以成轮船,俾中国得转相授受为永久之利。"通过设立学堂,不仅在造船上"能尽洋技之奇",而且"能自作船主曲尽驾驶之法"。这是他设局时所追求的目标,所以称"艺局为造就人才之地"[①]。他同日意格、德克碑议定了《条议》十八条,其十一条即规定:"自铁厂开厂之日起,五年限满,如能照所具保约,教导中国员匠,于造船法度一切精熟,均各自能制造,并能自造家伙。并学堂中教习英、法两种文字,造船、算法及一切船主之学,均各精熟。俾中国员匠自能监造、驾驶,应加奖劳。"日意格、德克碑二人也作出承诺和保证:"此系宪恩格外,谨当传谕各员匠倍加奋勉。卑镇等理应竭诚报效,不敢言功,教成之后,悉候宪裁。如五年限满,教导不精,卑职等及各员匠概不敢仰邀加奖。"[②] 左宗棠为培养中国自己的海军人才而采取的这些措施,表明了他的爱国自主思想和卓越的远见。应该说,他所追求的目标,后来基本上是达到了。

前学堂本为学习造船而设,教授造船需要的课程,如算术、几何、

[①]《中国近代学制史料》,第1辑,上册,第353~354页。
[②]《海防档》(乙),福州船厂,第35页。

制图、物理、三角、解析几何、微积分、机械原理等。此外，还设有两门实习课：一是蒸汽机制造；一是船体建造。艺童"半日在堂研习功课，半日赴厂习制船械"。由于在教学中坚持学习基本知识与应用和实践结合起来，取得了显著的效果。前学堂学生毕业后，大都学有所成，成为中国近代最早的一批造船技术人才。第1届学生魏瀚、陈兆翱、郑清濂、李寿田、吴德章、杨廉臣、陈林漳、第2届学生魏暹等，便是其中的佼佼者。中国自造的第1艘兵轮"艺新"号，就是由吴德章设计的。其后，试制铁胁快船时，由于"华匠既莫名其窾要，洋匠复甚秘其师传"，困难很大。但是，魏瀚等"毅然承办"，"运以颖异之心思，持以精专之诣力，故能神明规矩，屹然成防海之巨观"。时船政大臣裴荫森亲临船厂考察，"见该学生等索隐钩深，困心衡虑，或一图而屡易其稿，或一器而屡改其模，或于独悟而戛戛生新，或于会商而心心相印。寒暑无间，寝馈胥忘，历四五年如一日"。这些学生的聪明才智和辛勤劳绩，给裴荫森留下了深刻的印象。对此，他给予了高度的评价："夫海上争衡，全凭利舰，而船非自制，终苦良窳莫辨，缓急难资。闽厂设立学堂，学制造者实窨数百人，而心领神会、曲畅旁通亦仅此数人，无愧瑰奇之选。学者如牛毛，成者如麟角，呈材盖若斯之难也！"并高兴地说："盖推陈出新，洋人虽日更其旧制，而呈能效巧，闽学亦尽得其秘传也。"①

实践证明，船政培养中国自己的造船人才的方针是正确的，也是成功的。"闽厂不用洋员，放手自造，竟能臻其美备，创中华未有之奇。"尤为可贵的是，这些由学堂出身的制造学生，都不是故步自封，稍稍所得即沾沾自喜，而是不断进取与开拓。裴荫森说："自中国开厂造船以来，至开济而规模渐拓；至镜清而机括愈灵；近日寰泰试洋，

---

① 《船政奏议汇编》卷三五，第44、22~23页；卷三六，第8页。

速率又视镜清为胜。盖亦精益求精之明效。"① 这是符合历史事实的。

迄于清末，船政前学堂制造班共招收 7 届学生，计 143 名（一说 150 名）。

后学堂本为学习航海而设，故最重视驾驶专业。驾驶班专门培养航海人才，而航海是一门相当复杂的学科。"凡习航海学者，皆须考英语，然后轮船中能通问答。又必能通英国之字母，然后能司记载，于是先学英国语言文字。海程万里，波涛起伏，莫辨方向，西人航海皆以天度为准，能测天度，则能知海程之远近，于是继学天文海中礁石、沙线及海口停泊兵轮之处，水深几何，潮汐涨落，均宜究心，于是又学地舆。凡测天度，测海程，以及机器之运用，非明算法不能习其事，于是又习算学。凡水力之刚柔，风力之轻重，火力之多寡，行船之速率，皆有一定，于是又习驾驶。西人航海于纪程之外，尤重绘图，每至一地，即绘一图，以备参考，于是又学绘图。"② 当时，一般中国人皆对远洋航海有一种隔膜感，莫测高深。洋员们也故弄玄虚，神而秘之。如日意格、德克碑便在呈交的《清折》中写道："教作船主有难有易。洋面能望见远山，驾驶较易；其数月数日不见山地之大洋，驾驶较难。卑镇等所称在五年限内，教成中国员匠能自驾驶，系指能望见远山之海而言。如欲保能行驶数月数日不见山地之大洋，须照星宿盘、时辰表，测算洋面情形、海水深浅，尚非五年所能尽悉。"③ 但是，后学堂通过加强实习课，较好地解决了这个问题，并培养出中国最早的一批优秀航海人才。

沈葆桢非常重视驾驶学生的实习课，他说："窃维船成之后，以

---

① 《船政奏议汇编》卷三六，第 14 页。
② 《番禺县续志》卷二三，《邓世昌传》。
③ 《中国近代学制史料》，第 1 辑，上册，第 365 页。

驾驶为急务。年来招中国之素习洋舶者充管驾官，固操纵合法，而自出学堂者则未敢信其能否成才，必亲试之风涛，乃足以觇其胆智；否即实心讲究，譬之谈兵纸上，临阵不免张皇。"于是，乃有练船之设。先是在1869年，船政学堂派员到南洋各处购买夹板轮船，以为练船之用。但愿售者皆甚破旧，不适于用，购回修理又不值得，迄未成交。1870年，船政所造第3号兵轮"福星"告成。因学生实习在即，不可久拖，便由沈葆桢奏请改为练船："其式本属战舰，利于巡洋，拟以学堂上等艺童移处其中。饬洋员教其驾驶，由海口而近洋，由近洋而远洋。凡水火之分度，礁沙之夷险，风信之征验，桅舵之将迎，皆令即所习闻者。印之实境，熟极生巧，今日聚之一船之中，他日可分为数船之用。随后新旧相参，践更递换，冀可渐收实效。"[①] 得旨允行。6月15日，即将"福星"改为练船。此为船政学堂设练船之始，"福星"成为中国近代所设的第1艘练船。

但是，"福星"容量太小，一次只能有10名艺童上船实习，若"异日悉数就船练习，则该船容住为难"。1870年12月，访知福州口有德国夹板轮船"马得多"号出售。此船排水量为340吨，若改为练船，可住学生30余名，水手100余名，船身亦极为坚固，便以库平银10 282两的售价成交。船政学堂改船名为"建威"，并"将船面舱房拆去，易置炮位，仍如兵船之式"[②]。原来的练船"福星"仍作兵船使用。在此后3年间，"建威"练船便担负起船政学堂驾驶学生远航学习的任务。

1871年，船政学堂派第1届驾驶学生严宗光（后改名复）、刘步蟾、林泰曾、何心川、叶祖珪、蒋超英、方伯谦、林承谟、沈有恒、

---

① 《海防档》（乙），福州船厂，第231页。
② 《海防档》（乙），福州船厂，第266～267页。

林永升、邱宝仁、郑溥泉、叶伯鋆、黄建勋、许寿山、陈毓崧、柴卓群、陈锦棠等18人,及外学堂学生张成等10人,皆登"建威"练船实习,巡历南至新加坡、槟榔屿各口岸,北至直隶湾、辽东湾各口岸。1872年,"建威"练船改变航线,乘风北驶,历浙江、上海、烟台、天津,至于牛庄,然后返航。1873年3月,驾驶学生登"建威"南航,先抵厦门,次抵香港,绕经新加坡、槟榔屿,至7月始返马尾。历时4个月,除在各码头停泊外,实在洋面航行达75天。沈葆桢奏称:"海天荡漾,有数日不见远山者,有岛屿萦回,沙线交错,驶船曲折而进者。去时,教习躬督驾驶,各练童逐段誊注日记,量习日度星度,按图体认,期于精熟;归时,则各童自行轮班驾驶,教习将其日记仔细勘对。至于台飓大作,巨浪如山,颠簸震撼之交,默察其手足之便利如何,神色之镇定如何,以分其优劣。其驾驶心细胆大者,则粤童张成、吕瀚为之冠;其精于算法、量天尺之学者,则闽童刘步蟾、林泰曾、蒋超英为之冠。"① 通过这次实习,他便破格擢拔张成、吕瀚二人,管驾闽省原购之"海东云""长胜"两艘轮船。

1875年3月24日,沈葆桢奏请将"扬武"改为练船,募英国海军中校德勒塞为总教习,并派记名提督蔡国祥督操。4月8日,清政府批准"扬武"为练船。5月5日,开始接收"扬武"。"扬武"容量较"建威"大,排水量近1400吨,可住200人。即将"建威"所有练生移入,并添派第2届驾驶学生萨镇冰、林颖启、吴开泰、江懋祉、叶琛,第3届驾驶学生林履中、许洛川、林森林、戴伯康、陈英、蓝建枢、韦振声、史建中等登船见习。10月中旬,信风适宜,"扬武"出航北上,历各海口而抵烟台。为练习海道起见,随后又由烟台出洋,驶至日本海。"扬武"是中国自造的近1400吨的大船,船员300人,

---

① 《海防档》(乙),福州船厂,第467页。

装有13门大炮。当时，日本正在发展海军，"扬武"东航引起日本各界的关注，至长崎、横滨各地，聚观者至数万人。其"气势昂藏，足令日人骇异"。据《万国公报》报道："拟来春游历英、美各国并欧罗巴洲各处。此举殊足壮中朝之威，而使西人望风额庆也。且此班生童其精进正未可量，虽此行为中朝所仅有，而中外咸皆欢欣鼓舞而乐观厥成焉。"[1] 可见，此次"扬武"远航影响之大了。

船政后学堂驾驶学生的实习活动是十分艰苦的。按最初所订章程，驾驶学生须每年在船两个月。裴荫森督办船政时，改为在船6个月。"每年秋出冬归，冬出夏归。学堂所习天文、海图证之于礁沙实境是否测量合符，所习枪炮、阵法验之于风水疑难是否施放定准。"[2] 这些实习活动，对保证驾驶专业的教育质量起了重要的作用。

迄于清末，船政后学堂驾驶班共招收19届学生，计241名。此外，后学堂还设有轮机专业，迄于清末，共招收11届学生，计126名（一作119名）。

二 陆续兴办的海军学校

天津水师学堂，是清政府继福州船政学堂之后所办的一所海军学校。1879年，两江总督沈葆桢病故后，海军的规划权责遂专属于李鸿章。当时，北洋舰船渐增，所需管驾、大副、二副以至管理轮机和炮位人员，皆"借才"于福州船政学堂。李鸿章认为："往返咨调，动需时日。且南北水土异宜，亦须就地作养人才，以备异日之用。"[3] 因于1880年8月19日奏请，就天津机器局废地建设水师学堂，以前船政大臣光禄寺卿吴赞诚为总办。吴赞诚开始勘定学堂地基，选派局员

---

[1]《万国公报》，1876年2月5日。
[2]《中国近代学制史料》，第1辑，上册，第447页。
[3]《洋务运动》（丛刊二），第460~461页。

绘图估料，克日兴工。同年冬，他回南方就医，并以旧疾加剧，恳请开去差使，另派能员接办。1881年5月，李鸿章又奏准以久充福建船政提调的吴仲翔为总办，严复为总教习。

1881年8月，这所水师学堂于天津卫城东3里处落成。"水师学堂设在机器东局之旁，堂室宏敞整齐，不下一百余椽，楼台掩映，花木参差，藏修游息之所无一不备。另有观星台一座，以备学习天文者登高测望，可谓别开生面矣。"当年便开始招生。清政府办天津水师学堂的目的，"原思亟得美才，大张吾军"，以期"今日之学生，即他年之将佐"。但是，按照学堂所订章程，学生入学后，每月只有赡家银一两，对家境贫寒者犹如杯水车薪，于事无补，故报考者寥寥无几。据时人称："兹距开馆一年有奇，学生造诣渐有端倪。惟额数未满，投考者或资质平庸，或年纪过大，终少出色之才。细揣情由，似由赡银稍薄，未足招徕。"于是，又于1882年10月改订章程，规定学生每月赡银为4两，学习期限为5年，考试成绩优等者递加赡银，并赏给功牌、衣料，卓有成就者破格录用，等等。学生的假期规定比船政学堂更为优待："驾驶学生每月十五日放假一日，管轮学生每月外国首次礼拜日放假一日，准各生父兄来堂看视。端午、中秋各放假三日，年节放假十五。父母及承重之丧，准假十五日，葬假六日。"[①] 此后，天津水师学堂逐步走上正轨。

天津水师学堂分驾驶和轮机两个专业，称为驾驶班和管轮班。两个班各招收学生6届，计驾驶班125名，轮机班85名。

天津水师学堂办了整整20年，为北洋海军培养了一大批人才。甲午战争时，舰上的鱼雷大副、驾驶二副、枪炮二副、船械三副等职务，多数由天津水师学堂毕业学生担任。1900年，八国联军侵占天津，学

[①]《洋务运动》（丛刊八），第360~362页。

堂被迫关闭。

继天津水师学堂之后，清政府又在北京西郊设立了一所水师学堂。1886年5月，醇亲王奕譞奉旨巡阅北洋海防。历时20日返京，奏称："练水师之人才，则以驾驶、管轮学堂为根本。"并提出："将才自日出而不穷，亟须逐渐扩充，为费无多而裨益甚大。"① 此奏寓意甚深，是想在八旗子弟中造就海军人才，一变汉人统领海军的清一色局面。遂在北京颐和园西墙外昆明湖附近择地，建筑校舍百余间，命名为昆明湖水师学堂，亦称内学堂。李鸿章说："查内堂之设，本为八旗子弟教练有用之才，创造初意至为深远。"② 即指此而言。

1887年冬，内学堂校舍落成。1888年1月27日，正式开学，一切章程均仿天津水师学堂。起初，由八旗火器、健锐各营挑选学生60名，经甄别后有40名入学。根据原订的章程，驾驶学生须在学堂习业4年，派上练船实习驾驶1年，送回学堂学习3个月，然后拨入枪炮练船再学习3个月，考校合格方可毕业。但是，当时统领北洋海军的记名提督丁汝昌，认为实习时间过短，建议变通旧章，延长驾驶学生的实习期限为3年。李鸿章据以上奏，称："该提督所拟变通办法，较原限计宽年半，为时亦不过久，而学生艺业更可精益求精。自为因时制宜，期收实效起见，于造就海军人才不无裨益。"③ 1892年4月，内学堂学生坚持学满4年的有36人，其中35人派赴天津水师学堂继续学习。因实行新的规定，这些学生的学习期限也延长了。

但是，内学堂这些学生素质较差，年龄一般偏大，到天津后经过考试，35人中只有喜昌、荣续两名成绩优秀，多数成绩平平，另有11人"分数太少，难望有成"。因此，李鸿章致函总理海军事务衙门称：

---

① 张侠等编：《清末海军史料》，海洋出版社，1982年，第252~253页。
② 《李文忠公全集》海军函稿，卷四，第22页。
③ 《李文忠公全集》奏稿，卷七七，第29页。

"西国水师之学，广大精微，非童而习之，则于语言文字格扞难通，便无入门径路；又或资性太钝，则测算诸学难寻蕴奥；气质太弱，则风涛涉历，不耐辛劳。向来学堂定章，均系选募年幼聪俊及秉赋强实者，入堂后随时考课察勘剔退。至学成毕业，留上练船者曾不及半。盖资性与志气学业，各有所近，必其才可望成就，乃可施导之功；否则，强以所难，勤苦无成，转令旷时失业。兵船人才，关系自强大计，未便迁就从事。该学生等俱由火器、健锐各营挑取，各有本身执业。其现考不及五分之一学生十一名，既经详加考验，实难望有成，似不如令其回旗，犹可各就所能，自图出路，免致坐废。"[1] 结果这 11 名学生被退回，只有 24 名学生留下准备见习。1896 年，喜昌、荣续等 9 人派上"通济"练船，另 12 名由神机营调用，3 名由神虎营调用。40 名学生中只有 9 名从事驾驶，且皆无大成就，可见清政府造就八旗海军人才的计划并未实现。

1892 年夏，第 1 届学生赴津后，内学堂又招收第 2 届学生 40 名，以补其额。两年后，甲午战争爆发，海军衙门裁撤，学堂遂停办。昆明湖本就不是培养海军驾驶学生的适宜之所，奕𫍽在此设立水师学堂，固有造就八旗海军人才之意，然其深意尚有不宜宣明者，即为慈禧之大修颐和园掩人耳目也。

在昆明湖设水师学堂的同一年，广东也开始筹办黄埔水陆师学堂。早在 1877 年，两广总督刘坤一为培养洋务人才，有建馆之议，并捐银 15 万两。得旨允行。1880 年，继任张树声拟仿照福州船政后学堂，于广州城东南 40 里长洲地方修建学馆，并从英商购回船坞一处。1882 年，工程告竣，名为实学馆。1884 年秋，张之洞督粤后，改名为博学堂。1887 年 8 月，又奏准将博学堂改为水陆师学堂，调前福州船政局

---

[1]《李文忠公全集》海军函稿，卷四，第 22 页。

提调吴仲翔任总办。其水师分管轮、驾驶两科。"管轮堂学机轮理法、制造运用之源，驾驶堂学天文、海道、驾驶、攻战之法。"初定水师额设 70 名。至 1889 年 9 月，改为驾驶、管轮各额设 70 名。并以"广甲"轮船充用练船，委派尽先副将刘恩荣为练船总管，船政第 5 届驾驶学生拔补千总程璧光为练船副总管。同年 11 月 10 日，张之洞奏称："查水师之有练船，所以与学堂相辅而行，学生在堂既备习水师诸学之理，派登练船乃以使即平时在堂所学者一一征诸实践，以备娴其法。"① 水师课程之设，始渐趋完备。

1895 年 4 月，谭钟麟任两广总督，解散陆师学生，改水陆师学堂为水师学堂。1903 年 4 月，岑春煊调署两广总督，调魏瀚来粤，督办黄埔水鱼雷局和水师学堂。魏瀚将雷局与水师学堂合并，称为水师鱼雷学堂。学生入学后，均需兼习驾驶、管轮及鱼雷，成为中国最早实行航轮兼习之制的海校。

迄于 1913 年，黄埔水师学堂共招驾驶、管轮学生 14 届，计 208 名。

江南水师学堂设立较晚。1889 年，詹事志锐条陈海军事宜，建议广设水师学堂，为筹防第一要务。海军衙门咨行沿海各省，以水师学堂为操练人才之地，宜一律创设。两江总督曾国荃即在南京仪凤门内花家桥择地兴建，盖房约 360 间。1890 年 10 月正式开办，设驾驶、管轮两科。迄于清末，驾驶班共招 7 届学生，计 108 名；管轮班共招 6 届学生，计 91 名。

威海水师学堂的筹建时间，与江南水师学堂相同。1889 年，北洋海军提督丁汝昌呈请李鸿章代奏，于威海设立水师学堂，以便就近兼习驾驶、鱼雷、水雷、枪炮诸术。随即在刘公岛西端向南坡地上建筑

---

①《中国近代学制史料》，第 1 辑，上册，第 516、519 页。

校舍63间。提督丁汝昌兼领学堂总办,聘美人马吉芬为洋教习。所有规章制度,参照天津水师学堂章程办理。同年冬,趁舰队南巡之机,在上海、福建、广东等地招收学生36名,另有自费学生10名附学,共计46名。1890年5月,威海水师学堂正式开学授课。其教学的特点是,内堂课程与外场课程同时进行,即一面让学生学习有关基础知识,一面从事操练和实习。这是其他水师学堂所未有的。1894年11月,学生课程结束,依照章程放假回籍。不久,日军攻占威海,学堂人员星散,不再续办。

清政府之所以广设水师学堂,是为了培养大量海军人才,以加快发展海军的步伐。正如李鸿章指出:"海军人才以学堂为根本。北洋现有各师船,需才甚殷,非多设学堂不足以资造就。堂内学生课程有洋文、洋语、史论、算学、海图、星象、测量、格致诸务,必须研究数年,方能略窥蕴奥。及挑入练船,又须练习风涛、沙线、帆缆、轮机、枪械、雷炮各艺,计非十年之久,不克毕业。是则水师学堂之设,实为海军切要之图。"[1] 这一目标是基本上达到了。

三 派遣海军留学生

1873年11月,福州船政局在造船方面已经取得了可观的成绩,先后有13号轮船下水。后学堂的学生也连续3年乘练船进行远洋航行,在掌握航海术方面终于起步了。但是,在船政大臣沈葆桢看来,这些进步还是初步的,应该继续探究造船、驶船之精奥,以符朝廷力图自强之旨。为此,便于12月7日向朝廷建议派遣海军留学生赴海外留学。他说:"前学堂习法国语言文字者也,当选其学生之天资颖异学有根柢者,仍赴法国探究其造船之方,及其推陈出新之理。后学堂

---

[1]《李文忠公全集》奏稿,卷七二,第22页。

习英国语言文字者也,当选其学生之天资颖异学有根柢者,仍赴英国探究其驶船之方,及其练兵制胜之理。速者三年,迟则五年,必事半而功倍。盖以升堂者求其入室,异于不得其门者矣。"① 李鸿章和左宗棠都很赞成这个建议。李鸿章认为:"闽厂选派学生赴英法学习造船、驶船,询属探本之论。"左宗棠称:"遣人赴泰西游历各处,藉资学习,互相考证,精益求精,不致废弃,则彼之聪明有尽,我之神智日开,以防外海,以利民用,绰有余裕矣。"稍后,南洋大臣李宗羲致书总理衙门,也认为:"学堂生徒前赴英、法……入其机器房,登其轮船,相与群居,当能探其窾要。"② 这几位封疆大吏的意见趋于一致。至此,派遣海军留学生之局大体定议。

同年底,日意格与船政所订合同期满,正准备回国。沈葆桢委托他草拟船政学生出洋章程,内容包括《法学章程》和《英学课序》。据日意格《条议》称:"此次议赴泰西,固应变通沪局章程,而求其精善。今拟法学办法,半日肄业工厂,每年复以两个月游历各国各船厂、铁厂,以增长其见识,庶四五年间可以练出全才。""至英国驾驶之学,每年均在学堂,亦以二个月赴大兵船上阅看练习,如建威之闽童等。其成功年限,想不逾两年,定堪胜任矣。"③ 章程拟好之后,沈葆桢令日意格亲赴天津,与李鸿章筹商。因不久发生日军侵台事件,此事暂时搁置起来。

1875年春,趁日意格回国之便,沈葆桢嘱其带船政第1届学生数名赴英、法考察,兼代在英厂订办750匹马力轮机,在法厂订办铁胁,并探询铁甲船价格。日意格带驾驶学生刘步蟾、林泰曾和制造学生魏瀚、陈兆翱、陈季同出发,在英、法两国考察数月,参观船厂、机器

---

① 《船政奏议汇编》卷九,第11页。
② 《海防档》(乙),福州船厂,第486~488、498页。
③ 《海防档》(乙),福州船厂,第505页。

厂和军舰。1876年春，日意格采办机器、物件事毕，先带刘步蟾、林泰曾、陈季同回华，留魏瀚、陈兆翱仍在法厂继续学习。

这次考察，对于洋务派官员来说，是一个很大的刺激，进一步感到了派遣海军留学生的迫切性。新任船政大臣丁日昌多次与李鸿章函商，谓："前后堂学生内，颇多究心测算造驶之人，亟应遣令出洋肄业，不致半途而废。"沈葆桢调任两江总督后，仍屡屡函催。李鸿章也认识到："出洋学习造驶之举，实为中国海防人才根本。"1877年1月13日，李鸿章奏陈出洋一事，称："窃谓西洋制造之精，实源本于测算、格致之学，奇才迭出，日异月新。即如造船一事，近时轮机铁胁一变前模，船身愈坚，用煤愈省，而行驶愈速。中国仿造皆其初时旧式，良由师资不广，见闻不多，官厂艺徒虽已放手自制，止能循规蹈矩，不能继长增高。即使访询新式，孜孜效法，数年而后，西人别出新奇，中国又成故步，所谓随人作计终后也。若不前赴西厂观摩考索，终难探制作之源。至如驾驶之法，近日华员亦能自行管驾，涉历风涛，惟测量天文、沙线，遇风保险等事，仍未得其深际。其驾驶铁甲兵船于大洋狂风巨浪中，布阵应敌，离合变化之奇，华员皆未经见。自非目接身亲，断难窥其秘钥。"在奏章后面，附有《选派船政生徒出洋肄业章程》十条，其主要内容如下：

（1）设华洋监督各一员，会办出洋肄业事务，负责安排学生就学、聘请教习、管理经费等事宜。两监督和衷会办，互相监察；如万一有意见不合之处，应据实呈明通商大臣、船政大臣察夺。

（2）选派制造学生14名，制造艺徒4名，由两监督带赴法国，学习制造。此项学生，既在学堂学习，以培根柢，又要赴厂学习工艺，以明理法，"俾可兼程并进，得收速效，以备总监工之选"。艺徒学成后，则可备分厂监工之选。"凡所习之艺，均须极新极巧；倘仍习老样，则惟两监督是问。"

（3）选派驾驶学生 12 名，由两监督带赴英国学习驾驶兵船。此项学生，除另聘教习指授枪炮、水雷等法，并陆续送格林尼次、抱士穆德大学肄业外，还可带赴各厂及炮台、兵船、矿厂考察，约共 1 年。然后，"再上大兵船及大铁甲船学习水师各法，约二年定可有成"。"除上兵船，须照英国水师规则，除留辫发外，可暂改英兵官装束。"

（4）出洋学生，"每三个月由华洋监督会同甄别一次，或公订专门洋师甄别，并由华监督酌量调考华文论说"。"其驻洋日期，以抵英、法都城日起，计满三年为限；未及三年之前四个月，由两监督考验学成者送回供差。其中若有数人将成未成，须续习一年或半年者，届时会同禀候裁夺。总以制造者能放手造作新式船机及全船应需之物，驾驶能管驾铁甲兵船回华，调度布阵丝毫不藉洋人，并有专门洋师考取给予确据者，方为成效。如一切办无成效，将监督议处。"

（5）"两监督及各项生徒自出洋以迄回华，凡一切肄习功课，游历见闻，以及日用晋接之事，均须详注日记，或用药水印出副本，或设循环簿递次互换，总以每半年汇送船政大臣查核，将簿中所记，由船政抄咨南北洋大臣复核。"

（6）"此次所议章程，总以三年学有成效为限。若三年后，或从此停止，或另开局面，均由船政大臣、通商大臣令商主裁，外人不得干预。"

这个章程比日意格原来草拟的章程更为全面具体，并且对监督和生徒都规定明确的任务和目标。

在制定章程的同时，沈葆桢与李鸿章还反复函商，物色适宜的留学监督。最后，决定选派李凤苞为华监督，日意格为洋监督。李鸿章奏称："查有三品衔候选道李凤苞学识宏通，志量远大，于西洋舆图算术、各国兴衰源流，均能默讨潜搜，中外交涉要务尤为练达，实属不可多得之才，以之派充华监督，必能胜任。至访询各国官厂、官学，安插学生，延请洋师，仍应有情形熟悉之员，联络维持，主客方无隔阂。……正一品衔闽厂监督日意格前已回国，经臣等催调来华，商办一切。该员久襄船政，修理熟谙，于船厂学生情谊亦能融洽，以之派充洋监督，必可胜任。"[①]

清廷很快地就批准了《船政生徒出洋肄业章程》及监督的提名。此后，由丁日昌与李凤苞、日意格磋商经费，确定随员及出洋生徒名单，也都得到了落实。派遣海军留学生的工作是从1877年正式开始的。到1891年为止，海军留学生学成回国者共有3届：

第1届海军留学生是1877年3月派往英、法两国的。由华监督李凤苞和洋监督日意格，带同随员马建忠、文案陈季同、翻译罗丰禄、制造学生郑清濂、罗臻禄、李寿田、吴德章、梁炳年、陈林璋、池贞铨、杨廉臣、林日章、张金生、林怡游、林庆升、艺徒裘国安、陈可会、郭瑞珪、刘懋勋、驾驶学生刘步蟾、林泰曾、蒋超英、方伯谦、严宗光、何心川、林永升、叶祖珪、萨镇冰、黄建勋、江懋祉、林颖启出洋。制造学生魏瀚、陈兆翱2人，已先在法国。同年10月，又续派制造艺徒王桂芳、张启正、吴学锵、任照、叶殿铄赴法。计制造学生14人、艺徒9人、驾驶学生12人，连同马建忠、陈季同、罗丰禄3人，共38人。

1877年3月31日，中国派出的第1批海军留学生乘坐"济安"轮船出海，开赴香港。4月5日，由香港改乘西方公司轮船放洋长行。这群到西方探知的少年，一般年龄为十六七岁（虚岁），最少者才15岁，情绪是十分高涨的。船政督办吴赞诚奏称："该生徒等深知自强

[①] 以上均见《李文忠公全集》奏稿，卷二八，第20~27页。

之计，舍此无可他求，各怀奋发有为，期于穷求洋人秘奥，冀备国家将来驱策，虽七万里长途，均皆踊跃就道。他日或能蔚成大器，共济时艰。"①

这批学生分赴英、法两国。在赴英学生12人中，刘步蟾上"马那杜"铁甲船，林泰曾上"李来克珀林"铁甲船，蒋超英上"荻芬司"铁甲船，林颖启、江懋祉同赴西班牙上"爱勤考特"兵船，黄建勋赴美国上"伯里洛芬"兵船，以与泰西海军将士讲求枪炮、水雷及行军布阵之法；严宗光、方伯谦、何心川、林永升、叶祖珪、萨镇冰均入格林尼次官学，以学习驾驶理法。在赴法学生14人中，魏瀚、陈兆朝、郑清濂、陈林璋入削浦官学，梁炳年、吴德章、杨廉臣、李寿田、林怡游入多郎官厂，池贞铨、张金生、林庆升、林日章入科鲁苏民厂，均学习制造理法；罗臻禄入汕答佃学堂，改学矿务。在制造艺徒9人中，陈可会入腊孙船厂，刘懋勋入马赛铸铁厂，裘同安、郭瑞珪入马赛木模厂，均学习制造技艺；张启正入腊孙船厂，王桂芳、任照、关学锵、叶殿铄入白代果德铁厂，均学习绘图及制造铁甲等事。

到1880年4月，第1届海军留学生肄业期满。除制造学生梁炳年在洋病故，驾驶学生何心川因病先归，严宗光提前调回充当教习外，其余35人均已学成先后回国。李鸿章对这届海军留学生的评语是："虽天资不一，造就有深浅之殊，而按章督课，实与诸官学卒业之洋员无所轩轾。其制造者能放手造作新式船机及应需之物，驾驶者能管驾铁甲兵船、调度布阵，加之历练，应可不藉洋人。其制造如魏瀚、陈兆翱、郑清濂、林怡游，开采熔炼如罗臻禄、林庆升，驾驶如刘步蟾、林泰曾、蒋超英、方伯谦、萨镇冰，颇为优异；其余加以陶熔，

---

① 《洋务运动》（丛刊五），第199页。

均可成器。皆有考取确据,委与原定章程'办有成效'之语相符。"①

第2届海军留学生,是1882年1月赴英、法、德三国的。先是在1879年11月3日,沈葆桢会同李鸿章上《闽省出洋生徒请予蝉联折》,建议朝廷继续派遣海军留学生,称:"海防根本,首在育才。闽省出洋生徒,应予蝉联就学,以储后起之秀,而储不竭之需。"批评那些认为勿需再派学生出洋的官员说:"不知西学精益求精,原无止境,推步用意日新。彼已得鱼忘筌,我尚刻舟求剑,守其一得,何异废于半途?"② 一个多月后,沈葆桢病故于任所,此次派遣海军留学生的计划不能不受到影响。直到1882年1月10日,闽海关应筹拨的出洋第1年经费,始解交船政,第2届海军留学生才赖以成行。但这届出洋学生人数不多。船政大臣黎兆棠与李鸿章往返咨商,本拟续派前学堂学生8名,后学堂学生6名,共14人出洋肄业。因后学堂学生中有许兆箕等4名先已调赴北洋,派充天津水师学堂教习及威远练船教练等职,碍难离职。于是,只有制造学生王庆端、黄庭、李芳荣、魏遥、王福昌、王回澜、陈伯璋、陈才瑞、驾驶学生李鼎新、陈兆艺10名,由知县尹翼经搭乘商轮护送至香港,又附法国公司轮船抵法国马赛港。此时,李凤苞已出任驻法公使,仍兼任监督;日意格继续留任洋监督。第1届出洋制造学生吴德章则担任襄办兼翻译。

这届留学生虽人数甚少,但所学专业却很广泛。如在法国的黄庭、王回澜专习营造,李芳荣专习枪炮,王福昌专习硝药,魏遥专习制造;在德国的陈才瑞、陈伯璋专习鱼雷;在英国的陈兆艺、李鼎新专习驾驶。在第二届10名出洋学生中,除王庆端因病开刀致死,陈伯璋因自费试制鱼雷负债而自杀,李芳荣临时派至西班牙参赞官署担任翻译外,

---

① 《李文忠公全集》奏稿,卷四〇,第1~2页。
② 《沈文肃公政书》,卷七,第122~123页。

其余7名皆于1885年和1886年上半年先后学成回国。

第2届出洋学生经过考核，学习成绩尚较优良："其习营造者，于测量、算绘、久暂台堡、守城防隘、水底设防各项；习枪炮者，于枪炮军械、熔炼钢料各项；习硝药者，于药弹、棉药、新药、爆药、造药、锅炉各项；习制造者，于水师制造轮机、船身各项；习鱼雷者，于新式鱼雷尺寸、制雷、修雷各项；习驾驶者，于行兵布阵、风涛沙线、驶船用炮各项，莫不详求博览，理法并精。"学习专业广泛，详求博览，是这届海军留学生的特点。故船政大臣裴荫森的评语是："考察各该生所学，若营造，若枪炮，若硝药，若制造，若雷鱼，若驾驶，莫不各具专长，或为前届学生所未备习，实足以仰备国家因材器使。"①

第3届海军留学生，是1886年4月出洋，仍分赴英、法两国。先是在1885年10月，总理海军事务衙门成立。时北洋练军伊始，清廷责成李鸿章专司海军事宜。11月，在法国新购的"定远""镇远""济远"3艘战舰来华，驶抵国门，驾驶制造，在在需才。李鸿章因与南洋大臣曾国荃、船政大臣裴荫森联衔奏请续派学生出洋肄业。得旨允行。于是，有派遣第3届海军留学生之举。

此届海军留学生，由北洋和船政两方面选派：于北洋水师学生中选取陈恩焘、刘冠雄、曹廉正、陈燕年、黄裳吉、伍光鉴、郑汝成、陈杜衡、王家廉（后改名王邵廉）、沈寿堃等10名；于船政驾驶学生中选取黄鸣球、罗忠尧、贾凝禧、郑文英、张秉珪、罗忠铭、周献琛、王桐、陈鹤潭、邱志范等10名；于船政制造学生中选取郑守箴、林振峰、陈庆平、王寿昌、李大受、高而谦、陈长龄、卢守孟、林志荣、杨济成、林藩、游学楷、许寿仁、柯鸿年等14名。其中，黄裳吉因在

①《船政奏议汇编》卷三二，第11~12页。

北洋供差，未能成行。船政第 5 届驾驶学生陈寿彭[①]以翻译同行，后亦改为留学。故实际上出洋学生仍为 34 人。他们从福州出发，于 1886 年 4 月 6 日由香港乘坐洋商轮船西行。当年春，原洋监督日意格因枪伤复发而死，其遗缺由法员斯恭塞格继任。斯恭塞格原系法国海军军官，曾在船政帮同日意格办理工程，担任前洋监督之帮办，因此由他接办洋监督事务。华监督一职则改由曾任船政提调的道员周懋琦担任。至于学制，"习驾驶者仍以三年为限；习制造者则酌予变通，以六年为限。凡以便各生于其所学益求精密，期必进窥奥窍而后归也"[②]。

第 3 届海军留学生分赴英、法两国：在赴英学生中，陈恩焘、贾凝禧、周献琛 3 人专习测绘海图、巡海练船兼驾驶铁甲兵船之学，刘冠雄、黄鸣球、邱志范、王学廉、郑汝成、陈杜衡、沈寿堃、郑文英 8 人专司操放大炮、枪队、阵图、大副等学兼驾驶铁甲兵船，王桐专习兵船管理轮机之学，伍光鉴、陈伯涵（原名陈燕年）、曹廉箴（原名曹廉正）3 人专习水师、兵船、算学及格物学，张秉珪、罗忠尧、陈庚（即陈寿彭）3 人专习水师、海军公法、捕盗公法及英国文字语言之学；陈庆平、李大受、陈长龄、卢守孟 4 人专习海军制造之学；在赴法学生中，郑守箴、林振峰 2 人专习海军制造、算学、化学及格物学，林藩、游学楷、高而谦、王寿昌、柯鸿年、许寿仁 6 人专习万国公法及法文法语。

在此届学生中，除陈鹤潭病故未能卒业，罗忠铭因事撤回，林志

[①] 船政历届毕业生名册中没有"陈寿彭"这个名字，疑即陈宗器。据陈寿彭之子陈铿所编《先姚薛恭人年谱》，有两点值得注意：（一）陈寿彭系光绪五年由船政毕业；（二）光绪十年船政欲调其充船上大副。可知陈寿彭必系船政第五届驾驶学生。而在此届学生中，陈姓只有二人，即陈恩焘和陈宗器。陈恩焘先已调北洋，又选派出洋，与陈寿彭经历不合。故疑陈宗器即其人。

[②]《光绪朝东华录》（二），光绪十二年五月，中华书局，1984 年，第 58 页。

荣因病先归，杨济成考试不及格外，其余30名学习成绩都比较优秀。据周懋琦禀称："学习测绘海图、巡海练船兼驾驶铁甲兵船者三员；陈恩焘、贾凝禧，文武兼资，最为出色；周献琛于练船用帆驶风之学，尤肯不惮劳苦。习操放大炮、枪队、阵图、大副等学兼驾驶铁甲兵船者八员：刘冠雄、黄鸣球、邱志范、王学廉、郑汝成、陈杜衡、沈寿堃、郑文英，考试皆屡列高等。学习兵船管轮机者一员：王桐，考试甚优。习水师、兵船、算学、格物学者三员：伍光鉴最为出色，陈燕年、曹廉正次之。学习水师、海军公法、捕盗公法及英国语言文字者三员：张秉珪、罗忠尧较优，陈庚次之。习海军制造、算学、化学、格物学二员，曰郑守箴、林振峰。习海军制造之学者四员：陈庆平、李大受，可胜轮车铁路总监工之任；陈长龄、卢守孟，可胜轮船监工之任。习万国公法以及法文法语等学者六员：林藩、柯鸿年、许寿仁、王寿昌考试均列上上等，高而谦、游学楷列上中等，均取中律科举人。"[①]

前后派遣3届海军留学生，学成者共为74人。这是中国近代最早的一批海军优秀人才，其中许多人回国后在海军中担任要职。

第四节　四洋海军初具规模

一　中国近代第一支海军——福建海军

早在19世纪60年代以前，清政府就从外国人手里购进了一些轮船。这些船只系零星置备，分散而不集中，既未统一组织，也无舰队

---

① 薛福成：《出使英法义比四国日记》（走向世界丛书本），岳麓书社，1985年，第206~207页。

官制之设立，因此还不能称为海军。清政府之有海军，应该说是从 19 世纪 70 年代开始的。

早在 1866 年，船政创办伊始，左宗棠从香港买到一艘轮船，改名为"华福宝"。这是福建省购买的第一艘轮船。其后，又购置了"长胜""靖海"两艘兵轮。1869 年，船政所造"万年清""湄云"两船先后下水。同年，闽浙总督英桂购"海东云"兵船，为台湾沿海巡缉之用。1870 年夏，船政所造第 3 号船"福星"下水；第 4 号船"伏波"业已安置龙骨，船身即将告成，鉴于福建洋面兵轮渐多，清廷谕英桂、沈葆桢择将统带出洋操练。

1870 年 9 月 2 日，沈葆桢会同陕甘总督左宗棠、福州将军文煜、闽浙总督兼署福建巡抚英桂奏请，简派福建水师提督李成谋为轮船统领。20 日，清廷允奏，发布上谕称："据奏：新设轮船，约束操演，以及稽查联络，其难较战船数倍，亟需知兵大员统率，藉资训练。福建水师提督李成谋，前隶杨岳斌外江水师，迭著战功，著作为轮船统领。英桂、沈葆桢即传谕该提督，务当申明纪律，严加约束，以肃营规……随时驾驶出洋，周历海岛，勤加操演，俾该员弁等熟习风涛，悉成劲旅。不得性耽安逸，致令训练皆属具文，有名无实。轮船号数渐多，不能不分布各口，若彼此各不相习，势必心志不齐，难期用命。李成谋身为统领，尤当将各船联络一气，以壮声援。"[①] 这是中国近代海军有舰队官制之始。

既设轮船统领之后，清廷又催促闽浙总督英桂从速制定章程。1871 年 1 月 12 日，即有上谕字寄英桂："国家不惜数百万帑金创制轮船，原以筹备海防，期于缓急足恃。现在已成之船，必须责成李成谋督率各员弁，驾驶出洋，认真操演，技艺愈精，胆气愈壮，方足备御

---

① 《船政奏议汇编》卷六，第 18~20 页。

侮折冲之用。至所谓拣调弁兵分配轮船常川训练之处，即著会议章程，迅速具奏。"英桂也深感"一切规制未备，诚恐难垂久远"，但认为："轮船之设，创自泰西，利于巨洋，而不利于内港。其驾驶之法，既与长江师船迥异，亦与外海炮艇悬殊，自不能概执平日水师营制求之。"因此，他奉旨后，便命船政提调夏献纶、"万年清"管带贝锦泉和候补同知黄维煊起草，经英桂与李成谋会商定见，制成了《轮船出洋训练章程》十二条，其主要内容如下：

（1）分派统驾以专责成："轮船之设，本应作为外洋水师，惟现在初议试行，一切营制未能遽定，而每船设一管驾官，势分相等，如在本省，尚可统领就近调度；若派赴浙江、广东，无所统率，势必有误事机。拟请两三船或三四船派一分统，除听候浙江、广东督抚节制外，仍应听福建统领节制，俾事有专属，调度亦可期灵便。"

（2）酌定褒奖以示鼓励："轮船管驾之要者，谓之船主，须谙悉全船之事。其司舱面事者凡有九等：曰大副、二副、三副、队长、水手头目、舵工、水手、炮手、号令；司轮机事者凡有七等，曰正管轮、副管轮、三管轮、管油、水气表、升火、烧煤。俱宜认真挑选，执事各有不同。如有各项缺出，应由管驾官按其等差，递相考拔，其兵丁应与水手、炮手一体考核。""如驾驶一年无过，即奏请以千总、把总、外委归水师拔补；倘能巡洋捕盗，著有劳绩，再另行保奖。"

（3）定期操阅以明赏罚："轮船差旋到口，应准停息三日，将舱面洗刷，轮机擦净，一切修整完备。第四日开操，或操篷桅，或操枪炮，或操救火，或操舢板，或操登岸，俱由管驾官临期牌示。操练三日，第七日仍出洋。如遇紧要差事，则不必拘定停息、操练日期。其在口内操演炮位，仅能虚作阵式，若放铅弹，必须于海外荒岛试之，远近方有准的。按月演放一次，而炮手之优劣，即于此考校。每年春间，仍由统领将各轮船调齐合操一次。冬间由本将军、部堂、部院分轮会同船政大臣阅视一次，以校技艺而定赏罚。"

（4）颁定旗式以归一律：按照总理衙门"颁发黄色绘龙旗样，其在海洋相遇，或值打仗，外国多以举旗为号，亦应仿照办理。预作旗式，颁给各船，届时得以辨别"。

同时，还制定了《轮船营规》三十二条，其主要内容是：

（1）规定全船的人员编制：除每船设管驾官1员外，舱面设大副、二副、三副、队长、正副水手头目各1名，舵工6名或8名，正、副炮手各1名，号令手3名，兵丁二三十名至四五十名不等；舱内设正管轮、副管轮、三管轮各1名，管油2名或3名，管水气表二三名，升火、烧煤人等视轮船大小酌定名数。另设木匠一二名，医生1名及天文生1名。

（2）规定管驾官的职责："每船设管驾官一员，即外国谓之船主，总理船上各事。凡行驶停泊，均须听其主裁，以专责成。"大副、二副、三副"系帮同管驾官管理船上各事"，正管轮、副管轮、三管轮"专管轮机行驶，及看水气火力，行走缓速，仍应听管驾官号令"。

"每日操练，均系由大副等督率，分操各项。管驾官应于每十日内，定期传集合操一次，察验器械、枪炮是否整齐，各式阵法是否精熟，以别勤惰而定升降。其应赏应罚者，管驾官俱应牌示，俾众知悉。"

（3）规定船上作息时间："每日准定寅刻即起，水手先洗擦船面。辰初升旗，众水手洗面归整铺盖，摆列船边，方吃早饭。辰正听号上桅，整理绳档篷具。已初穿号衣听点，俟点名毕，候示操练。至午初歇。午正吃中饭，饭后仍各做各工，不准乱走。酉初吃晚饭。酉正将篷档放下，随将铺盖安置卧处。戌初又由大副、二副查齐人数，点名一次。每夜应点桅灯、路灯、更灯、舱灯之外，其余房舱灯火均于亥正止息；灶火戌刻即息，并各大副亲赴各处查过。"

（4）规定各项纪律：水手"如有正务上岸，须通知头目，回明管带官或大副准假，方准上岸。每棚每日仍不得过两人，以示限制"。船上各色人等"除犯事斥革外，均不得任意去留。""船内无论何人，不准吃食洋烟，以及酗酒、赌博，如敢犯违，由管驾官严行惩办。其官舱及各舱下，内有储放火药，尤不可吃烟，以免疏虞。""现在驾驶俱系兵船，只能运载军装、官物，其各项货物概不准夹带，如有夹带者，查出入官究办。"①

1871年4月10日，清廷批准了《轮船出洋训练章程》（以下简称《章程》）和《轮船营规》（以下简称《营规》）。《章程》和《营规》，乃是仿照西方各国兵船条例，参以中国水师营制而制定的。清廷的批准，标志着中国近代第一支海军的成立。

其后，这支海军的船只不断增加。到1874年夏，除船只已经陈旧不堪使用及调至北洋差遣者外，这支海军拥有15艘舰船。如下表：

舰名	舰种	排水量（吨）	马力（匹）	航速（节）	配炮（门）	管驾官
靖海	炮舰	578	480	10.0	7	尽先千总　陈绍芬
长胜	炮舰	195	340	10.0	1	五品军功　黎家本
万年清	炮舰	1 450	150	10.0	6	尽先把总　沈顺发
福星	炮舰	515	80	9.0	3	尽先千总　杨永年
伏波	炮舰	1 258	150	10.0	5	尽先游击　贝珊泉
安澜	炮舰	1 005	150	10.0	5	补用都司　吕文经
扬武	巡洋舰	1 393	250	12.0	13	副将衔参将　贝锦泉

---

① 以上均见《海防档》（乙），福州船厂，第279~289页。

(续表)

舰名	舰种	排水量（吨）	马力（匹）	航速（节）	配炮（门）	管驾官
飞云	炮舰	1 258	150	10.0	5	尽先副将游击　吴世忠
靖远	炮舰	572	80	9.0	6	尽先千总　张成
振威	炮舰	572	80	9.0	6	都司衔　吕瀚
济安	炮舰	1 258	150	10.0	5	拔补千总　郑渔
永保	运输兼通报舰	1 391	150	10.0	3	都司衔尽先千总　林永和
海镜	运输兼通报舰	1 391	150	10.0	3	都司衔尽先千总　柯国栋
琛航	运输兼通报舰	1 391	150	10.0	3	都司衔　林国祥
海东云	炮舰	—	—	—	—	五品军功　叶富

总排水量约达到1.5万吨，可算是初具规模了。

对于这支海军的名称，迄今说法不一。根据1875年沈葆桢《船政积年出力人员请奖折》，有"留闽浙水师尽先补用"①之语，看来当时是可以用"闽浙水师"来称这支海军的。不过，这支海军虽归闽浙总督节制，但它又是由闽浙总督与船政大臣双重领导，故在清朝官方文书中有时称之为"船政轮船"。因这支海军主要驻泊于福建海域，故习惯上仍称之为"福建海军"。

二　"海防议"的兴起与北洋海军初建

北洋因无船厂之设，故筹建海军较南方要晚。1871年，李鸿章时任直隶总督，咨商于两江总督曾国藩，饬调沪局所造的"操江"轮赴津，为北洋巡哨之用。这是北洋当时仅有的一艘兵轮。李鸿章认为，"北洋之口，洋面辽阔，向未设巡洋水师"，而"天津为京师门户，各国商船往来辐辏，英、法、俄、美皆常有兵船驻泊，我亦必须有轮船

---

①《海防档》(乙)，福州船厂，第571页。

可供调遣，稍壮声势"。因此，当1872年春，闽厂所造"万年清""安澜"二轮运解赈米到津时，李鸿章便派津海关道陈钦、天津机械局道员沈保靖前往查验，见其"或船身过大，或吃水较深，均于津郡海口不甚相宜"，因此作罢。9月下旬，闽厂所造"镇海"轮到津，李鸿章又派员前往验阅，见其"实系兵船式样，船身坚固，炮位精利"，"轮船吃水尺寸，出入天津口亦为便利"，便奏准拨归直隶留用，以与操江号"轮替出洋驻泊"。①

1874年，日本侵略台湾事件发生，引起朝野的极大震动。11月5日，总理衙门即有切筹海防的奏请："现在日本之寻衅生番，其患之已见者也，以一小国之不驯，而备御已苦无策。西洋各国之观变而动，患之濒见而未见者也，倘遇一朝之猝发，而弥救更何所凭？及今亟事绸缪，已属补苴之计，至此仍虚准备，更无求艾之期！"提出了练兵、简器、造船、筹饷、用人、持久六条具体意见。其中，特别建议发展海军："请设水军三大营，一扎天津，一扎江口，一扎闽省，简派大员为之统帅。"添置铁甲船，"每水军一营，先购一两只以为根本"②。清廷将总理衙门的"六条"发给沿江沿海督抚、将军详细筹议，限于一月内复奏。海防之议于是兴起。

海防议波及的范围很广，当时沿江沿海各省的封疆大吏几乎都卷入了这场争论。尽管各方意见纷纭，但大致可归纳为五种观点：

第一种，主张海防论。前江苏巡抚丁日昌认为，海防应重于塞防。他说："以理与势揆之，凡外国陆地之与我毗连者，不过得步进步，志在蚕食，而不在鲸吞；其水路之实逼处此者，则动辄制我要害，志在鲸吞，而不在蚕食。"③ 他还提出了《海洋水师章程》六条，强调

---

① 《筹办夷务始末》（同治朝）卷八八，第5~6页。
② 《筹办夷务始末》（同治朝）卷九八，第31~34页。
③ 朱克敬辑：《边事续钞》卷三，文海出版社影印本，第2页。

"外海水师以火轮船为第一利器,尤以大兵轮为第一利器","初则购买,继则由厂自制。有此可恃,则沿海一切艇船,皆可废弃不用。缘并五十号艇船之费,可以养给一号大兵轮;并五十号阔头舢板之员,可以养给一号根钵轮船"。建议:"设北、东、南三洋提督,以山东益直隶,而建阃于天津,为北洋提督;以浙江益江苏,而建阃于吴淞,为东洋提督;以广东益福建,而建阃于南澳,为南洋提督。其提督文武兼资,单衔奏事。每洋各设大兵轮船六号,根钵轮船十号。三洋提督半年会哨一次,无事则以运漕,有事则以捕盗。计省沿海旧制各船之糜费,以之供给大小四十八号轮船,尚觉有盈无绌。"浙江巡抚杨昌濬、福建巡抚王凯泰等,皆有同见,甚至认为:"目前之务在此,久远之图亦在此。"①

第二种,主张江防论。两广总督英翰和安徽巡抚裕禄认为,固然"海防本为今日全局第一要务","而战守之机,尤在审度彼我情形,以为经画",因此力主江防。奏称:"长江地亘五省,而皖鄂为居中门户。海口有事,则金陵首当其冲,皖、鄂与上游亦同受其患。是以言江防者,未先筹战,宜先筹守。防江口,即所以防金陵;固金陵,即所以固皖、鄂。合上下游之力以固长江,则财力易集,合长江之力以防海口,则事机易赴。"同时强调说:"所以筹防者在此,所以持久者亦在此。"②

第三种,主张陆防论。两江总督李宗羲认为:"船炮不可不办,亦宜量力徐图,稍蓄财力,以练陆防之兵。"因为"沿海之地,几及万里,处处可以登岸,势不能处处皆泊轮船。一旦有事,若敌人乘海滨无备之隙地,舍舟登陆,则我之船炮皆无所用。夫外人之涉重洋而

---

① 《筹办夷务始末》(同治朝)卷九八,第24~26页;卷九九,第47页。
② 《筹办夷务始末》(同治朝)卷九九,第3页。

来者，志在登陆耳，非志在海中也；中国恶其来者，恶其登陆耳，非恶其在海中也。则陆军急宜讲矣。"所以，若论筹防，"仍以水陆兼练为主"，"尤宜急练陆兵之法"。①

第四种，主张塞防论。江苏巡抚吴元炳、山东巡抚丁宝桢认为，俄国为中国之心腹大患，应急筹北疆之塞防。吴元炳分析东南沿海形势，已与道光、咸丰时期大不相同；由于列强相互牵制，"洋人似不敢轻易发动"，"是目前东西洋诸国尚不足为大患"，而"最可虑者莫如俄罗斯"。丁宝桢指出："现在东南海防渐次筹办，而北面为京畿重地，以形胜而论，则拊我之背，后路之防尤为紧切。将来时势稍变，各该国互相勾结，日本窥我之东南，俄国扰我之西北，尤难彼此兼顾。"因此，他说："私忧窃虑、寝食不安则尤在俄罗斯，而日本其次焉者也。"②

第五种，主张塞防海防并重而塞防为急论。湖南巡抚王文韶奏称："江海两防，亟宜筹备，当务之急，诚无逾此。然臣愚所虑及，窃谓海疆之患，不能无因而至。其所视成败以为动静者，则西陲军务也。"指出："今虽关内肃清，大军出塞，而限于馈运，深入为难。我师迟一步，则俄人进一步；我师迟一日，则俄人进一日。事机之急，莫此为甚！彼英、法、美诸国固乘机而动者，万一俄患日滋，则海疆之变相逼而来，备御之方顾此失彼，中外大局将有不堪设想者矣。"湖广总督李瀚章也认为："东南防务固宜认真图谋，西北征军尤贵及时清理。"③

这些论者，观点互异，各从不同的角度立论，却都着眼于改变军备不修、防务松弛的现状，并以防范列强侵略为目的。第二次鸦片战

---

① 《筹办夷务始末》（同治朝）卷一〇〇，第2~3页。
② 王彦威纂辑：《清季外交史料》卷一，书目文献出版社，1987年，第1~3页。
③ 《筹办夷务始末》（同治朝）卷九九，第60~61页，卷一〇〇，第13页。

争后，列强又开始对中国展开新的侵略活动。大学士文祥描述当时的情景说："俄人逼于西疆，法人计占越南，紧接滇、粤，英人谋由印度入藏及蜀，蠢蠢欲动之势，益不可遏。所伺者中国之间耳！"① 正当中国西南和西北发生边疆危机之际，日本却趁机派兵入侵台湾，由此而引发了海防之议。所以，这次海防问题讨论中的各种观点，实际上是对当时中国边疆危机的一次全面反映。各种观点都包含着合理的内容，具有积极的意义，不应对任何一种观点加以轻率的否定。

不过，在这次海防问题的大讨论中，举足轻重的两位主角却是李鸿章和左宗棠。他们两个人的态度，足以影响清廷的最后决策。

1874年12月10日，李鸿章在《筹议海防折》中称："洋人论势不论理，彼以兵势相压，我第欲以笔舌胜之，此必不得之数也。夫临事筹防，措手已多不及，若先时备预，倭兵亦不敢来，焉得谓防务可一日缓哉？"他认为，中国历史备边多在西北，而此时东南万余里海疆门户洞开，"实为数千年来未有之变局"，面对的"又为数千年来未有之强敌"。他除支持总理衙门和丁日昌成立3支海军的意见外，还主张购买铁甲等舰。至于经费问题，他重申裁撤各省旧式师船，移作专养轮船之费。另外，建议朝廷停止西征，"密谕西路各统帅，但严守现有边界，且屯且耕，不必急图进取"。他说："新疆不复，于肢体之元气无伤；海疆不防，则腹心之大患愈棘。孰重孰轻，必有能辨之者。此议果定，则已经出塞及尚未出塞各军，似须略加核减，可撤则撤，可停则停。其停撤之饷，即匀作海防之饷。否则，只此财力，既备东南万里之海疆，又备西北万里之饷运，有不困穷颠蹶者哉？"②

1875年4月12日，左宗棠上《复陈海防塞防及关外剿抚粮运情

---

① 《清史稿》卷三八六，《文祥传》。
② 《李文忠公全集》奏稿，卷二四，第11、19页。

形折》，阐述自己对防务问题的意见。他说："东则海防，西则塞防，二者并重。"认为停兵节饷绝不可能："论者拟停撤出关兵饷，无论乌鲁木齐未复，无撤兵之理，即乌鲁木齐已复，定议划地而守，以征兵作戍兵，为固圉计而乘障防秋，星罗棋布，地可缩而兵不能减，兵既增而饷不能缺。非合东南财赋通融挹注，何以重边镇而严内外之防？是塞防可因时制宜，而兵饷仍难遽言裁减也。"他还批评放弃新疆的主张说："若此时即拟停兵节饷，自撤藩篱，则我退寸而寇进尺，不独陇右堪虞，即北路科布多、乌里雅苏台等处恐亦未能晏然。是停兵节饷于海防未必有益，于边塞则大有所妨。利害攸分，亟宜熟思审处者也。"①

左李争论的焦点是新疆问题。李鸿章有许多清醒之论，而停西征之兵以节饷的主张则未免失之偏颇。相比之下，左宗棠的海防塞防并重主张，确为高见卓识。军机大臣文祥与左宗棠颇有同见，也认为："以乌桓为重镇，居中控制，南钤回部，北抚蒙古，借以备御英、俄，实为边疆久远之计。"他积极支持左宗棠，在军机处议事时"排众议之不决者，力主进剿"②。

从效果上看，这次海防议是有益的，其作用是积极的。清政府一方面接受左宗棠的正确意见，任命他为钦差大臣督办新疆军务，"速筹进兵，节节扫荡"；一方面采纳海防论者的合理建议，派李鸿章督办北洋海防，沈葆桢督办南洋海防，并明发上谕称："海防关系紧要，亟宜未雨绸缪，以为自强之计。"③由于这次海防议开展得广泛深入，因此清廷能够全面地估量形势，从而保证了决策的正确性。于是，不仅规复新疆的计划实现了，而且海防问题也开始受到更多的重视。

---

①《左文襄公全集》，奏稿，卷四六，第32～36页。
②《边事续钞》卷五，第10页。
③《光绪朝东华录》，光绪元年三月，第35～36页；光绪元年四月，第56页。

所谓筹备海防，主要是发展海军问题。总理衙门提出设三大支水军，丁日昌建议设三洋提督，李鸿章和江西巡抚刘坤一、浙江巡抚杨昌濬，福建巡抚王凯泰等都同意设三洋海军。而且要求每洋各置战船一二十艘及铁甲船两号。闽浙总督李鹤年和湖广总督李瀚章，主张只就南北两洋设外洋水师，分设轮船统领，"以一船为一营，随带自造船若干只，数船为一军，中设铁甲轮船一只"。湖南巡抚王文韶则主张不必分为三洋，"简任知兵重望之大臣，督办海防军务，驻节天津，以固根本。即由该大臣慎选熟海洋情形之提镇等，不拘实任候补，作为分统，分布沿海各洋面，以资防御。其战守机宜，仍听海疆各督抚随时节制调度"。[1] 对于三洋海军之设置，李鸿章也主张不应平均使用力量，因为"自奉天至广东，沿海袤延万里，口岸林立，若必处处宿以重兵，所费浩繁，力既不给，势必大溃。"唯有分别缓急，择尤为紧要之处先行布置。直隶沿岸一带"系京畿门户，是为最要"；吴淞一带"系长江门户，是为次要"。他说："盖京畿为天下根本，长江为财赋奥区，但能守此最要、次要地方，其余各省海口边境略为布置，即有挫失，于大局尚无甚碍。"[2] 清廷综合各种意见，决定先在南北两洋筹办海防，并同意酌度情形先购铁甲船一两只。

海防议结束之时，也是北洋海军开始筹建之日。1875年，李鸿章即通过总税务司赫德，在英国阿摩士庄厂订购了"龙骧""虎威""飞霆""策电"4艘炮舰。1877年，此四舰先后来华。前福建巡抚丁日昌以台湾防务吃紧，商调"龙骧""虎威"驻防澎湖。"飞霆""策电"二舰，经船政大臣吴赞诚选派管驾，募配舵勇水手后，在闽洋操练。1878年6月，李鸿章派令直隶候补道许钤身，督率四舰北上，驶

---

[1] 《筹办夷务始末》（同治朝）卷一〇，第14、29页。
[2] 《李文忠公全集》奏稿，卷二四，第16页。

抵天津海口。6月30日，李鸿章亲往大沽勘验，决定派此四舰分驻大沽、北塘两海口。"每月各出洋会哨两次，练习风涛，循环轮替调扎，并按季合操。"①

1879年10月，原南洋在英国阿摩士庄厂订购的4艘炮舰"镇东""镇西""镇南""镇北"，先期由江海关税务司赫政赴广东迎护，亦驶抵天津海口。11月19日，李鸿章带同津海关道郑藻如、道员许钤身、税务司德璀琳等，亲往大沽验收。同一天，奏请将记名提督丁汝昌留于北洋海防差遣。其奏有云："查该提督丁汝昌干局英伟，忠勇朴实，晓畅戎机，平日于兵船纪律尚能虚心考求。现在

丁汝昌

筹办北洋海防，添购炮船到津，督操照料，在在需人。且水师人才甚少，各船管驾由学堂出身者，于西国船学、操法固已略知门径，而战阵实际概未阅历，必得久经大敌者相与探讨砥砺，以期日起有功，缓急可恃。臣不得已派令丁汝昌赴飞霆等炮船讲习，一切新到各船会同道员许钤身接收，该提督颇有领会，平日藉与中西各员联络研究，熟练风涛，临事或收指臂之助。"②据李鸿章后来自称，他之所以将丁汝昌留于北洋海防差遣，是因为看中了其"材略勇武"，准备作为"横海楼船之选"。③不久，即派丁汝昌督操炮船。英人葛雷森为总教习。

1880年，李鸿章发现"龙骧""虎威""飞霆""策电"4艘炮舰质量不佳，"在津沽两年，海水浸渍，船底铁板难免锈蚀，机器等件间有松损"，而"镇东""镇西""镇南""镇北"4艘炮舰却是新船，

---

① 《李文忠公全集》奏稿，卷三二，第1页。
② 《李文忠公全集》奏稿，卷三五，第24页。
③ 李鸿章：《庐江丁氏宗谱序》。

于是决定留下"镇东"等四船,将"龙骧"等四舰拨赴南洋调遣。4月7日,"龙骧"等四船起碇放洋,驶到上海后即行入坞,经过修理后又在南洋听差。同年底,因委托赫德在英国阿摩士庄厂订购的"超勇""扬威"两艘快船即将造成,李鸿章派炮船督操丁汝昌、总教习葛雷森、管驾官林泰曾、邓世昌等航海赴沪,先行在吴淞轮船操练,然后乘轮赴英验收。

1881年8月3日,"超勇""扬威"竣工,由驻英公使曾纪泽亲引龙船,升炮悬挂。8月17日,"超勇""扬威"放洋起程,沿途"经行各国,均鸣炮致贺,以为中国龙旗第一次航行海外也"[1]。9月17日,山东新购的两艘炮舰"镇中""镇边"驶抵大沽。李鸿章认为,两艘炮舰若零星分布,力单无用,与新任山东巡抚任道镕商妥,将"镇中""镇边"与"镇东"等4炮船及新购的两艘快船"合为一小枝水师,随时会操,轮替出洋,防护北洋要隘,以壮声势"[2]。11月17日,"超勇""扬威"驶抵大沽港。于是,李鸿章奏请以丁汝昌统领北洋海军,奏改三角形龙旗为长方形,以纵三尺,横四尺为定制,质地章色如故。这是中国近代最早的海军旗。

至此,北洋从英国购进2艘快船、6艘炮船,加上先后调进沪、闽二厂的"操江""镇海""湄云""泰安""威远"五船,共13艘舰船,已经初具规模了。如下表:

---

[1]《洋务运动》(丛刊八),第485页。
[2]《李文忠公全集》奏稿,卷四二,第9页。

舰名	舰种	排水量（吨）	马力（匹）	航速（节）	制造地	乘员	配炮（门）
超勇	巡洋舰	1 350	2 400	15.0	英	137	18
扬威	巡洋舰	1 350	2 400	15.0	英	137	18
镇东	炮舰	440	350	8.0	英	55	5
镇西	炮舰	440	350	8.0	英	54	5
镇南	炮舰	440	350	8.0	英	54	5
镇北	炮舰	440	350	8.0	英	55	5
镇中	炮舰	440	400	8.0	英	55	5
镇边	炮舰	440	400	8.0	英	54	5
镇海	炮舰	572	80	9.0	闽	70	6
威远	练船	1 300	750	12.0	闽	124	11
操江	通报兼运输船	640	425	9.0	沪	91	5
泰安	通报兼运输船	1 258	150	10.0	闽	180	10
湄云	通报兼运输船	515	80	9.0	闽	70	3

三 "移缓就急"方针与南洋海军和广东海军的创建

在1874年开展的海防问题讨论中，海防派提出设立三洋海军的构想，但由于经费难筹，清廷决定先在北洋和南洋设立两支海军。筹建海军的经费，由粤海、潮州、闽海、浙海、山海5关并台湾沪尾、打狗2口应提4成洋税和江海关4成内2成，每年约二百数十万两，以及江苏、浙江厘金项下40万和江西、福建、湖北、广东厘金项下30万，每年200万两，共计400余万两。此经费由南北两洋分用，各200万两。但是，总理衙门于1875年5月间有"请先于北洋创设水师一军，俟力渐充，由一化三"①之奏。南洋大臣沈葆桢公忠体国，顾全大局，亦"以外海水师宜先尽北洋创办，分之则为力薄而成功缓，咨明各省统解北洋兑收应用"。当时，有人对他的举动颇不以为然。他则称："愚以为非得外海一大支水师，江防虽极力补苴，究竟防不胜防，毫无把握，故至今犹一心一意延颈跂踵，以俟铁甲之成也。"这种"移缓就急"②方针，对于早日使中国建成一支强大的海军是有利的。不过，这样一来，筹建南洋海军的工作便不能不受到严重的影响。

此时，南洋发展海军尚无基础，仅有沪厂所造的"测海""威靖"和闽厂所造的"靖远"3艘兵轮。1878年3月6日，沈葆桢以3年以来海军经费皆解交北洋，兴办海军应已"略有端绪"，力请仍按原议将南洋经费拨归南洋，以先就海防之尤关紧要者依次举行。他在奏疏中说："夫以饷项如此之绌，海防如此之重，而派定南洋海防经费若仍悉数解归北洋，似臣博推让之美名，而忘筹防之要务，使后人无可措手。"其后，又奏请派江南提督李朝斌统带轮船，负责操练事宜。到1879年，南洋仅增添了沪厂的"驭远""金瓯"和闽厂的"靖远""登瀛洲"等兵船。沈葆桢奏请以李朝斌为外海轮船统领，并建议各省兵轮每两月赴吴淞口合操，操毕仍回原省。何处有警，即向何处，"彼此联为一气，缓急乃有足凭"③。

清政府对南洋的海防也很重视，希望能够加强，发布上谕称："前于光绪元年四月间，曾经派令李鸿章、沈葆桢督办北洋南洋海防事宜。数年以来，渐有头绪，惟值海疆无事之时，难保不日久生懈。现在泰西各国皆练习水师，日本船炮亦效西人。该国密迩东隅，近且阻梗琉球入贡，情尤叵测。亟应未雨绸缪，力图自强之计。因思北洋

---

① 《洋务运动》（丛刊二），第387页。
② 《沈文肃公政书》，卷七，第52、29、60页。
③ 《沈文肃公政书》，卷七，第53、102~103页。

所辖海口较少，李鸿章一人尚能兼顾，著即责成该督认真整顿，妥筹布置，不得冀倖目事无事，稍涉大意。至南洋统辖数省，地面辽阔，洋人来华，亦首将其冲。沈葆桢驻扎江宁，缓急恐难兼顾。前福建巡抚丁日昌办事认真，于海疆防务向来亦能讲求，著赏加总督衔，派令专驻南洋，会同沈葆桢及各督抚，将海防一切事宜实力筹办，所有南洋沿海水师弁兵统归节制，以专责成。"若东南数省兵轮合为一军，涉及各方面的问题，困难更多，是很难行得通的。丁日昌有自知之明，上书婉辞。清政府只好改弦更张，另行发布上谕："闻李成谋前在厦门整顿水师，极为得力。现在闽海防务重于江防，著李成谋即赴福建厦门、台湾一带，总统水师，并将船政轮船先行练成一军，以备不虞。"但为了避免牵动过大，又改调原福建水师提督彭楚汉总统闽海水师，谕沈葆桢"遵照前旨，饬令彭楚汉将船政轮船先行练成一军，以备不虞。均归该督节制，仍随时与何璟（闽浙总督）、勒方锜（福建巡抚）妥筹备御之策"。① 实际上，南洋大臣的所谓"节制"只是一个名义，仍由驻地督抚直接领导。可见，想以合数省的兵轮为一军的办法来加强南洋的海防并未奏效。

沈葆桢终于没有看到这支海军的建成。1879年12月18日，沈葆桢卒于两江任所。遗疏称："天下事多坏于因循，但纠因循之弊，继之以凶莽，则其祸更烈。日本自台湾归后，君臣上下早作夜思，其意安在？若我海军全无能力，冒昧一试，后悔方长。"② 寥寥数语，却极发人深思。继任刘坤一到职时间很短，无所作为。1881年冬，清廷命左宗棠以大学士出任两江总督。时左宗棠年已70，诏授两江总督，是想借重其收复新疆的威望。召见时，谕曰："以尔向来办事认真，外

---

① 《清德宗实录》卷九二，第5~6页；卷九五，第3页；卷九七，第14页。
② 《洋务运动》（丛刊八），第484页。

国怕尔之声威，或可省事。"① 1882年2月12日，左宗棠受印视事后，即出省阅兵。3月17日，出吴淞口巡阅兵轮。通过视察，左宗棠看到海口一带防御薄弱，决定添置快船。遂向德国伏尔铿厂订购了"南琛""南瑞"两艘快船。

到1884年上半年为止，南洋的兵轮数量已有增加。先是在1880年，北洋原在英厂订购的"龙骧""虎威""飞霆""策电"4艘炮舰拨归南洋，而留下南洋新购的"镇东""镇西""镇南""镇北"4艘炮舰。李鸿章说："该四船赴沪，就近拨归南洋调遣，即留续到四只供北洋操防之用。船炮本系一律，一转移间，两得其宜。"② 即指此事而言。此后，又有闽厂的"澄庆""开济"调拨南洋。到1884年春，在德厂订购的"南琛""南瑞"先后驶至上海。新任两江总督曾国荃奏称："江南购买兵轮蚊快等船及自造者，为数无多。所有登瀛洲、靖远、澄庆、开济、龙骧、虎威、飞霆、策电、威靖、测海、驭远、金瓯大小兵轮，及新购之南琛、南瑞，上海机器局所造之钢板保民兵轮，各船大小不齐，兵额不一，以之海战则不足，以之扼守江海门户，与炮台相辅，借固江防。"③ 其中，除"保民"尚未竣工外，南洋实有舰船达到14艘。如下表：

---

① 罗正钧编：《左文襄公年谱》卷一〇，第22页。
② 《李文忠公全集》译署函稿，卷一〇，第9页。
③ 《清史稿》，卷一三六，《兵志》七。按：沪厂所造"保民"轮，此时刚下水，到1895年才竣工（见《洋务运动》（丛刊二），页579），不应计算在内，又，池仲祐《海军大事记》说南洋还有"横海""镜清""超武"3船，亦不符合事实。"横海""镜清"此时尚未下水，"超武"则已于1881年调拨浙江（见《洋务运动》（丛刊一）第506页）。

舰名	舰种	排水量（吨）	马力（匹）	航速（节）	制造地	乘员	配炮（门）
南琛	巡洋舰	2 200	2 400	15.0	德	250	18
南瑞	巡洋舰	2 200	2 400	15.0	德	250	18
开济	巡洋舰	2 200	2 400	15.0	闽	170	14
驭远	炮舰	2 800	1 800	12.0	沪	372	26
澄庆	炮舰	1 268	750	12.0	闽	150	6
登瀛洲	炮舰	1 258	150	10.0	闽	158	5
威靖	炮舰	1 000	605	10.0	沪	142	8
测海	炮舰	600	431	9.0	沪	120	8
靖远	炮舰	572	80	9.0	闽	118	6
金瓯	炮舰	195	200	12.5	沪	122	3
龙骧	炮舰	319	310	9.0	英	60	5
虎威	炮舰	319	310	9.0	英	60	5
飞霆	炮舰	400	270	9.0	英	60	6
策电	炮舰	400	270	9.0	英	60	6

此外，还有60马力的"福安"差船1只和20马力的"江安""澄波"差船两只①。

同年6月，曾国荃奏准以长江水师提督李成谋总统南洋兵轮。至此，南洋海军终于初步建成。

长期以来，清政府不把广东作为筹备海防的重点，所以广东海军迟迟未能建立。1882年以前，广东先后建造了"靖安""横海""宜威""扬武""翔云""海长清""执中""镇东""缉西""肇安""南图""海东雄"等小轮船20余号，只备内河巡缉之用。1882年，两广

---

① 《洋务运动》（丛刊二），第545页。

总督张之洞向德国伏尔铿厂订购鱼雷艇"雷龙""雷虎""雷中"3只。1884年,又订购鱼雷艇"雷乾""雷坤""雷离""雷坎""雷震""雷艮""雷巽""雷兑"8只。直到1885年,广东制成浅水轮船,才改变了过去没有外洋兵轮的局面。先后建造"广戊""广己""广金""广玉"4艘兵轮。由福州船厂代造快船"广甲""广乙""广丙"三艘和炮船"广庚"1艘。1891年5月,"广甲"船曾到北洋会操。1894年5月,又由记名总兵余雄飞统带"广甲""广乙""广丙"三舰到北洋会操。可见,直到甲午战争前夕,广东海军才初具规模。

广东海军的舰船相当杂乱,可称之为军舰者,不过12艘,而且其中还有4只小型兵轮。如下表:

舰名	舰种	排水量（吨）	马力（匹）	航速（节）	制造地	配炮（门）
广甲	巡洋舰	1 296	1 600	14.0	闽	11
广乙	巡洋舰	1 030	2 400	15.0	闽	9
广丙	巡洋舰	1 030	2 400	15.0	闽	11
广金	炮舰	600	500	12.0	粤	5
广玉	炮舰	600	500	12.0	粤	5
广庚	炮舰	316	400	14.0	闽	4
广戊	炮舰	400	500	10.0	粤	6
广己	炮舰	400	500	10.0	粤	6
广元	炮舰	—	78	10.0	粤	6
广亨	炮舰	—	65	9.0	粤	6
广利	炮舰	—	65	9.0	粤	6
广贞	炮舰	—	78	10.0	粤	6

在四洋海军中，广东的发展最慢，经过将近 30 年的漫长岁月，才勉强组织起来这样一支低水平的海军。福建海军和南洋海军，虽略胜于广东海军，但也强不了多少。这 3 支海军的舰船主要靠本国制造，而当时中国的造船水平与西方国家相比，还有相当的差距，仅靠自己造船是建立不起来强大海军的，所以始终没有真正达到成军的阶段。由于清政府确定了优先加强北洋海防的方针，因此只有北洋海军得天独厚，得以进入一个新的发展阶段。

第四章　甲申中法海战

第一节　法国舰队窜犯闽台

一　基隆首捷

1884年夏，福建、北洋、南洋3支海军已经初具规模，但却归其驻地总督节制，畛域攸分，未能组成一支较强的海上防御力量。适在此时，法国舰队发动了进攻闽台之战。

当时，法国军队已经占领了越南红河流域的大部分地区，法国政府欲乘胜扩大侵略，把战火烧到中国本土。其目的是要"据地为质"，以向中国勒索巨额赔款。这就是所谓"担保政策"。6月26日，法国编成远东舰队，以海军中将孤拔为司令，海军少将利士比副之。根据法国政府的指示，法国驻华公使巴德诺命令利士比先摧毁基隆炮台，并夺取基隆煤场。

利士比与孤拔磋商后，即以"鲁汀"号为旗舰，率"拉加利桑尼亚"号，于8月3日晚间由马祖澳出发，驶向基隆。4日上午11时，"鲁汀""拉加利桑尼亚"两艘法舰抵基隆港，与先已停泊在港内的法国巡洋舰"费勒斯"号会合。利士比了解到基隆有3座炮台，其主炮台设17.3厘米口径大炮5门，并计算了这些大炮射出的炮弹的穿透能力，认为像装有15厘米铁板的"拉加利桑尼亚"号战舰，即停泊在距炮台1000平方米处，也足以使其铁甲受到有效的保护，不致遭到损伤。于是，他决定在距炮台900公尺处停下，命令"费勒斯"号以舰的右舷侧面对着主炮台，作舷侧进攻的姿态，"鲁汀"号则尾随"费勒斯"号之后，从侧面威胁两旁的小炮台。布置停妥后，利士比派副官上岸，将一份要求交出防地的劝降书送给守军，遭到拒绝。5日晨，利士比便下令对基隆炮台开始炮击。

此时，主持台湾军务的是淮军宿将刘铭传。早在4月间，法国军舰即驶至基隆港口活动，以购煤为名，登山瞭望，绘制地图，窥测炮台，并扬言要开炮攻击基隆。与此同时，法国舰队还不断在福建沿海游弋示威，进行挑衅。闽台形势趋于危急，清廷决定起用在籍养病的刘铭传，诏任巡抚衔督办台湾防务。刘铭传由上海化装乘轮南下，于7月

刘铭传

16日行抵基隆，翌日便巡视炮台，布置防务。

8月5日上午7时30分，利士比发出准备战斗命令。8时，法舰开始猛烈炮击基隆炮台。炮台守军营官姜鸿胜督炮还击。"拉加利桑尼亚号的桅樯中了些子弹，三个榴弹打在装甲室的墙上。其中，两个停在木制垫板上，向后爆发；第三个榴弹打穿船壁炮门下的铁甲，并使炮箱凹入，弹身留在打进的孔内，没有爆发。费勒斯号中了数次开

花炮弹。"① 但是，炮台只有当门一面，敌人由两侧来攻，炮即不能旁击。双方炮战1小时后，炮台前壁被法舰炮火轰毁，火药库也中炮起火。炮台既毁，姜鸿胜被迫率部撤出。

法国海军陆战队200人在炮火掩护下登陆，占领了基隆炮台和附近的高地。

8月6日下午两点钟，法国海军陆战队从宿营地出发，企图一举占领基隆厅署和市街。先是刘铭传正在淡水，忽接告急之信，知基隆炮台难守，便亲驰督战。行至半途，忽闻炮声隆隆，法军业已开炮攻台。及至赶到基隆，炮台已被敌炮摧毁。刘铭传决定诱敌上岸，一面饬令海滨难守各营移向后山，暂避敌炮，一面"激励各军，坚筹血战，誓挫凶威"②。法军要进占基隆市街，必须通过福宁镇总兵曹志忠营垒旁边的大道，为扫除前进路上的障碍，便直奔曹志忠营。曹志忠留大部兵力守卫本营，亲督副将王三星率队200人出战。刘铭传即令记名提督章高元、苏得胜率队百余人进击法军的左翼，游击邓长安率亲军小队60人绕攻法军右翼。曹志忠军见两路夹攻敌人，士气大壮。敌人三面被围，有全部被歼的危险，只有趁包围圈尚未合拢之际，赶紧撤回军舰。此战毙伤法军13人，缴获炮4门、步枪数十杆、帐篷10余架及军旗两面，而清军才死伤数人。基隆首战告捷，大大鼓舞了台湾守军的斗志。

二　中法马江之役

基隆登陆战失败的当天，利士比即命"费勒斯"号巡洋舰驶往马祖澳，向孤拔报告基隆之败的经过。8月9日，孤拔致电巴德诺，请

---

① 罗亚尔：《中法海战》，《中法战争》（中国近代史资料丛刊）（三），上海人民出版社，1961年，第542页。

② 《敌陷基隆炮台我军复破敌营获胜折》，《中法战争》（丛刊三），第144页。

示下一步的作战行动。10日，巴德诺向茹费理建议：中国政府如不答应赔款，先即炮击马尾船厂及炮台，然后派舰队占领基隆。16日，茹费理通知巴德诺：议会两院投票，决议采取强硬态度，已电令孤拔，"如接到中国否定的回答，他应于知照外国领事及船舰后，立即在福州行动，毁坏船厂的炮台，捕获中国的船只。福州行动后，提督将即赴基隆，并进行一切他认为以他的兵力可做的一切战斗"[①]。法国在谈判桌上的讹诈既未能得逞，于是，便按既定侵略计划采取战争行动了。

当利士比率舰进攻基隆之际，孤拔也率法国远东舰队主力聚泊于福州马江。其中，包括巡洋舰4艘、炮舰3艘及鱼雷艇两只。4艘巡洋舰是："杜居土路因"号、"费勒斯"号、"德斯丹"号、"富尔达"号。3艘炮舰是："野猫"号、"益士弼"号、"蝮蛇"号。到开战时，法铁甲舰"凯旋"号也驶来马尾港。如下表：

舰名	舰种	吨位	马力（匹）	乘员	炮数
凯旋号	铁甲舰	4 127	2 400	410	21
杜居土路因号	巡洋舰	3 189	3 740	300	10
费勒斯号	巡洋舰	2 268	2 790	250	5
德斯丹号	巡洋舰	2 236	2 790	250	5
窝尔达号	巡洋舰	1 300	1 000	160	9
野猫号	炮舰	452	—	120	9
益士弼号	炮舰	471	—	120	9
蝮蛇号	炮舰	471	—	120	9

当时停泊在马尾港的福建海军舰船有11艘，即"扬武""伏波""济安""飞云""振威""福星""艺新""永保""琛航""建胜"和

---

① 《法国黄皮书》，中国与东京事件，第39号。见《中法战争》（丛刊七），第249~250页。

"福胜"。福建海军尽管在数量上多于法国舰队,但在实力上却远逊于法国舰队。如下表:

舰队名称	福建海军	法国远东舰队	比较差数
军舰总数	11	8	+3
铁甲舰	0	1	-1
3000 吨级巡洋舰	0	1	-1
2000 吨级巡洋舰	0	2	-2
1000 吨级巡洋舰	1	1	0
炮舰	8	3	+5
总吨数	9 781	14 514	-4 733
火炮总数	45	77	-32
24 厘米以上口径炮	2	6	-4
19 厘米口径炮	1	5	-4
16 厘米以下口径炮	42	66	-24
乘员总数	1 190	1 830	-640

此外,法国舰队各舰还都装备了机关炮。池仲祐在《甲申战事记》中说:"法舰御炮有铁甲,冲锋则有雷艇,桅盘悉置机关炮,两船通语时有旗号。我船均无之,炮多旧式前膛,又无护身铁板,船皆木质,弹过立穿。轮机多设立机,机在水线上,易遭击毁。"[1] 可见,在力量对比上,双方的差距是相当悬殊的。

马江是闽江下游的一段,其北岸即马尾镇,西北距福州 40 里。从五虎门海口至马江 80 余里,层峦复嶂,暗礁跑沙,有山皆石,处处炮台,以天险而著名。对于这一带形势,沈葆桢做过这样的描述:"马

---

[1] 池仲祐:《甲申战事记》,见张侠等编《清末海军史料》,海洋出版社,1982 年,第 303 页。

尾一区，上抵省垣南台水程四十里，下抵五虎门海口水程八十里有奇。自五虎门而上，黄埔、壶江、双龟、琯头、亭头、闽安，皆形势之区，而金牌为最重。自闽安而上，洋屿、罗星塔、乌龙江、林浦，皆形势之区，而罗星塔为最要。马尾地隶闽县，距罗星塔之上流，三江交汇，中间港汊旁通长乐、福清、连江等县，重山环抱，层层锁钥。当候潮盛涨，海门以上岛屿皆浮；归潮而后，洲渚礁沙萦回毕露。所以数十年来，外国轮船、夹板船常泊海口，非土人及久住口岸之洋人引港，不能自达省城。"① 法国军舰要想闯进马江，本来是极端困难的。但是，法国政府却趁中法两国正在谈判之机，命令舰队抢先驶入闽江，集结于马尾。

本来，《万国公法》规定："兵船与陆兵不同，凡经过地方出入海口，各国皆不得阻拦。所在官司并须妥为保护，以全友谊。或因有事须封海口，或指名某国兵船不准入口，必须先行布告，或明立公约，方能禁止。"② 根据这条规定，甲国兵船有出入乙国海口的权利，而乙国也有布告禁止甲国兵船驶入海口的权利。但是，从清廷到疆吏，都怕与法国公开决裂，片面地承认法舰有驶入闽江口的权利，却不敢按国际公法运用布告禁止法舰驶入闽江口的权利。早在4月间，李鸿章致闽浙总督何璟电即称："各国兵船应听照常出入，惟法船进口若只一二只，尚未明言失和，似难阻止。"③ 法舰炮击基隆之后，清政府满可以按照国际公法，名正言顺地禁止法舰驶入闽江，却未能做到。7月13日，法国驻福州副领事白藻泰知照，将有法舰两艘入口。会办福建海疆事宜侍讲学士张佩纶，以"照约未便阻其入口"，致电总理衙门请示，总理衙门竟置之不答。14日，即有法舰1艘驶入闽江。其

---

① 《船政奏议汇编》卷三，文海出版社影印本，第7页。
② 《边事续钞》卷八，文海出版社影印本，第10页。
③ 《李文忠公全集》电稿，卷二，第5~6页。

后,又有法舰多艘以"游历"为名,陆续入口。张佩纶开始认识到,法舰之来,显然是包藏祸心的。但又感到:"阻之则先启衅端,听之则坐失重险,实属左右为难。"① 这样一来,中国方面便完全处于被动地位了。

及至法舰麇集马江,清政府仍然未能及时采取果断的防范和自卫措施。张佩纶抵闽后,清廷电旨即有"彼若不动,我亦不发"之语。这道电旨,实际上是自缚手脚,将主动权让与敌人。对此,张佩纶深为不满,致电总理衙门:"静待,(敌)先发,即胜,船局必毁。"随后,他又提醒说:"胜负呼吸,争先下手。"主张争取主动。总理衙门奕劻等人见张电有"争先下手"之语,连忙发电阻止。福州将军穆图善也倾向于采取主动,致电总理衙门称:"法酋举动日肆,意揣必至决裂。闽失势在不能先封口,又不能先发。"清廷发来的谕旨,则告诫穆图善:"法舰久泊闽口,我军与之相持,总以镇静为主。"张佩纶又与闽浙总督何璟联名建议"塞河先发",清廷仍不同意,谓:"所称'先发',尤须慎重,勿稍轻率。"②

在建议争取主动的同时,张佩纶等还电请朝廷派海军救援。张佩纶说:"彼深入,非战外海。敌船多,敌胜;我船多,我胜。促南、北速以船入口,勿失机养患。"何璟说:"敌船若续到,而华船不一至,敌且围闽船,马尾危。愿属南、北、浙、粤合势救援。"穆图善说:"预敕南北洋闻闽警,即应电以师船尾缀敌舰,牵制后路,使敌不敢深入,陆军坚守较壮。南洋如警,闽必出船互援。"③ 但皆无结果。奕劻奏称:"法兵船现已深入福州,张佩纶等迭请南北洋、浙、粤酌派兵轮策援,以为牵缀之计。而南洋电复,以兵轮不敷守口,实

---

① 《中法战争》(丛刊五),第489页。
② 《中法战争》(丛刊五),第414、427、439、450、469、470页。
③ 《清光绪朝中法交涉史料》(704),卷一八,第36页。

难分拨；北洋复电，以现有兵轮较法人铁甲大船相去远甚，尾蹑无济，且津门要地，防守更不敢稍疏；浙省亦以船少，尚难自顾电复。"① 对此，张佩纶不禁发出无可奈何的慨叹："株守遂已一月，请先发不可，请互援不可，机会屡失，朝令暮更。枢（军机处）、译（总理衙门）勇怯无常，曾（曾国荃）、李（李鸿章）置身事外。敌在肘腋，犹且如此，国事可知！"② 并质问总理衙门："互援是活著，先发是急著。舍两著，布置更难。不乘未定时先筹，若待敌船大至，将何所恃耶？"③

不仅如此，清廷还想放弃船厂。先是法国方面提出要占据马尾船厂作抵押，说守军若拦押，法舰必定开炮，造成"决裂"。李鸿章电嘱张佩纶："若不阻彼亦不能先开炮，或尚可讲解。望相机办理，切勿躁急。"④ 总理衙门和李鸿章看法相同，亦电张佩纶："船厂非城池可比，与其拘守一隅，以正兵抵御，不如统筹全局，设法出奇。"⑤ 按清律："守边将帅被贼攻围城寨，不行固守，而辄弃去，因而失陷城寨者，斩监候。"⑥ 就是说，凡失守城池的官员按律是要处以斩刑的，而电令则谓船厂非城池可比，即使放弃不守，也不会治罪。明告张佩纶将马尾船厂让法军占领。7月31日，李鸿章致电总理衙门，进一步建议："我自度兵轮不敌，莫如全调他往，腾出一座空厂，彼即暂据，事定必仍原物交还，否则一经轰毁，从此海防根本扫尽，力难兴复。此以柔制刚之妙算，乞速与当事诸公密图之。"⑦ 这条"妙算"立即为清廷所采纳，当天即发出电旨："法舰既占要隘，我军难操万全，与

---

① 《中法战争》（丛刊五），第431、433、444页。
② 《中法战争》（丛刊四），第385页。
③ 《会办福建海疆事宜张佩纶来电》，《中法战争》（丛刊五），第473页。
④ 《李文忠公全集》电稿，卷二，第39页。
⑤ 《发会办福建海疆事宜张佩纶电》，《中法战争》（丛刊五），第448页。
⑥ 《中日战争》（中国近代史资料丛刊）（三），新知识出版社，1956年，第450~451页。
⑦ 《李文忠公全集》电稿，卷三，第9页。

第四章 甲申中法海战

其分守力单,总以保城保民为第一义。"① 这实际上是命令马尾守军退保省城,把船厂让给法军。张佩纶对这道电旨表示极大的愤慨,说:"必令马尾不战而失,遂其质地索偿之请,而臣且在省静候与此土一并赎还,其靦然何以为人!"②

尽管如此,张佩纶还是不得不遵旨行事。为了在法舰的攻击下不陷于被动,他多次致电总理衙门,要求在照会法国拒绝赔款的前一两天,速示福建,以便先行下手。他在奏章中也明确提出:"法人形同鬼蜮,诈谖无信,其阴谋谲计,实有密据要害先发制人之意。臣等已密致总署,如果圣意决战,务请于复绝法使之先,预授机宜,俾臣等得首尾合击,水陆并举,战事较为得算。"③ 令人痛恨的是,清廷连这一最起码的要求也没有给予满足。

在此期间,清政府的态度不是一点变化没有,有时态度似乎很硬,但有一点不变,就是始终没有放弃幻想。8月17日,军机处寄沿江沿海督抚将军电旨称:"法使似此骄悍,势不能不以兵戎相见。著沿江沿海将军督抚统兵大臣极力筹防,严行戒备。不日即当明降谕旨,声罪致讨。目前法人如有蠢动,即行攻击,毋稍顾忌。"同一天,又寄张佩纶等电旨,声称即要宣战:"著张佩纶就现有陆军,实力布置,以专责成。现在战事已定,法舰在内者应设法阻其出口,其未进口者不准再入。"与此同时,由总理衙门照会法国代理公使谢满禄,法以兵力从事攻袭,"中国惟有另筹办法,以伸公法,而得事理之正"。照会各国公使,声明:"是法国有意失和,已可概见。曲直是非,天下定有公论。中国虽欲顾全睦谊,无从再与商议。"看来,宣战似乎就

---

① 《军机处电寄穆图善谕旨》,《中法战争》(丛刊五),第457页。
② 《清光绪朝中法交涉史料》(1038),卷二二,第19页。
③ 《张佩纶等奏法船入口窥伺现筹防布置情形折》,《中法战争》(丛刊五),第490页。

在眼前了。21日，谢满禄下旗出京，以示决裂之意。但是，清廷既没有通知福建前线，也没有采取应急措施。因为，恰巧在这一天，驻法公使李凤苞来电，报告说：法国政府允诺，先付法恤款50万两，其驻华公使巴德诺即赴天津，与李鸿章详议，"倘商约便宜，冀可不偿"。22日，军机处电两江总督曾国荃："现已请旨，由总署电复李使，告知外部，如愿议约，中国亦不为已甚，惟恤款作为罢论。"①23日，总理衙门电复李凤苞说："即欲明宜谕旨，布告天下，一力主战。适得来电，今日再乞圣恩，暂缓明发。如欲仍议津约，中国亦不为已甚，可由法国派人来津，与李中堂详议。"②张佩纶等眼巴巴地盼着明发谕旨，却一直没有盼到。正当清廷忙于折冲尊俎之际，马江法舰的炮声却使枢臣疆吏们醉心于谈判的幻想遭到了破灭。就在总理衙门复电李凤苞的当天，法国舰队便向泊于马江的福建海军11艘舰只发动了毁灭性的攻击。

先是在8月20日，茹费理已授权巴德诺，可以随时将攻击中国舰船的命令转达给孤拔。22日，巴德诺正式通知孤拔采取行动。当天晚上8时，孤拔召集各舰舰长到旗舰"窝尔达"号举行作战会议，并制定了作战计划。其主要内容是："在8月23日下午（约近两点），当退潮移转船身的时候，各船即准备出动，互相保持各船现在碇泊的距离，维持极微小的汽力速度，提督在桅樯顶上升起第一号旗。这个信号发出时，两只水雷艇应立即出动，攻击碇泊在提督上游的两艘中国战船。当第一号旗收回时，全线立即开火。窝尔达号一方面以它左舷的大炮和步枪支援两只水雷艇的攻击，另一方面从右舷以师船为主要目标，向它们开炮。同时，野猫、益士弼和蝮蛇三号炮舰，从右舷离

---

① 《中法战争》（丛刊五），第502、503、506、507、510页。
② 《李文忠公全集》电稿，卷三，第34页。

开提督，迅速驶至船厂的附近，攻击那里的三只炮舰和三只通讯舰。杜居土路因号、费勒斯号和德斯丹号，各以一侧边的炮火击沉与它们舷侧相对的三只中国通讯舰，以另一侧边的炮火攻打成列的师船。"①

孤拔之所以要在退潮时发动攻击，是因为中国有8艘舰在法舰的上游，以舰尾对着法舰，而舰尾又是军舰防御最薄弱之处。在这种情况下，中国军舰只有在旋转180度之后，才能攻击法舰，这在仓促之间是很难办到的。相反，法舰则以舰首对着中国舰只，可以立即展开最猛烈的炮击。孤拔也注意到泊于法舰下游的3艘中国军舰，特意地布置3艘巡洋舰来对付它们。无论如何，这是一个十分冒险的计划。如果福建海军趁涨潮时主动攻击，情况便会全然不同了。参加此战的法国上尉罗亚尔供称："如果他们于潮水来时进攻，那地位便完全倒转，提督所打算可得到好处的所有优势，都将转到他们手中去，反而对我们不利。但是，中国人一直到现在，不敢首先发动战事，我们有理由希望他们不至于比从前大胆。提督又可以估计到，他对他们所引起的惊惧，将使他们不敢妄动。总之，这是一种碰运气的事情。"② 如果说是"运气"使法国人占了便宜的话，那么还不如说是清朝统治者的昏聩无能帮了法国人的大忙。

作战会议之后，孤拔即招法国驻福州副领事白藻泰到"窝尔达"号，将攻击命令通知他。白藻泰立即赶回领事馆，做撤退的准备。洋教习迈达适于此日乘船抵马江。船政学生候选知县魏瀚往访，迈达称："昨日法公使出京，事恐决裂。"魏瀚当即报告了何璟。当晚8时左右，何璟将此消息电告张佩纶："明日法人将乘大潮力攻马尾。"③ 张佩纶虽复电"严备"，然以照会未到，迟疑不决。

---

① 罗亚尔：《中法海战》，《中法战争》（丛刊三），第548页。
② 罗亚尔：《中法海战》，《中法战争》（丛刊五），第549页。
③ 《中法战争》（丛刊六），第246、249页。

8月23日上午7时，白藻泰将开战决定通知了各国领事。随后，英国领事即将此通知知照何璟说："三日内法必开仗。其意先将船厂轰（毁），再行渡台。"① 为了麻痹中国官员，这个通知故意在开战日期和攻击目标上都编造了谎言。10时许（巳刻），白藻泰的正式照会才送到何璟处。但是，何璟已有先入之见，将照会中的"本日"错误地领会为英国领事所说的"三日内"，因此在未刻（当在未初，即下午1时许）致电总署尚称："午刻接法领事照会，言巴日要开战。已告知长门、马尾准备。"② 或谓：对"巴日"的理解，会不会是以韵代日呢？"巴"字属下平声"六麻"韵，"巴日"即初六。③ 这里只是作为疑问提出，现与福州初三打给李鸿章"三日内法必开仗"的电报相印证，这个推测是可以成立的。由于何璟将照会看错，故未能立即作紧急处理，到初三（8月23日）未初和未正之间（当在下午1点半以后），何璟才弄清照会的意思，立即电告张佩纶和穆图善，但时间已经晚了。他于初五日（8月25日）致电总署称："初三午刻，法领事照称，本日开战。甫电告马尾、长门，而法人先行开战。"④ 法军是在8月23日下午1时56分发动攻击的，"甫电告"三字说明何璟给张、穆打电报的时间不会早很多。后来，左宗棠奉旨查办此案，调查后说："迨初三日，法国照会何璟，何璟据电张佩纶等，翻译甫毕，炮声已隆隆矣。"池仲祐《海军大事记》记："张佩纶接何电，译未及半，而法船已开炮轰击我军。"皆可证明张佩纶接到何璟的电报是在法舰开炮前不大一会儿的事。总督署内的电报底簿将寄张佩纶电的时间记为"七月初三日午刻"，显然是何璟有意作伪。同样，何璟接法领事照会

---

① 《李文忠公全集》电稿，卷三，第34页。
② 《闽浙总督何璟等电》，《中法战争》（丛刊五），第512页。
③ 《中法战争史学术讨论会论文集》，福建论坛杂志社，1984年，第83页。
④ 《闽浙总督何璟等电》，《中法战争》（丛刊五），第512页。

的时间明明是"巳刻",在致总署电中却谎称"午刻",更是欲盖弥彰。可知何璟给张、穆打电报的时间必在下午1点半以后。其电文云:"顷接白领事照会,孤拔即于本日开战。"① 张佩纶刚把电报译完,还未来得及通知海军,马江上的炮声就响起来了。

是日下午1时56分,孤拔在旗舰"窝尔达"号上升起了第一号旗。法国舰队的46号鱼雷艇,距福建海军旗舰"扬武"仅约500公尺,首先向"扬武"发射了第一枚鱼雷。45号鱼雷艇则冲向"福星",想一雷中的。几乎与此同时,法舰"野猫"号也从桅边开始向"振威"发射哈乞开斯机关炮。孤拔急忙下令降下第一号旗,发出全军开火的信号。"扬武""福星""振威"等舰发炮还击。"自时厥后,两军交相炮击,山鸣海立,殷殷如万雷,硝烟迷离,咫尺难辨。"②

法舰知"扬武"为营务处所在,系各船主将,且船大炮多,此船若破,诸船之气自夺,故首先合力攻之,炮弹均专注于"扬武"一船。

"扬武"刚开炮回击,船尾已被鱼雷击中。船上木匠张宝急用铁锤将锚砸断。管驾张成③即令开动机器,将船身旋转,对法舰开炮。舷侧有大炮3门,各发射两三炮。其中一炮击中敌46号鱼雷艇的汽锅,使其爆炸破裂,当时将1名水手炸死,艇长都庄及其他水手多名受伤。据美国海军的一位目击者记述:"艇面被敌弹洞穿如星点,骨肉横飞;凄惨异常。"④ 46号鱼雷艇因已失去控制,随江流而下。孤拔见状,即令"窝尔达"号向"扬武"连发几颗榴弹。"扬武""机器

---

① 《中法战争》(丛刊六),第246页。
② 罗丰:《马尾江观战记》。见佚名辑《中法战争资料》,文海出版社影印本,第105页。
③ 张成,广东人。船政后学堂驾驶班第一届毕业生。迭保至游击,委带"扬武"轮,并派充营务处。马江战役后,以"玩敌怯战"罪,从严惩办,定为"斩监候",解交刑部监禁,秋后处决。
④ 罗丰:《马尾江观战记》。见佚名辑《中法战争资料》,第105页。

房亦被大炮轰坏，锅炉炸裂，舱内水深数尺，船轮倾侧"①。当"窝尔达"号炮击"扬武"之际，"扬武"也不甘示弱，"以它的尾炮回击了窝尔达的第一阵舷炮，并且很准确，第一弹就在窝尔达号的船桥上炸裂，轰毙引水（自上海来的汤姆士）和五个水手。孤拔当这弹爆炸时正站在引水人的旁边，仅以身免"②。但"扬武"受伤过重，旋即沉没。张成跳入江中，被流水冲至上岐君竹乡江边，遇福靖后营哨官吴德恩获救。全船270人，阵亡102人，受伤40余人，伤亡过半。

法国舰队的45号鱼雷艇行动稍为迟缓，其任务是击沉"福星"，但艇长拉都指挥笨拙，发射的鱼雷没有击中本来真正要打的部位，故鱼雷爆炸未能产生破坏的效果。不仅如此，由于拉都过于慌张，竟使艇上的木柄和铁叉钩搭在"福星"的后艄上，"它以全部速度向后退，但不能摆脱，尚仍粘著在敌舰的侧边"。"福星"管驾陈英③指挥全船官兵，"将小型子弹，甚至手掷的榴弹，向它如雨地打来。一颗手枪弹击中拉都艇长的眼睛，一颗散弹打折艇上一人的手臂"④。这艘法国鱼雷艇开足马力，好不容易才脱离了"福星"，连忙退至火线之外，"先躲到美国军舰事业号的一边，后来又转到了美舰的另一边躲避，法艇上有很多的受伤者"。自"扬武"沉没后，"伏波""艺新"两船驶向上流，"福星"位置突出，身当前敌。此时敌船枪炮弹如骤雨，陈英屹立望台，传呼开炮击敌。其仆程某劝曰："伏波、艺新已开向上游，我船亦宜开向上游，合各船相机合击。"陈英怒目圆睁："尔欲走我耶？"将程斥退。鼓舞官兵说："今日之事，有进无退。我船锐进

---

① 《中法战争》（丛刊六），第534页。
② 《闽海关税务司法来格报告》，《中国海关与中法战争》，第217页。按：罗亚尔《中法海战》称："一颗圆形炮弹穿过窝尔达号的过道甲板，击毙领港人汤姆士及在舵轮边的两个舵手。"所述击毙人数有出入。
③ 陈英，字贻惠，福州人。船政后学堂驾驶班第3届毕业生。
④ 罗亚尔：《中法海战》，《中法战争》（丛刊三），第552页。

为倡,当有继者,安知不可望胜?"于是,鼓轮掌舵,贯敌阵而前,开边炮以左右击之,惜炮小不能中敌要害。先是孤拔见"伏波""艺新"上驶,鼓轮尾追不舍。"艺新"转舵,回击数炮,孤拔始退。他见"福星"已成孤立之势,便以三舰合围,猛击"福星"。命令"窝尔达"号副舰长拉北列尔乘"淮特"号汽艇,再以鱼雷攻击"福星"。激战中,陈英在望台指挥,不幸中弹阵亡。"三副王涟继之,开炮奋战,亦被弹颠。船上死伤枕藉,仍力战不退。"① 此时,"淮特"号汽艇逼近了"福星",并放出鱼雷,在"福星"的暗轮附近爆炸,将暗轮毁坏,使之完全瘫痪。而火药舱也中弹爆发,船在烈火中熊熊燃烧。据法舰上的军官报道:只见福星"向罗星塔下游流去,一道浓烟从它的舱壁中冒出。在它的甲板上,在它烟囱旁的小横桥上,处处躺着死尸,或垂死的人。我们的炮弹所穿破的汽炉的水蒸汽笼罩着中国人。他们因我们的武器而受伤或肢体残折,又受到可怕的火烧。大火总是扩大地燃烧。……过些时候,这艘通讯舰便沉入江中"②。全船88人(一说95人),死者达70余人。

当"福星"冲向敌阵之时,随之而进者唯"福胜""建胜"二船。"该二船系水炮台,惟前向大炮一尊,船小行滞,不能冲锋陷阵,只能遥击。"③ 统带"福胜""建胜"二炮船者为游击吕翰④,时在"建胜"船上,抚炮而笑曰:"醉我志者,此也。"先是当法军攻击基隆,旋以军舰闯入马江,吕翰知形势危急,即遣其妻奉母回粤,并致书亲好:"翰受国恩,见危授命,决不苟免。"及见"扬武"沉没,"福星"冲锋在前,即"在船短衣仗剑,冒烟指挥发炮攻敌。而敌之

---

① 《中国海关与中法战争》,第26、222页。
② 罗亚尔:《中法海战》,《中法战争》(丛刊三),第555页。
③ 《中国海关与中法战争》,第222页。
④ 吕翰(1853—1884),字赓堂,广东鹤山人。船政后学堂驾驶班第1届毕业生。曾先后管带"飞云""威远"。1884年,充后学堂教习。旋统带"福胜""建胜"二炮船。

格林炮骤下如雨，弹及公额，流血被面，裹首以帛，督战如故"①。"建胜"发出之炮，击中孤拔的座船"窝尔达"号，使受微伤。"建胜"继续进逼，敌船以群炮萃于"建胜"，吕翰和管驾林森林②皆中弹仆地，船亦被轰而沉。此时，仅余"福胜"一船，船尾已受弹，火发，仍然与敌搏战。大副兼管炮翁守恭③奋不顾身，连发大炮，多中敌舰。正指挥间，敌弹贯其胸而仆地。管驾叶琛④"枪弹贯颊，蹶而起，指挥装炮，敌弹复集其胁而亡。"⑤"建胜""福胜"两船共95人，死者83人。

当法舰发起攻击之初，停泊于下流的"振威""飞云""济安"3船，也立即遭到炮击。时"振威"管驾许寿山⑥正在望台，即刻传呼砍断锚链，开炮还击。法舰见状，虑其船走动而难制，并力攻之。"振威"锚链刚断，"凯旋""费勒斯""德斯丹"3艘法舰即猛放排炮，均专注"振威"一船，兼以哈乞开斯机关炮连珠弹，纷如雨集。许寿山陷于苦战之中，仍勇气百倍，奋力指挥。此时，"飞云""济安"两船锚链尚未砍断，法舰趁机连发数炮。"飞云"管架高腾云⑦中炮身亡。二船均中弹起火。"振威"既受重伤，又成为孤军，便奋力向敌舰冲去，准备与之同归于尽。终因势单力孤，敌舰炮火太猛，先是四叶轮被击坏，继之锅炉又中炮爆炸。许寿山坚持战至最后一刻，连中数弹，壮烈殉国。当时，闽海关副税务司贾雅格报告说："那骁

---

① 池仲祐：《吕游戎赓堂事略》，《清末海军史料》，第353～354页。
② 林森林，船政后学堂驾驶班第3届毕业生。
③ 翁守恭（1867—1884），原名守正，福建闽县人。船政后学堂驾驶班第7届毕业生。
④ 叶琛，字可堂，福州人。船政后学堂驾驶班第2届毕业生。
⑤《中国海关与中法战争》，第222页。
⑥ 许寿山（1853—1884），字玉珊，福建闽县人。船政后学堂驾驶班第1届毕业生。曾管带"艺新"兵船。1880年，调赴南洋管带"虎威"炮船。1884年7月回闽，接管"振威"兵船。
⑦ 高腾云（1841—1884），广东顺德人。行伍出身。历任广东广德营都司、廉州营游击。时授广德营参将，奉派督带"飞云"兵船回闽。

勇的振威，虽然暴露在维拉号（又译作'费勒斯号'）和台斯当号（又译作'德斯丹号'）的舷炮下，并且在驶过特隆方号（译音，又译作'凯旋号'）之前时，为敌舰的重炮烈火所洞穿，头尾都已着火，船已失去控制，随波漂向下游，渐渐沉没，但是它仍然奋战到底，一次又一次地发射炮火，直到一艘法国鱼雷艇在烟火中冲进，才完全毁灭了它。就是在最后沉没的一刹那，这勇敢的小船还以最后一炮击中它的敌人，重创了敌舰舰长和两名士兵。"①法舰"凯旋"号上的上尉罗亚尔也以赞扬的笔调，描述"振威"沉没前的情景道："无情的榴弹把死亡散布到他们中间来，但其中有些人表现出勇敢和英雄的优美榜样。在其中一艘巡洋舰上，船身四分之三都着火了，而且即要沉入江中，中国黄旗忽然升起来，又有一个炮手向我们的战舰送来最后的一炮。"②"振威"全船88人，死者约70人。

战至下午两点半钟，福建海军的"扬武""福星""福胜""建胜""振威""飞云""济安"7船或焚或沉；"伏波""艺新"受伤后避向上游急驶，至林浦自沉，以塞至省城航路；"永保""琛航"停在船厂水坪前，连中10余炮，随之起火。至此，11艘兵船一时俱尽，樯橹灰飞烟灭。将士死伤近600人，占总人数的50%。③法国舰队则仅有6人毙命，27人受伤。

在战斗的过程中，泊于海潮寺前的捍雷船7只，泊于罗星塔马尾岸旁一带的闽安、平海师船8号和蒴镇、炳南炮船10号，以及划船20

---

① 《中国海关和中法战争》，第217页。
② 罗亚尔：《中法海战》，《中法战争》（丛刊三），第554页。按：引文中所说的"其中一艘巡洋舰"，应指"振威"。
③ 关于福建海军在马江之战中的伤亡数字，历来无准确统计。闽海关副税务司贾雅格9月30日报告说："中国舰队的损失估计是419人，伤128人，失踪51人。"（《中国海关与中法战争》第218页）合计598人。何如璋10月3日之奏称："弁勇伤亡五百余员。"（《船政奏议汇编》卷二五，第20页）二者基本一致。但伤者可能因伤重而死，失踪者虽有希望生还，但多数可能死亡，故阵亡人数绝不止419人。池仲祐《海军实记》列名统计，海军阵亡者为510人。据此，马江之战中国海军伤亡当近于600人。

余号，也大部中炮着火沉没。

8月24日上午11时，孤拔率"窝尔达"号、"益士弼"号和"野猫"号出动，上溯闽江。11时半，驶近船厂，开炮猛轰。孤拔报告说："我们重二十八公斤的榴弹，对凡力所能及的东西，均予摧毁。对准工厂和仓库，或对着一艘正要完工的巡洋舰，所发的射击发生很大的伤害，但没有达到我们所希望的程度。拿口径十四公分的大炮，我们不能获得更大的效果了。……铸造所、装配所、设计所受到很大的破坏，巡洋舰遍身是孔洞。"① 据战后查验："砌砖之厂，以合拢厂、画楼为最，水缸厂次之，炮厂、轮机厂又次之，铸铁厂为最轻。架木之厂，以拉铁厂为最，广储所、砖灰厂次之，船亭栈房又次之，模厂为最轻。船槽陡出江干，受炮最烈。新制第五号铁胁船身将次下水，被敌炮击穿九十余孔。至学堂、匠房等处，虽受炮较轻，而器具书籍亦有残缺。各厂机器，则轮机、水缸等厂微有损坏，据学生勘验，略为修整，尚堪运用。"② 与孤拔的报告基本一致。船厂虽遭到一定的破坏，然并未被摧毁。

8月25日上午7时，法军在舰队的重炮火力掩护下，以陆战队在罗星塔强行登陆，抢走3门克鲁伯大炮。11时，孤拔召集舰长会议，决定摧毁两岸所有的炮台。并将"杜居土路因"号巡洋舰改为旗舰。12时40分，法国舰队沿江而下，于下午5时在大屿附近停泊，开始炮击田螺湾炮台。因为闽江两岸炮台的设计，"各台炮眼的构造仅能控制台前的下游河道，所以它们就不得不受制于处在它们上游背后的敌人"。同一天，法国铁甲舰"拉加厘松尼埃"号企图闯进闽江，在距长门炮台2英里半处发射排炮。穆图善指挥还击。"炮台对准了它的

---

① 转引罗亚尔：《中法海战》，《中法战争》（丛刊三），第557页。
②《船政奏议汇编》卷二五，第17页。

目标，两发炮弹连续命中，接着准确的炮火不断地向敌舰打过来，拉加厘松尼埃号发觉自己所处地位非常危险，不得不掉头逃向港外原泊处所。炮台给予这条法舰的损失，一定相当严重，这艘军舰后来驻往香港船坞大修去了。"①

8月26日，法舰继续沿江而下，炮击闽安炮台。同时派陆战队上岸，摧毁炮台工事，炸毁台内的大炮。因前一天，清廷误信孤拔已被击毙的谣传，认为："如果属实，我军似已获胜，正可鼓励将士，诱彼陆战。穆图善现扎长门，可以遏其出路。"因于是日寄何璟等电旨，谕穆图善"赶紧堵塞海口，截其来往之路"。② 直到此时，才决定堵塞海口，已经来不及了。

8月27日晨，法国舰队开到琯头。孤拔亲率"杜居土路因"号，由1艘汽艇领引，驶向长门，用巨炮连轰1小时之久。因"炮门均外向，不能还击"③，炮台守军只能以步枪抵御，击毙法军4人，击伤多人。28日拂晓，"杜居土路因"号和"凯旋"号铁甲舰，又驶到金牌附近，炮击两岸炮台。后来，"窝尔达"号和"野猫"号也参加炮击。这次炮击一直继续到黄昏时候。29日，法舰又驶至近岸处炮击金牌炮台。到下午3时，所有炮台皆被摧毁。30日，孤拔率法国舰队驶离闽江。

历时8天的马江战役，至此结束。

马江战役，是中国近代自有海军以来对外的第一战，却以船毁师燔而告终。之所以如此惨败，固然有多方面的原因，但最主要的还是清廷对敌存有幻想和一厢情愿地寻求妥协的错误政策所造成的。在清

---

① 《中国海关与中法战争》，第219页。按：据张佩纶电报，长门炮台重创法国铁甲舰的时间为8月7日，前后相差两天（见《中法战争》（丛刊五），第529页）。

② 《中法战争》（丛刊五），516、518页。

③ 《中法战争》（丛刊五），第529页。

廷"静以待之"的严旨下，既使疆吏难以有所作为，也涣散了前敌官兵的斗志。目击此战的美国"事业"号上的一位军官说："拱手以待敌人之制，是虽有坚甲利器，亦无所用之也。"① 尽管如此，广大海军将士仍然前仆后继，奋勇搏敌，视死如归。贾雅格在给赫德的报告中写道："如果记住这些军舰的水手，几个星期以来始终处在敌人随时准备发射——并且是对准他们——的炮口下，对于敌我实力的悬殊十分清楚，而始终没有离开岗位，那么他们的行为简直是可惊佩的。这一点必须提出来，以反证那些诬蔑他们在船沉没以前放弃炮位的谰言。"② 确实，广大海军将士用自己的鲜血谱写了一曲爱国主义赞歌。

三 基隆退守与沪尾之捷

马江战役爆发后，清廷无可再忍，于8月26日明发上谕，对法宣战。诏书历述法国种种侵略行径之后，指出："该国专行诡计，反复无常，先启兵端。若再曲予含容，何以伸公论而顺人心！用特揭其无理情节，布告天下，俾晓然于法人有意废约，衅自彼开。"谕令："沿海各口，如有法国兵轮驶入，著即督率防军，合力攻击，悉数驱除；其陆路各军，有应行进兵之处，亦即迅速前进。"③ 在此以前，中国驻法公使李凤苞也下旗离开巴黎，前往柏林。从表面上看，清政府似乎决意一战，态度相当坚决。其实，并非如此。中国宣战之后，在清廷的默许下，清朝官员同法国外交人员的联系并未中断。在天津，李鸿章与法国领事林椿；在上海，苏松太道邵友濂与法国总领事李梅；在柏林，李凤苞与法国驻德大使顾赛尔，彼此之间都一直在保持秘密接触。因此，清廷之宣战，只不过是在对法政策上的一种调整，即变

---

① 罗蚩：《马尾江观战记》。见佚名辑《中法战争资料》，第108页。
② 《中国海关与中法战争》，第216页。
③ 《上谕》，《中法战争》（丛刊五），第518页。

"以让求和"为"以战求和"罢了。尽管如此,这对清政府来说,仍是一个进步。若不是在对法政策上做这种调整,恐怕要取得沪尾大捷是不可能的。

法国政府的对华方针则是以战逼和,即通过战争以实现对中国尽可能多的掠夺。但是,法国茹费理内阁却宁愿继续采取不宣而战的政策。当时,孤拔极力主张法国正式宣战。巴德诺也认为:"宣告战争状态,定然较佳。"甚至提出,他本人撤离上海前往日本长崎,以便孤拔率领舰队北上作战,可以停泊吴淞。茹费理断然拒绝了巴德诺的要求。他还要继续玩弄战和两手:一方面,命令孤拔"继续执行报复,并用极度毅力,贯彻其军事行动";另一方面,表示:"如中国有提议,可以直接向我提出,或请第三国居间转递。"就是说,法国不达目的决不停止战争,但也不关闭和谈的大门。9月9日,茹费理指示巴德诺,必须掌握"据地为质""这种强有力的商议方法",迫使中国政府"在九十九年期间,把基隆埠口的行政和经营、海关、矿区,并与该埠口有关系的各种有用的权利,让给我们"。巴德诺和孤拔认为,仅仅割让基隆还不够,割让淡水作为补充是必需的。因此,向茹费理建议:"割让基隆及淡水连同附近矿区,照我们的看法,是唯一可为的、非戏谑的同等价值赔偿。"① 茹费理立表赞同。根据法国政府的指示,孤拔决定再度进攻台湾。

9月29日,孤拔在进行作战部署之后,于下午4时率"胆"号、"斗拉克"号、"尼夫"号、"鲁汀"号、"巴雅"号五舰,驶向基隆港;将"阿达朗德"号、"野猫"号、"窝尔达"号三舰留在马祖澳,以保证与芭蕉山电信站的交通;命令利士比于翌日相同时间,率"拉

---

① 《法国黄皮书》,中国与东京事件,第97、94、83、87号。见《中法战争》(丛刊七),第262、260、257~258页。

加利桑尼亚"号、"德斯丹"号、"凯旋"号三舰,向沪尾方面出动。

9月30日上午9时,"胆"号等5艘法舰驶进基隆,碇泊于港外,与先已来此的"梭尼"号、"雷诺堡"号、"杜居土路因"号3艘法舰会合。孤拔乘坐"鲁汀"号,在港外用望远镜进行观察。他发现,中国军队严密地据守着通往台北大道以南的山峰和基隆西南的高地,唯有基隆港西的仙洞山脚一直延伸到海边,很容易攀登。"这山控制邻近的所有山峰,可以真正看作为本处地形的管钥。"因此,他决定:法军即在仙洞山的山脚登陆,其"第一目的是占领这山的山岭,在那里设置炮位……用炮火轰击所有中国方面的工事;同时部队则沿岸边的山脊路线绕转港湾,驱逐敌兵;战舰大炮同时射击,支援步兵的行动"①。下令于10月1日实行登陆作战。

法军的登陆部队,主要由3个兵种组成:步兵有海军步兵3个大队,由大队长伯尔、郎治、拉克罗率领;炮兵3队,包括海军炮队第23队、陆上炮队支队和巴利上尉率领的机关炮队;工兵1队。另外还有宪兵1队。总兵力达到2000余人。伯多列威兰上校担任法军台湾远征军司令。

自法军第一次进攻基隆失败后,刘铭传知其不肯善罢甘休,定会增兵增船,卷土重来。奏称:"基隆炮台既为敌毁,臣深见敌人船坚炮利、巨炮环布铁船,非避开船炮,纵得基隆,终难拒守。不得不退居沪尾,添筑炮台,另筑土墙,深挖濠窟,隔山坚守,以老敌师。隔山则巨炮不克移攻,登岸则坚船已归无用。非若死守基隆,彼长我短,胜算自可操也。"②基于以上战略上的考虑,他以曹志忠防区的正、中

---

① 罗亚尔:《中法海战》,《中法战争》(丛刊三),第560页。按:罗亚尔在此处把仙洞山误记为狮球岭,今予以改正。

②《刘壮肃公奏议》卷八,文海出版社影印本,第12页。

两营离海过近，令其"移扎后山，以保兵锐"[1]。另派擢胜营官杨洪彪拆散挖煤机器移至山后，放水淹没矿井，烧掉矿山的房屋，"并焚毁矿外存煤约一万五千吨，以使法人不能再利用这存量丰富的煤矿，作舰队的添煤站"[2]。因基隆炮台已被法舰摧毁，重修已无可能，便决定放弃。同时，海关也撤离基隆，商务完全停顿。基隆基本上做到了坚壁清野的准备。守卫基隆的清军有8营：恪靖军6营，由曹志忠统领；武毅军2营，由章高元统领。然"各勇日在炎瘴游湿之中，将士多病，八营之众，能战者仅千余人"[3]。

10月1日晨6时，法军开始进攻，由"巴雅"号向岸上发出第一炮，整个舰队同时向预定目标猛轰。6时半，在强大炮火的掩护下，乘坐"伯尼"号的伯尔大队，首先分乘小艇，从基隆港西岸仙洞山脚登陆。曹志忠所部恪靖军霆庆中营营官陈永隆、章高元所部武毅右军营官毕长和，各带士兵百余人坚决抵御，往复冲荡，相持两个半小时之久。不久，法军登陆部队陆续上岸，又从山头抄袭，清军不得不撤出山口。上午9时，法军占领了仙洞山，即以山顶为据点，与海面上的舰队配合，以猛烈的炮火射击清军阵地。章高元和陈永隆率部退至二重桥，设下埋伏，毙伤法军前锋六七人，迫使敌人退回仙洞山。此时，曹志忠、章高元等"督率将士，身自搏战，毫无退心"[4]。正在全力相持之际，忽接沪尾告急的消息，形势更趋严峻。是守基隆还是援沪尾？不容身为统帅的刘铭传迟疑不断，而必须立即作出明确的抉择。

按法军的预定计划，利士比率3艘法舰于10月1日抵达淡水港外。一举攻占基隆和淡水，本是孤拔制订作战计划的指导思想。在这

---

[1]《刘壮肃公奏议》卷三，第7页。
[2]《中国海关与中法战争》，第224页。
[3]《督办台湾事务刘铭传奏折》，《中法战争》(丛刊五)，第563页。
[4]《中法战争》(丛刊五)，第563页。

233

里，孤拔犯了一个致命的错误：骄傲轻敌。法国舰队从马祖澳出发前，官兵当中充满了乐观空气，欢欣鼓舞，甚至坚信："这次行动不过是一种军事的游行散步，一枪亦不用放的。"① 正由于此，孤拔才决定兵分两支，由其本人和利士比分别率领，两处进攻，而且还将3艘战舰留在马祖澳，使本来已经分散的兵力更加分散了。

在此以前，刘铭传已经看到了保卫沪尾的重要性。因为"沪尾为基隆后路，离府城只三十里，仅恃一线之口，借商船稍通声问，军装、粮饷尽在府城……台脆兵少，万不足恃，倘根本一失，则前军不战立溃，必至全局瓦解，不可收拾"②。因此，他的指导思想是："坚保沪防，拥护台北府城，固全根本。"③ 在他的领导下，采取了以下巩固沪尾防御的措施：

（一）填塞海口。鉴于法舰多次来窥沪尾，前敌营务处知府衔李彤恩建议，填塞海口，以防法舰进港。当时，各洋商以秋茶上市，纷纷阻挠，经晓以利害，多方开导，始得封塞。其法是用木船10艘，满装石块，沿于港口，只留一条仄道可通小船。并在主航道上布设水雷。

（二）增修炮台。原先，在沪尾海岸有一座旧炮台，装有克鲁伯炮5门，指向淡水河入口处。刘铭传抵台后，又在滨海的丘陵上修筑新炮台一座，以控制海口的整个水平线。由于战争卒起，这座炮台还未完全竣工，只安装了一门旧式前膛大炮，并临时配备了4门40磅小口径炮。

（三）吁请增兵。起初，只有署福建陆路提督漳州镇总兵孙开华统擢胜军3营1200④驻沪尾。刘铭传以台北兵力单薄，多次吁请派兵

---

① 罗亚尔：《中法海战》，《中法战争》（丛刊三），第572页。
② 《中法战争》（丛刊五），第563页。
③ 《刘壮肃公奏议》卷八，第12页。
④ 《淡水关税务司马士报告》，《中国海关与中法战争》，第224页。

援台，南洋允调江阴铭军分统刘朝祜4营赴台，但因法舰封锁海面，无船可雇。直到9月中旬，南洋花重金在上海雇"汇利""万利"两船，载刘朝祜军600人，其中"汇利"装550人，"万利"装50人，于9月20日驶抵淡水。"汇利"用驳船卸岸100人后，忽遇大雨飓风，二船皆入海避风。翌日风止，"万利"50人亦卸岸，而"汇利"则受到法舰"蝮蛇"号的拦阻，被迫将未下岸的450名清军仍装回上海。是日，刘铭传至沪尾视察后，又添派张邦才炮勇100人。

（四）招募土勇。由于大陆派兵困难，而形势日趋吃紧，刘铭传在台北设团练局，招募土勇。其中，最著名的有两支：一是林朝栋，初募100人，助守基隆；一是张李成，初募200人，助守沪尾。

到法军进攻时为止，沪尾守军的总兵力，包括张李成土勇在内，才1650人。

10月1日上午9时半，当基隆正在激战之际，利士比率领3艘战舰驶至沪尾，在早已泊于此处的"蝮蛇"号的旁边下锚。4艘法国军舰排在与海岸平行的一列线上，其顺序如下："拉加利桑尼亚"号、"凯旋"号、"德斯丹"号和"蝮蛇"号。10时，利士比给在港内的英船"戈克歇菲"号发信号："我将于明日10点开火。"法舰一面测量与沪尾炮台的距离，一面观察岸上清军的动静。据测算，法舰停泊位置距旧炮台为2600米，距新炮台为3200米。岸上的中国守军也正在做抗御的准备，"工事活动整天不断地、最紧张地进行……积极地将炮台安好，以便使用。人数相当多的步兵在堡垒周围往来和操练"。对于这些，利士比不感到有什么可担心的，甚至不屑一顾，认为法舰"距离远，使他们不起什么作用"。于是，他又于下午3时发信号给"戈克歇菲"号："你在我的射程内。"① 暮色降临，一夜平静，法舰的

---

① 罗亚尔：《中法海战》，《中法战争》（丛刊三），第565页。

全体官兵都安心睡觉，只等明天上午 10 时的进攻炮声了。

法舰发出信号之后，孙开华、刘朝祜、李彤恩三人，两度飞书至基隆告急。晚上 8 时左右，刘铭传接到第一件告急文书，禀明法军明日定攻沪尾，并请派兵救援。到 10 时左右，又接到第二件告急禀文，内称："法船已到五艘，沪口危在旦夕，台北郡城恐为敌有，请移师救援。"①

当天黄昏之后，刘铭传正在基隆大营，与曹志忠、章高元、苏得胜诸将议事。当时商定，半夜时分由曹志忠率东岸 5 营各出四成队，至西岸会同章高元军，去偷袭法军营盘。适在此时，接沪尾第一封告急文书。同时，还有英国驻淡水领事费里德和淡水关税务司法来格的来信，内称："法人十四日（10 月 2 日）十点钟定攻沪尾，攻破沪尾之后，长驱到台北。台北空虚，料难抵御。若台北有失，则全台大不可问。以洋人论，则基隆重而沪尾轻；以中国论，则基隆轻而台北重。务请率师救沪尾以固台北根本。"刘铭传感到了情况的紧急，但深知难以兼顾，便立即亲笔致书孙开华和李彤恩，谓："基隆兵尚不敷，不能派队驰救，现已飞调甫到新竹之武毅右军左营，赴沪助战。基隆今日甫获胜仗，诸将不肯拔队，万难分兵。请坚忍为一两日之守，以顾威名而全大局。"②

虽然如此，刘铭传仍然不放心沪尾的战况。及至接到第二封告急文书后，他还是下不了最后决心，迟疑不决达两小时之久。直至近午夜时，接到第 3 次告急文书，他想到"事急不得出十全，必有所弃而后有所取"③，终于决定"只有先其所急，移师顾守后路"。传令曹、章二将无须扑法军营盘，挑奋勇 300 人，与土勇 100 人退守狮球岭；

---

① 《中法战争》（丛刊五），第 568、564 页。
② 《中法战争》（丛刊五），第 568 页。
③ 《书先壮肃公守台事》，《中法战争》（丛刊三），第 152 页。

其余各营勇丁、军装尽退运台北附近的锡口、舡卿一带。

刘铭传的这一决定,引起几乎所有官员、将领和绅民的反对。台北知府陈星聚和淡水知县周有基,"均以基隆有狮球岭天险可守,若任法人上岸,一过山岭,则长驱直入,无可阻挡,郡城难保"。驰禀阻止,已来不及。基隆通判梁纯夫当面进谏:"若弃基隆而不守,则基隆以达宜兰,而苏澳非复国家土地矣。况守基隆,胜于守艋舺。基隆不守,敌人即有立足之地,不独可以直下艋舺,且到处可扰。其关系大局,殊非浅鲜!"言之再三,声泪俱下。而刘铭传主意已定,不可挽回。台北、基隆绅民公禀所言最为痛切:"愚民警骇,私相偶语,有言用计者,有言弃之者,甚至有言祸不深、功不烈者,啧啧人言。窃爵帅勋高望重,盖世英名,称扬四海。今基隆之故,愚民妄言,固在不足有无之数。而在职等,思基隆为台北府城门,最为扼要,门户一失,堂奥堪虞。且法人之所难得者,煤炭耳。今民炭任在搬运,海上之船从此有恃无恐,而脚踏实地,步步为营,长驱直入,水陆并进,凡台湾苍赤难免遭殃。……况台湾为海外重镇,如此一变,天下大局震动。凡有血气者,莫不搥胸顿足,号哭郊原,痛切剥肤,咸动公愤。"刘铭传在禀上批曰:"据禀各情,所论实为切要。惟前因沪尾紧要,距府过近,台北万一有失,所关尤重,不得不移师赶回,以顾沪口之防,兵力单薄,不敷公布,而外人何得而知?此本爵军门之苦心,亦即军事之紧要。"又谓:"本爵军门用兵有年,非万不得已,岂肯轻弃要隘?现在惟就现有兵力,竭力防剿,以抒绅民士庶义愤之忱。天地神明,实共鉴之!"① 一般群众当然更不理解,甚至"诟之为汉奸,为懦夫"②。

---

① 《中法战争》(丛刊五),第566~570页。
② 《淡水新关税务司法来格呈》,《法军侵台档》(一),文海出版社印,第217页。

左右诸将环跪而谏，刘铭传反问道："是吾意也，咎吾自当之。若以基隆失他隘，君等能任其咎乎？"①皆不能答。章高元是刘铭传的旧部，也伏地哭阻。他不禁大怒，拔佩刀砍前案，叱之曰："不舍基隆，台北不能保也。违者斩！"②

看来，刘铭传是下了最大的决心，也甘冒最大的风险。当时，在台湾省内，到处是流言蜚语。一些外籍人士估计："刘爵帅向台北府败退，彼意以为在彼背城一战，继可退入台湾之南地也。余等于本口岸（淡水）遥揣，法兵必自基隆行陆路至此，与彼之兵船会合。隐窥夫伊等之意，不外乎台湾北半尽归其掌握耳。"③对此，他一概置之不理。不仅如此，他还要顶住来自朝廷的压力，"论者前后数十疏，谕旨切责，有'谤书盈篋'之语"。他也毅然不为动，说："兵事变化，恶有隔海可遥度者？"④

那么，刘铭传这个决心下得对不对呢？100年来，对此毁誉不一，迄今仍在聚讼不休。然而，揆诸事实，至少有3点是可以断定的：

第一，即使基隆守军不援沪尾，也不可能立即驱法军入海。法军这次进攻，所用兵力大大超过第一次。其登陆部队是上次的10倍；与中国守军可战之兵相比，其数量几乎超过1倍。而且法军有8艘战舰的猛烈炮火作掩护，清军要在海岸一带与之对抗，是根本不可能的。唯其如此，法军才轻易地占领了仙洞山，并在两三小时内推进到二重桥。到当天中午时，法军登陆部队已经全部上岸，并在仙洞山上驻扎两营（郎治大队和拉克罗大队），清军要想夺回仙洞山并非易事，除了造成重大伤亡和消耗有生力量外，不会有更好的效果。若不能像第

---

① 《纪刘省三宫保守台湾事状》，《中法战争》（丛刊三），第149页。
② 《刘壮肃公奏议》卷首，第3页。
③ 《法军侵台档》（一），第216页。
④ 《中法战争》（丛刊三），第152页。

一次那样，迫使法军撤退，那就只能与敌全力相持。这样一来，不仅基隆清军陷入被动，而且沪尾清军得不到增援，也会处于危殆的境地。

第二，清军放弃基隆，完全出乎孤拔的意料之外，因而陷入刘铭传所布的疑阵。法军虽在10月1日登陆成功，并巩固了滩头阵地，占据了险要，但2日和3日两天却不敢大力向前推进，只在海岸一带占领了几处高地。因为法军上次进攻基隆吃了亏，这次变得小心翼翼了。直到4日，孤拔下令占领基隆，这才发现是一座空城。法军"在靠近海关大楼处登陆，上去看到这座房屋全部为中国军队所放弃，甚至于城市亦一样，单单看见几个无敌意的本地人"。既占领基隆之后，孤拔仍然不知基隆附近有多少清军，不敢轻举妄动。据一个法国军官自述："我们占领了城市，以及沿着港湾的第一道高地，并将中国军队驱至紧靠在后的高地。只从敌人极微小的抵抗来看，倘想扩大占领区，并非轻妄卤莽。但登陆军队的弱小人数，刚够防守所攻得的据点，任何向前推进都没有用处，因为我们没有人，不能据守再取得的阵地。所以我们好像是为中国军队所封锁。想要扩大形成于我们周围的包围圈，那就完全必要增援占领部队。而且，即使援军到来后，恐怕还会有新的困难，因为中国军时刻不停地在第二道山脊上建筑坚固的工事。我们到台湾北部来的主要目标是要煤矿工厂。它们距离尚远，彼我之间有三道重重相叠的高山。"[①] 明明占据优势的法军，却由于主帅孤拔不能知彼知己，以及在战略方向上缺乏明断，却使自己的优势化为乌有了。这样一来，清军不仅赢得了增援沪尾的时间，而且沪尾防御得到加强后，又能够及时地回守基隆后路之返水脚。刘铭传所说"本爵军门之苦心，亦即军事之机要"，得到了完全的证实。

第三，刘铭传率军援沪，既加强了沪尾的防御力量，又提高了士

---

① 罗亚尔：《中法海战》，《中法战争》（丛刊三），第561~562页。

气,成为清军获得沪尾大捷的一个关键因素。章高元是一员勇将,在沪尾防御战中起了重要的作用。当时,刘铭传自驻淡水策应。据时人称,适"疫疠流行,我军既疲劳,复感瘴,多病病,军中炊烟日减。公短衣草履,亲拊循士卒,吊死问疾,与同食饮。将士感奋,人人皆乐为吾帅死"①。如果不是刘铭传当机立断,麾军援沪,很难保证沪尾不失。法军若占沪尾,直下台北,不但台湾局面将不可收拾,而且中法战争的结局也会完全是另一个样子了。后来,清廷派帮办军务杨岳斌在台湾查李彤恩案,指责李彤恩"不审敌情",遽尔"三次飞书告急","第知沪尾兵单,而不知孙开华诸将领之足恃"②,其实不过是一种想当然的说法。正如刘铭传指出:"虽提臣孙开华骁勇敢战,器械不敌,众寡悬殊,何能保其不失!"③

  刘铭传毅然撤基援沪,表现了他作为统帅的卓越胆识和非凡气度。"及沪尾战捷,军威大振,中外人士闻其战状者,始交颂刘公艰苦绝人。"④

  当10月2日曹志忠、章高元两军陆续抵达台北时,沪尾之战的炮声提前打响了。刘铭传率军赶至淡水,立派曹志忠、章高元、苏得胜三将率奋勇数百名,驰援沪尾。

  是日晨6时35分,孙开华和刘朝祜商定,命张邦才先发炮击敌。这个时间较利士比预定的开战时间提早了近3个半小时,使法军大感意外。此时,4艘法国军舰按工作表的规定,正在进行洗刷舱面的工作,根本没想到中国军队会这么早开始炮击。在法国军官当中,普遍存在着轻敌麻痹情绪。头一天晚上,"在舰上相互交换的谈话中,多

---

① 《中法战争》(丛刊三),第152页。
② 《遵旨确查据实复陈折》,《杨勇悫公奏议》卷一六,文海出版社影印本,第27页。
③ 《刘壮肃公奏议》卷二,第16页。
④ 《中法战争》(丛刊三),第153页。

在为明天诸事件打赌。有些人说，一切都将经过良好，只等待通告的时间开火便了，而且在很短的时间内，因有我们的优良炮手，敌人的大炮即将被击碎，防御工事将被破坏"①。这些法国军官的看法不是全无道理，这是他们的经验之谈，而这次却碰了钉子，因为他们低估了沪尾守军的决心和勇气。正由于此，法军在始战阶段便陷入了被动。利士比见中国守军开炮后，才匆忙地发出准备战斗的信号。

中国军提前开炮，是一个非常果敢而又聪明的决定。法国侵略者承认："中国方面，当攻击的开始，是懂得利用我们不可能好好射击的时机的。当光耀的太阳出现在俯瞰城市和堡垒的群山上时，一阵浓雾完全把城堡遮盖着，把它们掩盖起来，使我们看不见。我们的视线原已经为当面扑来的强烈阳光所妨碍。此外，又如晴天好日的早晨所常有的高度的折光现象在整个海岸出现，目标全都显得高起，以致我们的炮弹打得过远。当半小时内，我们完全是无益地消耗子弹。中国方面的榴弹，都在法国战舰的阵线前的一点点的地方爆发。"② 法舰"德斯丹"号、"凯旋"号、"蝮蛇"号先后受伤，其中"蝮蛇"号受伤最重。据观战的淡水新关税务司法来格报告："斯时中国海滩中炮台，已设许多沙袋围护，备有新式克鲁伯炮五尊；并于其上面高处所尚未修葺完竣之炮台，备有一尊从旧膛装药之大炮。……炮台发出炮弹，可命中击打法船，将法国维伯战船头桅打成两截，复于其船旁击一大洞。是只维伯战船，为前数日开来本口者。而法国船发出之炮弹，甚不得利，均击中于事无济之他物，独不能打炮台。是时，炮台之完固，与未开仗之先，差无几也。"③ 这场炮战一直持续到下午4时。在炮战中，岸上旧炮台终于被法舰的猛烈炮火摧毁，阵亡炮勇10余名，

---

① 罗亚尔：《中法海战》，《中法战争》（丛刊三），第565页。
② 《中法战争》（丛刊三），第566页。
③ 《法军侵台档》（一），第215页。按：引文中之"维伯战船"，原文为la Vipere，即"蝮蛇"号。

张邦才身受重伤；新炮台略受损伤，而其前膛炮因施放太多，业已损坏，不堪使用。

当天夜里，利士比派两只小艇进港侦察。原先，孤拔命利士比率舰来沪尾的任务是："保证担任封锁职务的战舰得在港口自由出入，并保证河流内部航行的绝对安全。"① 但是，根据侦察得来的情况，他认为，要清除河道，除去水雷和沉船，最好的办法是军队登陆。这样，便可派水雷兵找到起爆水雷的燃点站，逐一地将水雷炸毁。然后，再派"凯旋"号装载一两枚500公斤的黑炸药水雷，利用其强大的爆炸力在封塞的河道中间开辟一条便于往来的航道。于是，立即派"德斯丹"号驶至基隆，向孤拔送去所拟定的登陆计划。

10月3日，孤拔批准了利士比的登陆作战计划。同时派"杜居土路因"号、"雷诺堡"号、"胆"号3艘战舰增援利士比。下午5时，这3艘法舰抵达淡水港外，使法舰的数量增加到7艘。这样，能参加登陆作战的人数达到600人："拉加利桑尼亚"号120名；"凯旋"号120名；由"胆"号装来的"巴雅"号陆战队100名；"德斯丹"号和"雷诺堡"号共130名；"杜居土路因"号和"胆"号共130名。另外还有大约200名从西贡和河内募来的雇佣兵。登陆部队由"拉加利桑尼亚"号副舰长马丁上校指挥，因为他在第一次基隆登陆作战中指挥法军退却，避免了大量伤亡。

根据利士比的命令，法军于10月6日实行登陆，以淡水河北岸的一个小湾为靠岸地点：上岸后，马丁应先占领沪尾新炮台所在的高地，然后下至旧炮台，避免通过两处炮台下面的厚密森林，以防遇到埋伏。因从5日晚间起，海面骤起大风，法军的登陆计划又推迟了两天。临登陆前，马丁说是得了重病，利士比只好改命"雷诺堡"号司令波林

---

① 《中法战争》（丛刊三），第567页。

奴指挥，以"凯旋"号的杜华尔上校为副官参谋。

10月8日上午9时零2分，法国海军陆战队分乘数十只小艇出动。9时零4分，利士比下令各舰开始发炮，以榴弹遮覆海岸，以及堡垒和岸上所有构筑防御工事的营地。岸上则寂然无声。9时35分，各小艇抵达海滩，陆战队登岸整队。9时55分，开始展开队伍，分为3队：一队顺沙滩南行，直扑旧炮台；一队北行；一队向内陆而行。

是日清晨，孙开华见法舰放下小艇，断定其势必登岸。于是，与章高元、刘朝祜商定，由孙开华亲督擢胜右营营官龚占鳌埋伏在假港，中营营官李定明埋伏在油车，后营营官范惠意为后应；章高元、刘朝祜各率本营埋伏于新炮台的山后为北路，以防敌人包抄；李彤恩所募张李成营埋伏于北路山涧。"皆列阵于沙堤高下崎岖之处，其军为丛密小树遮蔽者殆半。"10时10分，当法国海军陆战队逼近丛林时，听到林中响起了砰砰的枪声。法军不敢进入丛林，旋即后退，任中国军队冲出。25分，孙开华见时机已到，立率李定明、范惠意两营，从新炮台后面的工事里冲出，直前搏敌。章高元等自北路迎战，使法军两面受敌。据法来格记述："时华军张两翼而进，胆力坚定，步武整齐，不少退缩，以来复枪夹攻法兵，连施不绝。法兵竭力抵敌，志在前进，初不料华军俨然不动，概无少退。法兵皆持来复枪，并多带有轮旋施放之新式炮，加以法船皆开炮相助，乃力战四点钟之久。"① 在短兵相接中，孙开华、章高元皆"身先士卒，血肉相搏"。铭军一朱姓哨官"尽裂其衣服，袒身唧利刃，持炮狂呼轰击而进。其属五十人亦大呼驰进，遂衷敌师，裂其阵"。张李成所部"突出敌背，敌愕顾。我军前后夹击，士卒皆一以当百，短兵接，呼声动天地。法军乱，则反走

---

① 《法军侵台档》（一），第219页。

其舰"①。中国军队追至岸边时,"法船向华军开炮,反自毙法兵数名,并自击沉二小法艇"②。到下午1时,法兵遗下来不及搬走的众多尸体,好歹逃到了舰上。

在沪尾之战中,擢胜中、后两营首迎其冲,鏖战最久,伤亡较多,阵亡哨官3员,伤亡士兵百余人;武毅、铭中两营及张李成土勇伤亡近百人。法军被枭首者25名,其中有"拉加利桑尼亚"号陆战队司令方丹,以及"雷诺堡"号的见习军官罗兰和狄阿克;被击毙者300余人,逃跑时因争渡而溺死者有七八十人;受伤者百余人。③"凯旋"号的队长德荷台胸部中弹,虽被属下抢回舰上,终因伤重而毙命。遗弃格林炮数门。此战清军大获全胜。

沪尾之战,对法国侵略者是一次沉重的打击。参加作战的海军军官承认:"这次的失败,使全舰队的人为之丧气。……对于这不祥的一天的悲惨印象,又加上了惨重的损失,大家的谈话总不能脱开这么令人伤痛的话题。"狂妄自负的侵略分子利士比经过此战以后,也失掉了信心,呼喊:"水手永不到地上作战!"④ 从此,不敢再次在沪尾进行登陆。孤拔在给巴德诺的电报中也不得不自认失败:"淡水失败严重。舰队7舰的陆战队企图突击鱼雷燃点站,被击退。我们的损失十分严重。"在接到沪尾失败的消息之前,巴德诺坚信:"我们有希望很快地把整个台湾北部,不可动摇地置于我们统治之下。"⑤ 并准备随后派舰队北上,攻袭直隶。沪尾一战,使法国侵略者的狂想幻灭了。

防守沪尾海口的清军,在没有海军支援的情况下,挫败了强大的

---

① 《中法战争》(丛刊三),第152、150、153页。
② 《法军侵台档》(一),第219页。
③ 《孙开华致曾国荃函》:"是役也,法寇伤亡约五六百人,官军伤亡二百余人。"(见《法军侵台档补编》第74页)
④ 《中法战争》(丛刊三),第572、573页。
⑤ 《中法战争》(丛刊七),第266、264页。

法国舰队的强行登陆计划。这次胜利得来不易,是应该大书特书的。但也正由于没有海军,后来法国舰队才得以攻占澎湖,使镇南关大捷战略性胜利的影响在一定程度上有所抵消。

四 法国"担保政策"的破产

刘铭传指挥的抗击法国保卫台湾之战,其是是非非,历来颇有争议,聚讼纷纭,未有已时。论者或着眼于撤基援沪之得失,或探讨刘左(刘铭传与左宗棠)、二刘(刘铭传与刘璈)之争的谁是谁非,这些研究无疑是有必要的,然却不能以此作为评价刘铭传的标准。评价历史人物,既要把问题提到一定的历史范围之内,又要将社会实践及其效果作为最主要的标准。当时,法国政府的侵台方针,是以实施其"据地为质"的"担保政策"为目的。因此,其"担保政策"是否得到实现,是评价法国侵台方针成功与否的主要依据,当然也是评价刘铭传领导的台湾抗法战争胜利与否的唯一标准。正由于此,要探讨刘铭传撤基援沪决策的是非问题,必须先对法国政府的"担保政策"做进一步的了解。

或认为,刘铭传作出撤基援沪的决定,使法军占领基隆,在台湾得到了一个立足点,从而使其"据地为质"的"担保政策"得以实现。是否真的如此,还是一个需要进一步研究的问题。

首先应该了解的是,法国的"担保政策"是怎样出笼的?要回答这个问题,必须追溯到法军在越南所挑起的"北黎冲突"。北黎是谅山附近的一个地方,中国称为观音桥,故或称其为"观音桥事变"。先是在1884年5月11日,李鸿章与法国代表福禄诺海军中校在天津签订了《中法简明条约》五款,其第二款规定"中国约明将所驻北圻各防营即行调回边界";第五款规定"此约既经彼此签押,两国即派全权大臣，限三月后悉照以上所定各节会议详细条款"。① 第二款有中国撤兵之语，而无撤兵之期，应按第五款3个月后双方订明详细条款，两国界务议定分清之后，中国再行撤兵，这是显而易见的。但是，到5月17日，即福禄诺离开天津前，临时留下一件"牒文"给李鸿章。其中片面地规定，法军于20天后，即6月6日占领谅山等地；40天后，即6月26日占领越南全境。"牒文"的最后竟有这样的一句话："这些期限届满后，我们将立即进行驱逐迟滞在东京领土上的中国防营。"② 法国政府正是借这件"牒文"挑起了"北黎冲突"。

法方单方面地炮制了这件"牒文"，不仅违背了外交的常规，而且也是没有法律效力的。连法国的公正舆论都承认这是法国政府的"外交错误"。如巴黎《评论报》的一篇署名文章便写道："这是法国交涉员个人单独规定了中国军队撤退的细节，细节中附上撤退的一定日期。很可惜这些细节和这些日期从未经总理衙门承认接受。既然总理衙门不晓得这些细节和日期，它怎样得加以承认接受呢？"同时还对法国政府批评说："让外交家去订立条约，是智慎之举，这和让军事家去打仗一样。一个政府，不守这个法则，便要承当责任。"③ 明明是法国政府犯了外交错误，却决不认账，反而无理取闹，要尽了无赖，并进而诉诸军事行动。

"北黎冲突"发生于6月23日。先是法国远征军总司令米乐命杜森尼中校率其纵队880人，及运输队约1000人，兼程北上，企图尽快强占谅山。是日，当行近中国军营时，清军已革提督万重暄派3名弁前去交涉，并携带了一封"词气极为和平"的信件。杜森尼扣留了

---

① 邵循正等编：《中法战争》（中国近代史资料丛刊）（七），上海人民出版社，1961年，第419~420页。
②《法国黄皮书》，北黎案，第17号。见《中法战争》（丛刊七），第216页。
③《一八八四年十月十九日评论报论文》，《中法战争》（丛刊七），第414、417页。

清军使者，派人到清军军营声称："一点钟内，法国军队将继续前进。"① 并谓："和与不和，三日内定要谅山！"② 随后即鼓动部下官兵，高喊："我奉有开赴谅山的命令，我要前去，有了像我这么一支军队，我能够直捣北京。"③ 又派了几队法军去抢占四周山岗，遇到清军的前哨，"不再麻烦也不和他们谈判，直接就向他们开枪"，并且枪杀了清军的3名来使。④ 清军被迫还击。双方激战达3个小时，清军伤亡300余人，法军伤亡98人，失踪2人。这次北黎冲突本是法国方面挑起的，它却要倒打一耙了。

冲突发生后，法国政府总理茹费理致函清朝兼署驻法公使李凤苞，咬定这次冲突是中国方面的"预谋"，声称："这明显地违背了天津条约。对这个条约的违背我们明示地保留法国要求合法赔偿的一切权利。"⑤ 同时，其驻华代理公使谢满禄一面照会总理衙门，"攻打之责任在中国，无论明暗攻打，法国定欲暂存应得赔补之权"⑥；一面指示其驻天津代理领事法兰亭对李鸿章进行威胁，说法国已派"头等水师提督孤拔总统兵船来华，两三月内必定有办法，必要赔偿"。⑦ 总理衙门据理驳之曰："贵国官兵既欲巡边，何以不待详细条款议定之后，又何以不先知照贵署大臣明告本衙门以便转行中国滇、粤各防营知悉，而遽行前进攻打，核与简明条约第二款'不虞有滋扰之事'相背。似此情形，贵国官兵应任攻打之责，认赔补之费也。"但为了"共保和好大局"，建议两国军队各仍驻原地，"不准前进，静候两国大臣议定

---

① 加尔斯：《在侵略东京时期》，《中法战争》（丛刊三），第506、507页。
②《广西巡抚潘鼎新奏法人扑犯官军迎击获胜折》，《中法战争》（丛刊五），第422页。
③ 加尔斯：《在侵略东京时期》，《中法战争》（丛刊三），第507页。
④ 斯名特：《一八八四年法国进军越南记》，《中法战争》（丛刊三），第379页。
⑤《法国黄皮书》，北黎案，第34号。见《中法战争》（丛刊七），第219页。
⑥《法国谢署使照会》，《中法战争》（丛刊五），第394页。
⑦《北洋大臣李鸿章来电》，《中法战争》（丛刊五），第396页。

界务，再行饬遵"。① 法国一心要乘机从中国榨取更多的利益，决定一意孤行到底，非要中国赔偿不可。

法国政府曾先后提出了三个索赔方案：

第一个方案，是中国向法国赔偿2.5亿法郎（约合银3 570万两）。最初，茹费理致函李凤苞，提出："要求最少二亿五千万佛郎的赔款，作为违背条约的赔偿及我们维持东京远征军团所需要的费用的赔偿。"② 为了实现索赔的计划，法国新任驻华公使巴德诺在上海与清政府任命的全权代表两江总督曾国荃谈判时，极尽劝诱之能事，提出中国赔款符合两利的原则：一是法国征服越南和重建治安，从商务观之，中国和法国同样获益；二是北黎事件的结果大大增加了法国的费用，"因此提出了二百五十兆佛郎，作为目的在赔偿法国开销的一种出资。法国这些开销对两国都是有利的"。③

第二个方案，是中国向法国赔偿8 000万法郎（约合银1 140余万两）。这是海关总税务司赫德的斡旋方案："中国承认法国为保证东京商务的安全，需要莫大的费用，约定在捐输的名义下，于十年内，每年付给八百万法郎，结果共计八千万，即为最终之所要求数字。"但有一个附加的条件，即："法国同意安南对中国继续纳贡，作为交换条件。"④ 在茹费理看来，8000万法郎也是一笔可观的巨款，急欲将它赖到手，命巴德诺通过赫德对中国全权大臣进行游说，即以这个数目作为"获致协议的一个基础"。赫德则认为，若能继续保持传统的进贡仪式，即在法国"与安南订立诸新约以前，越廷每二年进贡一次与中国皇朝"，倒可以试试。对此附加条件，法国根本拒绝考虑。因为

---

① 《复法署使臣照会》，《中法战争》（丛刊五），第395~396、399页。
② 《法国黄皮书》，北黎案，第39号。见《中法战争》（丛刊七），第223页。
③ 《法国黄皮书》，北黎案，第70号。见《中法战争》（丛刊七），第234页。
④ 《法国黄皮书》，中国与东京事件，第8号。见《中法战争》（丛刊七），第238页。

照巴德诺的说法,"此项提议,等于间接否认我们的保护权"。①

第三个方案,是中国向法国赔偿5 000万法郎(约合银700余万两)。这是海军提督利士比的建议,减少到5 000万法郎,作为最后的、不能再减少的出价。茹费理认为,8 000万法郎分10年付给,与5 000万法郎以三四年付给,颇相接近,同意这个方案。巴德诺仍以坚持8 000万的数目为宜,茹费理给他算了一笔细账:"五千万分三四年付给,算上利息,则两个办法很接近了。"② 并指出5 000万是尽头数目,要他明告总理衙门:"至于数目,讨价还价,毫无用处。就是五千万或者战争。"③ 于是,由谢满禄照会总理衙门,限于8月1日前议定赔款之数,否则法国"定必火速动兵"④。出乎法国政府的预料之外,清政府这次的态度比较坚决,不听威胁,告以:"谅山之事,贵国先行开衅,本属理曲,中国知之,各国亦知之。乃转因此索赔,并欲动兵,是贵国动兵之始,已先处于无理之地。"⑤ 揭穿了法国的行径纯属敲诈。

从以上三个索赔方案看,法国政府要求中国赔偿的数目本无定准,能多敲就多敲,不能多敲就少敲,必须乘机捞到一笔巨资。等到各种伎俩被戳穿,外交讹诈失败,便决定辅之以军事讹诈。正是在这种情况下,法国政府终于抛出了其蓄谋已久的"担保政策"。

法国"据地为质"的"担保政策"的形成,是有一个过程的。它不是法国在"北黎冲突"后才突然提出来的。其实,早于"北黎冲突"的发生,甚至在李鸿章与福禄诺在天津会谈之前,法国政府已经

---

① 《法国黄皮书》,中国与东京事件,第23号。见《中法战争》(丛刊七),第241~242页。
② 《法国黄皮书》,中国与东京事件,第28号。见《中法战争》(丛刊七),第246页。
③ 《法国黄皮书》,北黎案,第70号。见《中法战争》(丛刊七),第234页。
④ 《法国黄皮书》,中国与东京事件,第8号。见《中法战争》(丛刊七),第238页。
⑤ 《法国黄皮书》,中国与东京事件,第23号。见《中法战争》(丛刊七),第241~242页。

在考虑采取"担保政策"的问题了。

早在4月上旬,福禄诺即有密信致李鸿章,内称:"法国欲向中国索偿兵费,且拟乘此机会用其兵力占据东方沿海地方以为质押。"其后,他又通过天津海关税务司德人德璀琳,有意地向李鸿章透露法国的"密计"。所谓"密计",也就是"据地为质"的"担保政策"。据德璀琳向李鸿章报告:"盖闻其密计,法提督孤拔、利士比等遍查中国沿海防务,闽、粤、江、浙罅隙颇多,若乘此夏令越南暑瘴之际,移调水陆来扰,必可随意攻夺一二口岸为要索巨费地步,其意尚不在此也。"① 可见,法国早就准备把"担保政策"作为一种讹诈的手段了。

"北黎冲突"发生后,法国军政界普遍认为实施"担保政策"的时机来到了。利士比即让其副官日格密致电海军殖民部长裴龙海军中将称:"我看海军分舰队的一个强力行动及占取一地以为质,对于强制中国履行天津条约,是必不可少的。"巴德诺也致电茹费理说:"我们欲获取赔偿,必须据地以为质。"这两封电报,对于法国政府下决心采取"担保政策"起了推动作用。7月9日,茹费理在给李凤苞的信中便正式提出,中国对法国的赔偿要求必须给以满意的答复,"要不然,我们将有必要直接地获取担保与应得的赔偿"。4天后,即7月13日,裴龙便向孤拔下达了这样的电令:"遣派你所有可调用的船只到福州和基隆去。我们的用意是要拿住这两个埠口作质,如果我们的最后通牒被拒绝的话。"② 这样,法国"据地为质"的"担保政策"终于正式出台了。

法国"据地为质"的最初计划,是占据福州和基隆。当福禄诺在

---

① 《法国黄皮书》,中国与东京事件,第28号。见《中法战争》(丛刊七),第246页。
② 《法国黄皮书》,北黎案,第30、31、39、44号。见《中法战争》(丛刊七),第218、218、223、225页。

第四章 甲申中法海战

天津时,即曾声称:"和局不成,将取台湾、福州。"① 直到"北黎冲突"后索赔未达到目的,这才端出了其"据地"的计划。就在裴龙向孤拔发出电令的当天,谢满禄照会总理衙门,要求清政府答应赔款,否则法国"必当径行自取押款,并自取赔款"②。总理衙门明确地拒绝法国的讹诈,指出:"仍执索偿,显与津约第三条不符,且致详议条款因此延宕,深为可惜。来文所谓径行自取押款,并自取赔款,于约尤为相背。中国即当布告有约各国,将越南一事,详述始末,并中国万难允此无名兵费之故。"③ 法国政府当然不肯善罢甘休,终于图穷匕见,决意用武力来实现"据地为质"计划了。于是,由茹费理通知李凤苞:"如果赔偿问题没有在八月一日以前解决的话,我们将在这天重新采取自由行动。"④ 随后,又向巴德诺发出电令,命利士比率两艘军舰前往基隆,当中国一旦不允赔偿或拖延时间,"则采取战争行动,占领基隆港口及其矿山"⑤。

既然法国"据地为质"的计划起初是要占据福州和基隆,为什么又改为单提"占领基隆港口及其矿山"呢?不是别的,而是法国怕占领福州会引起西方国家的反对,故此改变计划,将占领福州改为攻毁马尾船厂。这在其后茹费理给法国驻德大使顾赛尔的电报中说得很清楚:"我们的计划,乃尽量置无要塞的城市及外国租界地于一切直接的军事行动之外,俾免受波及。所以福州城并未曾受任何损害,我们专攻船厂、炮台及河面上的舰队。"⑥

8月5日,利士比指挥法舰炮击基隆,并派海军陆战队一度占领

---

① 《北洋大臣李鸿章来电》,《中法战争》(丛刊五),第408页。
② 《法署使谢满禄照会》,《中法战争》(丛刊五),第413页。
③ 《致法使照会》,《中法战争》(丛刊五),第414页。
④ 《法国黄皮书》,北黎案,第69号。见《中法战争》(丛刊七),第233页。
⑤ 《法国黄皮书》,中国与东京事件,第10号。见《中法战争》(丛刊七),第239页。
⑥ 《法国黄皮书》,中国与东京事件,第69号。见《中法战争》(丛刊七),第255页。

基隆炮台。6日，刘铭传率部进行反击，驱敌回舰。法军的首次基隆登陆战遭到了失败。但是，法国却利用当时信息不灵，有意掩盖事实真相，宣称法军已占据基隆。事实上，巴德诺已在8月9日得知基隆的败讯。是日，接孤拔来电："基隆最近消息不佳。利士比海军提督不得不放弃其陆上的阵地。海军陆战队遇到众多兵力开展逆袭，只得回到舰上。"①而其致曾国荃照会则称："本国水师提督古巴［孤拔］奉命取守台北所属基隆口岸炮台，作为质押，现已均被取守。惟大清国若愿我国将该处早日交还，但能照法国前次所请各节，立即照允。"②茹费理是在8月10日收到基隆法军败绩的电报的，但在15日参加下议院会议时，仍装作已经占领基隆的样子，宣称："今据基隆，不过索偿，尚非启衅，因中（国）与各国不同，惟割据乃可商量。"③当天，李凤苞从巴黎致电李鸿章："探得毁炮台后，法兵回船，仍踞基隆，并无官兵克复。"李鸿章也就认为："现报被踞，恐非虚妄。"④

法国处心积虑地隐瞒基隆战事的真实情况，制造虚假的舆论宣传，其目的是借此加重其敲诈的筹码，以逞其索取赔偿之志。因此前巴德诺曾降低要价，向赫德表示，中国以"恤款"的名义偿付银400万两（合2800万法郎），法国可以接受。现在据称已据基隆，价码自然要随之涨了。于是，便对赫德重新声明："前议四百万恤款，中国不允；现在情形不同，改恤款为边界经费，加至一千万两，如中国立刻允准，仍分十年还清，每年一百万两，仍可了结，基隆亦即还回中国，法不占据。如不肯允，定要轰夺船厂并福州省<城>，再驶船北来索款。到那个时候，台湾地方即归法国，是不退还的了。"⑤美国驻华公使杨约

---

①《法国黄皮书》，中国与东京事件，第29号。见《中法战争》（丛刊七），第246页。
②《南洋大臣曾国荃等来电》，《中法战争》（丛刊五），第478页。
③《上海道致译署》，《李鸿章全集》（一），电稿一，上海人民出版社，1985年，第233页。
④《寄译署》，《李鸿章全集》（一），电稿一，第234页。
⑤《总理衙门与贺璧理问答二》，《中法战争》（丛刊五），第484~485页。

翰以调停者的面目出现,也极力怂恿总理衙门接受法国的索赔要求:"论理中国分文不能给他;现在之势,法国无赖,不得钱不肯干休,中国无论何处被占,总是吃亏,不如勉强应允,比之失和还好。"① 但是,清政府最终还是拒绝了赔偿的要求,并郑重声明:"中国惟有另筹办法,以伸公法,而得事理之正。"②

法国政府也已经做好了中国拒绝赔偿的准备,就是要将"据地为质"的"担保政策"进一步付诸实施。关于这次"据地为质"的范围,茹费理指示巴德诺说:"我们刚发电致海军提督,如你接到中国否定的回答,他应于知照外国领事及船舰后立即在福州行动,毁坏炮厂的炮台,捕获中国的船只。福州行动后,提督即将赴基隆,并进行一切他认为以他的兵力可做的一切战斗。他将确定地告诉我们须用何种新方法来保证矿区。这个矿区,应成为我们补给的中心点。至于其后的作战,我们给他一切抉择的自由,寻求如何可以最有害于中国而最无损于欧洲各国之商务。在原则上,我们愿意避免需要长期占领之作战,我们可能乐意接受关于在北直隶的两个新海口——旅顺及威海卫——作战的计划。"③

中法马江之战后,在法国政府内部便开始酝酿"担保政策"的实施问题。茹费理特别垂涎基隆,认为:"在所有的担保中,台湾是最良好的、选择得最适当的、最容易守、守起来又是最不费钱的担保品。"④ 当然,他并不是要简单地把基隆作为抵押品,而是有着更深远的打算。他在给巴德诺的电报中指出:"我们需要的同等价值的赔偿,要有实在的价值,至少可以补偿我国所必需巨大牺牲的一部分。基隆

---

① 《总理衙门与丁韪良问答》,《中法战争》(丛刊五),第481页。
② 《拟给法国照会》,《中法战争》(丛刊五),第507页。
③ 《法国黄皮书》,中国与东京事件,第39号。见《中法战争》(丛刊五),第249~250页。
④ 罗亚尔:《中法海战》,《中法战争》(丛刊三),第539页。

的埠口及矿区的收入,可视为唯一的同等价值赔偿。中国将不必让与我们领土及宗主权,它只要,譬如说,在九十九年期、间,把基隆埠口的行政和经营、海关、矿区、并与该埠口有关系的各种有用的权利,让给我们。"① 巴德诺和孤拔则认为,仅据有基隆还不行,还必须同时割让淡水。因此复电说:"割让基隆及淡水(孤拔提督意谓第二点是补充第一点所必需的)连同附近矿区,照我们看法,是唯一可为的、非戏谑的同等价值赔偿。"② 对此,利士比也有同样的看法。早在几个月以前,他即曾建议:如果攫取担保品的话,就"毫不犹豫地占据煤场和台湾的北部"③。所谓"台湾的北部",除基隆之外自然包括淡水。

巴德诺等人一致认为,应该同时占据基隆和淡水,是从巨大的经济利益方面来考虑的。据统计资料表明:基隆和淡水两港的商业情况,仅以进港的船只而言,在1879年便达到了8.8万吨,包括商船294艘和帆船1937只。对外贸易额在1880年高达2686.8万法郎。两港海关的税收合计:1881年为222.5万法郎;1882年为213.9万法郎;1883年为205.3万法郎。基隆煤的销售量在1880年为24 850吨,而全年产量为5.5万吨,按照每吨20法郎的价格计算,总值为110万法郎。这样,占据基隆和淡水,每年便可为法国提供的资源总数当不下于300万法郎(约合银40余万两)。④ 正由于此,茹费理非常赞同巴德诺等的建议,又向驻外使节发出关于"担保政策"的新指示,即:"中国仍保留其领土的宗主权,而以台湾岛的基隆及淡水埠口的行政及经营、以及其海关、矿山等让与我们,以九十年为期。"⑤

由上述可知,法国"据地为质"的"担保政策"是有一个演变过

---

① 《法国黄皮书》,中国与东京事件,第82号。见《中法战争》(丛刊七),第257~258页。
② 《法国黄皮书》,中国与东京事件,第83号。见《中法战争》(丛刊七),第258页。
③ 罗亚尔:《中法海战》,《中法战争》(丛刊三),第540页。
④ 同上。
⑤ 《法国黄皮书》,中国与东京事件,第94号。见《中法战争》(丛刊七),第260页。

程的。大体上说来，这个过程可以划分为三个阶段：第一阶段，从7月上旬开始，法国正式向清政府提出"担保政策"，其内容是占据福州和基隆；第二阶段，从8月中旬开始，法国政府拟扩大其"据地为质"的范围，包括基隆及其煤矿，以及旅顺和威海卫；第三阶段，从9月中旬开始，将"据地为质"的计划再做调整，明确以占据基隆、淡水及其附近煤矿为先务，继之再占据旅顺和威海卫，二者构成"担保政策"的基本内容。

了解了法国"担保政策"的由来及其基本内容，再来看刘铭传撤基援沪决策的是非问题也就比较清楚了。撤基援沪的实践及其效果充分说明，当时刘铭传的决策是十分正确的。在敌强我弱的危急关头，正是在这一决策的指引下，才赢得了台湾抗法战争的胜利，从而导致了法国"担保政策"的最后破产。

首先，法国在台湾实施"据地为质"的计划遭到了严重的挫折。本来，法国"担保政策"的首要任务是占据基隆及其煤矿和淡水。据孤拔舰队的一位军官称："占领基隆和它的煤矿工厂既决定为我们的目标，对于淡水作军事行动显然是必要的了。这两个城市由一条大路连接起来，它们近在咫尺，所以占据了这一个，就绝对必须占住另一个。这种必要性，是由于这两个港口的简单的地理形势所产生的。"[①]所以，法军在淡水登陆作战的失败，对于法国实施其"担保政策"的计划是一次沉重的打击。巴德诺致电茹费理，几次哀呼："淡水失败严重！"坦承淡水失败可能造成难以估量的严重后果："台湾第一段辉煌的胜利，差不多立刻继以失败，失败到如何程度，尚未确知。但中国人必然利用或扩大此项失败消息，可能有很严重的影响。"法军在淡水的失败，也使法国在西方形象不佳，在外交上陷于被动境地。当

---

① 罗亚尔：《中法海战》，《中法战争》（丛刊三），第563页。

法国驻英大使瓦定敦向英国外交大臣葛兰维尔请求帮助时，对方直言不讳地指出："（你们）尚未取得淡水。取得这个城以后，中国人就可以好商谈些。"瓦定敦答称："我们将以一切牺牲及一切必要的努力，使中国人懂得道理。"① 然奈力不从心何！还是巴德诺的头脑稍微清醒些，他致电茹费理说："必须我们有决定性的胜利，证明我们是东京及台湾局势的主人，商议始有成功的希望。你知道事实全非如此。虽然封锁了，但是中国人完全知道我们可用的兵队的定员缺乏，不能补救淡水的失败。孤拔海军提督既没有接到援军，所以还是一样；我前信里说，人家即让与我一城，我们且无力占领。"② 并且毫不讳言："我们的军事威信，自淡水事件以来，多少受了损害，这是我们应当好好承认的。"③ 法国终于不敢再次攻打淡水，被迫放弃了占据淡水的计划。

其次，法军不仅在淡水登陆失败，而且夺取煤矿的计划也落了空。因为法军虽占领了基隆，但困守于市区，而市区距矿区尚远，中间有三道重重相叠的丘陵，其力量根本达不到矿区。正如巴德诺向茹费理所报告那样："我们的远征队，虽然已作极显著牺牲，尚不能摧毁离我们阵地仅二公里的中国人所建筑的工事，甚至矿区亦不在我们统制之下；按照政府的意思，矿区是我们远征台湾主要的目标。在这情况之下，无怪中国人自以为胜利属于他们。"④ 他写此信时已是1885年2月初了，可见法军占领基隆4个月后，仍未能将煤矿拿到手。这样，孤拔只好从香港买煤，雇用香港汽船运至基隆，以充舰队的燃料补给。

复次，法军占领基隆给法国背上沉重的包袱，陷入了进退维艰的

---

① 《法国黄皮书》，中国与东京事件，第109、112、140号。见《中法战争》（丛刊七），第265、266、280页。
② 《法国黄皮书》，中国与东京事件，第136号。见《中法战争》（丛刊七），第278页。
③ 《法国黄皮书》，中国与东京事件，第164号。见《中法战争》（丛刊七），第286~287页。
④ 《法国黄皮书》，中国与东京事件，第168号。见《中法战争》（丛刊七），第292页。

境地。法军占领基隆的十几天后，孤拔便发现在那里的处境十分不妙。他电告巴德诺说："仗打得不好。我们没有得到什么不得了的利益。基隆形势，很像科斯（Corse）。用这么少数军队，难以攻势，因据守须要大部分军队。"根据基隆的战报，巴德诺报告茹费理说："我接到台湾最近来的消息，颇难令人安心。孤拔提督电告我，1月10日在侦察的过程中曾作轻率的袭击，意在攻略基隆南方的中国工事，遭受了失败。我们在死15人、伤27人后，不得不退却。此外人们从巴雅号写信告诉我，在同一星期内，我们兵士中3人在兵营附近散步，相继被埋伏兵所获，并当白昼在他们的同伴们目睹之下，遭受杀戮。照这样看来，我们在基隆的据点是不稳固的。我们所派给提督薄弱的兵力，恐至多仅可能维持现状而已。"[①] 事实上，法军已经陷入了中国军队的重围。正像一位参加基隆之役的法军军官所说："我们好像是为中国军队所封锁。想要扩大形成于我们周围的包围圈，那就完全必要增援占领部队。而且，即使援军到来后，恐怕还会有新的困难。"[②] 因此，巴德诺忧心忡忡地告诉茹费理："我总是害怕，占领台湾，计算不免有误。"连孤拔本人也不得不承认："基隆的占领，是一个错误。"[③] 当时，俄国外交大臣吉尔斯曾对法军占据基隆打了一个十分形象的比方："蜂螫象背——不能有所成就。"[④] 确实再恰当不过了。可见，法军占领基隆是一个军事上的失误，在当时已成为普遍的共识。

不仅如此，法军困守基隆，除在台湾难以有所作为外，还带来一个严重的消极后果，就是使法国的"担保政策"进一步遭到彻底的破产。本来，早在7月间，巴德诺和孤拔就主张，向中国北方采取行动，

---
① 《法国黄皮书》，中国与东京事件，第114、164号。见《中法战争》（丛刊七），第267~268、287页。
② 罗亚尔：《中法海战》，《中法战争》（丛刊三），第562页。
③ 《法国黄皮书》，中国与东京事件，第114、189号。见《中法战争》（丛刊七），第268、297页。
④ 《法国黄皮书》，中国与东京事件，第163号。见《中法战争》（丛刊七），第286页。

"取得旅顺及威海卫作为担保","封锁北直隶,阻止米粮的运输",并认为这是"能够真正影响北京朝廷"的"唯一的考虑"。[①] 当时,法国政府准备采纳这个建议,但要等到占据台湾北部后再开始实施。就是说,将"担保政策"的实施分两步走:第一步,先占据基隆、淡水及其附近煤矿;第二步,再占据旅顺、威海卫以封锁北直隶。问题在于,这第一步就没有走成功。法军在淡水登陆失败后,巴德诺还寄希望于走第二步,声称这是"抵消我们失败结果的最好方法"。而孤拔却有些信心不足了,复电说:"一俟占据基隆及矿区似有把握时,我即带其余舰队北上。此行必因淡水事件发生而延迟。"但是,他既未能占据矿区,又被围困于基隆偏隅之地,终于认识到这第二步走不得,走也不会有什么好的效果。因此明告巴德诺:"用留下来与我的兵舰,又无军队,在北方不可能有任何决定的胜利。"[②] 这样,法国终于放弃了派舰队北上的计划。

总括以上所述,可以清楚地看到,认为法国占领基隆使其"据地为质"的"担保政策"得以实现的说法,是难以成立的。全面认识法国"担保政策"的基本内容,认真考察法军"据地为质"的战争行动及其结果,足以充分说明,其"担保政策"不但没有得到实现,反而遭到了彻底的破产。因此,对于刘铭传抗法保台的历史作用和贡献,必须给予充分的肯定与高度的评价。

[①]《法国黄皮书》,中国与东京事件,第168号。见《中法战争》(丛刊七),第289~290页。
[②]《法国黄皮书》,中国与东京事件,第107、110、114号。见《中法战争》(丛刊七),第265、267、268页。

第二节 南洋海军援台与镇海保卫战

一 南洋海军援台的背景与石浦沉船事件

法军在沪尾战败后，孤拔向法国政府提出封锁台湾的计划。其目的有二：一是"防止中国援军的接济"；一是阻止法军"失败的消息传播到中国"。10月12日，巴德诺致电茹费理，指出："采纳孤拔提督所建议的封锁计划以阻挡敌人再增加兵力，似系当务之急。"16日，法国政府批准了封锁台湾的方案，但又秘密指示巴德诺："这些方案，须尽量宣传，使北京方面对我们踞地为质的决心，毫不置疑。"[①] 20日，孤拔发出公告，宣布对台湾港口实行封锁，并要求中立国家的船只必须在3天内装载完毕和离开封锁区。从23日起，法国远东舰队调动全部舰只，或游弋于台湾各港口，以阻止大陆接济船只靠岸；或驻泊马祖澳，以拦截中国南北洋海军南下援台。

法国舰队的封锁，给台湾守军造成了暂时的困难。10月26日，清廷谕御前大臣、大学士、六部、九卿、翰詹、科道等，妥筹善策，切实复奏。28日，发布上谕，将刘铭传补授台湾巡抚，仍驻台湾督办防务，并采纳出使日本大臣徐承祖的建议，著东南疆吏设法接济台湾。11月1日，准钦差大臣督办福建军务左宗棠所奏，寄发电旨："南洋派兵轮五艘，北洋派兵轮四五艘，在上海会齐；杨岳斌统带八营，由汉口搭轮船赴沪，即统领各兵轮赴闽，先至厦门，探明法船情形，绕

[①]《法国黄皮书》，中国与东京事件，第107、112、116号。见《中法战争》（丛刊七），第265、267、269页。

至鹿港等处登岸,相机援剿。"① 此电旨反映了朝廷对台湾被困无援的焦急心情,这是可以理解的。然而,此策在实践上是否能行通呢?这又是值得考虑的。

当时,南洋仅有"南琛""南瑞"和"开济",北洋仅有快船"超勇"和"扬威",与法国舰队相较,强弱悬殊过大。因此,11月2日,李鸿章复电总理衙门称:"台厦逼近,法船巡洋,封口严密,兵轮由北而南,闽洋恐被截阻,势必半途接战,或彼至厦寻战,以何处为退步,皆须预筹稳妥,免蹈马江覆辙。北洋只超勇、扬威二快船勉强可拨,迭奏有案。能否遵派兵轮五艘,法在台洋有铁甲船四五艘,我船小皮薄,绝非其敌,易为敌炮轰沉。"两江总督曾国荃亦有同见:"迭奉拨船之旨,何忍坐视?奈南洋可派只有开济、南瑞、南琛三船,然亦不足当铁甲一炮。……且接战之船不能装勇,装勇则不能接战,法船坚而且速倍于华轮,海中相遇,既无退步,万难脱身。数日之煤用完,寸步之行难驶!"② 李、曾所言应属实际情况,不能简单地视为托词拒不赴援。

但是,清廷解救台湾之危心急,于11月5日发出严旨督催。17日,李鸿章复奏,特派"超勇""扬威"二船由旅顺口起碇南下,派德人式百龄(改名万里城)统带,与南洋所派之船会齐,相机前进。在式百龄的统带下,"超勇"由尽先副将林泰曾管带,"扬威"由尽先游击邓世昌管带,于20日夜驶抵上海。曾国荃决定派"开济""南瑞""南琛""澄庆""驭元"五船援台。"开济"由吴淞营参将徐传隆管带,"南瑞"由副将衔尽先参将徐长顺管带,"南琛"由记名总兵袁九皋管带,"澄庆"由尽先游击蒋超英管带,"驭远"由准补太湖右营都司金荣管带。以"开济"为督船,统带提督衔总兵吴安康乘坐;

---

① 《译署来电》,《李文忠公全集》电稿,卷四,第8页。
② 《寄译署》,《李文忠公全集》电稿,卷四,第8、9页。

营务处帮办候补副将丁华容则乘坐"澄庆"。南北洋七船虽在上海会合，然南下援台之事仍然面临重重困难。

"超勇""扬威"到沪后于23日入坞修理，需10天左右才能完工。式百龄还提出二船出坞后，须同南洋五船合操数次方能南下。他察看五船之后，认为只有"南琛"有哈乞开斯炮2门，其余四船也应照样添置。建议五船舵楼皆要用2寸厚钢板遮蔽，以防敌人哈乞开斯炮；其中"南琛""南瑞"两船还要加铁柱6根。于是，曾国荃一面电商李鸿章，暂借北洋在上海地亚士洋行所存8门哈乞开斯炮；一面饬吴安康督率各船，赶办应配之铁柱、钢板各件。这样，援台舰队的南下时间便一再地推迟。

12月4日，日本政府趁中法战争之机，利用亲日的开化党人在朝鲜发动政变，并派日兵将朝鲜国王李熙软禁于景祐宫。李鸿章闻讯，电调"超勇""扬威"速回北洋。清廷仍令式百龄带南洋兵轮南下。但式百龄以马祖澳难以通过，毫无把握，不愿带南洋兵轮，而随"超勇""扬威"北归。于是，援台舰队仅有南洋五舰了。如下表：

舰名	排水量（吨）	航速（节）	管驾	备注
开济	2 200	15.0	吴淞营参将徐传隆	统带提督衔总兵吴安康乘坐
南瑞	2 200	15.0	副将衔尽先参将徐长顺	
南琛	2 200	15.0	记名总兵袁九皋	
澄庆	1 268	12.0	尽先游击蒋超英	营务处帮办候补副将丁华容乘坐
驭远	2 800	12.0	准补太湖右营都司金荣	

1885年1月10日，清廷电催援台舰队即日前进。直到18日，吴安康始率五舰起碇南下。

吴安康刚离开上海，即受到河南布政使孙凤翔的参奏。先前曾国荃奏派吴安康统带援台舰队时，曾称："臣以用人之际，只求无亏大节，不忍吹毛求疵，是以奉派该镇统带五船。"看来，他自己对吴安康也不是完全满意的。孙凤翔以到上海办案，查实吴安康"在沪游宴"，因向朝廷奏称："若以五船纵横海上，所向无敌，不但吴安康非其所能，即遍求各营亦难其选。盖自创造轮船以来，至本年夏间，闽中乃有战事，此前十数年，海上未曾开仗，因无身经海战之人。吴安康于军务海洋尚有阅历，曾国荃弃其小疵，奏派援闽，亦以全才难得，不得已而思其次也。援闽事关重大，臣博访人言，体察事理，似以审慎进止，全师到闽为要义。"[①] 委婉提出统带人选不当，并对能否"全师到闽"表示担忧。

南洋援台舰队离沪后，于1月26日泊于三门湾的南田岛，31日泊于温州湾北面的玉环岛。2月1日，吴安康致电曾国荃，谓："探得福州口外，法船防守严密，深恐阻截受困，不能不慎，暂泊温州洋面，遥作声援，作佯攻台北之势。法若撤台南围防我，则厦门援军可乘隙渡台。"[②] 此后，援台五舰便一直徘徊于温州湾与三门湾之间。

当南洋五轮甫离上海之际，消息便已传开，欧洲各报并刊载了这则新闻。孤拔决定不等援台舰队来到，即先行截击。2月3日，他把封锁台湾的任务交给了利士比，亲率"巴雅"号、"侦察"号、"答拉克"号、"梭尼"号四舰到马祖澳，并令"凯旋"号和"尼埃利"号到马祖澳会合。6日，二舰应命来会。是日下午，"杜居土路因"号亦到。7日正午，七舰起碇，向北搜索而行。法国舰队于当天晚间停于三沙湾，8日泊于沙埕港，9日泊于温州湾，一连三天没有发现南洋舰

[①]《中法战争》（丛刊六），第232、265页。
[②]《中法战争》（丛刊六），第273页。

队的踪迹。10日拂晓,法国舰队抵舟山,又搜索一天,仍无所获。因"杜居土路因"号的储煤快要枯竭,孤拔于下午5时命其返回基隆,自率其余六舰向上海方向航进。11日上午10时,他下令停泊于大戬山岛,并命"侦察"号通过大戬山电台与上海方面联系,从而获得了南洋舰队在三门湾里的准确情报。当天,邵友濂致曾国荃密电称:"六法轮近泊大七(戬)山。或云欲截我船;或云来寄电报,明日往石浦寻找我兵船等语。探法船在大七(戬),要报房寄法京电,约两时之久,我船必受其害。法轮带鱼雷船,尤可虑。已将各情具电交镇海杜(冠英)营务处飞送石浦。"[①] 12日,总理衙门收到曾国荃的转电时,法国舰队已转头南下了。

当日正午,孤拔下令按来路向南,日夜兼程航进。13日晨5时半,法国舰队行至坛头山时,航行在最前面的"侦察"号报告:"五艘战舰在南边!"孤拔立即发出信号:"预作攻击海上敌舰的准备!"7时,发现南洋五舰在正前方约10海里处。孤拔在旗舰上升起小旗,各舰立时在桅上挂起三色旗,这是"以最快速度追上敌人的命令"。"开济""南琛""南瑞"三舰见敌舰来追,以全速向南疾驶;"澄庆""驭远"因速力不济,驶入石浦湾。孤拔命令"凯旋"号、"梭尼"号和"益士弼"号监视"澄庆""驭远",自率"巴雅"号、"尼埃利"号和"侦察"号追赶"开济""南琛""南瑞"。是时,忽然海上浓雾弥漫,无法透视,已不知中国三舰驶向何方。"在这种情况下,追赶是不可能的了。无论如何是要停止,开到碇泊处,只好埋怨运气,在目前只能以那两艘不能逃脱的战舰为满足了。"[②] 这是一个法国军官的自述,表现他们追不到中国三舰后的懊恼情绪。于是,孤拔下令封

[①]《中法战争》(丛刊六),第284页。
[②]《中法战争》(丛刊三),第577、578页。

锁石浦港东北的所有出口。

　　14日晨，法舰派出汽艇侦察，发现两艘中国军舰停在东门岛（南辉山）与石浦厅之间。孤拔决定派鱼雷艇攻击。"澄庆""驭远"两舰虽航速不快，但火器配备并不弱："澄庆"有16厘米口径炮1门，12厘米口径炮6门；"驭远"则有21厘米口径炮1门，15厘米口径炮8门，12厘米口径炮12门。法舰大，不能进港，必派鱼雷艇偷袭。13日晚间，丁华容还致电曾国荃："刻法船施放鱼雷，虽经我舶打退，日久恐难保全。求救。"① 法舰在14日早晨才侦察到"澄庆"和"驭远"，怎么可能在13日晚间施放鱼雷呢？尽管这是谎报军情，但说明他也料到了敌人将会用鱼雷袭击。

　　果然，14日夜11时半，"巴雅"号副舰长弋尔敦上尉乘2号艇，遮蔽灯光，趁黑夜驶进港。午夜时，"巴雅"号水雷官杜波克上尉乘一号艇，也驶进港内。这是中国传统的除夕之夜，声声爆竹盖住了汽艇机器发出的声响。15日，即大年初一凌晨3时半，弋尔敦的2号艇首先发现了"驭远"的位置。45分，2号艇驶至距"驭远"200米时，同时发射出左舷和右舷两枚鱼雷，但黑暗中未能命中。"驭远"枪炮齐施，击毙艇上1名枪手，使机器受损。"杜波克"的1号艇也受伤搁浅。天明后，两艇都被"梭尼"号拖回。

　　奇怪的是，"驭远""澄庆"二轮不知何故竟沉入海中。这成了历史之谜，引起各种猜测。根据可靠的材料，二轮是自行放水沉没的。宁波知府宗源瀚致海防营务处同知杜冠英函称："驭远系初一日辰刻，澄庆系巳刻，均已自开水门沉没。现该船营务处及管驾、勇丁仍在石浦守候。如法舰三数日开去，仍即绞起。"杜冠英询问"驭远"水手，亦谓："驭远进水管已开放，下舱已沉水，惟二层及舱面尚可放炮。"

---

① 《中法战争》（丛刊六），第296页。

于是，杜冠英电浙江提督欧阳利见："顷奉道宪电谕云，澄、驭二船已于初一日放水自沉。恐敌舍石（浦）来镇（海），望转告各处戒备。"事后，欧阳利见致书曾国荃报告其事原委说："澄庆、驭远两号逼入石浦内港，抵御不住，嗣开水门自沉。该两管驾势逼出此，恐船资敌用，不得已而应变自全，亦权宜之策也。"① 这算是给石浦沉船事件做出了结论。

二 镇海口拒敌

镇海位于甬江海口，为浙东之咽喉。"详察形势，镇海口外，即古之蛟门，夙称天险。招宝、金鸡两山，雄踞南北岸。口门外数里，则虎蹲山、游山兀峙于前，复有潮汐消涨之异势，险礁暗沙之分布。故洋人每论南北洋各口，亦称镇海为天然形势。"② 在第一次鸦片战争期间，英军曾攻陷镇海，在浙东大肆骚扰。中法战争爆发后，鉴于以往的教训，浙江巡抚刘秉璋两次到镇海视察，与浙江提督欧阳利见和宁绍台兵备道薛福成筹商防务。刘秉璋相度形势，进行部署：甬江海口南岸，自金鸡山迤南至育王岭，驻本标练兵1 000人及楚军2 500人，由欧阳利见统带；甬江海口北岸，招宝山驻淮勇2 500人，由记名提督杨岐珍统带；宁波至梅墟通往内地要隘，以衢标、处标练兵1 000人及淮勇2 500人分扼，由游击钱玉兴统带，作为后路，以备有事时策应。又有威远、镇远炮台，由守备吴杰指挥。"超武""元凯"二轮泊口内守卫。南北两岸各营，以及炮台和兵轮，仍总统于提督欧阳利见，遥受巡抚刘秉璋节制。巡抚"传宣号令，筹议大计，悉下营务处。凡战守机宜，无钜细，一埤遗之"③。委宁绍台道薛福成为宁防

---

① 《金鸡谈荟》，《中法战争》（丛刊三），第256~257、304页。
② 薛福成：《浙东筹防录》卷一，第26页。
③ 《浙东筹防录》序，第1页。

营务处，宁波知府宗源翰为营务处提调，同知杜冠英任海防营务处。

自1844年春季以来，在欧阳利见、薛福成等的具体主持下，镇海在加强海防方面做了不少工作。举其要者而言，大致有如下数端：

其一，堵塞海口。在招宝山和金鸡山之间，潮涨时水深2丈7尺，潮退时不过2丈，而口门狭窄，仅约100丈，除浅水40丈不计外，深阔处约60丈，横插桩木。其法"以长三四丈、围四五尺之木，攒聚一丛，作方格形，其根深入泥底，约及二丈，上用铁链箍紧"，"每丛相隔数尺（后改为丈许），横排水面"。桩内沉以装满大石的木船。中留船道，宽10余丈，并"购具旧船，以备不虞，万一有警，即载石沉船，横亘口门"①。另以水雷十数枚，分数层置于口门20丈以内，以使敌舰不敢闯进。

其二，增台徙炮。将堵口与炮口设置并重。薛福成说："堵口与沉船、沉石、钉桩等事，非谓竟能堵住，不过敌船遇有拦阻，则炮台可开炮尽击。"②镇海两岸炮台，以招宝山威远炮台最为冲要。招宝山为镇海县城屏蔽，右江左海，于1876年在此修建威远炮台，可兼顾前、左、右三面。"招宝之前，虎蹲以北，浅沙礁石相间，惟中泓深处可容轮船，即虎蹲南面亦只容一船直驶，铁甲船身笨重，难近炮台。"③唯台内仅置德国博洪厂后膛炮1门，弹重240磅，射程8里，可以洞穿铁甲；余皆生铁前膛炮，不能及远。南岸金鸡山东北数十里近海处，有小港口，与虎蹲山隔江对峙，有镇远炮台。后欧阳利见以此处地势孤危，遂将大炮9门迁至乌龙岗。另于招宝山下之石矶旁筑安远炮台，金鸡山前麓之小金鸡山筑靖远炮台，共扼江面。金鸡山上添筑炮台两座：一曰天然；一曰自然。此外，还修建了隐蔽式土炮台

---

① 《浙东筹防录》卷一，第2页。
② 《浙东筹防录》卷二，第13~14页。
③ 《浙东筹防录》卷一，第35页。

数座。合计镇海南北两岸大小炮台，共10余座，配备洋土各炮70余门，使其防御能力大为改观。

就镇海的海防部署而言，一面钉桩阻口，一面增台添炮，固然不失为防敌之必要措施，但也要看到，形势仍然是十分严峻的。其主要的问题在于：资以守御者专恃陆师，得力大炮甚少，而"所用土炮，只可击近，不能中远，且无炮兵"。守口者仅"超武""元凯"两船，乃闽厂所造的1000吨级木壳兵轮，攻守皆非利器。故连欧阳利见也心中无底："承办者本属竭力尽心，究未知确的把握否？"①

按上述情形看来，留下南洋三轮协守镇海，似乎是顺理成章的了。但是，在江浙两省，从督抚到前敌文武官员，对于南洋三轮或留或回问题，意见却极为参差。大致说来，当时有4种不同的主张：

第1种，主张催南洋三轮乘隙迅速回沪。持此主张最力者为宁绍台道薛福成、宁波知府宗源瀚、浙江巡抚刘秉璋等。当南洋三轮抵达镇海之初，薛福成即电禀曾国荃，提出："似宜趁敌船未到，急调三轮回沪。"② 致书欧阳利见称："镇口防务仗台端实力整顿，声威已壮，实亦无籍乎此；况三船新遭败退，其气不振，留之未必有益。各领事及税司皆谓三轮在此，该船必再来招寻，故至今不令商船进口，甬沪消息中断。……三轮不去，彼必在口外放炮，故作攻击之势，使我先自堵口，则三轮坐困在内，彼乃得专力攻击炮台，或乘虚犯长江。是为大局计，为宁镇计，为三船计，为民情、商务、饷源计，皆以乘机驶回为最要之策。"宗源瀚亦致书欧阳利见，持有同见："其逗留在此，于宁、镇大有关碍者，则在商轮因此不肯往来。洋人执定三船不去，必有仓卒塞口之虑。招商等轮惟恐一旦被阻口内，故元旦至今，

---

① 《金鸡谈荟》卷三，第1页；卷二，第20页。
② 《浙东筹防录》卷四，第2页。

宁、沪轮船不通，待轮赴沪之人积至数百。愚民揣疑，渐起谣言，多延一日，恐谣言愈重一日，民心又将如去年七月之惊疑慌乱，是宁、镇无事而有事矣。厘捐、关税因此无收，尤碍饷需。"刘秉璋则认为，"三管驾怕死，徒以引敌，万难同心"，坚持催三轮回沪，并谓"勿打错主意"。①

第2种，倾向于留三轮协守镇海，而不便明说。持此主张者为海防营务处同知杜冠英、浙江提督欧阳利见等。当时，刘秉璋怕南洋三轮有失，同意暂时驶入镇口，致电欧阳利见，谓"必不得已，只好令其收入口内"。欧阳利见据此来电，力主三轮"抛寄桩边"。谕杜冠英："三轮同力御敌，事出该管驾等情愿。"而薛福成则指示杜冠英，令三轮"驶入梅墟，恐为敌人窥见"。杜冠英赞同欧阳利见的主张，认为："官轮不便驶回吴淞，既在镇口，自应同心御敌。宪谕抛寄桩边，最为允妥。……梅墟太远，既有三船，亦不必于有事之际令其徒作壁上观。"②

第3种，主张南洋三轮留于镇海。此为江苏巡抚卫荣光所明确主张。他致电刘秉璋称："顷据健飞（欧阳利见）军门电称，琛、瑞、开济泊镇海口内，法船来去无定。愚见此时三船不必急回，一恐拦截，二恐尾追。"③

第4种，两江总督曾国荃主张"相机进止"。这也是朝廷的旨意。曾国荃致电浙省称："乘隙速回，兵机迅速，切勿拖延；倘洋面仍有法船游弋，则未可造次轻驶。"④ 致电欧阳利见："鄙意为今之计，以保全三船为上策。如徵三（吴安康）尚未回船，即由三管驾相机冲

---

① 《金鸡谈荟》卷六，第9、5、11页。
② 《金鸡谈荟》卷五，第11、22页。
③ 《金鸡谈荟》卷六，第14页。
④ 《浙东筹防录》卷三，第7页。

出,驶回吴淞、江阴,但须探明镇海口外有无船拦阻。如已封口,只可稳守;若能乘隙冲出,保全三船,统领、管驾皆有功无过。望转告,相机施行。"①

以上4种主张中,第1种主要是从浙江本身的利害着想;第3种和第4种,无论是主张留镇也好,主张相机进止也好,都是为保南洋三轮的安全;第2种,也只有第2种,才是将保全三轮与加强镇海的防御力量联系起来,加以全面考虑的。后来的实践证明,第2种主张是正确的,也是唯一可行之最佳方案。

本来,南洋五轮被迫分开,乃是情势使然,不能完全归咎于统领吴安康。对此,曾国荃尚致电吴安康慰之:"澄、驭二船不见,所幸三船入口,犹为不幸之幸。大洋中风雨兼雾,猝然遇法九船,相顾诚难。"②沪上舆论对吴安康也颇谅之,认为:"法船群聚台洋,时有散出近泊闽岛,远弋浙洋。援台之船,向南迎驶,中途相遇,固在意料之中。"故对其"无可厚非也"③。刘秉璋则认为明是三管驾"畏死托辞",并批评欧阳利见等"游移其词,坐待迟误"。④在刘秉璋的坚持下,吴安康无奈于2月26日晚离镇展轮回沪。27日中午,南洋三轮遇商船,得知大戢洋面有6艘法舰,故仍退回。此时战事已迫在眉睫,只好按欧阳利见之方案,将南洋三轮收入桩内。吴安康知浙省官员没有信任之意,便明确表态说:"吾三轮誓与此口为存亡,决不内移一步!"

至此,南洋三轮协守镇海始有成议。两天后,中法镇海之役便开始了。

长期以来,有关论著在述及中法镇海之役的胜利时,主要谈炮台

---

① 《金鸡谈荟》卷五,第27页。
② 《金鸡谈荟》卷五,第15页。
③ 《申报》,光绪十一年正月十九日。
④ 《金鸡谈荟》卷六,第11页。

陆师之功,对南洋三轮在此役中的作用很少涉及,这是不够实事求是的。事实上,在中法镇海之役中,南洋三轮战绩卓著,功不可没,其在战役中的作用是不可低估的。

2月28日,即南洋三轮返回镇海口的第2天,法国舰队终于发现了三轮之所在。当天晚上7时许,孤拔乘其旗舰"巴雅"号,率"凯旋"号、"尼埃利"号、"答拉克"号三舰驶向镇海,停泊于口外之七里屿海面。4艘法舰的简况如下表:

舰名	舰种	排水量（吨）	马力（匹）	乘员（人）
巴雅号	铁甲巡洋舰	5 881	4 000	480
凯旋号	铁甲巡洋舰	4 176	4 000	470
尼埃利号	巡洋舰	2 200	2 465	—
答拉克号	通讯舰	800	400	90

3月1日上午10时,孤拔以其舰巨炮利,与南洋三轮强弱悬殊,志在必得,先派一小艇驶向游山口,向暂泊的商轮探听消息,被招宝山炮台开炮击退。下午2时许,法舰"尼埃利"号高悬红旗,向甬江口之北侧驶近,"巴雅"号、"凯旋"号、"答拉克"号三舰则远泊外洋,其意是想将南洋三轮引出口外。对于孤拔此举,时人评论曰:"盖孤拔诡计多端,逆知华军见法船少,轻忽视之,必令口内所泊之开济等各舰出外环击,然后法船得并力轰沉也。噫!法人之计诚诡矣,法人之谋诚狡矣。然亦知我中国统兵诸大员足智多谋,早已洞见鬼狐伎俩乎？枉抛心力,其何益哉!"①

"尼埃利"号见中国守军不为之动,便向招宝山炮台直逼,燃放巨炮。杜冠英督同守备吴杰命令开炮迎击。"尼埃利"号坚持不退,

---

①《申报》,光绪十一年正月十八日。

第四章　甲申中法海战

利用排炮回击，招宝山炮台受弹数十颗，然皆陷入炮台外之厚三合土内，未曾爆发。"尼埃利"号又掉头横击，招宝山及镇海城内炮弹飞落，毁民房数处；山后明炮台中弹，炮兵阵亡2名，伤1名。敌舰猖獗，弹如雨注，土石俱飞，形势危殆。杜冠英恐力不能支，令吴杰亲自开炮。杨岐珍也驰至炮台，激励炮兵奋勇击敌。吴安康见时机已到，即令桩内"开济""南琛""南瑞"三舰协同开炮。据当时泊在附近的商轮上之目击者称："远远观战，但见中国兵船之炮与炮台之炮循环迭放，声若连珠，较法船所放之炮为多。"① 其中，"琛、瑞、开三船，弹尤中远"②。于是，水陆踊跃，士气大振。连薛福成也改变了对南洋三轮的看法，事后致电吴安康称，"前日之战，仗三轮尽力相助，忠奋可佩！"③ 激战约两小时，法舰受伤不支而退。孤拔令"尼埃利"号回南修理，其余三舰退泊距镇海30余里的金塘山下。

试看当地文武官员对此战之飞报：

欧阳利见电曾国荃并刘秉璋："法四船于昨夜泊镇口外之七里屿，刻往前进，将抵游山，尚未开炮，已亲督水陆各军严阵密待。琛、瑞、开亦移泊口门内边，同心御敌。……法四船在游山先以铁甲一艘来攻，三船在后接应，三点钟开战。经我军用炮击伤敌舰一艘，仍复退回游山。"④

杜冠英电薛福成："三点钟，法船攻招宝炮台。我台开炮迎击，头炮中法船身，二炮中桅，三炮中尾；南洋三轮亦击中两炮，法船退。"⑤

薛福成电李鸿章："申刻，一大黑舰直扑招宝山，我炮台、兵轮

---

① 《申报》，光绪十一年正月十八日。
② 《金鸡谈荟》卷七，第3页。
③ 《浙东筹防录》卷四，第11页。
④ 《金鸡谈荟》卷六，第17~18页。
⑤ 《浙东筹防录》卷四，第8页。

合力迎击，折其头桅，该船连中五炮，创甚败退。"①

由于当时观察不清，这些战报尽管可能稍有出入之处，但其基本内容却是一致的。就是说，它们都肯定了南洋三轮的战绩。经过此日之战，舆论界对三轮的评价也为之改观："前日忽闻十五日（3月1日）镇海口外交战之信，据述战事情形，三船与岸上炮台并力相击，绝不似一见法船舍命狂逃者，可知诸船皆属能战。所施炮火，虽不及法船之精熟，而观于法船之败退，则炮弹之力量与放炮之技艺，亦未必竟不如法人。"②

初战告捷，中国守军益加警惕。薛福成致电前敌诸将，对其"忠劳"表示敬意，但又提出："彼虽退未必远，又恐示弱以懈我。只要我备得周密，夜尤严防。"③ 欧阳利见深以为然，也致函吴安康，提出："设法密备，以防鱼雷，更为第一要着。"④ 当天，吴安康即命营务处帮办候补副将丁华容带舢板3只，各安格林炮1门，洋枪60杆，守口门之外，彻夜巡逻，以防敌鱼雷小船。

3月2日大雾，孤拔果然策划派鱼雷船偷袭南洋兵轮。这日晚8时许，法鱼雷船先后两次趁黑窜至甬江口，欲效石浦故技。将抵口门，即为丁华容所带之舢板发现，枪炮齐施，炮台闻声也发炮夹击。法鱼雷船在慌乱中放出鱼雷，"触及礁石，轰然炸裂，未肇任何损失"⑤。

此后，吴安康鉴于此措施防鱼雷有效，更将舢板增至6只，格林炮及洋枪也皆如数递加，加强在桩外的巡护。"以鱼雷之乘我最为不测，舢板不足以制之，复购备船网密布口内，使之无隙乘。"⑥ "即使

---

①《浙东筹防录》卷四，第10页。
②《申报》，光绪十一年正月十九日。
③《浙东筹防录》卷四，第8页。
④《金鸡谈荟》卷六，第21页。
⑤《中国海关与中法战争》，第229页。
⑥《金鸡谈荟》卷一一，第19页。

来攻，不得近船。"①

与此同时，吴安康还接受欧阳利见的建议，吸取马江战役失利的教训，决定令三轮皆改用尾锚。其法是："购备头号大铁锚三具，分系开、琛、瑞三轮之尾，俾船首朝夕外向，不致于潮退时移动，为敌所乘，如马江覆辙。"于是，"三轮之首，日夜对准法船，大炮齐装子药，以待开战"②。

3月3日晨，敌又添两舰。上午10时，1艘法舰经游山前鼓轮前进，直驶虎蹲山北，再次发起炮击。招宝山炮台还击，中其烟筒和船桅。"南琛、南瑞复从旁击中三炮，穿其后艄。法船创甚，急放黄烟，收旗转轮，仅获出险遁去。"③ 此日之败，使法舰知进攻甬口绝难取胜。"厥后，口外法船或三四艘，或八九艘，往来无定，均靠金塘山停泊，惟以一船向前游弋，倚游山为障蔽，不敢再逼口门。"④ 法舰深知鱼雷偷袭难以奏效，从此也放弃了鱼雷船夜入口门的计划。

法舰连攻口门失利，为躲避南洋三轮的炮火，又改变战术，驶至游山以南"兵轮炮击不到"的海面，重点轰击江南岸的小港口炮台。此前欧阳利见已将"该台精炮去冬他移另筑，此系空台诱敌"，敌人不知。3月13日，法舰开始炮击小港炮台，连轰10余炮，然仅中3弹，毁炮台围墙。吴安康亲往巡视，建议欧阳利见采取"虚设疑敌"之计，"于击毁炮台之处，略为培修，虚插旗帜，假壮声威，诱敌逐日来攻，借此浪费敌人弹药"。⑤ 此法果然有效。14日，法舰又来炮击，连放9炮，而无一命中。刘铭传闻讯，大为赞扬，称："敌人被诱

---

① 《金鸡谈荟》卷六，第27页。
② 《浙东筹防录》卷四，第13页。
③ 《浙东筹防录》卷四，第12页。
④ 《浙江镇海口海防布置战守情形图正图附说》，《中法战争镇海之役史料》，光明日报出版社，1988年，第3页。
⑤ 《金鸡谈荟》卷八，第15~16页。

攻虚，徒劳无功，均征先见高明，运用神妙。"①

法国舰队屡挫之后，只能在镇海口外久泊，常以三五舰徘徊逗留不去，意在监视南洋三轮，然苦于无计可施，直至停战后退走。南洋三轮终于胜利地保存下来了。

镇海保卫战，是清军在东南沿海战场继沪尾大捷之后，取得的又一次重大胜利。之所以能够取胜的原因，诚如曾国荃所分析，"实惟文武主客和衷共济之力"②。所谓"客"，即指南洋三轮。后来，他还专折为三轮将士请奖，内称："伏念该三船奉旨赴闽，先因限于时势，未克鼓轮直前。及至中途，猝遇敌船，折回镇口。其时该三船喘息甫定，尚能一鼓作气，力守要隘。旋经敌船以全力来犯，尤能不避艰险，开炮轰击。虽无奇功足述，然自创制以来，各船将士从未窥见战事实际，此役实为海上与外洋交锋之始，仰托圣朝威福，幸克临危制胜，冒险冲锋，卒使炮中敌船，挫其锐气。"这一评价还是比较符合实际的。甚至连原先坚决反对三轮留镇的刘秉璋，也终于承认："厥功似不可泯。"③

由此可知，镇海之捷与南洋三轮的奋力作战是分不开的。这既是确凿不移的事实，也是当时与此直接有关的人士的共识。在研究中法镇海之役时，无疑对此应给予足够的重视。中法镇海之役的胜利揭示了一条重要的历史经验：陆海两军的强有力的配合和协同作战，才是克敌制胜、巩固海防的可靠保证；反之，没有一支强大的海军力量的海防，是一种不完全的海防，是只能处于被动防御地位的海防。中法镇海之役所暴露的问题和历史教训，即在于此。总之，中法镇海之役的历史经验和教训是并存的，值得后世加以认真的总结，并引以为戒。

---

① 《中法战争》（丛刊三），第310页。
② 《金鸡谈荟》卷一一，第19页。
③ 《曾国荃奏开济三船回沪请将出力员弁奖叙由》，《中法战争镇海之役史料》，第384页。

第五章　清政府"大治水师"与北洋海军成军

第一节　"海防议"再起与海军衙门的设立

中国近代海军的发展，到中法战争后发生了重大的转折。在战争中，法国舰队横行东南沿海，极为猖獗，而中国海军却毫无可恃。左宗棠指出："此次法夷犯顺，游弋重洋，不过恃其船坚炮利，而我以船炮悬殊之故，非独不能海上交绥，即台湾数百里水程，亦苦难于渡涉。"因此，这次战争对清政府的刺激是很大的。1885年6月21日，清廷发布上谕："自海上有事以来，法国恃其船坚炮利，横行无忌。我之筹画备御，亦尝开设船厂，创立水师，而造船不坚，制器不备，选将不精，筹费不广。上年法人寻衅，迭次开仗，陆路各军屡获大胜，尚能张我军威；如果水师得力，互相援应，何至处处牵制？当此事定之时，惩前毖后，自以大治水师为主。"并著令沿海督抚"各抒所见，确切筹议，迅速具奏"①。这是继1875年"切筹海防"之后的再一次

---

① 《清末海军史料》，第41、42页。

筹议海防。看来，在中法战争的刺激下，清政府对发展海军的重要性有了进一步的认识，也表现了更大的决心。

不久，各地督抚的复奏陆续到京，皆主张建立统一领导全国海军事务的中央机构。其中，李鸿章和左宗棠的意见尤值得重视。李鸿章奏称："今虽分南北两洋，而各省另有疆臣，迁调不常，意见或异。自开办水师以来，迄无一定准则，任各省历任疆吏意为变易，操法号令参差不齐，南北洋大臣亦无统筹划一之权，遂至师船徒供转运之差，管驾渐染逢迎之习，耗费不赀，终无实效。中外议者多以为赘，或谓宜添设海部，或谓宜设海防衙门。有专办此事之人，有行久之章程，有一定之调度，而散处之势可以联络。若专设有衙门，筹议有成规，应手有用款，则开办后诸事可渐就绪，至办之愈久，愈有裨益。一切详细纲目，须参考西国海部成例，变通酌定，南北一律，永远遵循。斯根柢固而事权一，然后水师可治。"① 9月初，左宗棠在临终前夕遗疏亦称："今欲免奉行不力之弊，莫外乎慎选贤能，总提大纲，名曰海防全政大臣，或名曰海部大臣。凡一切有关海防之政，悉由该大臣统筹全局，奏明办理。"② 本来，设立海军衙门之议，已经酝酿了几年，皆无定论，此时始感到非办不可了。

先是在8月14日，清廷以李鸿章所奏海防事宜一折，言多扼要，著令该督来京，与中枢诸臣熟思审计。9月26日，李鸿章进京陛见。30日，清廷发下各地督抚折件，谕令军机大臣、总理衙门王大臣，会同李鸿章，妥议海防善后事宜。醇亲王奕𫍽也一并与议。诸臣遵旨会议，由总理衙门复奏，认为："目前自以精练海军为第一要务。"提出：其一，关于设海部或海防衙门事，"拟请特派王大臣综理其事，

---

① 《洋务运动》（丛刊二），第570~571页。
② 《清末海军史料》，第57页。

并于各疆臣中简派一二人会同办理，将应办事宜参酌时势，实心筹画，一面广求将才，筹定专饷，再行请旨遵行"；其二，关于沿海设3支或4支水师事，"与其长驾远驭，难于成功，不如先练一军，以为之倡，此后分年筹款，次第兴办，自可日就扩充"；"查现可供海战之船甚少，宜先尽北洋已有船只操练，俟筹款添船，选将扩充就绪，然后分军为妥"。慈禧太后对总理衙门所奏表示满意，于10月12日发布懿旨："著派醇亲王奕��总理海军事务，所有沿海水师悉归节制调遣；并派庆郡王奕劻、大学士直隶总督李鸿章会同办理；正红旗汉军都统善庆、兵部右侍郎曾纪泽帮同办理。现在北洋练军伊始，即责成李鸿章专司其事，其应行创设筹议各事宜，统由该王大臣等详慎规画，拟立章程，奏明次第兴办。"①正式批准成立总理海军事务衙门。

北洋海军提督衙门

① 《清末海军史料》，第59、61、66页。

海军衙门成立伊始，尚无办公之处，若待另建衙署，又需时日，因即借用神机营署的空闲房间，稍加修葺，作为办公之用。又派神机营全营翼长镶红旗汉军副都统恩佑为海军衙门总办文案；兵部郎中堃岫、户部郎中阿麟、内阁侍读学士奎焕、工部员外郎常明为帮总办文案；主事载林等22人为海军衙门章京，分掌文案等事。海军衙门暂得开始日常工作。

海军衙门成立初期，主要做了以下几件事情：

其一，巡阅北洋海防。1886年5月，奕譞奉懿旨出京，偕李鸿章、善庆等前往大沽口、旅顺口、威海卫等处，察看炮台、防军及船坞，并检阅南北洋海军。此时，在德国伏尔铿厂订购的铁甲船"定远""镇远"和快船"济远"已经到华，加上原有的两艘快船"超勇""扬威"，北洋的战船已增至5艘。南洋"开济""南琛""南瑞"三

总理海军事务大臣醇亲王奕譞（中坐者），会办大臣直隶总督李鸿章（右）、帮办大臣善庆（左）巡阅北洋海军时，在天津合影图片

船亦来旅顺会合。奕谭回京后,于6月2日奏称:"臣等将前项八船调集旅顺洋面合操,并令随行威海、烟台一带,布阵整齐,旗语灯号,如响斯应。各将弁讲求操习,持久不懈,可期渐成劲旅。惟此数船,合尚嫌单,分则更少。俟明年英、德新订快船四只北来,合之北洋现有五船,自成一队。仍俟筹款有著,再行续商添购。海防关系重大,久远之计,将来船只成军,自应请专设提督等额缺,妥定章程,以专责成而固军志。"奏折中所说的新订四船,就是在英厂订造的"致远""靖远",在德厂订造的"经远""来远"。此奏之意,是等新订四船到华后即行成军,以后还要筹款续购舰船。

其二,购置鱼雷艇。通过这次巡阅,奕谭对鱼雷艇有了很深的印象。他说:"鱼雷艇虽小而速,雷行水中,无坚不破,实为近时利器,亟宜多购多操。以一铁舰之价,可购四五十雷艇。如南北各口有鱼雷艇百只,敌船必畏而怯步。"[1] 在他的支持下,北洋于1887年向英厂订购了"左一"鱼雷艇,又向德厂订购了"左二""左三""右一""右二""右三"鱼雷艇。这6艘鱼雷艇,后来便构成了北洋海军鱼雷艇队的基本力量。

其三,筹措海军经费。海军衙门成立后,由户部奏明,海防常年经费400万两改由海军衙门管理。当时,北洋一年的军费,连"定远""镇远""济远"三舰在内,约需一百二三十万两。此外,新建旅顺船坞等费亦需六七十万两。共计近200万两。由于各省向来拖欠截留,海防经费从未收过足额。对此,李鸿章毫无办法。如今有了海军衙门,李鸿章便找到了催要经费的地方。他在致海军衙门函中称:"名为北洋精练水师一支,仅三舰有饷可指,而此外水师根本、辅佐各项,均无款筹办。事事苟简,虽巧妇不能为无米之炊。鸿章束手无

---

[1]《清末海军史料》,第252页。

策，实不敢当此责任也。"又谓："北洋水师一切用款，向皆在各省关岁拨经费内核实开支，断不敢稍有浪费。从前户部拨定北洋经费：号称二百万两，近年停解者多，岁仅收五六十万。自去岁法事起，报拨更稀，而待支甚急，不得已奏留海防捐项济用，以救燃眉，殊非常策。鸿章正深焦虑，顷准部咨，将南北洋海防经费奏准拨归海军衙门，作为常年饷需。以后北洋用项，自应请由钧署预期照数拨交，免致临时掣肘贻误。"[1] 在海军衙门的主持下，最初几年北洋海军所需经费基本上还可以维持。

海军衙门设立之后，由于贯彻了总理衙门原议先从北洋精练海军一支的方针，而北洋海军又由李鸿章具体经办，所以北洋海军的发展也就进入了一个新的阶段。

第二节　北洋海军基地的营建

建立海军舰队，必须有屯舰之所和修舰之坞，于是有基地的营建。

北洋海军初建之前，北洋只有几艘小型舰只，临时屯泊于大沽口。1880年8月，为了迎接从英国订造的"超勇""扬威"两艘快船回国，清政府下令调登州、荣成水师艇船及弁兵到大沽操演，以便快船驶回后配用。翌年，李鸿章奏准于大沽海口选购民地，建造船坞一所。这年11月，大沽船坞竣工。"嗣后来往各兵船，无论时机缓急，工程大小，总可随时立应，殊于水师根本有裨。"[2] 这样，大沽便成为北洋舰只的临时基地。

---

[1]《李文忠公全集》海军函稿，卷一，第11、2页。
[2]《李文忠公全集》奏稿，卷四二，第10页。

但是，大沽船坞长仅30丈，深才14尺，以之收泊炮舰尚可，停修铁甲战舰绝无可能。从长远看，该处是不适于做海军基地的。所以，李鸿章后来又属意于旅顺口。1880年冬，他决定在旅顺口先修建黄金山炮台。他在一封信中说："旅顺之台需费十数万金，异日必为北洋一大屏蔽。该处有此一军扼扎，登州、烟台敌当不敢久泊。"当时，李凤苞曾驰书质疑，他复函称："尊论旅顺口炮台不甚稳妥，似未深悉北洋形势。渤澥乃一小海，如葫芦形。旅顺与登州相对，仅百二十里，口内有塘，可泊多船，正葫芦之颈也。敌必经口外以达津沽、营口，有险可扼，视烟台、大凌（连）湾之散漫无收来者迥殊。异日北洋水师总埠、船坞，均当在彼建置，即两铁舰亦宜驻泊，军火粮饷均须储蓄，乃可备缓急。各国水师名将皆谓得地，卓见独不谓然，何耶？"①继李凤苞之后，中外人士仍有非议者，李鸿章力排众议，坚持定见。他为什么首先要在旅顺口营建北洋海军基地呢？对此，他在《论旅顺布置》中说得很清楚："察度北洋形势，就现在财力布置，自以在旅顺建坞为宜。西国水师泊船建坞之地，其要有六：水深不冻，往来无间，一也；山列屏障，以避飓风，二也；路连腹地，便运粮饷，三也；土无厚淤，可浚坞澳，四也；口接大洋，以勤操作，五也；地出海中，控制要害，六也。北洋海滨欲觅如此地势，甚不易得。胶州澳形势甚阔，但僻在山东之南，嫌其太远；大连湾口门过宽，难于布置。惟威海卫、旅顺口两处较宜，与以上六层相合；而为保守畿疆计，尤宜先从旅顺下手。"他虽强调先营建旅顺基地，但也不否定在胶州湾设防的必要性，只是认为不能同时并举，而要考虑先后："自来设防之法，先近后远。旅顺与大沽犄角对峙，形胜所在，必须先行下手。

---

① 《李文忠公全集》朋僚函稿，卷一九，第42页；卷二〇，第19页。

俟旅顺防务就绪，如有余力，方可议办距直千三百里之胶州。"①

到1886年，旅顺基地的建设，除水雷营、鱼雷营、电报局、机器厂、拦水坝、码头等之外，海岸炮台工程也已完工。共分两个炮台群：一是口西海岸炮台；一是口东海岸炮台。西炮台包括：老虎尾炮台、威远炮台、蛮子营炮台、馒头山炮台、城头山炮台、老铁山炮台，共6座；东炮台包括：黄金山主炮台、东小炮台及臼炮台，摸珠礁炮台、老砺嘴主炮台、北山及人字墙，共5座。东西炮台共配备大小炮75门。其后，又环绕旅顺背后，陆续修筑陆路炮台17座，有各种大炮78门。

1888年5月，清政府为巩固旅顺后路，并兼防金州，又决定在大连湾修建炮台。到1893年，建成海岸炮台5座，即黄山炮台、老龙头炮台及和尚岛东、中、西炮台，共有大炮22门；陆路炮台一座，即徐家山炮台，有大炮16门。合计38门。这6座炮台，"坚而且精，甲于北洋。老龙头一座，当敌船之冲，三面临水，填筑非易；和尚山东炮台，徐家山旱炮台，筑土取石，亦形艰窘。此三台之精坚，尤胜于各台"②。这样，旅、大二地，互为犄角，防务更趋严密。

至于旅顺船坞，因工程浩大，进展缓慢。1881年冬，李鸿章亲至旅顺勘查，决定设立海防营务处工程局，主持拦水坝等工程。这是船坞工程的前奏。此后工程便进入了浚澳筑坞阶段。虽"浚澳筑坞，工费过巨"，然"先其所急，不得不竭力经营"③。特别是"定远""镇远"两艘铁甲船来华后，旅顺船坞的修建更是刻不容缓。李鸿章说："铁舰收泊之区，必须有大石坞预备修理，西报所讥有鸟无笼，即是

---

① 《李文忠公全集》海军函稿，卷一，第17、23页。
② 薛福成：《出使英法义比四国日记》，第296页。
③ 《洋务运动》（丛刊二），第567页。

第五章 清政府"大治水师"与北洋海军成军

有船无坞之说，故修坞为至急至要之事。"① 1886 年，奕谭偕李鸿章、善庆巡阅北洋海防，即曾到旅顺检查船坞工程。其后，为加快旅顺船坞的施工进度，李鸿章决定将工程交给法商德威尼承包。1890 年 10 月，旅顺船坞始全部竣工。这是一项宏大的工程，当时称之为"海军根本"②。李鸿章奏称："嗣后北洋海军战舰，遇有损坏，均可就近入坞修理，无庸借助日本、（中国）香港诸石坞，洵为缓急可恃，并无须糜费巨资。从此量力筹画，逐渐扩充，将见北洋海军规模足以雄视一切，渤海门户深固不摇。其裨益于海防大局，诚非浅鲜。"③

北洋海军的基地，除旅顺口外，还有威海卫。威海基地的营建晚于旅顺，其地位却越来越重要。本来，早在 1875 年，山东巡抚丁宝桢即有以威海为海军基地之议，他说："威海地势……紧束，三面皆系高山，唯一面临海，而外有刘公岛为之屏蔽，刘公岛北、东两面为二口门；岛东口虽宽，水势尚浅，可以置一浮铁炮台于刘公岛之东，而于内面建一砂土炮台，海外密布水雷，闭此一门，但留岛北口门为我船出入；其北口门亦有山环合，可以建立炮台，计有三砂土炮台于内，有二浮铁炮台于外，则威海一口可以为轮船水寨。轮船出与敌战，胜则可追，败则可退而自固。"④ 当时，持此议的官员甚多。如说："北洋形胜，威海卫岛屿环拱，天然一水寨也。"⑤ 甚至有的西方人士认为："旅顺口形势不及威海卫之扼要，将来北洋似应以威海为战舰屯泊之区，而以旅顺为修船之所，较为合宜。"⑥ 但限于财力，清政府决定推迟威海基地的工程。

---

① 《洋务运动》（丛刊三），第 322 页。
② 《中日战争》（丛刊一），第 35 页。
③ 《李文忠公全集》奏稿，卷六九，第 34 页。
④ 《丁文诚公奏稿》，卷一二，第 12 页。
⑤ 张荫桓：《三洲日记》，卷七，第 71 页。
⑥ 薛福成：《出使英法义比四国日记》，第 296 页。

1883年，在候补道刘含芳主持下，先在威海金线顶建水雷营一处。到1888年初，李鸿章开始营建威海基地，各项工程始全面展开。根据德人汉纳根的设计，威海基地的第一期工程以修建海岸炮台为主，计8座炮台：威海北岸的北山嘴、祭祀台筑炮台2座；南岸的鹿角嘴、龙庙嘴筑炮台2座；刘公岛北筑炮台1座，岛南筑地阱炮2座；威海南口的日岛筑铁甲炮台1座。以期水陆依辅，成巩固之势。在拟建各海岸炮台的同时，还计划在刘公岛上修建海军公所、铁码头、子药库、船坞等。为了解决刘公岛上饮水的困难，除打井筑塘外，还设计在海军公所二进院内和几处炮台修筑"旱井"。但后来施工时，发现原设计对海上防御还有不足之处，又在威海南北两岸各添筑炮台一座，刘公岛添筑炮台4座。1890年，威海各海岸炮台陆续建成，其中，南岸有皂埠嘴炮台、鹿角嘴炮台、龙庙嘴炮台；北岸有北山嘴炮台、黄泥沟炮台、祭祀台炮台；刘公岛有东泓炮台、东峰炮台、南嘴炮台、旗顶山炮台、麻井子炮台、黄岛炮台；加上日岛炮台，共有炮台13座，配备各种大炮54门。

清光绪《威海海防图》

1891年，威海基地的第二期工程开始，以修建陆路炮台为主。按原设计，为预防敌人从后路进攻威海基地，拟在南北两岸修建陆路炮台4座：南岸所城北、杨枫岭筑炮台两座；北岸合庆山、老母顶筑炮台两座。由于工程进度缓慢，到1894年甲午战争爆发时才建成所城北、杨枫岭、合庆山3座炮台，共有大炮9门。

在修建陆路炮台的同时，李鸿章感到威海南口过去宽阔，日岛又矗立中央，将南口分为各宽5里的两个海口，这样威海共有3口，一片汪洋，毫无阻拦，将不利于海上防御。因此，又决定在威海南北两岸各设水雷营一处，并在南岸水雷营附设水雷学堂一所。之所以采取这些措施，其目的是进一步加强海上防御。

威海基地工程之宏大，炮台构造之雄伟，曾引起许多人的赞叹。薛福成说："盖威海在八年前，不过渔村耕户所结茅屋耳。今则经营周密，商旅辐辏，有屯营，有操场，有水师学堂，有巨店广厦，有数日一往返烟台之轮船，有通连内地之电线。岸上要隘，建台置炮；水面建筑铁码头，为兵轮停泊之所。各轮寄碇皆在刘公岛，以其水深风静，虽遇东北风大作，无虞也。"① 李鸿章也认为：各炮台"均得形势，做法坚固"，"相为犄角，锁钥极为谨严"。夸口道："但就渤海门户而言，已有深固不摇之势。"② 当时，一般人都只看到台坚炮利海防巩固的一面，而忽视了后路防御薄弱而无保障的一面。无论如何，后来事实证明，威海的炮台设施对防御敌人从海上进攻，还是发挥了作用的。

从此，威海卫为舰队永久驻泊之区，旅顺口为舰队修治舰只之所，各建有提督衙门，成为北洋海军的两大基地。

---

① 薛福成：《出使英法义比四国日记》，第296页。
②《李文忠公全集》奏稿，卷七二，第2~4页。

第三节 中日长崎事件

一 长崎事件的经过

长崎事件，我国旧称"长崎兵捕互斗案"，或简称"崎案"。日本则怀有偏见地名之为"长崎暴动"，或"长崎清国水兵暴行"，有时亦称为"长崎事件"。西人虽有的译为"长崎暴动"，但仍以译作"长崎事件"者为多，此与"崎案"相合。

长崎事件发生于1886年7月，中国海军曾在长崎与日本警察先后发生两次冲突。结果，日本警察虽有20余人伤亡，但中国海军的伤亡却达50人之多。该事变之后，清廷当即训令驻日公使徐承祖向日本政府提出严重交涉，并且要求赔偿。可是日本政府却不愿认错，对于中国的要求大加反驳，态度异常强硬。以致事经数月，毫无结果。不仅一时两国关系陷入低潮，邦交几濒断绝，甚至盛传中日可能开战之说。最后由德国驻日公使和立本（Baron VonHolleben）出面调停，方按照"伤多恤重"的原则，达成协议，将此事端解决。不过崎案虽告了结，然对日本却产生一大刺激，鉴于中国海军的优势，决心急起直追，大力发展。甲午海战的一胜一负，殆即种因于此，影响殊为深远。

中法战争行将结束，朝鲜半岛的国际纷争又接踵而起。日本操纵开化党人发动甲申之变（1884年12月），思欲一举控制朝鲜；俄人乘虚而入，诱韩订立二次密约（1885年初及1886年仲夏）；英军占领巨文岛（1885年4月），借以阻止俄势南下。清廷肆应其间，殊感万分棘手。适以日本懔于俄国的势大，深恐朝鲜为俄所控，对日大为不利，因而改变态度，将其在韩活动稍加收敛。同时拉拢中国，倡议朝鲜之用人及大政由华主持。于是李鸿章乃把握此一大好时机，对韩采取多种主动而积极的措施：解聘穆麟德（Mollendorff）改以美人墨贤理（Henry F. Merll）管理韩国海关事务；撤回陈树棠，任命袁世凯为新的驻韩通商委员。为了防止俄船窥伺永兴湾，同时命丁汝昌与吴安康分别率领南北洋舰队前往朝鲜的金山、元山、永兴湾一带操巡，聊作声势。一时中国在韩的地位显著提高，颇为列强所侧目。

北洋海军提督丁汝昌于 1886 年 8 月 2 日接到李鸿章的命令，当即与北洋海军总查英人琅威理（W. M. Lang）由胶州湾率领"定远""镇远""济远""超勇""扬威""威远"等六舰前往烟台装煤，然后转往朝鲜海面巡弋。不久，以吴大澂与依克唐阿会勘吉林东界将毕，决定由海参崴乘轮内渡，复奉命率舰前往海参崴海岸游历，顺道接吴大澂等返国。7 月 30 日，丁汝昌等驶抵海参崴。8 月 6 日，以"定远"轮送吴大澂与依克唐阿前往摩阔崴。旋以铁舰需要入坞上油修理，丁汝昌乃于次日带领"定远""镇远""济远""威远"4 船开往长崎，而留"超勇""扬威"等候界务事峻载吴回津。8 月 9 日，中国海军到达长崎，讵料不数日长崎事件即告发生。

中国水兵与长崎警察的冲突，计有两次：第一次冲突发生于 1886 年 8 月 13 日。是日为星期五，中国水兵上岸购物，偶因细故与日警发生殴斗，结果造成日警一人重伤，水兵一人轻伤的不幸事件。关于双方发生斗殴的原因，各方的报道颇为不一。中国方面，根据《申报》记者发自长崎的消息，说是由于日本警察向中国水手找麻烦而起。谓："十三日若干水兵上岸购物，在岸上遇上一名日本警察，毫无理由地命令他们停止。中国水兵以为被污辱，因之斗殴遂起。"[①] 但据长崎所

---

① See North China's Herald, P. 224, Aug. 27th, 1886.

刊英文《长崎快报》的报道，则说是由于中国水兵嫖妓并向警察行凶而起。谓星期五"有一群带有醉意的水兵前往长崎一家妓馆寻乐，因而发生纠纷。馆主前往警察局报告，一日警至，已顺利将纠纷平静。但因中国水兵不服，不久乃有六人前往派出所论理，非常激动，大吵大闹，引起冲突。日警一人旋被刺伤，而肇事的水兵也被拘捕。其他水兵则皆逃逸"①。至于英人的报道也不一致。一说是由于水兵购买西瓜，因为语言不通，发生误解而起。谓："有一水兵在星期五晚拿一块钱向日人购买西瓜，双方语言不通，日人离去很久未回。水兵前往寻找，乃与日警冲突。结果，警察一名被刺死亡（按实际重伤），而该名水手亦受轻伤，并被拘捕。"② 一说是由于嫖妓而起。谓："传言颇多，惟可信者，大约事情起于13日晚妓区之小纠纷。有一中国水兵与妓馆的仆人在街上争吵，警察前来干涉，水兵遂将之刺伤，但那名水手也受了轻伤。"③

　　第二次冲突发生于8月15日。由上所述，可知第一次的冲突纯系一种偶发事件。不论是由于语言不通，因为购物而发生误会，或是由于中国水兵嫖妓，与警察发生斗殴，都算是小事一桩，情形并不严重。可是，由于种种出乎意料的原因，竟在第3天的晚上发生另外一次规模更大的斗殴。本来当第一次冲突以后，日方即曾要求中国海军当局不要再准水兵请假登陆，而中国方面也已答应。故星期六并未放假。翌日为星期日，水兵纷纷请假，要求外出。丁汝昌恐生事端，依然坚持不准。嗣以琅威理说情，认为天气太热，不宜对之过分约束，方才允许在下午放假。唯仍严格规定不准携带武器，以示防范。不意，当

---

① See North China's Herald, P. 225, Aug. 27th. 1886.
② Ibid. P. 224
③ See F. O. 46/346. Copy1, No. 36. Aug. 20th, 1886. 英国长崎领事 Mr. Euslie 向英国驻日公使 Plunkett 所作的报告。

晚8时余（日人报告为9时），在广马场外租界及华侨住区附近打斗又起。经过3个小时的混战，双方死伤竟达80人之多。关于双方伤亡的数字，中外的报道颇有差异。就中国方面而言，《长崎日报》说中国死亡5人（其中军官1人，水兵4人），受伤50余人（其中军官3人，水兵50余人）；①《北华捷报》说中国官兵7人被杀，30人受伤；《申报》说中国死亡9人（1名军官，8名水兵），重伤十五六人，轻伤若干人，失踪16人。②丁汝昌向李鸿章的报告，则云中国死亡5名，重伤6名，轻伤38名，失踪5名。③至于日本方面，《北华捷报》说有2人死亡，30人受伤（实则27人受伤）；《长崎日报》说有1人死亡（警察），29人受伤（其中警官3人，警察16人，市民10人）。④由此可知，中国的伤亡数实较日本高出甚多，几达其一倍以上。

对于第二次冲突的原因，中日双方各有不同的说辞。中国方面认为日警预存害心，故意向中国水兵寻衅。千数百人将各街巷两头堵塞，逢兵便砍。又于沿街楼上泼滚水，掷石块。华兵不防，散在各街购物，又皆徒手，故吃大亏。⑤日本方面认为中国水兵报复13日的仇恨，在广马场先向日巡查夺棒。继之又有水兵百余名对之围殴，以致将该巡查击毙。梅香崎警署闻报，出动巡查前往镇压，互有负伤。其后，长崎警署闻讯增援，复于中途为中国水手砍伤。旁观之市民不平，随手

---

① Ibid. 附录8月17日《长崎日报》，其标题为：Disturbence Caused by the Chinese Sailors.
② See North China's Herald, Aug. 27th. 1886, P. 214, "Summary of News".
③ 见《李文忠公全集》电稿卷七，第32页，《寄徐徐使》。但据驻日公使徐承祖致日政府的照会，则云此次斗殴日人杀死中国（弁）兵5名，重伤6名，轻伤39名，另外尚有9人失踪（见《日本外交文书》第20卷，第531页），按失踪者后皆寻获。又据英国外交部档案（F.O.46/365），则知中国之死伤官兵来自4舰之情形如下：(1) 受伤者"定远"25人、"镇远"12人、"济远"10人、"威远"3人；(2) 死亡者"定远"4人、"镇远"3人、"济远"1人。
④ See North China's Herald, Aug. 27th, 1886, P. 214, "Summary of News". 唯《日本外交文书》及日本政府所发表的有关长崎的英文文书：Precis of Negotiations at Tokio in Relation to the Nagasaki Affair (See 46/365)，对于双方详细的伤亡数字均未提及。
⑤《日本外交文书》第20卷（外务省调查局编纂，昭和二十二年三月东京研究社刊），第531页。《徐承祖致日照会》转述长崎领事蔡轩报告。

拿出武器打去，故有此不幸结果。①可是依照长崎一位英国目击者的看法，则认为此次的起因，究竟是为了什么，实在也很难说。因此他的评论是："实际上任何人都不能带着某种肯定的语气来说哪一方面是真的有错。虽然可以断言，像这样一件严重的争端，没有哪一方面可以完全免于责备。"②

从表面上看来，这位英国人士的评论也许是对的。因为打架斗殴总是双方面的事，自然不能完全归咎于一方。不过，若以过错的轻重而论，日本应负更多的责任，则大致是没有问题的。就当时的情形来说，如云华兵报复，向警察寻衅，似乎不太合理。第一，13日晚发生之事，日警重伤，华兵仅受轻伤，虽曾一度被捕，但旋经中国领事保回，实无报复之必要。第二，华兵为客，日警为主，客不敌主，华兵岂非不知？第三，当华兵放假之时，丁提督一概不准携带武器，且不准购买日刀，又派有亲兵武弁随带令箭，随时弹压，华兵岂敢乱为？第四，日人谓华兵缺乏纪律，胡作乱为，其实并不一定如是。当时北洋海军总查为英人琅威理，专司训练，治军甚严，海军官兵对之均甚敬畏。中外称之，"一时军容顿为整肃"③。当华舰访日时，琅威理亦与丁汝昌偕行，并且主张放假让水兵登岸购物，华兵岂能借端生事反贻琅氏之羞？第五，华兵登岸约有200余人，而凶刀则仅有4把，可见刀系日警所有，乃华兵被杀情急而夺获者。且华兵受伤皆在背后，亦可证明其无意与日警争斗。相反的，日警的所为却处处显示其存有预谋，而且计划相当的周密。其一，对于华兵的监视。当13日事件发生之后，警方即派有渔船在华舰附近监视华兵活动，其后又命令各舢

---

① 《日本外交文书》第20卷，《日本外务省复中国公使照会》。
② F. O. 46/347, PP. 12、13, No. 41, Euslie to Sir Francis Plunkett, Nagasaki, Aug. 27th. 1886.
③ 池仲祐：《海军大事记》光绪八年条。

板于载华兵上岸后，一概撑开，不准载华兵一人回船。① 其二，人力的集中。根据英人的估计，长崎地区的警力关系此次事件最大。在13日以前，其人数大约为229人。可是13日以后，不断增加，至15日至少由其他警局调来81人（其中包括军官39人，巡查42人，与原先之229人合为310人）。至于中国登岸的水兵，大约是"定远"80到100人，"镇远"80到90人，"济远"60到70人，"威远"50到60人，其总数最低为280人，最高为320人。② 华兵上岸人数实则仅有200余人。然而日本警方仍恐人力不足，特别招来一群苦力及附近的"旧双剑阶级"（The Old Two Sworded Class）等无业游民帮凶。③ 其三，市民的动员。除上述人力外，日警并且动员长崎市民为之助阵。战斗发生后，日警当即吹哨，表示信号，故除警察等人对我水兵刀棍砍打之外，日民亦在各家楼上投掷石块，泼浇滚水，喊号助杀，一呼百应。如无预谋，其谁能信！其四，未晚闭市。长崎为一国际港口，商业都市，一向闭市甚晚。可是当15日那天，每街商店居然纷纷打烊，提早收场，关门闭户，俨然将有不寻常之事发生。市民如不预知风声，何致有此景象？总之，15日之斗，虽非于市政当局的主谋，但长崎的日警实不能辞其咎。

---

① 《清光绪朝中日交涉史料》卷一〇，第9~10页，《担文与克尔沃问答》。
② F. O. 46/365, Confidential, Tokyo Jan. 19th. 1887, Plunkett to Earl of Iddesliegh, Copy British Consulate Nagasaki, Jan. 12th. 1887, Euslie to Plunkett, P. 4. 又据日本警方及海关的报告，中国水兵人数总计大约为400到500人。实则二者估计均可能偏高。因为根据《北洋海军章程》"定远"与"镇远"的编制人数皆为329员名；"济远"为202员名，"威远"为124员名，总计应为784员名。丁汝昌于15日准假者仅有二成，至多不过200人左右。及按其后中国所延之英籍律师担文（Mr. Dummand）在与日本所延之美籍律师克尔沃（Mr. Kirkwood）辩论时，亦言"华兵登岸约有二百余人"，而未受克之反驳。至于日外交文书所言"六百人"之数，实为不可能。
③ F. O. 46/347, Aug. 27th, 1886. No. 42, (Aug. 20th. No. 36) Euslie to Plunkett, P. 4B. 又据英驻长崎领事的另一报告，谓一目击者曾在暴动时亲眼看见警局有一群下层社会的人，每人发给一条棍棒（clubs and sticks），并且情绪相当的激动（See, F. O. 46/365, Copy Jan. 12th. 1887. Euslie to Plunkett.）。

二　中日关于长崎事件的交涉

长崎事件之后，中日两国间发生严重交涉，并先后进行了3次谈判：

第一次，东京初次会议——中国驻日公使徐承祖与日本外次青木周藏的会谈。

当8月13日第一次冲突之后，长崎县知事日下即将此事于次日以电报向外务省报告。第二次大冲突发生，日下复于16日电知外务省。是时，外务大臣井上馨适往北海道视察，而外务次官青木周藏也往箱根度假，二人都不在东京。因而内阁总理伊藤博文乃与内务次官芽川合议，一面以内务大臣的名义训令长崎县知事，速将两次暴乱原委详细报告，并与中国舰队长官谈判，采取戒备措施，以免事态扩大；一面派遣公使馆书记官花房于17日携带训令副本及长崎电报前往中国公使馆会晤徐承祖。徐承祖此时尚未接获长崎方面的消息，对于中日冲突的情形不太清楚。及后接获长崎领事蔡轩的电报，得知中国兵死伤惨重，始向日方提出照会表示抗议。他认为此次事件的发生显系日方"预存杀害之心"，当15日晚间华兵上岸购物时，并未滋生事端。而日本警民居然无故遂行围砍，致死伤多人，且有9人失踪，"闻之殊为骇异"。因此，他表示已电饬长崎领事转嘱丁提督"严束兵丁无再报复"。向日本提出要求：（一）迅即电饬长崎县令，将无下落之中国水兵9人查出送交；（二）会同丁提督汝昌秉公查讯究办肇事人员；(三) 电饬长崎日警不得再与中国水兵寻事争斗，免伤友谊。此时，青木已自箱根返京，随即接手处理此事，而与徐承祖展开谈判。8月18日，青木首对徐承祖的照会正式提出答复。除了同意徐氏所议，训令日下知事会同蔡领事及丁提督秉公查办之外，对于徐氏所指责的日人"预存杀害之心"及日警"故意寻衅"之事一概加以否认。相反地，他认为此次事件的发生应该由中国方面负责。盖以中国水兵在8月13日即因发生暴行而与日警冲突。15日，又为报复13日之恨而向日本警察大施攻击，对于帝国该等官厅的权威毁损殊甚。此外，他对于徐氏所言9名中国水兵失踪之事亦加以纠正，因为依据长崎电报，失踪者已全部找回。①

先是李鸿章在8月16日亦曾接到丁汝昌的报告，知道中国水兵伤亡甚重，当时颇感震惊。旋即于18日致电徐承祖："问日政府何意？"并望速饬长崎领事与县官查办。② 及徐承祖探获青木照会，见日方强词夺理，深感事情棘手。于是乃一面派参赞杨枢赴长崎相机商办，一面致电李鸿章，请其命令丁汝昌与琅威理商觅西洋证人，或延聘洋人律师，以免吃亏。

不料，由于此时我国南洋舰队的"南琛""南瑞""开济""保民"4舰北上，竟然发生一场意外的风波。根据李鸿章拍发给总署的电稿，可知南洋快船的调赴朝鲜操巡远在当年8月7日即已决定。是时长崎事件并未发生，其目乃在防俄。未虞，当该4舰于8月20日离沪时，恰值中日崎案发生纠葛，随即引起各方人士的注目。日本人不明真相，一时颇感紧张，而青木亦对此事相当激动。除于次日前往中国公使馆亲向徐承祖面询外，并正式照会表示异议。他的理由是中日崎案发生之后，人心汹汹，尚未安稳。中国军舰在崎者已有4艘；如再增加4艘，即有新旧8艘之多，必使人心倍感惊愕，以为将有不测之祸。因此建议徐氏迅即设法阻止。最好由长崎之中国海军派船通知4舰停止前进。这场误会，由于徐承祖的否认，以及琅威理的解释，

---

① 《日本外交文书》第20卷，第532~533页。
② 《李文忠公全集》电稿，卷七，第32页，《寄日本徐使》。

方才归于消失。不过，这一次徐承祖也曾就便向日本提出一个反建议。即为了尊重两国邦交，维持国际和平，若干日本报纸经常对于中国加以轻侮，尤以长崎事件之后更是变本加厉，日本实有约束之必要。青木接受了此项要求，允于翌日起实行新闻检查，凡有詈骂或涉及机密者，一律禁止揭载。① 虽然此种新闻检查为期仅有1月，可是日本极端分子的排华言论总算稍加抑制。

当南洋四舰引起风波之际，北洋大臣李鸿章又曾两次来电催促徐承祖向日严重交涉。一次在8月20日，内言："我船赴崎坞修理，足示睦谊，乃致此衅。若日不认真查惩，关系非轻！"一次在8月21日，告以："崎事实出意外，面告津领事属电外务严重惩办，于两国交情有关。"② 由此两电，李鸿章态度的积极可想而知。因之徐承祖乃于8月25日再度照会外务省，将中国已派英籍律师担文（Mr. Dummand）及北洋水师提督业已奉调返国之事通知日本政府。并且声言中国决定派遣担文前来长崎之目的，乃在希望崎案秉公查讯究办。

中国政府既已决定延聘洋人律师，遵循法律途径办理。日本方面原本有意将之视为"地方事件"，草草结束，遂亦不得不改换步调，以与中国配合。8月27日，正式通知徐承祖，决定派遣法部顾问克尔沃（Mr. Montague Kirkwood）随同外（法）务局长鸠山前往长崎查办，崎案的发展至此进入一个新的阶段。盖以长崎事件原为一偶发的地方事件，本来不难解决。现在决定诉之于法，势将使之愈趋复杂而困难。可是在一方面吃亏甚大，而另一方面却毫无歉意表示的情形之下，中国虽明知并非明智之举，然亦唯有如此而别无选择。

---

① 参见《日本外交文书》第20卷，第532~533页；F. O. 46/346, No. 139；日本所发表的有关长崎事件英文节略 Precis of Negotiaions at Tokio in Relation to the Nagasaki Affairs (See. F. O. 46/365) P. 2. 此等报纸的言论甚至日本当局也认为太过。唯此项新闻检查仅有1个月，至9月21日，即行废止。

②《李文忠公全集》电稿，卷七，第33页，《寄日本徐使》。

为了更进一步讨论长崎会审之事，徐承祖与青木二人并分别于9月1日、9月3日及9月11日举行多次会谈。其一为委员会的组织问题。青木认为长崎斗殴乃系一地方性事件，会审委员应以长崎知事日下及长崎领事蔡轩"担任处置"。中国所派之参赞杨枢及英籍律师担文，日本所派之鸠山及法部顾问克尔沃，则仅居于辅佐地位，协助日下及蔡轩审查证据并备咨询。可是徐承祖对此却不同意，认为杨枢与担文之权责与蔡轩相等，可以联合审问证据及裁决是非曲直。最后青木勉为同意，并决定任命鸠山及克尔沃以及日下知事同为委员，而由双方组成一联合会审委员会，负责该案之侦讯及调查工作。其次为惩戒方式问题。青木主张依据国际法，军舰在他国享有治外法权，中国水兵应按其海军法惩治；日本警察应按日本法惩戒。徐承祖亦表赞同。再次为委员会的权责问题。经过长时间的讨论，决定由徐承祖与青木联名致电长崎，告诉联合委员会以下各事：第一，其权责仅系委任调查该案发生的原因，以及依照事实及证据，应当科以何等之罪？而并不能作最后之裁断。第二，中日两国政府认为该案为一地方事件，为了维持两国间现存之亲密关系，各委员应毫无国际成见，秉公调查，相互审查并交换证据。如对于何方有罪，两国委员不能解决，则宜将其证据、报告以及会议记录，送往东京，呈交具有高等职权者处理。第三，依据双方委员之协议，当罪过确定时，其罪犯人等应移送各本国之司法机关处分。联合委员会成立后，由于天气炎热，最初每日开会仅有3小时，审问工作进行甚为迟缓。为了增加时间，早日了结，徐承祖与青木复于9月11日联名发送第二次训令，要求委员会于天气稍凉之后，增加会议时间，每日最好6小时至7小时。然以会议时间过长，该会决定每日午前9时至午后2时，每日开会5小时。9月17日，外务大臣井上馨由北海道回京，徐承祖与青木之间的会谈暂告一个段落。

当徐承祖与青木于东京会谈之时，在事件原发生地的长崎，中日双方的谈判也在同时进行。先是在长崎大斗殴的第二天下午，长崎县知事日下即曾致函中国领事蔡轩，希望早日会谈，解决争端。唯因蔡氏怀疑日下背后主使，且未接获中国公使的指示，并未立即作复。嗣以英国领事尤斯列（Mr. Euslie）的奔走调停，琅威理的出面转圜，复经蔡轩与丁汝昌的协商，方于 8 月 17 日提出口头答复，表示愿意与日下会谈，以在自由与友谊的精神之下解决问题。8 月 19 日下午 4 时，中日代表在长崎县政府举行第一次会议。除日下及蔡轩之外，琅威理及其助理哈瑞斯（Mr. Harris）亦被邀请参加在此次会议中双方并未互相指责，气氛颇为融洽，可是亦未产生任何结果。其唯一的成就，就是同意日下的提议，将此事作为地方司法事件处理，决定于两天后再继续会议。第二次会议于 8 月 21 日举行（时间、地点同前）。唯于不久之后谈判即告决裂。一以日下于会议开始之际即对中国方面采取攻势。谓 15 日之事为中国水兵先对日警寻衅，要求中国负责；一以蔡轩接奉使馆通知，知道即将派遣参赞杨枢前来长崎，并且可能延聘洋人律师会同处理，决定暂停调查。对此，日下颇表不满。他以为大斗殴的发生，乃是由于一群放假的中国水兵未能服从长官的命令所发，只要丁汝昌愿意承认错误，并且向日方表示遗憾及道歉，而使日方感到满意，问题即易解决。及闻中国方面决意遵循法律途径，派遣英籍律师担文由上海赴日，更是不禁大感失望。

自日下与蔡轩第二次会谈决裂以后，双方因为等待新的人事部署，均未再次接触。是月下旬，杨枢、鸠山、担文及克尔沃等分别抵达长崎。人事方面又趋于活跃，尤以担文为甚。他以"英国首席律师"及"中国特别委员"的身份，先后与日下、琅威理及英国领事尤斯列等人接谈。声言："中国现在决定采取坚定立场，其唯一之事，即希崎案可以完全满意解决。而他之受聘来日，亦即在为实现中国人之此种愿望。"又云："中国人对于自己的路已看得很清楚，目下他们内部并无后顾之忧。对于欧洲的政治，他们也相当的了解。认为东欧问题已将俄国的注意力吸引住，暂时无法东顾。因此他们可有充分的机会去解决中日之间的朝鲜问题而无惧于外界的干涉。"① 8月31日，他又与克尔沃进行了一次冗长的辩论，除了列举种种的事实及理由，以说明日警故意寻衅造成不幸以外，并进而指出中国方面之态度。谓："此案中国政府决意彻底根究，定不肯含糊了事。但是如果日廷能够行文知照中国认过，谓此案确曲在日捕，并议抚恤，……谅可化大为小。"② 其后，他并于会谈之时不断地电催北洋派送人证赴日，以便应审（因四船业已分批回华）。并向中国当局保证"此案不至输"，倘使中国政府能够继续"作劲"则"更易赢"云云。③ 担文的此一态度，固然不免过分夸张，但也表现其负责精神。一时中国人士对之颇具好感。如丁汝昌即曾以充满乐观的口气向李鸿章报告称："办理颇得手，日虽狡而已畏！"徐承祖也致电总理衙门，要求政府予以电奖。当然担文也从中国政府方面支取了一笔为数可观的律师费，据云每日即有300两之多，至其全部的金额，估计最少亦当在白银6万两左右。

至于长崎联合调查委员会的成立，则在9月4日。依照东京中日大臣的联合训令，中国方面的委员为蔡轩、杨枢及担文，日本方面的委员为日下、鸠山及克尔沃。其中除克尔沃于9月26日因事离开，而由日方另派美籍外务省顾问端迪臣（Mr. H. W. Denison）补充外，其余皆始终参与其事。为了完成上级所赋予的任务，他们曾经不断地举

---

① F. 0. 46/347, No. 48, PP. 3、8、9, Nagasaki, Sept. 2, 1886, Euslie to Plunkett.
② 《清光绪朝中日交涉史料》卷一〇，第8~10页，(472) 附件一，《担文与日状师克尔沃问答》。
③ 《李文忠公全集》电稿，卷七，第38页，徐承祖电报转引蔡轩语。

行冗长的会议。计第一次会议于 9 月 6 日在长崎县政府召开，至当年 12 月 4 日会审停止，他们最少也应开会在三四十次之多。其所从事的工作，最主要的便是会审双方的证据（包括人证物证）。由于证据可以显露事件的是非曲直，并且进而决定孰赢孰输，故双方对于证据的搜集皆全力以赴。鸠山到达长崎后，即不断地传讯有关证人，诸如梅香崎巡查濑猿太郎、川上多吉、渡边仁三郎、喜多村香、陈郡太郎、宗正喜；肇事之乐游亭妓馆主人中桂新三郎，以及市民山口光太郎、高野平乡、矶田印三郎与英人甲、乙二人等，都曾先后于交亲馆接受侦讯。结果一共提出人证 140 名。中国方面，蔡轩与担文等也不敢息慢，不仅每日调查案内之人，逐一复讯，并一再致电北洋，要求海军将有关人证 100 余人载回长崎候审。在会审方面，由于"济远""威远""定远""镇远" 4 船业已分别于 8 月 23 日及 9 月 3 日返国，调查工作一时不易着手，决定先审日方 13 日事件之证。至 9 月 17 日第 8 次会议时，该项日证审查完结，本来应该接着审查中国方面 13 日事件之证，但因中国证人未到，遂改而再审日方 15 日事件之证，并预计于 10 月 8 日审毕。不料，当日证审查完结，续审中方之证时，日方鉴于情势不利，突又要求增添新证。中方不允，因而引起争议。为了打开僵局，11 月 11 日担文又提出一个折中的方案，限定日方至多提出 50 人，可是日方却表示不肯。其后中国方面虽然再度表示让步，谓："日如欲添新证，应限定至多一月审竣。"① 依然毫无结果。是时两国委员因 13 日之案会审意见不合已停审多日，直至 11 月 27 日方由彼此大臣商定将 13 日之案暂行停审，饬令各委员开审 15 日之案。不过由于利害所关，各委员仍是各说各理，丝毫不肯退让。长崎会审既然难以产生满意的结果，留下的问题也只有依靠更高阶层的会议寻求解决。

---

① 《李文忠公全集》电稿，卷七，第 52 页，《寄译署》。

第五章　清政府"大治水师"与北洋海军成军

当长崎联合委员会不断地举行会议进行会审之际，东京方面的高层谈判亦在节节展开。首先是中国公使徐承祖与日本外相井上馨之间的谈判，继之以徐承祖与外务省公使陆奥宗光的谈判。自9月20日开始，至12月6日停审，前后为时两个半月。双方反复辩论，唇枪舌剑，争执之烈，较诸长崎的联合委员会，实有过而无不及。

自9月20日至11月24日，徐承祖与井上馨会谈，或在中国公使馆，或在外相官舍，或在外务省，前后共达7次之多。

徐承祖与井上馨于外相官邸举行第一次会议。此次为时甚短，所谈者亦仅限于外交辞令。双方均表示希望崎案早日解决，免伤中日友谊。唯井上以为除静待长崎调查结果外，似乎别无他法。但徐承祖则以为可由他与井上直接商谈来解决。

9月26日，徐承祖复与井上于中国使馆长谈。双方曾为肇事的责任问题发生激辩。井上鉴于15日事件由于日警涉嫌甚大，且中国水兵伤亡惨重，竟置是日之事而不谈，特别强调13日事件之重要。他认为军舰之访问友邦港口，友邦固应依国际法而予以优待。但军舰之长官对于其水兵亦应严予约束。丁提督未曾注意及此，13日竟准200余人登岸，15日又准600余人外出，此实为酿成争端之本源。故唯有将13日事件调查清楚，方能获得正确与公平的审判，否则必将导致混乱与延宕。徐承祖对于井上之说自然不能同意。他以为13日之事是各国常见的一件小事，不值得争议；主要的问题乃是15日的大殴斗，故必须将15日发生的原因调查清楚，是非曲直方可水落石出。论及长崎委员会之事，徐承祖因为其调查迟缓，律师费又高，甚愿提早了结。但井上却以为如其调查工作无法速完，该会之时间延长，实有必要。

经过两次谈判，徐承祖对井上的态度大致获得两点的认识：一是其言过狡，似乎无法加以说服；二是故意延宕，恐怕难以早日解决。

基于此一认识，他乃致电北洋转告总署，意欲以兵威迫使日本让步。不意，总署及李鸿章对于此一建议非特未予支持，反而谓其"似涉张皇"。总署与李鸿章的指示还是要他耐心与日谈判，如有必要，或可依青木的意见，作为地方案件处理；"如不能在崎了结，即将全案送东京商办，彼此均应遵办"，务必"权度轻重妥办"，以便"善于结局"。①徐承祖的计划，至此遂告触礁。

自上次会谈后，中间经过3周，长崎会审依然是延宕之局。于是井上乃于11月12日午后3时，再度往访徐承祖，讨论于东京完结之事。当徐承祖将赔偿恤金问题委婉提出之时，顿遭井上拒绝，谓日人遭遇中国水兵杀害，反须付予中国恤金，实不合理。且长崎会审现在进行之中，有罪无罪，证据尚未审问分明，究竟何方有罪应当受罚，亦难确定。经过反复辩论，始经双方同意，起草长崎事件完结条文，并议另缔《军舰规则》作为附录。

11月15日，徐承祖前往井上官邸举行第4次谈判，除对于日下知事及丁汝昌提督是否应当负有连带责任，而予以相当的处罚问题发生争论外（徐承祖主张该罚，井上表示反对，结果删而不议），并进而讨论结束长崎事件草案。经过一番修正之后，其约文始告拟就，略谓："巡捕与清国水手因言语不通，彼此误会，以致争殴，互有死伤，彼此国家均深为惋惜。"并规定中日两国"允认严拿凶手"，"即行照例惩办"，"彼此政府既将此案，因顾和局，均允撤审了结，嗣后自应互议妥善办法，借保将来无事为要"。关于《中日善后兵船章程》，日方称之为《日清两国军舰取缔规则》，共有5条，其主要精神乃是水手登岸加以某些限制。②

---

①《李文忠公全集》电稿，卷七，第42页，《寄日本徐使》。
②《日本外交文书》第20卷，第542~545页。

此次协议,中日双方颇有不同的动机。日本方面由于修约问题造成轩然大波,兼以此次协议,徐承祖又几乎完全依从其要求,因此乐于早将此案结束。中国方面,徐承祖鉴于长崎会审的了结无期,井上的狡黠善辩,律师费用过高,而他的武力逼和计划又为政府所不取,亦觉不如提早结局,以便向政府有所交代。当然,他也知道此种"将就了结",并非善策,可能会受到总署大臣的非议。果然,不论总理衙门大臣与北洋大臣李鸿章乃至醇亲王都对此种协议深表不满。不过,尽管清廷上下对于此一协议非常不满,但却无意因此小事而与日本决裂。故仍令徐承祖据理以争,再与日人继续谈判。

当第4次会议订定结束崎案草约之时,徐承祖原无一定的把握。故特一再地向井上声明:该一草案,必须电告本国政府,获得认可,方才有效。及于11月19日接奉李鸿章转来总理衙门电报,获悉政府当局对此草案甚为不满。乃于次日午后再往井上官邸,展开第5次会谈。当徐承祖将中国政府之意转告井上,并提出依照彼此死亡之数,互增恤金的要求之时,井上立即再予反驳。谓其事为万国所未有,日本政府决不能同意。且谓此次事件最初乃以中国水师提督不遵国际法惯例,一时允许多数水兵上岸所引起,其曲实在中国。本大臣对于两国葛藤之延而不决,甚表遗憾。如果中国政府对此条约不予同意,则非令长崎委员会再开,充分明白其事实不可。接着徐承祖又将延聘欧人仲裁之事提出,井上依然反对。谓本案尚未充分调查,证据不足,仲裁者亦无法对此作出满意的裁决。至此,双方遂不欢而散。

11月24日,井上与徐承祖于外务省作第6次会谈,日方突然又提出改组长崎委员会的问题。徐承祖对于改组长崎委员会之事避而不谈。仅谓此种办法,本人尚应多加考虑,倘有意见,当于日后再行提出。同时他又再度表示希望崎案问题能由他与井上在东京商谈解决。

言他此次并非由总理衙门而系由皇帝亲自授权,可以独断处理。不过,为了不使本案空言了结,惩凶之外,对于死亡者互增抚恤金实为必要。否则中国政府必将难以批准。井上不仅对于互赠恤金斥为儿戏,并对双方各按法律惩罚罪犯之事加以强调。承祖又谓,假令其后各该法庭对于本案有关犯人加以曲庇而不予惩处,此约岂非仍落空论?井上当即不怪,认为徐承祖失言,有悖外交礼仪。最后依然毫无结果。

11月27日,徐承祖又往井上官邸,是为第7次会议。这一天所讨论的仍为长崎委员会改组的问题。首先由徐承祖提出对日的修正案,其主要之点是与崎案有关涉之人,如丁提督及日下知事,皆不作该会之委员。对此,井上亦不表同意。他一直认为不彻底调查13日事件是不明智之举,因为该事件乃关系于其后的全局。至于15日事件的调查日期以及有关人证的数目,也不应予以限制。同时,他又认为将日下知事自长崎委员中剔除,不只对日下本人为一不当的轻蔑,即对日本政府的尊严亦为一严重的伤害。如果中国政府愿意任命丁提督为该会的委员,日本亦绝不会反对。

接着,又是一场冗长的辩论。最后徐承祖虽于临别握手之际,仍然希望此案能由他与井上之间在东京解决。但是他已经知道谈判的决裂为不可避免了。

自11月20日第5次谈判之后,徐承祖即深刻认识到井上态度的倔强,绝不可能稍作让步。同时,他也很清楚地看出,日方所采取的乃是一种拖延战术,每多延长一天,中国的"济远"轮以及100多名水兵证人便须多留长崎一天,不能返国。而中国所花的律师费也将一天比一天沉重。这对中国自然是一种不利。因此,深感非再向日本政府施加压力,定难将问题解决。而他此次所拟用的压力便是断绝与日本的邦交。至11月24日第6次谈判失败,徐承祖尤觉愤慨，认为除非绝交，否则即无他法，又以为长崎会审已属无益，不如干脆停审。如果政府不允与日绝交，而又别无他法，则亦唯有依照前议，以彼此拿凶结案。不过，因为他尚未奉到政府的训令，还是在11月27日与井上又举行一次会议。并且再度争论得面红耳赤，不欢而散。徐承祖固感不耐，井上亦已感厌倦，于是乃有陆奥宗光与徐承祖会谈。

陆奥宗光为日本外交界中的一位新人，明治初服务于外交事务局，西南战役后一度入狱，后为伊藤博文所识拔，游历欧美各国，1886年秋回国，充外部之办理公使。参与修约问题的谈判，表现颇为突出。在第6次会议时，已由井上口头通知徐承祖，任命他以后参与谈判。徐氏与井上第7次谈判失败，其后遂由他代替井上单独与徐承祖会谈。前后共有3次：第1次会谈在当年11月28日，于校阅英、日文长崎会议记录后，话题仍置重于长崎委员会的改组以及赔偿恤金，往复辩论均无结果。第2次会谈是在11月30日，此次陆奥又提出一个新的解决崎案草案，实际上其内容仍与以前相差不多。第3次会谈在12月1日，经往复申辩，双方为进一步讨论，拟定一修正案，然对赔偿恤金之事仍然未提。中日谈判至此已达最后的阶段，再也无法进展。徐承祖表面上对此修正案表示同意，实际上却借口尚需政府批准而等待训令，这个训令便是"停审"。

崎案既成拖局，中国方面自因劳费不赀而难以久耐。当时所拟之最后方案有二：一为伍廷芳与徐承祖二人所拟的断绝邦交，停止通商，但如此即可能有引起战争的危险，是时中法缔结和约仅只数月，清廷自然不愿再度卷入战争旋涡；一为醇亲王与李鸿章所拟的停止谈判，使成悬案，希望日本自我转圜，仍然和平解决。最后清廷乃决定采取李鸿章的稳健办法，于11月29日毅然下令停审："长崎一案，徐承祖与该外部屡议不合,谅难在彼完结。著照李鸿章所议,电饬停审,将已审两造证供全案钞送来京,由总理衙门详复,交李鸿章承办。"① 这个上谕迅速地即经军机处电告北洋,于是李鸿章遂立即致电徐承祖,告以奉谕停审之事。嘱彼遵旨将全案证供钞送来京,同时亦咨送北洋一份。"前议彼此拿凶,应作罢论,担文可即辞回。"② 不意,由于上海与长崎间电报受阻,直至12月3日徐承祖方才接到此电并且照会日本。首先告以奉旨停审之事,谓:"顷据北洋大臣来电,称长崎一案因本大臣与贵大臣屡议不合,谅难在京了结,嘱将已审两造供证,钞送总理衙门及北洋大臣核办,并饬停审。所有此案,已奉旨交北洋大臣办矣。"最后声明以前所议全部作废:"所有贵大臣及陆奥公使与本大臣所商各节,此时自应暂作罢论。"③

井上接此照会,颇感惊诧,旋即复函,表示异议。12月16日,又约徐承祖至外务省会议,复就前述各点反复置辩,而对于徐承祖所言奉有全权之事指责尤力。至于所谓前议种种皆作罢论,则亦深感遗憾。然而事已至此,井上亦觉无法挽回。故除与徐承祖联名训令将长崎委员会解散外,并于是日正式照会,对中国之所为表示无法同意。长达将近4个月之久的中日长崎交涉,至此乃完全陷于停顿。

三 崎案的议结及其影响

崎案谈判既经停顿,中日关系遂陷低潮。中国官方固然故示缄默,讳莫如深。日本政府也无任何迹象愿意让步,伊藤、井上虽到中国使馆来询数次,却一无转圜之语。在中国,一般人对于此案均表愤慨。如当日本于此后不久要求中国允其派舰前来闽、粤各港,访寻其失踪

---

① 《光绪朝东华录》,光绪十二年十一月癸巳,第125页。
② 《李文忠公全集》电稿,卷七,第52页,《寄日本徐使》。
③ 《日本外交文书》第20卷,第536页。

的"傍亩"兵舰之时,粤督张之洞即曾复电拒绝。其理由为:"长崎杀戮华兵一案,华民愤极,粤民尤甚,倭舰来粤,恐难保其无事。"①在日本,原来即有若干极端分子因为朝鲜问题及琉球问题对于中国表示不满。至此,反华空气更为高涨。诸如东京《独立日报》《日本每日先驱报》以及《日日新闻》等,皆曾先后著论对于崎案的延而不决表示不耐,并对日本政府的软弱态度予以抨击。尽管两国政府皆未声言用兵,可是中日即将开战的新闻却不胫而走。1887年1月31日《申报》所译的一则《长崎日报》即有如下的一段记载:"传闻中国内阁,谓长崎事迁延至今,日本人实属非理。今后可不必口舌相争,务与日人相见于烟弹炮雨中。又称,日国人民知政府决意与中国开战,已将军情密备矣。唯寄居东洋之西人,则称长崎之事,有欲战之形,而无必战之事,早晚当能言归于好也。"②当然,这种消息也并非纯系空穴来风,盖以中法战争虽已结束,沿海沿江并未撤防,而北洋方面似于初期亦略有准备,以防万一。而日本方面,亦有相当的布置,以备不虞,不仅增调舰艇分泊于五岛及平户一带,伊藤并亲往沿海视察防务。而其海军的士气则尤为激昂慷慨,跃跃欲试。

中日崎案的决裂,也引起国际人士的注意,一时外交活动颇为频繁。大体言之,俄、法二国则唯恐天下不乱,乘机挑拨,希望造成中日的冲突,以便从中渔利。像俄国公使库满(Alexis Coumany)及法国公使恭斯当(Constans)即是表面上出面调停,实际上却对日本驻华公使盐田宣传中国正在备战。并谓:"目前已可看出若干特殊的活动,天津机器局内外国雇用人员的冬季假期已被取消;中国正与英国某一公司订定合同,购买二十二艘战船,每艘价值二十万两;李鸿章手下

---

① 《光绪朝中日外交史料》卷一〇,第21页(五〇八),《粤督来电》。
② 参见大英博物馆东方室藏新加坡华人所刊之《叻报》转载《申报》4951号。

的德国工程顾问汉纳根（Von Hanneken）已被派往北京，可能携带李氏致总理衙门的密信。……由此可知中国已决定将此问题向前推进一步。而俄国领事亦言，此种谣传甚为盛行云云。"① 俄国是时正谋向朝鲜半岛发展，法国则与中国刚刚经过一场战争，其不怀好意自有原因。实则即使日本的驻华武官也看不出中国有任何向日本攻击的企图，至多不过虚声恫吓而已。因为中国沿海并没有增兵，而李鸿章又循例由天津前往保定过冬，以便明春入京恭贺清帝亲政。盐田公使对俄、法的用心看得非常明白，亦未曾受其愚弄。

英、德两国则因立场不同，而与俄、法大异其趣。英为阻止俄势南下，维持东方商务利益，颇盼中日两国和平解决事端，而不希望发生战争。关于此点，我们可由下列英人的活动看得很清楚：一是长崎英国领事的调停。自长崎事件发生后，英领尤斯列即不断地奔走于长崎知县日下与中国长崎领事蔡轩之间，企图出面调停，希望中日两国能将此事当作地方事件处理，以便早日解决。不过由于他的观点错误，认为长崎事件的发生，主要乃是因为中国海军缺乏纪律，故其态度也不免稍有偏颇。二是北洋总查琅威理的态度。依据池仲祐《海军大事记》谓长崎事件发生后，琅威理力请即日宣战，实则恐系传闻所误。从英国驻日使领的报告中，可知琅氏非特未曾主战，反而极力主和。他不仅与中国海军当局力辩，并且还将他的看法通过德璀琳转告于李鸿章。谓："中国的海军并无准备，可能会败于日本人之手。"② 可是此种意见并未为深受8月15日事件所激动的中国人所接受。三是英国驻日公使普拉凯脱（F. Plunkett）的活动。在崎案发生后，普拉凯脱亦对此事的发展密切注意，并为此事先后与徐承祖、青木、井上、伊

---

① 《日本外交文书》第20卷，第573~574、578~581页。
② 关于琅威理主和之言论与行动，长崎英领报告颇详。See F. O. 46/346, No. 36, 37; 46/347, No. 41, 47, 48, 51, 52。

第五章 清政府"大治水师"与北洋海军成军

藤等保持接触。不过,不知是由于他个人的偏见,抑或是他受尤斯列的影响。虽然他有意调停,但是却具有一种"中国水兵粗暴而无纪律,长崎事件过在中国"的错误观念。为此,他甚至还曾致函于英国驻华公使华尔身,间接地向中国提出警告。谓:"我相信中国政府正在为水兵在妓馆暴行一事,拉紧与日本的争端。可是,我想我也有责任向你提出警告,即此种行为的持续,特别是担文先生所明显假定的,将对国家产生最不幸的结果。"[1] 这种态度自然招来中国方面的不快。后经英使华尔身命令天津英领壁利南向李鸿章解释,这场误会方告冰释。四是英使华尔身的活动。华氏除乘机向李鸿章进言,希望和平解决争端外,并曾数度往访日使盐田三郎,就崎案与之长谈。鉴于日方对于中国所提之恤金一事坚决拒绝,以致形成谈判的僵局,他提议使用"救恤金"一词而不用"抚恤金",以作为转圜。其法即由中日双方共同提供若干金额(譬如各出5万元),作为一种共同基金(共10万元),然后发给死伤者的家属。至于两国的是非曲直则可一概不予追究。盐田颇为所动,以为能如此将争端解决,倒也不失为一个"至极圆滑的办法"。因此特将此意以英文书翰,报告于外务卿井上馨:"英国驻华公使来此访问,提议一个和平解决争端的观念,其办法即不是赔偿金而是某种称作'救恤金'的共同基金。该一基金乃由二国政府平均所提供者,用以分发给各死伤者的家属。此一观念,无疑的将可使两国的尊严凭借这种安排而得以保存。并且建立在双方都有错的假定上,今后亦将不致再陷入有关是非曲直的争端。私意以为不无可行之处。"[2] 在同一信内,盐田并同时报告井上,依照英、德二使的

---

[1] 关于普拉凯脱的活动,可参考 F. O. 46/346, No. 139, Aug. 28, 1886; F. O. 46/347, No. 148 (Confidential), Sept. 22. 1886; No. 205, Dec. 9. 1886 (Confidential); No. 212 (Confidential); No. 214, Dec. 17. 1886; No. 226, Dec. 21. 1886 (Confidential); F. O. 46/365, No. 23. Jan. 19, 1887 (Confidential)。

[2]《日本外交文书》第20卷,第581~583页,1887年1月25日盐田对于外务卿井上馨所作之有关与英使谈话报告。又见同书第585页,Peking, Jan. 28th, 1887, Shioda to Inouye.

观察、战争的谣言，完全是若干有兴趣人士的虚构。他最近曾看过曾纪泽，如有必要，将来可能会有用彼之处。不过，在德人的活动之下，此时，圆满解决的机会已近成熟。

德、法二国可谓为仇国。自普法战争后，俾斯麦即在外交上采取孤立法国之策。故此次所采取的立场亦与法俄不同。有关德人的活动，可由以下三方面加以了解：一为德璀琳的忠告。德璀琳出任天津海关税务司业已数年，深获李鸿章的信任。此次颇思出而调停，以便争取李鸿章的好感。他首先致电与李鸿章，希望允其派人前往日本协商。二为驻华德使的斡旋。自长崎谈判停顿之后，德国驻华公使巴兰德曾经数度与日使盐田密谈，对之加以劝说。大体谓长崎事件乃为一件小事，不应因此而损伤中日友谊。并谓当曾纪泽返国时，曾于德国拜会首相俾斯麦，俾氏曾以"为中国计，将来应与日本联结"相劝告。且中国幼帝亲政大典在即，亦希早日将此事端解决。井上接此报告，颇感兴趣，乃致电盐田，嘱彼以私人名义请巴协助。不过当巴氏再度提出答复时，事情已早有着落。三为驻日德使的斡旋。当巴兰德在北京与盐田商谈之时，德国驻日公使和立本亦在同时分别与徐承祖及井上密商。并与徐承祖之间早已达成一个初步的协议。唯以此时偿金之事尚有争执，一时并无结果。英使华尔身倡以"救恤金"代"抚恤金"之说，再经德使的极力调停，此案方得迈进一步。先是日廷于12月21日即曾为崎案之事召开廷议。会议由日皇亲自主持，出席者计有伊藤、井上、山县、大山、山田、松方、森（有礼）、榎本等大臣，外务次官青木、法制局长官山尾、书记官田中以及长崎县知事日下义雄等亦奉命列席。唯经过5个小时的讨论（自午前10时至下午3时），似乎并未作成最后的定议。[①] 拖了一个多月，直至此时（1月28日），

[①]《申报》，光绪十二年十二月十三日及同年十二月十四日，《长崎琐记》。

方才突然决定让步，而使崎案的解决峰回路转进入顺利的地步。

1月29日上午，和立本亲往中国使署访问，将日廷愿遵"伤多恤重"的意思转告徐承祖，并约徐承祖于申刻（约午后4时）赴德使馆与日外次青木先行三面私议。结果言定："彼此各给抚恤，在东议结。"不过在恤金的数目方面以及应否仍须彼此拿凶惩办，与另订水手登岸章程之处，均未做最后的决定。李鸿章得电后，立即将之转达给总署，认为日本既愿自我转圜，遵伤重恤重之议，"归结尚不失体"，若照徐承祖所拟恤银数目亦"似可准行"。唯于拿凶悬办及水手章程二点深不以为然，谓："彼此拿凶惩办，是面子话；水师登岸本照两国通行章程，似无庸另议。"①逾日，1月30日得旨准行，并命徐承祖妥慎将事："崎案现经德使转圜，日外部愿遵伤多恤重之议归结而不失体，事属可行。如别无翻覆，及另添枝节，即著徐承祖与之妥慎定议，先行电复，再降全权谕旨，以便画押结案。徐承祖承办此事，务须步步详慎，不可稍涉轻忽。拿凶本属空言，登岸已有西例，两层均勿庸置议。"②中国政府既有诏书对于徐承祖的行动加以认可，而日本方面也在接到德使巴兰德的转告之后，采取同样的步骤。2月3日，首由井上馨将是日午后4时与徐承祖进一步谈判之事报告于伊藤总理，请求上奏。另于当晚10时又由青木与徐承祖、德使和立本三人再作一次最后的会谈。经过5个小时的马拉松会议，方于次日3时达成最后的协议。即恤金部分：日应付华52 500元，内士官1名，6 000元；水兵7名，每名4 500元，合为31 500元；废疾6名，每名2 500元，合为15 000元。华应付日15 500元，内警官1名，6 000元；巡查1名4 500元，废疾2名，每名2 500元，合为5 000元。先是徐承祖原议军

---

① 《李文忠公全集》电稿，卷八，第1~2页。同电又见《清季外交史料》卷七〇，第2~3页。
② 《光绪朝东华录》，光绪十三年正月乙未，第3页。

官死亡者，每名应付7000元，士兵每名5000元，伤残者一律每名3000元。可是日方却一度要求减至5000元、4000元、2000元。最后之数字实可谓双方讨价还价折中的结果（唯以日允长崎病院华兵医疗费2700元，由日方缴付，故实际与徐氏前拟者相差无几）。此外，双方尚同意由代表及政府交换一个议定书，以私函形式出之，并不发表。至于是否拿凶惩办，则由双方政府自行决定，互不干涉。①

纵观长崎一案之交涉，历时半年，时间不可谓不长。论其原因，亦颇错综复杂。其一是日本政府处置失当。当时我国法学家伍廷芳对于此事，曾有一段精辟的评论："兵船驶往各埠，水手请假登岸，因小故与该埠土民巡捕互相滋闹，以致斗杀，不时有之。此案起事之由，既无日官主使，只可视为地方斗杀之案，于两国友谊无伤也。查我国铁甲兵轮数艘，驶往长崎船坞修理，事属创始。各水手等既经请假上岸，不无购买什物，在该埠商民生意实有裨益。乃是日彼此争斗，中国兵船人死者八名，受伤者四十二名，诚属惨矣。日人死者只二人，伤者二十七人，主客不敌，势所必然。日人近年专效西法，斗争既在境内，无论祸由谁起，日政府一闻此事，应即照会中国驻扎东京大臣，婉言慰藉，以见悼惜死亡之意，方为得体。我国家胞与为怀，亦以婉言照复。如此，则尔我既无猜嫌，随即推诚商议，自不难冰消瓦解。闻日廷并无照会惋惜，只允派员查办。似于交涉和谊，未免失当。"②其次是西报的偏袒。长崎事件发生，不论英国领事及新闻记者，都认为系中国水兵纪律欠佳，行为粗暴所致。此种不公态度，对日颇具影响。如次年1月11日的《时报》，即曾于其社评中特将此点指出。谓："寓日英报偶听风闻，不加详察，意存左袒，妄行登报，日即恃此为

---

① 井上与徐承祖2月3日之谈判，见《日本外交文书》第20卷，第585页。
② 《李文忠公全集》译署函稿，卷一八，第49~50页，《伍廷芳拟筹长崎案办法》。

公论。了结之难，职此之故。"再次是日本屡次违约，引起华人的不快。自中日建交以来，日本侵台，并琉，谋韩，对华极不友好。此次中国兵舰赴日修理，日警又对华兵妄加杀戮，自为华人所难忍受，因此务期此事水落石出，获一公平结果。可是日人却态度倨强，坚不认错。因此一再延宕，无法解决。上述《时报》社评对于此点亦曾论及，谓："中国屡梗和约，其故盖由琉球、高丽之嫌。然此案据各国局外人公论，其曲在日。惟现在中国官员深恨日之所为，频加藐视。而日官则又夜郎自大，未肯折衷。"① 僵局之成，殆以此故。再次为西洋律师的聘用，日本既然理曲而不愿认错，中国乃决定延请西洋律师，遵循法律途径解决。结果，两造律师互相诘驳，头绪纷繁。兼以律师之意亦愿多延时日，俾便多收费用。而日方又企图狡赖，续添新证，因此使事情更难解决。最后，中国忍无可忍，乃不顾一切，下令停审。日本既陷于修约的困境，又感于日警的越轨，再兼以英、德公使的奔走调停，方才愿做让步，而使此案结束。

然就崎案所产生的后果而言，亦有二事值得一提。一为法纪之重视与否问题。日本于长崎事件告结之后，将有关杀伤我国水兵重犯依照法律程序，宣判有罪，分别使之入狱，虽各获减刑，较诸一般为轻，然无论如何，多少在形式上尚表示其对法律的尊重。可是李鸿章对于涉嫌肇事之北洋海军官兵，却未闻有何调查与审判，而于北洋海军提督亦不过切戒了事，甚至当有人指出水兵缺乏纪律，丁汝昌约束不严之时，李鸿章反而代为辩护，谓："至于弁兵登岸，为狡邪游生事，亦系恒情。即谓统将约束不严，尚非不可当之重咎，自不必过为隐饰。"② 又谓："争杀肇自妓楼，约束之疏，不无可辞。若必归狱雨亭，

---

① 上引《时报》见《日本外交文书》第20卷，第566~567页附件，《西报译略，时报二〇七号》。
② 于式枚编：《李文忠公尺牍》卷四，第13页，《复钦差出使日本大臣徐孙麒（承祖）》。

311

以为恋慕妓风,借名驶往,则是揣测无根之说,前后情事全不符也。武夫好色,乃其天性,但能贪慕功名,自能就我绳尺,屡切戒之,近已改矣。"① 二为军力之进退问题。自长崎事件发生后,日本鉴于我国军舰"定远""镇远"形式新颖,威力强大,深感自力不如。于是乃不断地修筑炮台,增加经费,加强组织,务期超过中国。此种关系,又是何等重大? 可是,当徐承祖将其事电告于北洋之时,李鸿章却认为:"倭人治海军,筑台垒,或以欧西将有变局,预为巡防,似不仅由于一哄之集。"② 而未加重视。以上二事,看似甚微,实则干系于日后国家之安危者甚巨。甲午海战之败,可谓由来有自,而李鸿章实亦不能不负一部分责任。

第四节 北洋海军正式成军

一 清政府批准《北洋海军章程》

1888年,是北洋海军发展的最关键一年。

1888年5月2日,奕譞以在英、德订造的4艘快船到华,北洋舰只渐多,致电李鸿章,"嘱将北洋定额、兵制、驻扎、会哨各章程,拟底寄京,公酌会奏"③。3日,李鸿章复电表示,此章程将与诸将领熟议后拟稿,俟出海验驶4快船及查勘各口防务后,再由北洋水陆营务处津海关道周馥赴京呈交。6日,李鸿章率同周馥、前署津海关道刘汝翼、总统盛军湖南提督周盛波等,由大沽口出海,巡阅旅顺口、

---

① 《李文忠公尺牍》卷二,第72页,《复宁绍台道薛叔耘(福成)》。
② 《李文忠公尺牍》卷四,第13页,《复徐承祖》。
③ 《李文忠公全集》海军函稿,卷三,第7页。

大连湾、威海卫各处防务。10日,他在大连湾令4艘快船同开快车,往返试驶两次,以验速度,基本符合设计要求。14日,在威海卫口外依法复验,英制"致远""靖远"两艘快船完全达到了每小时航行18海里的设计标准。对此,李鸿章极为满意,增强了对北洋海军成军的信心。

《北洋海军章程》

5月16日,李鸿章回到天津,立即着手草拟章程。7月15日,《北洋海军章程》底稿草成,李鸿章命周馥携之进京。致书奕譞,说明制定此章程所遵循的原则:"窃查各国水师,惟英最精最强,而法、德诸国后起学步,其规模亦略相仿。吾华船政学堂,本袭英国成法。故现在办法及此次所拟章程,大半采用英章;其力量未到之处,或参仿德国初式,或仍遵中国旧例。盖人才猝难多得,经费未能顺手,量时度势而有不得不然者也。"他在信中还提出了两项重要建议:

第一,仍须添置战舰。他说:"即就北洋一支而论,英员琅威理老于此事,每谓船不足用。各将领曾出洋肄业,游历见闻较广,亦皆以添置战舰为请。诚以中国海面太长,日本、朝鲜及俄境之海参崴等处，近接卧榻，有事时既须分守辽渤，亦不得不相机抽调援应他处。现计各船，除守口蚊炮船外，唯铁甲、快船九艘可以驰骋大洋，以之驻巡旅顺、大连湾、威海卫，上下数百里间，溟渤门户或可抵御；若再拨他处，殊觉势弱力单。然如该将领所请添舰之数，约计购价三百万余两，其常年饷需、后路经费尚须逐渐增加……经远宏观，惟在殿下综揽全局而预筹之。"他在《章程》的"船制"一章中更具体地提出，添置大快船1艘、浅水快船4艘、鱼雷快船2艘、鱼雷艇6艘、练船1艘、运船1艘、军火船1艘、测量船1艘、信船1艘，"合之原有者，共得战舰十六艘、雷艇十二艘、守船六艘、练运等船八艘，共大小四十二艘，以之防守辽渤，救援他处，庶足以壮声威而资调遣"[1]。此项建议非常及时，可惜清廷未予重视。

第二，用人不拘一格。他说："各国水师皆以学堂、练船为根本，按资推擢，材武辈兴，未有不学而能任海军者。中国风气未开，士绅争趋帖括，议论多不著痛痒。目前仅以公款设一二学堂，造就实虞不广，若升擢、保举两途仍如旧例，不能变通，实无以鼓励士气启其观感。"[2] 这一主张在《章程》中多有体现。如《升擢》一章称："三品以上官员俸满应升，而无缺可升，必致上下壅滞，后来材俊登进无路，是应广其升途，准升他省员缺，并准保举升阶开缺候补，另派别差，薄予官俸，所以储将才也"；"凡海军各缺，如一时无合例人员，准择其资深劳多者升署"；"凡水手出身人员，只准升至实缺千总为止，如当差勤奋无过，或有战功，准予奏保都、守以上官职"；等等。"简阅"一章称："每年由北洋大臣阅操一次，副将以下择尤存记汇奖，头目以下酌赏功牌、顶戴，其艺生者分别记过、降罚"；"每逾三年，

---

[1]《北洋海军章程》，《北洋海军资料汇编》(下)，第746~747页。
[2]《李文忠公全集》海军函稿，卷三，第7~8页。

第五章　清政府"大治水师"与北洋海军成军

由总理海军事务衙门王大臣请旨特派大臣,会同北洋大臣出海校阅一次,择其操练勤熟,曾经远涉外洋巡防各岛、属国,办事妥洽,能耐艰苦者,照异常劳绩酌保,其次者照寻常劳绩附保,不称职者分别记过、降罚";等等。实践证明,用人不拘一格,唯贤唯才是举,对北洋海军的发展是起了积极作用的。

9月间,《北洋海军章程》定稿。9月30日,由海军衙门缮具清册,呈于慈禧太后。其奏曰:"海军系属初创,臣等此次所拟章程,本无成例可循。且因时制宜,间有参用西法之处,与部章未能尽合。应饬部免其核议。至章程内容有未备及临时应行变通者,由臣等随时酌拟具奏。"转述了李鸿章进一步筹款扩充海军的意见:"俟库款稍充,再添数船,即成劲旅。入可以驻守辽渤,出可以援应他处,辅以各炮台陆军驻守,良足拱卫京畿。"①

《北洋海军章程》共14章,其主要内容如下:

一、北洋海军编制,为铁甲2艘、快船7艘、炮船6艘、鱼雷艇6艘、练船3艘、运船1艘,计25艘,如下表。但按实战要求来说,其编制还是不够完备的。故"船制"一章又提出:"海军一支,局势略具。然参稽欧洲各国水师之制,战舰犹嫌其少,运船太单,测量、探信各船皆未备,似尚未足云成军。"②

---

① 《清末海军史料》,第470页。
② 《北洋海军章程》,《北洋海军资料汇编》(下),第746页。

船型		船名	定员	排水量（吨）	马力（匹）	航速（节）
战舰	铁甲	定远	329	7 335	6 000	14.5
		镇远	329	7 335	6 000	14.5
	快船	致远	202	2 300	7 500	18.0
		靖远	202	2 300	7 500	18.0
		经远	202	2 900	5 000	15.5
		来远	202	2 900	5 000	15.5
		济远	202	2 300	2 800	15.0
		超勇	137	1 350	2 400	15.0
		扬威	137	1 350	2 400	15.0
守船	炮船	镇中	55	440	400	8.0
		镇边	54	440	400	8.0
		镇东	55	440	350	8.0
		镇西	54	440	350	8.0
		镇南	54	440	350	8.0
		镇北	55	440	350	8.0
鱼雷艇		左一	29	108	1 000	24.0
		左二	28	108	600	19.0
		左三	28	108	600	19.0
		右一	28	108	900	18.0
		右二	28	108	597	18.0
		右三	28	108	597	18.0
练船		威远	124	1 300	840	12.0
		康济	124	1 300	750	12.0
		敏捷	60	750	—	—
运船		利远	57	—	110	—

二、设提督1员、总兵2员、副将5员、参将4员、游击9员、都司27员、守备60员、千总65员、把总99员、经制外委43员。提督在威海卫择地建造公所或建衙署，为办公之地；总兵以下各官皆长年住船，不建衙署和公馆。规定将现有战船分为中军、左、右翼三队，每队三船，以一船为一营。中军三船：中军中营致远快船，中军左营济远快船，中军右营靖远快船。左翼三船：左翼中营镇远铁甲战舰，左翼左营经远快船，左翼右营超勇快船。右翼三船：右翼中营定远铁甲战舰，右翼左营来远快船，右翼右营扬威快船。镇中、镇边、镇东、镇西、镇南、镇北六炮船则为后军。

三、北洋海军提督有统领全军之权，凡北洋兵船，无论远近，均归调度，仍统受北洋大臣节制调遣。提督他往，则听左翼总兵一人之令；如左翼总兵他往，则听右翼总兵一人之令。凡沿海陆路水师文武大员，如无节制北洋海军明文，兵船官概不得听其调遣，借词违误军事。

四、各船逐日小操，每月大操一次，两个月全军会操一次。北洋各船每年须与南洋各船会哨一次。提督于立冬以后小雪以前，统率铁、快各船，开赴南洋，会同南洋各师船巡阅江、浙、闽、广沿海各要隘，以资历练。或巡历新加坡以南各岛，至次年春分前后，仍回南洋。各船在北洋，每年春、夏、秋三季沿海操巡，应赴奉天、直隶、山东、朝鲜各洋面以次巡历，或以时游历俄、日各岛。每年由北洋大臣阅操一次。每逾3年，由总理海军事务衙门王大臣请旨特派大臣，会同北洋大臣出海校阅一次。

10月3日，清廷批准《北洋海军章程》，北洋海军正式成军。12月17日，海军衙门根据李鸿章提名，奏请以北洋水师记名提督直隶天津镇总兵丁汝昌补授北洋海军提督，记名总兵林泰曾补授北洋海军左翼总兵，总兵衔水师补用副将刘步蟾补授北洋海军右翼总兵。

北洋海军的成军，既标志着它发展到了巅峰，也是它转入停滞阶段的开始。

北洋舰队"定远号"铁甲舰

二 成军后的北洋海军

北洋海军成军之日，正是慈禧大修颐和园工程之时。

颐和园原名清漪园，为乾隆皇帝所造，历时15载而成，用银近450万两。1860年，英法联军占领北京，将清漪园同圆明园等几座皇家园林一起焚毁。1877年冬，奕𫍽就想以在昆明湖侧设机器局的名义，重建清漪园，以固慈禧之宠幸。但为御史郭从矩条陈所阻，此议未得实行。此后，奕𫍽耿耿于心，迄未忘怀。1886年，他奉懿旨巡阅北洋海防，却受到启发，想出了一个重建清漪园的最好借口。同年9月14日，上《奏请复昆明湖水操旧制折》，提出："查健锐营、外火器营本有昆明湖水操之例，后经裁撤。相应请旨仍复旧制，改隶神机

第五章 清政府"大治水师"与北洋海军成军

营,海军衙门会同经理。"当日即奉懿旨:"依议。"① 但这只是表面文章,他在一份奏折中却道出了他的本意:"因见沿湖一带殿宇亭台半就颓圮,若不稍加修葺,诚恐恭备阅操时难昭敬谨……拟将万寿山及广润灵雨祠旧有殿宇台榭并沿湖各桥座、牌楼酌加保护修补,以供临幸。"② 这个主意虽发自奕𫍙,却是与奕劻一起策划的。据《翁同龢日记》,奕劻曾亲自出面,托人转告翁同龢等,"当谅其苦衷"。于是,翁在日记中写道:"盖以昆明易渤海,万寿山换滦阳也。"③ "渤海",指北洋海军;"滦阳",为承德的别称。意谓用训练水师之名,行修建清漪园行宫之实。此乃"偷梁换柱"之计也。

从1886年起,在筹建昆明湖水师学堂的旗号下,颐和园(清漪园)工程便悄悄地开始了。此项工程既隶于神机营,由海军衙门会同经理,而奕𫍙正管神机营兼总理海军事务,所以他是当然的大总管,神机营全营翼长兼海军衙门总办章京恩佑,便成了工程的具体负责人。设昆明湖水师学堂的堂而皇之的理由,是从八旗子弟中培养海军人才,可胜驾驶轮船之任。但是,在海军衙门致奉宸苑的一份咨文中,却是这样写的:"查该学堂演驶轮船,原为恭备拖带安澜舳御坐船,系属要差,自非寻常操船可比。"昆明湖水师学堂分内学堂和外学堂两部。1887年,内、外学堂先后竣工。"内学堂,恭备轮船;外学堂,恭备颐和园电灯与西苑安设电灯。"此外,还有火器营官兵,"收管轮车铁路","按期试演,常川驻守"。④ 1888年1月27日,是内学堂正式开学的日子,清漪园内的主要大殿排云殿也恰在这一天举行上梁大吉仪式。

---

① 《清末海军史料》,第396页。
② 内务府档案,奉宸苑,第4604号卷。
③ 《翁同龢日记》,光绪十二年十月二十四日。
④ 《清末海军史料》,第397、401、406页。

3月13日，清廷以光绪的名义发布上谕：清漪园改名为颐和园，"殿宇一切，亦量加葺治，以备慈舆临幸；恭逢大庆之年，朕躬率群臣，同申祝悃，稍尽区区养尊微忱"。声称："凡苑囿之设，搜狩之举，原非若前代之肆意游畋。此举为皇帝孝养所关，深宫未忍过拂；况工用所需，悉出节省羡余，未动司农正款，亦属无伤国计。"① 这真是"此地无银三百两"！所谓"未动司农正款"，也不过是掩人耳目而已。

1888年，三海工程将告竣工，奕譞与朝廷的明诏相配合，开始大力为颐和园工程筹款。他驰书李鸿章，以万寿山工程用款不敷，属其致书各处，共集款200万两，存储生息，以备工程分年使用。在李鸿章的活动下，广东筹银100万两，两江筹银70万两，湖北筹银40万两，四川和直隶各筹银20万两，江西筹银10万两，共计260万两。所筹数目竟然超额，使奕譞和李鸿章喜出望外。李致书湖北巡抚奎斌说："此次各省集款，遂至二百六十万两之多，实非初意所及。海军创办伊始，局面艰窘，得此巨款储备，亦足昭示四远，不至过形空虚。故以海防为名，立义亦自正大。慈圣勤劳宵旰，垂三十年。兹当归政颐养之初，预为大庆称觞之地，中外臣子仰承圣上孝敬至意，各尽微忱，书之史官，本无疑义。"② 此款号称"海军巨款"，是分年交足的。"自光绪十五年二月起，至十八年五月止，将前项巨款银二百六十万两一律如数解清，汇存生息。"如果从1889年起，到1894年底为止，"海军巨款"各年的息银数目大致如下表：

---

① 《清德宗实录》，光绪十四年二月癸未。
② 《李文忠公尺牍》，第9册，《复湖北抚台奎乐山》。

	1889	1890	1891	1892	1893	1894	
						前三季度	第四季度
汇存本银	1 000 000	2 000 000	2 200 000	2 400 000	2 600 000	2 600 000	1 010 000
本年息银	32 335	64 669	71 136	77 603	84 070	63 052	8 083
累计息银	32 335	97 004	168 140	245 743	329 813	392 865	400 948

连本带利是一个巨大的数字，其用途如何呢？海军衙门奏称："本银专备购舰、设防一切要务，其余平、捐输二款，拟另款存储，专备工作（颐和园工程）之需。盖今日万寿山恭备皇太后阅看水操各处，即异日大庆之年，皇帝躬率臣民祝嘏胪欢之地。先朝成宪具在，与寻常仅供临幸游豫不同。"又称："兹得诸臣急公济用，相助为理，不惟海防缓急足恃，腾出闲杂各款专顾钦工，亦不致有误盛典。"① 息银40万两不用说是在"另款"或"闲杂各项"之内，全部用于颐和园工程。而本银260万两专门用来生息，变成了死钱，根本无法及时用来发展海军。

慈禧一伙的倒行逆施，遭到一些忧心国事的官员的反对。御史屠仁守揭露颐和园工程经手者"多方需索"，恩佑"干设独多"，"遂使谤腾衢路而朝廷不闻，患伏隐忧而朝廷不知"。② 抨击"将试行轮船于昆明湖"之举，恳请朝廷改弦更张，"长河可以不开，湖淤可以不浚，省此劳费"。③ 疏上，特旨革职永不叙用。御史吴兆泰奏请停止颐和园工程，慈禧斥

慈禧太后

---

① 《清末海军史料》，第 646、641~642 页。
② 《清末海军史料》，第 640 页。
③ 缪荃孙：《亡友屠梅君别传》，《清代碑传全集》（下），第 894 页。

为"冒昧已极","著交部严加议处"。① 还有一位御史林绍年,也上疏请罢颐和园工程,内称:"夫丝毫之细,无非出自小民。今以督、抚之权,竟言报效,安保其不朘削百姓、归怨朝廷?且风气所趋,法令难禁,乃封疆大吏先欲以此取悦朝廷,若朝廷受之,将为督、抚者开其端,其属吏势必竭民脂膏,以奉迎其上。上下相蒙,交征不已,天下之吏治民生尚可问耶?……时事艰难,深宫所当念也。朝廷所以示天下者,当以节俭为先,不尚货财之进奉;朝廷所以责督、抚者,当以地方为重,无取贡献之殷勤。是在朝廷不宜受此报效也。"提出:"筹款必归户部,方为正大之经;外库各有储藏,方备缓紧之用。应请特降谕旨,饬下各督、抚及北洋大臣,将报效一项未解者停解,已解者立即发还。庶天下臣民共晓然于朝廷爱民求治之心,则所保全者甚大。"慈禧大为恼火,但林绍年所奏义正词顺,只得诡辩,说:"各省筹解之银,专备海军不时之需;其每年息银,则以补海军衙门放项之不敷。并无令各省督、抚报效之事。"进而以"任意揣摩,危词耸听,实属谬妄"为由,传旨"严行申饬"②。不久,林绍年就被逐出北京,外调西南边远地区,授云南昭通府知府。奕譞、李鸿章等对"以昆明易渤海"的"杰作"更是得意扬扬,李致曾国荃函称:"海署筹款一案,竟为言路所疑,遂以委巷之传闻,上渎明廷之诰谕,故知前日奏牍具有深思。"③ 从此,满朝文武官员皆如金人三缄其口,再没有人敢明目张胆地提颐和园工程的事了。

不过,"海军巨款"储存天津洋行,均订明期限,非随时可取,且息银无多,犹如杯水车薪,难济颐和园工程之要需,必须另开别的

---

① 《光绪朝东华录》,光绪十六年九月壬午,第88页。
② 《清末海军史料》,第643~644页。
③ 《李文忠公尺牍》,第10册,《致曾沅帅》。

财源。于是，奕譞又瞄准了海防捐。此捐系1889年9月倡办，用以购备海防急需军器。原议以一年为限，即行停止。1886年11月15日，海军衙门又以"库款暂可支持，转年势必不敷，若不预事详筹，贻误实非浅鲜"为由，奏请："将海防捐输，自光绪十三年二月初八日起，再行展限一年，所收捐银统归臣衙门动支，概不准移作他用。"① 据统计，海军衙门收到各省解到的海防捐银，1886年为1 004 525两，1887年为271 823两，1888年为301 710两，共计1 578 058两。② 这笔捐银，"阳借海军为名，实用以给园工"③。梁启超说："名为海防捐者，实皆颐和园工程捐也。"④

1889年底，又续办新海防捐。由于档案不全，新海防捐共集了多少款，无法进行统计，但看来是不会很少的。据1891年3月25日奕劻等奏："海军初创，布置一切，用度实繁，幸赖海防新捐稍资补苴。钦工紧要，需款益急，思维至再，只有腾挪新捐暂作权宜之计。所有工程用款，即由新海防捐输项下暂行挪垫。"仅直隶一省，从1890年至1894年的5年间，所收新海防捐银约100万两，全解北洋海军。北洋海军的经费本由海军衙门指拨，如今既将新海防捐划拨给北洋海军使用，海军衙门只须补拨不足之数就可以了。这样，从指拨专款变为划拨新海防捐，海军衙门便可将划拨新海防捐所省下的专款，挪用于颐和园工程了。

无论是巨款生息还是海防捐，都满足不了"钦工"要需，奕譞等又想出了提拨"药厘"的主意。"药厘"者，鸦片烟税也。奕譞等奏："现闻各海关洋药税厘征收颇有起色，请在洋药厘并征项下，自光绪十四年起，每年筹拨库平银一百万两，解交臣衙门供用。"户部以库

---

① 《清末海军史料》，第627页。
② 醇亲王府档，清二，第195、197、198号。
③ 胡思敬：《国闻备乘》卷二，第3页。
④ 《饮冰室文集》，第2集，卷一九，第50页。

款"万分支绌",药税"自有专用",复奏拒绝拨款。"药厘"100万两没有到手,奕譞便把海军衙门的"闲款"457500余两,尽数用于"颐和园等处接修各工"。

奕譞等不仅挪用海军衙门"闲款",而且挪用海军经费正款。1889年7月8日,海军衙门奏:"颐和园工程需款,亦属不赀,又不能不竭力兼筹,用葳要工。通盘计算,海军经费果能按年全数解清,尚可勉强挹注。以今岁而论,即可每年腾挪银三十万两,拨交工程应用。"1891年3月25日,海军衙门又奏:"查颐和园自开工以来,每岁暂由海军经费内腾挪三十万,拨给工程处应用。"据此看来,每年拨给颐和园工程30万两,从1888年就开始了。从1888年到1894年的7年间,当共拨银210万两。

海军衙门的敛财手段是无孔不入的。从1887年起,除洋员薪水仍按旧章如数发给外,南、北洋海军经费和东三省练兵饷项,则仿照神机营放饷章程,"自光绪十三年正月起,统按二两平核发,所有扣存六分平余银两,均解交臣衙门即作为各项杂支用款。并请饬部免其造册核销"[1]。所谓"二两平",即指"京平";所谓"扣存六分平余银两",即发放南、北洋海军及东三省练兵经费时,将库平银之数改为京平银数,以94两库平银顶京平银100两。根据这一规定,海军衙门每发放100两即可扣除库平银6两。据粗略的估计,从1887年至1894年的8年间,北洋海军在1894年的追加经费不计,共拨银约1000万两,扣除"平余"为库平银60万两;南洋海军共拨银约400万两,扣除"平余"为库平银24万两;东三省练兵共拨银约800万两,扣除"平余"为库平银48万两。以上3项,共扣除"平余"132万两,也都用于"园工"了。

---

[1] 以上引文均见《清末海军史料》,第685、635~636、684~685、627~628页。

1891年以后，颐和园工程进入全面施工阶段，需款更多。6月2日，海军衙门奏："颐和园工程紧要，请借动出使经费。"① 慈禧传懿旨："依议。"9月27日，奕劻、福锟奏："此次奉报出使经费一百九十七万两款内，已于本年四月间准总理衙门咨开奏准，暂行借拨颐和园工程银一百万两，由津生息项下按年尽数归还。"② "海军巨款"在天津洋行生息，每年也只有8万余两，需12年才能"尽数归还"借拨的100万两出使经费。可见"海军巨款"不过是个幌子，打着它可以借拨各种款项，以用于颐和园工程。

海军衙门除主管海军外，还兼管铁路。关东铁路于1891年开始兴建，自滦州之林西破土动工。每年筑路专款为200万两。到1893年春，铁路已修至山海关，购地已至锦州。当时，李鸿章致函奕劻说："前因庆典紧要，户部商借二百万，极形支绌。"③ 户部的意图非常明确，就是要关东铁路停工一年，李鸿章也只能照办。1894年3月22日《申报》载："今岁恭逢皇太后六旬大寿，户部总司出纳……遂将铁路经费暂停支放"，"关外工程，今年并未开办"④。铁路停工，200万两筑路费便归了颐和园。

颐和园工程的花销，当然不止这些。因为颐和园工程是在恢复昆明湖水操旧制的名义下兴办的，所以1886年学堂开办时，即一次"放给修建水操学堂等处工程，动用库平银六十七万八千七百一十二两"⑤。昆明湖水师学堂的常年经费是多少，没有文字记载，但它和威海水师学堂的规模相似，可以大致算出其常年经费数目。据记载，威海水师学堂的经费是每年12720两。昆明湖水师学堂先后招收过两届

---

① 《清德宗实录》，光绪十七年四月己未，卷二九六，第8页。
② 转见北京史学会编：《北京史论文集》，第261页。
③ 《李文忠公全集》电稿，卷一四，第31页。
④ 《中国近代铁路史资料》，第1册，北京，中华书局1984年版，第196~197页。
⑤ 醇亲王府档，清二，第198号。

学生，参照威海水师学堂的经费开支，估计从 1887 年到 1895 年春为止，共开支约 14 万两。为了慈禧游玩的需要，还由北洋先后承造小轮船"捧日""恒春"等 3 号、钢板座船 1 号、洋舢板 6 号（内购置 4 号）、炮划 8 号、洋划 4 号，昆明湖船坞及西苑等处电灯、铁路工程，并向国外订造火车 7 辆及铁轨 7 里。据有人考证，这些开支约需 40 万两①。此外，还有许多烂账，恐怕是永远也算不清的。

颐和园工程开支各项如下表：

经费来源	开支经费数（库平两）	挂海防名义的经费数（库平两）	备注
"海军巨款"息银	400 948	400 948	1889 年至 1894 年
海防捐	1 578 058	1 578 058	1886 年至 1888 年
海防新捐	1 000 000	1 000 000	仅直隶一省，1890 年至 1894 年
海军衙门"闲款"	457 500	457 500	1888 年
海军经费正款	2 100 000	2 100 000	每年 30 万两，1888 年至 1894 年
扣除六分"平余"银两	1 320 000	840 000	1887 年至 1894 年
出使经费	1 000 000	1 000 000	由"海军巨款"息银归还，1891 年
关东铁路经费	2 000 000	—	户部商借，1893 年春至 1894 年春
昆明湖水师学堂开办费	678 712	678 712	1886 年
昆明湖水师学堂堂年经费	140 000	140 000	1887 年至 1895 年春
北洋为颐和园承造项目	400 000	400 000	1887 年至 1894 年
合计	11 075 218	8 595 218	

---

① 邹兆琦：《慈禧挪用海军费造颐和园史实考证》，《学术月刊》1984 年第 5 期。

由上表可知，据不完全的统计，迄于甲午战争为止，清政府用于颐和园工程的经费为库平银1100多万两，其中挪用的海防经费约为库平银860万两。

清廷不仅在颐和园工程上挪用海军经费，而且在三海工程上也大量挪用海军经费。据有人统计，从1885年5月到1895年5月的10年间，三海工程共挪用了海军经费436.5万余两。[①] 再加上颐和园工程所挪用的860万两，清廷大修园林所挪用的海军经费总数达到了1300万两。尽管这个统计很不完全，仍然是一个十分庞大的数目。当时，北洋海军的主力是7艘战舰，即"定远""镇远""济远""经远""来远"（以上购自德厂）、"致远""靖远"（以上购自英厂），共花银778万两。如果将颐和园工程和三海工程所挪用的经费全部用于购置新舰的话，那么，差不多可以再增加两支原有规模的北洋舰队，甲午战争的结局也就会完全不同了。

论者或谓，慈禧挪用海军经费对北洋海军并无实质性的影响。因为：第一，对海军经费并非无偿占用，而是挪用；第二，"海军巨款"并未挪用，而是用来生息。其实，挪用必然要挤掉北洋海军发展的急需之项；巨款用来生息，也就变成了不能应急的死钱。问题的关键在于：海军经费的大量挪用，使北洋海军的发展错过了难得的机遇。

当北洋海军成军之初，其实力是超过了日本海军的。当时，日本海军2000吨级以上的战舰只有"浪速""高千穗""扶桑""金刚""比睿"5艘，其吨位不足1.5万吨。而北洋海军则拥有2000吨级以上的战舰"定远""镇远""经远""来远""致远""靖远""济远"7艘，共2.7万多吨，是日本的近2倍。特别是"定远""镇远"两艘

[①] 叶志如、唐益年：《光绪朝三海工程与北洋海军》，《历史档案》，1986年第1期。

7000吨级的铁甲舰，为日本所未有，因此畏之"甚于虎豹"①。可是，为了发动一场大规模侵略中国的战争，日本明治政府锐意扩建海军。天皇睦仁甚至节省宫中费用，拨内帑以充造船经费。这与慈禧的骄奢淫逸、挪用海军经费大修殿宇亭台，形成鲜明的对比。日本海军还以打败"定远""镇远"为目标，专门设计制造了"桥立""松岛""严岛"3艘4000吨级的战舰，号称"三景舰"。

这样，在甲午战前的6年间，日本平均每年添置新舰2艘，其装备质量远远超过了北洋海军。

相反，北洋海军成军以后，却从此不再添置一艘军舰，不再更新一门火炮。如果说清朝统治集团在几年前还有一点危机感的话，那么，在稍有所成之后，便开始忘乎所以，踌躇满志起来。1891年，北洋海军成军3年，是第一次校阅之期。李鸿章在校阅后，尚颇为自信，于6月11日奏称："综核海军战备，尚能日新月异，目前限于饷力，未能扩充，但就渤海门户而论，已有深固不摇之势。"恰在此月，户部有"南、北洋购买外洋枪炮、船只、机器，暂行停购两年"之奏。李鸿章复奏称："忽有汰除之令，惧非圣朝慎重海防、作兴士气之至意也。"但仍然表示："现经再三筹度，目前饷力极绌，所有应购大宗船械，自宜照议暂停。"② 不过，他还是有牢骚的，致函云贵总督王文韶说："已见部中裁勇及停购船械之议，适与诏书整顿海军之意相违。宋人有言：'枢密方议增兵，三司已云节饷。'军国大事，岂真如此各行其事而不相谋？"③ 其愤慨之情溢于言表。等他明白了户部停购船械之议与颐和园工程需款有关之后，便不再做声。北洋海军右翼总兵刘

---

① 《中日战争》（丛刊一），第169页。
② 《李文忠公全集》奏稿，卷七二，第4、35~38页。
③ 《李文忠公尺牍》，第23册，《复云贵制台王夔石》。

步蟾"知日本增修武备，必为我患"，力陈于李鸿章，请"按年添购如定、镇两舰，以防不虞"。李鸿章答曰："子策良善，如吾谋之不用何？"①津海关道周馥也向李鸿章建议："痛陈海军宜扩充，经费不可省，时事不可料，各国交谊不可恃，请饬部、枢通筹速办。"李鸿章答曰："此大政须朝廷决行，我力止于此，今奏上必交部议，仍不能行，奈何？"②周复力言，李嗟叹而已。

1893年初，北洋海军25艘船应进行大修，更换锅炉81座需银84万两，各船大修需银60万两，旅顺船坞添置机器、厂房需银6万两，共需库平银150万两，分10年筹办，每年需拨经费才15万两。李鸿章考虑到适逢慈禧六十庆典，主动提出将大修推迟一年，从1895年起每年拨银15万两，至1904年为止。同年3月，丁汝昌提出在"定远""镇远""济远""经远""来远"等战舰上配置克鲁伯快炮18门及新式后膛炮3门，共约需银61万两。李鸿章也以"目下海军衙门、户部同一支绌，若添此购炮巨款，诚恐筹拨为难"，奏请"先请购镇、定二船快炮十二尊，俟有赢余陆续购置"③。但直至甲午战争爆发，仍然一门快炮也未添置。

1894年5月，李鸿章第二次校阅海军事毕，奏称："西洋各国以舟师纵横海上，船式日异月新。臣鸿章此次在烟台、大连湾，亲诣英、法、俄各铁舰详加察看，规制均极精坚，而英尤胜。即日本蕞尔小邦，犹能节省经费，岁添巨舰。中国自十四年北洋海军开办以后，迄今未添一船，仅能就现有大小二十余艘，勤加训练，窃虑后难为继。"④此时，他已经看到北洋海军与包括日本在内的世界各国海军的差距，并

---

① 《清末海军史料》，第372页。
② 《周慤慎公自订年谱》卷上，第29页。
③ 《李文忠公全集》奏稿，卷七八，第1页。
④ 《李文忠公全集》奏稿，卷七八，第17页。

发出了"窃虑后难为继"的慨叹。无奈为时晚矣！

本来，当时的国际形势是对中国有利的。进入19世纪60年代后期，远东形成了英、俄对峙的局面。俄国暂时尚无力东进和南下，英国则想维护既得利益，保持既定的格局。在此后近30年中，远东形势是相对稳定的，这正是中国发展和振兴的大好时机。日本就是在这时搞起了明治维新。但是，清朝统治集团不是居安思危，励精图治，而是粉饰太平，耽于安乐，以致错过了这次百年难逢、稍纵即逝的机遇。北洋海军成军后，认为声势已壮，更可高枕无忧了。慈禧太后作为最高统治者，骄奢淫逸，挥霍无度，为大修殿宇亭台，竟挪占大笔海军经费。当时，造舰技术日新月异，而由于海军经费挪拨于钦工，北洋海军成军之后，既无力添置新式战舰，也不能更换新式快炮，以致与日本相比，优势在数年之间化为乌有。而日本海军的实力，反倒一跃而在北洋海军之上。时人评甲午战争海军之败时说："盖自朝议停购船炮，复取海军专款为园苑建筑之需，自隳绸缪牖户之计。日本乘此时机，上下协力，造舰修械，奋发图强，侵蚀朝鲜，迤及神州，致海军计划左（宗棠）、沈（葆桢）诸贤数十年积铢累寸之功，一朝而尽，参之肉不足食也。"①

北洋海军成军仅仅6年之后，这支庞大的舰队竟然折戟沉沙，樯橹灰飞烟灭。不是别的，正是清朝统治集团的腐朽没落，成为北洋海军最终全军覆没的最根本的原因。

三 琅威理辞职风波及其后果

1890年春间，北洋海军成军刚一年多之际，发生了一起"争旗事件"，竟导致北洋海军总查琅威理的辞职。此事表面上看来似是一孤

---

① 《洋务运动》（丛刊八），第495~496页。

立事件，实则原因极为复杂，其后果又是极其严重的，故成为晚清海军发展中一个众所瞩目的重大事件。

琅威理（Capt. William Metculfe Lang）在英国并无借借之名，亦无赫赫之功，与清末的中国海军却有一段奇缘，因而使其在华名声大噪。琅氏生于1843年1月19日，1857年就读于皇家海军学校，1859年3月毕业。旋即分发于海军实习。历任海军准尉、代海军少校、海军少校、中校副舰长等职。1864年6月晋升为上校舰长。1898年列入海军退役准将，次年改为副将。1906年12月15日卒，年66岁。① 因其借聘来华，出任北洋海军总查，对于中国海军初期的组织与训练关系至大，故历来为史学界所津津乐道。

琅威理与中国的关系开始颇早。1863年，他曾随同阿思本（Capt. Sherald Osborn）率领"英中舰队"（Anglo—Chinese—Fleet）初度来华。俟因该舰队于不久即告解散，旋即返国。1877年及1879年，他又先后为中国海关驻英代表金登干（James D. Campbell）所延，护送炮船前来中国。至此方才引起李鸿章对他的注意，因之蓄意延揽。② 而于1882年及1885年两度受聘为北洋海军总查，在华服务近6年。由于其人沉毅果敢，热诚负责，对于我国海军贡献颇巨。

琅威理出身于英国皇家海军，为人热情负责。任职之后，治军极严。至其贡献：一为训练严格。加以其经验丰富，举凡官兵的教育、航海的技术、枪炮的施放、鱼雷的工程、机械的操作、炮台的修建，以及其他的各种训练，无不经于其手。因此，不久即为海军官佐所敬惮，"中外称之，一时军容顿为整肃"③。不仅东方的日人为之侧目，

---

① See Naval Cadrets to Admirals, ADM 169, Vol. 15, PP. 249, 256, Elected New—New; Navy List, Vol. 95, PP. 104, 127, 131~137, 140, 144.

② See Stanley F. Wright, Hart and the Chinese Customs, PP. 473~476; Robert Ronald Campbell James D. Campbell, A Memoir by His Son, P. 43.

③ 池仲祐：《海军大事记》，光绪八年记。

而北邻的俄人亦因之称赞不已。① 二为国际礼节的采用。海军原为国际性的兵种，彼此交往均有一定的礼节。我国海军建军之初，对于此事未遑讲求，海上军舰往来交际尚付阙如。自从琅威理任事之后，始与外国海军讲求往来迎送、庆吊交接之礼，而使我国的海军纳入国际行列的正轨。② 再次为大批英国海军人员的聘用。琅氏野心勃勃，颇拟将中国的海军训练，达到世界的水准。为了使其计划顺利推进，于是先后设法延聘大批的英国海军专门人才，参与北洋海军工作。先是1883年12月，他曾向英国海部申请3名炮术教习。其他则为海上活动的加强。海上活动原为海军的例行工作，亦为重要的训练功课。自琅威理至军后，我国海军的海上活动大为加勤，范围亦远为扩大，北至海参崴，东至朝鲜与日本，南达中国香港、新加坡以及南洋群岛各地，不仅使我国的海防大为增强，也使我国的海军成为西北太平洋上最活跃的一支舰队。据伦敦报载，1891年中国的海军占世界第8位，而日本则占第16位。③ 果能长此以往，我国的海军力量自必日益壮大，足以成为保卫国家的海上长城。不意，1890年竟以升旗问题引起纠纷，使琅威理愤而辞职，而他与中国海军的关系亦因之不愉快地结束。

所谓"升旗事件"发生于香港，时在1890年春。根据《海军大事记》的作者池仲祐的记载，其事乃由琅威理与北洋海军右翼总兵刘步蟾二人之间因为升旗问题所引起的。"时值各舰巡海香港，丁汝昌以事离船。在法，宜下提督旗而升总兵旗。刘步蟾照办。而琅威理争之，以为：丁去我固在也，何得遽升镇旗？不决，则以电就质北洋。北洋复电，以刘为是。由是琅拂然告去。"④ 此外，刘体智在他的《异

---

① See Bland G. O. P, LiHung— Chang, PP. 227~228. 崔国因出使日记。
② 池仲祐：《海军大事记》，光绪八年记。
③ 参见《万国公报》卷八八，第24~25页，林乐知《各国新政治记》。
④ 池仲祐：《海军大事记》，十六年记。

辞录》中，对于此事也有类似的记述。不过，根据琅威理的报告及李鸿章的电报，则知此事发生于是年3月6日。其时北洋海军援例开赴南洋度冬，船泊香港。丁汝昌率领"镇远"等4舰巡逻海南岛，以琅威理留港照顾并修理其他各舰。不意，当丁离开后，其提督旗遂即为其部属所卸下。琅威理因中国曾赏予提督衔，且时人每谓"军中有两提督"，故亦常以提督自命。认为提督旗乃彼与丁汝昌所共用，该军官等未经其允许即将提督旗降下，殊为无礼，因之争执乃起。争之不得，乃电北洋大臣李鸿章请示，问："彼在军中应悬何旗？"原以为李鸿章会对他支持。不意李鸿章并不直接对他答复。仅复电林泰曾及刘步蟾等，谓："琅威理昨电请示应升何旗？章程内未载，似可酌制四色长方旗，与提督有别。"① 李氏的态度，使琅氏深觉羞辱。俟南巡北返，琅威理至天津面谒李鸿章，表示如无实权，工作将无法继续。而李氏却仍坚持前说，且认为琅氏并无辞职之理由。本来当升旗事件发生之后，琅威理即曾先后致书其海军部长汉密尔顿（Sir Verey Hamilton）、英国驻华公使华尔身及英国驻华舰队司令沙尔曼（Sir Namell Salman），表示其决心辞职之意。见李鸿章不得其直，乃立刻提出辞呈，而李鸿章亦遂加以接受。情况发展至此，双方唯有趋于决裂之一途。

琅威理的辞职，不久即引起中外报界的注意。《申报》远在南方的上海，对于此事似乎不甚清楚，以为琅之离职乃是因为其"遇下骄傲寡恩，不为人所服，故特辞退"②。可是天津的英文《中国时报》（The Chinese Times）的消息却比较灵通，早在是年的6月21日即曾刊出琅威理辞职的新闻。谓："琅威理已于本月十五日（四月二十八日）

---

① 《李文忠公全集》电稿，卷一二，第12页，光绪十六年二月十七日辰刻电。
② 《叻报》第2964号转载《申报》消息。

辞去其中国舰队合督（Co—Admiral）之职，并已于同时为总督所接受，预料以后将不会再有英国军官步趋琅氏之后尘"。①

接着，该报并于9月6日及10月18日发表两篇短评，对于琅威理辞职之事有所论列。他们以为琅威理二次受聘来华之时，即曾向李鸿章表示，要他做事，必须要使他有权。否则，他将无法执行任务。其后，在实际上也可证明琅与丁汝昌提督居于同等的地位，并与丁负责联合指挥官（Joint Commander）的职务。举凡军官的会报以及一切的命令都须由他二人联合审阅和发布。不料，事经数年，现在中国对于琅的提督地位竟然不予承认。对于琅而言，不仅为一欺骗，亦为一大侮辱。升旗事件绝非偶然，下级军官早有预谋。此举已充分地显示中国决不允许任何外国军官去指挥他的舰队，其情形恰与1863年的阿思本兵轮案（Lay—Osborn Flotilla）相同。而且无疑地，琅虽有中国皇帝赐以荣誉的提督之衔，但他并非服务于中国政府，而仅不过为一总督的奴仆。② 同时，上海的《北华捷报》对于此事也大加报道。除了发布新闻之外，且曾先后发表3次冗长的社论，对于中国有所批评与攻击。第一篇是在7月4日，言辞最为激烈。首先他们认为中国人之逼迫琅威理去职，乃是一种过河拆桥的行为。外国人以其辛劳与忠诚，所换得的乃是忘恩与负义；外国军官除非不愿尽忠职守，并且愿与中国的军官同流合污，否则即会遭受妒嫉、阴谋与排挤。毫无疑问，自从琅威理来华，北洋海军方才大有起色。现在琅威理已去，行将见中国海军"混乱的狂欢"（The Carnival of Disorder）即将开始。次论琅威理在中国海军中的地位，认为琅与丁居于一种同等的地位，北洋海军由他们二人联合指挥。依据琅威理在英海军中的阶级与地位，他不可

---

① See The Chinese Times, Junezl. 1890, P. 386, Notes.
② Ibid. PP. 365~366, Sept. 6, 1890, Notes.

能作为中国人的一个僚属。此一原则乃自1863年即行订立,虽经恭亲王各方努力亦未改变。最后则对李鸿章大表不满,认为琅威理为其部下所辱,还是小事,设使李鸿章能够加以适当的处置,事情即可很快地过去。不意,李鸿章却对其下级军官加以袒护,故始迫琅威理辞职。① 第二篇是在7月31日。认为琅威理事件表示中国意欲将其所聘用的外国人员完全驱逐。盖以"中国乃中国人之中国"的呼声,外人已经早有所闻。当然,中国人有权作此决定,无人能够对之加以遏止。如果他们认为现在可以摆脱外国的顾问,即应该他们自己去尝试。论及"琅是自己解职而非中国人解聘"之说,该报亦加以驳斥,认为那是欺人之谈。认为只有海军军官才会知道当他的面扯下他的旗是多么大的难堪。由此可见其实际远较其外表为重要。② 第三篇是在8月15日,再度强调琅威理在北洋海军中的地位,认为琅既非为丁提督之海军教习,亦非其顾问,而实系该舰队的副司令官。关于此点,乃由英国外交大臣沙侯(Lord Salisberg)劝导,并经李鸿章同意,琅始答允前来中国服务。并言:"有许多理由令人相信,琅之免职,乃是反对外人在中国服务的一种反动。此事我们并不以为奇。当得知丁提督离港赴海南时,一部分军官已预先安排好将琅赶走。当然,有如此一位廉洁负责的外国军官在此等地位,自然难使中国的军官觉得高兴。"③

此外,该报并曾于8至11月之间,先后发表4封读者投书,对于琅威理事件加以热烈的讨论与辩驳。其中,1、3、4封为外国人所投寄,第3封信讨论琅在北洋海军中的职称问题;第4封信提出琅在北洋海军中的地位。二信尚属心平气和,就事论事。唯有第1封信感情较为冲动,言辞亦较激烈。该信虽然属名为"老震旦",实则出于琅

---

① North China's Herald, July 4th. 1890, PP. 7~8, China and Her Foreign Employes.
② Ibid. July 31st. 1890, PP. 123~124, China and Her Foreign Employes.
③ Ibid. Aug. 15th. 1890, P. 181, Admiral Lang's Resignation.

威理本人之手。在这信的一开始，他即愤慨地表示："希望当此消息传抵英国之时，海部立即下令召回在中国海军服务之所有英员。因为李鸿章匆促地接受琅之辞职，并未与女王陛下政府协议。"最后并提出警告称："中国以后也许可以请到他国之人帮忙。不过，那些不顾自尊而只为薪津的人，如果没有适当的知识，恐怕亦将无助于中国。行见中国的战舰不久将变成为破铜烂铁；中国的水兵变成为散漫无纪的流氓。那时候，中国的较高当局以及天津海校里的绅士们，便将会以高价聘请外国的朋友去救援了。"①

第2封信是由天津寄出的，署名为无名氏，猜想可能为李鸿章的英文秘书罗丰禄，亦可能为天津水师学堂的总办严复。此信主要系对琅威理投书答辩，认为琅在中国海军之中仅是一名副将而并非提督；是一位海军顾问而不是海军指挥官。至于琅为什么被一般人称之为琅提督则不太清楚，或者是由于礼貌所致。实际上，以一位海军副将及海军顾问，琅并不能与提督丁汝昌相提并论。丁乃钦命之北洋水师提督。"提督"是中国名词，可以译为 Major-general，而与西方有所不同。丁提督并不如一般人所想象的位在李鸿章之下。因为他可以直接上奏皇帝，并可未经协商海部而对皇帝表示意见。琅威理之受聘为北洋海军顾问，在丁提督来说，是对李鸿章的一种让步。因为丁自知其本身有缺点。如他不愿意去做，李亦无可奈何。由是观之，可知琅与丁之关系一若德尼（Mr. Denny）与高丽之王大臣一般。明了上述情形之后，始可以一种新的眼光去看"香港事件"（Hong Kong Incident）。当时丁率4舰去海南，在丁离去后，自然应将提督旗降下。否则人们即会以为北洋舰队有二位提督，而实际上则只有一位，可是琅却不作如是想。李鸿章为了嘉奖其服务，并使之不与丁提督冲突，所以特允

---

① Ibid. Aug. 15th. 1890, P. 133.

升四色长旗。不错，李可以做很多事，但他却不能未经皇帝的准许而任命琅为提督。可惜琅不了解李之厚意，竟愤然辞职。以过去情形而论，不论何时，一切命令均出于丁提督，而琅实际上并无权力。作为一位海军顾问，琅忠于职守，组成舰队，训练士卒，指导演习，的确一切表现良好。但上述一切亦均须赖全军舰长及军官之协助，该等舰长及军官大部分均曾在国内受过海军教育并曾在英国接受海军训练。那是真的，琅之辞职确使中国海军失去了一位优秀的军官。然而无论如何，中国的海军虽不能立即与欧洲的强大海军相提并论，但在其现有的提督、舰长及军官等的领导下，依旧可以日趋强大。诚然，海军并非一日可以建立起来，但中国可以等待。①

由上所述，可知外国在华人士对于琅威理辞职一事所表之重视，且与中国人士有不同之意见。由于双方的立场不同，彼此所持之观点亦各互异，此殆为必然之事。尤堪值得吾人注意者，即琅威理事件在英国亦曾引起一阵轩然大波，以致使中英关系大受影响。当琅威理的辞职报告送达海部时，海部大臣以为琅氏为其部下所辱，而李鸿章非但不予支持，且谓"琅乃仅总督所聘请或承认，而非为中国政府"，殊觉太为无礼，因之大感不快。于是乃迅即批准琅之辞职，并命其早日返国。适于是时，北洋海军所聘英国水雷教习罗觉斯（Scott Rogers）任期将满，电令驻英公使薛福成与英国外部交涉。外部以之转商于海部，海部立加婉拒。谓除非中国方面对于琅威理之事提出满意的解释，否则即对此事不予同意。② 外部乃一面训令其驻华公使华尔身提出调查报告；一面知照中国驻英公使要求对于琅案提出解释。8月3日，英使对于琅案提出报告。内谓琅威理辞职之事乃系由于两位

---

① Ibid. Aug. 5th. 1890, P. 192~193.
② See APM.1/7048, APM. to F.O. July 15th. 1890.

高级军官不承认其权力而起。且李鸿章又不予以支持，故琅除辞职外，别无他途。依照华尔身的观察，他认为李鸿章不久必将再会请求英国派人接替琅的职务。但却以为当他对于此事未作完全报告以前，对于李的请求，英国不应再加接受。① 中国方面的反应却相当的冷淡。当8月19日薛福成致电北洋询问李鸿章"能否转圜，邦交有益"之时，李的态度依然毫未改变。且于复电之内谓："琅威理要请放实缺提督，未允，即行辞退。不能受此要挟！"接着，他并要求薛福成向英解释，认为此事"似与邦交无涉"②。薛无奈，只有将此事向后延宕，直到11月27日，方才向英国外部提出如下的一个复文："接海军衙门兼北洋大臣文内开：琅威理请派水师实缺以代虚衔，若不准给，定须告退。查此项实职给与外国官员实属向来所未有，是以未能答允，只得准其告退。琅威理在中国水师效力殊属有功，惟因有此情形，以致不能任用，中国海军衙门甚为怅惜。"③ 中国之迟迟答复，不仅使英国海部人士日益愤怒，一再地要求其政府改变对华政策，甚至英国外部亦觉深为不满。经过数度考虑之后，决定遵照海军意见，召回在华之英国军官。同时于9月22日知照中国公使，除拒绝罗觉斯之续聘，对于李鸿章深表不满外，并且郑重地对琅威理事件表示遗憾："女皇陛下政府，深为被中国政府临时聘用之英国海军军官居于一种不满意之地位而感到遗憾。此一事件显示，英国无法不批准琅威理海军上校辞职之行动。同时，彼等亦被迫声明：关于选择军官接替琅威理或罗觉斯之事，除非接获有关琅威理事件发生的满意说明，并确信英国的军官将来不致再度遭到类似的待遇；否则，即将难以考虑。"④

---

① See F. O. 17/1170, Aug. 3. 1890, Peking, Sir G. Walsham to the Earl Salisberg.
② 《李文忠公全集》电稿，卷一二，第30页，《英京薛使来电》《复伦敦薛使》。
③ See F. O. 17/1104, 英国外交部"中国公使馆"档，光绪十六年十月十六日，《薛福成致沙侯》。
④ See F. O. 17/1170, Sept. 22th. 1890, Salisberg to Hsieh.

第五章 清政府"大治水师"与北洋海军成军

同时，琅威理的辞职，中英关系的不快，也使赫德陷入极端的失望，并对琅略有微词。在琅威理提出辞呈后不久，他便致函与金登干指出："琅已辞职，我所长期掌握在英国人手中的舰队，也许要落入外人之手。"① 及见琅威理的读者投书，他更表示大为不满。认为琅在信上所说的简直是一个"非常古老的故事"。试问："琅的辞职确证到什么聪明，而又如何去证明？"因此，他以为"琅的最大错误即是他从未说出整个的故事"。在赫德看来，琅的辞职未免过于轻率，虽然他的行动似乎很谨慎。事实上，当他在香港为着降旗而大发脾气之时，他已下定决心要与大众，特别是海军的大众作对。"所以正如我以前所说的，他使政策屈服于人格。"②

琅威理的辞职乃系由于升旗事件而起，升旗事件争执的最大焦点便是琅在北洋海军中的地位问题。关于此点，池仲祜于其《海军大事记》中曾经有所记载。他说："先是北洋之用琅畀以提督衔，此在吾国不过虚号崇衔，非实职也。而军中上下公牍则时有丁、琅两提督之语。故自琅威理及诸西人言之，中国海军显有二提督。而自海军奏订章程言之，则海军则有一提督两总兵也。"③ 由这一段记载来看，可以显见琅威理在北洋海军中的地位，似乎隐存着两个问题：一为理论与实际的问题。琅威理既仅拥有提督的虚衔，按理自非真正的提督。可是当时军中上下公牍却时有丁、琅二提督之语，岂不矛盾？二为中西认识的差异。西人对于中国的官衔不甚清楚，以为虚衔与实职并无二致，中国海军显有中英两位提督。然依中国的规定，则海军却仅有一位提督，这又是另外一个矛盾。可是，无论如何，如就1882年与1885年李鸿章与琅威理所订的聘用合同以观，则琅在北洋海军中的地位至

---

① See The L. G. in Peking, Vol. I, P. 797, No. 753.
② Ibid. P. 815, No. 772.
③ 池仲祜：《海军大事记》，光绪十六年记。

为明显。因为在上述二次合同里,均曾明白说出:提督丁汝昌是该舰队的最高指挥官,具有指挥该舰队任何船只及中外军官的全权。至于琅威理则为丁汝昌之下的一位高级助手,其职位为副提督衔(后改为提督衔)北洋海军总查,其任务为负责全军的组织、操演、教育以及训练等工作,如非副署提督,他即无发布命令之权。再以实际情况而论,中国为一独立自主之邦,任用外人亦有原则。特别是军事方面,以其为辅佐人员尚可;以之为统帅或指挥官则不可。以往阿思本兵轮案之发生,中国之极力反对,甚至牺牲百万两白银而不惜者,即系为其军权不能交与外人的问题。不意,此次竟然又蹈20余年前的覆辙。此外,假如我们再由北洋海军提督丁汝昌对于琅威理辞职一事所发表的感想,当更能增加事实的若干了解。他说:"我很难过,琅为此种小事而自寻烦恼。琅为中国做了很好的服务,也实在帮了我不少的忙。当他回国时也要继续服役,升什么旗有何分别?龙旗专为北洋提督所用,因为只有一位提督,故别无他法可想。假如有两位提督(那该多好!),可是我决不相信政府会任命一位外国人为第二个提督。"[1]

不过,当再进一步地分析时,即知上述的争执仅属一种借口,或者仅系一种表面的理由。究其实际,尚有其他诸多错综复杂的内幕。其一,琅氏一向对于中国的官员表示不满,认为其官僚气味太重,虚伪而不求实际。他对于张佩纶等人的印象尤为恶劣,因为张及其他官吏时常对他不太尊重。[2] 故当第二次重聘来华之时,他即曾表示他不愿再接受新职。后以英政府一再地劝说,方才勉强答应,"为了英国的利益,而宁愿暂时丧失国籍"[3]。其次,他的眼疾也使他时常感到烦恼,其间且曾一度的有失明之虞,而向海部提出辞职,并使神经过敏

---

[1] See F. O. 17/1170, PP. 97~101, March 10. 1890, Notes of a Conversation Between Ting And Lang.
[2] See Hart and The Chinese Customs, PP. 480~481.
[3] Ibid. P. 482.

的赫德为之蒽蒽过虑,私下里致函于金登干,要他寻觅适当的替代人选。赫德的这封信写于1888年的9月初旬,他说:"琅的眼疾再次使他烦恼,我怀疑他是否能够支持到新年。请你悄悄地查访,并确定何人适以取代他的职位?好脾气;具有广泛的知识;愿意去做任何的事,并且还要健康,这些都是必备的资格。当然,我尚不能确信我有提名之权。但是鉴于一旦琅去,而法、德之人可能抓住海军,无论如何我总要有人以备万一。"① 再次,他与若干高级中国军官的激烈冲突,也是导致他此次去职的一个主要因素。琅威理热情负责,勤于训练,的确使中国的海军获得了极大的进步,但是他那盛气凌人的傲慢态度,他那认真不苟的严格要求,也的确引起不少中国军官的反感。特别是那些船政学堂毕业而又曾留学于英国的少壮派分子,更是觉得接受一个外国人的管理为可耻。这批人被琅威理称为"福建帮",他们非但暗中反对,不予合作,甚至还在李鸿章面前对于琅时加批评与中伤,以便改变李的印象。根据琅威理对于其海部的报告,可知所谓"福建帮",其主要分子便是两位北洋海军中的第二号人物:一为左翼总兵林泰曾;一为右翼总兵刘步蟾。而李鸿章的英文秘书罗丰禄,则为他们在北洋大臣跟前的耳目。当琅辞职之后,罗丰禄与严复(北洋水师学堂总办)还曾分别致函于英人以继其缺。罗氏所拟请者为前船政学堂教习德勒塞(Captain Tracey);严氏所拟请者为前格林尼茨皇家海院教习蓝保德(Captain Lambert)。当然,由于英国政府的不准而毫无结果。琅威理对于林、刘等人的印象至为恶劣。认为:"福建帮"在舰队之中的势力极大,一旦使之当权,则海军即可能为他们所毁坏。那时候,"该舰队即将变成为福建人家族的舰队;各舰艇即将为他们

---

① The I. G. In Peking, Vol. I, P. 118, No. 664.

的亲戚所充满；而训练有素的北方人也将要被他们所踢开"①。琅威理所言或者不免稍嫌激愤，惟琅去而北洋海军日坏则为不争的事实。甲午战后，文廷式曾经上书奏陈罗丰禄阴谋排斥琅威理之非。并议："海军复设，断不可用闽人旧党。"② 亦可证琅氏所言者当非全诬。

  关于琅威理辞职后之影响，可由以下二事加以说明：其一是中英邦交陷入低潮。自琅威理受聘来华之后，不仅使我国的海军声势蒸蒸日上，中英邦交亦因之日趋融洽。像是海军学生留英问题，英政府或允其进入皇家海军学校就读，或允其参加基地练船训练，或允其登上各大兵船、各大海军舰队实习，无不尽力协助，使我海军在英教育顺利展开。又如在英购船之事，英海部亦时时乐意派员为中国代为查验或试航，借以发现其缺点。遇有需要延聘专门人才之时，英政府亦特别允许彼等来华服务。而李鸿章且曾数度向英表示，有意达成中英同盟，共同对付帝俄侵略。不虞，竟因琅威理的辞职，而使中英邦交大为受损，一面不允中国水电学堂教习罗觉斯延期，命令彼于期满之后立即返国，一面将天津水师学堂管轮教习霍尔克（H. W. Walker）及副教习希耳顺（S. H. Hearson）等全部由中国撤走。此外，中国海军留英学生也被拒绝。其后虽于1904年改变态度，重允中国海军学生留学英国，然以事隔10余年，终难恢复旧观。关于此点，池仲祐记载颇详。谓琅威理归国以后，依然怀恨，因而"向人辄谓受我侮辱。英政府信之，有来质问者。厥后我拟派学生赴英就学，竟不容纳。盖惑于琅氏之说也。而中英亲睦之情，亦坐是为之锐减，惜哉！"③ 其二是北洋海军的日坏。自琅威理去后，北洋舰队领导非人，一方面将帅不合，

---

① See F. O. 17/1170, Lang to Sir Halliday, Chefoo, July 20th. 1890.
② 《芸阁先生奏稿》，第138页，光绪二十二年十月十九日奏折。
③ 《海军大事记》，光绪十六年记。

第五章 清政府"大治水师"与北洋海军成军

内部呈现严重的分裂；一方面军纪不整，训练日益废弛。有心人士有鉴于此，早已深怀隐忧。姚锡光于其《东方兵事纪略》之内，曾慨乎言之。谓："琅威理督操綦严，军官多闽人，颇恶之。左翼总兵刘步蟾与有违言，不相能，乃以计逐琅威理。提督丁汝昌本陆将，且淮人，孤寄群闽人之上，遂为闽党所制，威令不行。琅威理去，操练尽弛，自左右总兵以下争挈眷陆居，军士去船以嬉。每北洋封冻，海军岁例巡南洋，率淫赌于香港、上海。识者早忧之！"[①] 王树枏也于论海军时指出，中日海军之一胜一败，不纯在于船炮之优劣，而在于海军人员之能否守法与肯否受教。如言："中日初立海军之始，掌其教者皆英人也。乃一以琅威理而败；一以婴格尔筛而胜。非教之法不同也，法同而有守法与不守法之殊；教同而有受教与不受教之别。且不惟不守法不受教也，又复售其谗，从而逐之。是何异于奕秋之诲二人奕哉！"[②] 其他类似之论尚多，毋庸于此一一赘述。要之，琅威理辞职对我海军影响之深远，于兹可以证明。甲午战后，国人鉴于海军教育之重要，请求重聘琅威理来华之呼声时起，足示一般人对其钦佩与怀念之情。惟以时过境迁，兼以琅威理老病侵寻，无法成行，其事遂寝。

综上所述，可知琅威理之受聘来华组织训练中国海军，从表面上看来，固然是由于北洋海军成船日多，乏人领导，故不能不借才于异邦，实则为了要控制中国的海军，美、德、法各国幕后的激烈角逐，以及英国为其利益的考虑，也是促使英国政府应允借聘海军军官的重要原因。琅威理出身于英国皇家海军，具有优越的能力与经验，凭着他的精力、野心与责任感，在短短的数年之内，将散漫无纪的中国海军，训练得严整可观，对于我国近代海军的发展的确作出很大的贡献。

[①] 姚锡光著：《东方兵事纪略》卷四，第4~5页。
[②] 刘锦藻：《清朝续文献通考》卷二二七，兵二六，海军。

设使此种训练维持不变，再过数年，中国的海军战力必将更为壮大。不意，由于升旗事件而辞职，实为令人扼腕。

对于李鸿章的态度也值得吾人研究。在其借聘琅威理之初，他的表现是何等的殷切与热情！为了促成琅的早日来华，他甚至不惜花费九牛二虎之力，方才达到目的。可是正当琅威理将中国海军整理得初步就绪之时，他却毫无顾惜地听任这位外国爱将辞职他去，殊觉令人不可思议。从日后琅威理对其海部的报告来看，他的愤然辞职似乎并不像李鸿章所指责的"请派水师实缺以代虚衔，若不准给，定须告退"。以琅在华服务年数之久，对于提督的虚衔与实缺岂不清楚？至于要将一个中国舰队交由外国人统率，本为中国的制度所不许，且阿思本兵轮案已有前车之鉴，他当然也知道为不可能之举。故知其辞职的关键所在，乃是因为发生升旗事件时，致电于北洋请示，可是李鸿章并不直接致电于琅予以答复。琅到天津之后，当面向李报告升旗事件的经过，并且表示如其威权不能保持，势必无法指挥舰队，唯有辞职一途，但是李鸿章非特未加温语慰留，反而立即加以接受。关于此点，若干西方的史家每喜以李鸿章具有排外的潜意识来解释，实际上并不正确。[①] 或谓其为闽人所谗，似乎接近事实，但恐亦非全部。此外，倘使吾人能由李鸿章的用人原则及其倔强性格两方面加以观察，或可获得进一步的诠释。在用人方面，李鸿章虽主借用洋将，但以为中国必须有自主之权，一切均须听从中国的约束。[②] 在性格方面，李鸿章个性兀傲，自视甚高，向来我行我素，不愿接受洋人的压力。由其以往所对白齐文（Burgevine）、戈登（Gordon）、德璀琳（Detring）、黎熙德（Richter）等人的态度，即可予以证明。琅威理之不听李鸿章

---

① See R. K. Douglas, Europe and the Far East, P. 424, 1904; North China's Herald, July 4th. 1890, P. 123~124.

② 《李文忠公全集》奏稿，卷二，第48页，《白齐文滋事撤换片》。

劝告，决心提出辞呈，正是对他倔强个性的一个挑战，因而使他觉得异常愤怒，认为琅是在要挟他，因而不惜与之决裂。故当英政府透过中国公使薛福成要求李鸿章对于琅威理辞职一事提出解释时，他便毫无保留地复电与薛，谓"不能受此要挟"。当李鸿章一怒允许琅氏去职之时，他当然不知道3年以后，他所花费20年辛勤缔造的海军竟然遭受毁灭的命运。小不忍则乱大谋，后虽痛悔，又何能及！

再者，从琅威理事件之发生，也触及中国近代化过程中的另外一个问题。是即由于我国科技的落后，人才的缺乏，在进行近代化之初，自不能不赖先进国家的援助。可是过分依赖于外人，而不知培养自己的人才，亦为一大错误。李鸿章于创建近代海军之初，即知派遣青年军官，前往英国留学；设置北洋水师学堂，培养自己的干部。其出发点未尝不知从根本之处着手，目光亦不可谓不为宏远。所惜者时间过于短促，不论训练与经验都嫌不够，以致未能培养出一批属于自己的海军优秀将才，而不能不仰赖于外国专家的援助，这实在是中国海军发展史上的一个极大的关键。

第五节 洋务思潮勃兴与近代海防论的发展

近代海防论萌发于第一次鸦片战争时期，其倡导者为林则徐和魏源。后因时局变化，海防运动趋于式微，议海防者遂亦渐销声匿迹。迄于60年代初，洋务思潮勃兴，议海防者渐出。然而，在此后的20余年中，近代海防论的发展并不是一帆风顺的，它时断时续，在艰难的探求中前进。迄于中法战争爆发，其发展历程，大致可分为以下三个时期：

第一时期,从 1861 年到 1874 年,历时 13 年,是近代海防论的重兴时期。

近代海防论在 19 世纪 60 年代初重兴,是与洋务思潮的勃兴相联系的。第二次鸦片战争的失败,使中国有志之士莫不义愤填膺,亟思救国之策。冯桂芬即曾在《校邠庐抗议》一书中写道:"有天地开辟以来未有之奇愤,凡有心知血气,莫不冲冠发上指者,则今日之以广运万里地球中第一大国,而受制于小夷也。"为什么会出现这种情况呢?他找到了一些原因,而其中一个很重要的原因,就是"船坚炮利不如夷"。强调指出:"然则有待于夷者,独船坚炮利一事耳。"因此,他特别赞成魏源"师夷长技以制夷"之说,认为:"独'师夷长技以制夷'一语为得之。夫九州之大,亿万众之心思材力,殚精竭虑于一器,而谓竟无能之者,吾谁欺?"① 此书成于 1861 年。

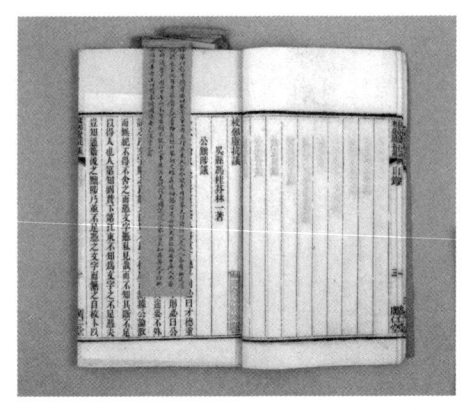

校邠庐抗议

此前不久,曾国藩鉴于列强"恃其船坚炮大,横行海上"的严峻局面,也产生了"师夷智以造炮制船"②的想法。并于同年 8 月 23 日奏称:"轮船之速,洋炮之远,在英、法则夸其所独有,在中华则震于所罕见。若能陆续购买,据为己物,在中华则见惯而不惊,在英、法亦渐失其所恃。……购成之后,访募覃思之士,智巧之匠,始而演

---

① 冯桂芬:《校邠庐抗议》卷下,《制洋器议》,光绪丁酉聚丰坊校刻本,第 70~72 页。
② 《钦差大臣曾国藩复奏俄使所陈助攻太平洋及代运南漕二事可利用情由折》,《第二次鸦片战争》(五),第 330~332 页。

习，继而试造，不过一二年，火轮船必为中外官民通行之物。"① 其后，左宗棠也多次提出"必应仿造轮船，以夺彼族之所恃"②。李鸿章还进一步指出："惟各国洋人，不但辏集海口，更且深入长江，其藐视中国，非可以口舌争，稍有衅端，动辄胁制，中国一无足恃，未可轻言抵御，则须以求洋法、习洋器为自立张本。"③ 可见，"师夷长技"之说已得到人们比较广泛的认同，成为近代海防论得以重兴的思想基础和前提。

冯桂芬也好，曾国藩等人也好，都不是简单地接过了"师夷长技"之说。应该说，他们对西洋"长技"的认识比林则徐、魏源要深刻得多。如冯桂芬专门写了一篇《采西学议》，认为学习外国不能只限于坚船利炮，还应包括一切自然科学和工程技术，统称之曰西学。建议在广东、上海设翻译公所，选译西方著作，"由是而秝算之术，而格致之理，而制器尚象之法，兼综条贯，轮船火器外，正非一端"④。李鸿章则提出，一面派人出洋学习制造，"宽以岁月，董之劝之，所学既成，或载其机器，或译其图说而归"；一面"仿照外国语言文字馆之例，在于京城或通商海口，设立外国机器局，购买外洋人铁厂现有机器，延请洋匠，教习制造，而别选中国精于算术之士，分充教习，以洋匠指示制造之法，以中士探明作法之原"⑤。他们不仅将西洋"长技"的内容由"船坚炮利"扩展到西学，而且在"师夷"的方法上提出了更为具体的步骤，这表明洋务派不是简单地重复"师夷长技"说，而是在重倡林则徐、魏源未能实现的主张的同时，更为

---

① 《复陈购买外洋船炮折》，《曾国藩全集》，奏稿三，岳麓书社，1987年，第1603页。
② 《左文襄公全集》，书牍卷七，第25页。
③ 《收上海大臣李鸿章函》，《海防档》丙，机器局（一），第3页。
④ 冯桂芬：《校邠庐抗议》卷下，《采西学议》，第68页。
⑤ 《收上海大臣李鸿章函》，《海防档》丙，《机器局》（一），第18~19页。

注重以培植海防的物质基础为入手功夫。

重倡海防论的中心问题是仿造轮船。曾国藩、左宗棠等都一致认为，仿造轮船乃海疆长久之计。针对当时盛行的雇用外国轮船主张，左宗棠坚决反对，指出："雇不如买，买不如自造。"[1] 关于自造轮船的必要性，冯桂芬作了深入的论述："借兵雇船皆暂也，非常也。目前固无隙，故可暂也。日后岂能必无隙，故不可常也。终以自造、自修、自用之为无弊也。夫而后内可以荡乎区宇，夫而后外可以雄长瀛寰，夫而后可以复本有之强，夫而后可以雪从前之耻，夫而后完然为广运万里地球中第一大国，而正本清源之治，久安长治之规，可从容议也。"并以日本为例，建议切莫错过建立海上防御的历史机遇，他说："前年西夷突入日本国都，求通市，许之。未几，日本亦驾火轮船十数，遍历西洋报聘各国，多所要约，诸国知其意，亦许之。日本蕞尔国耳，尚知发愤为雄，独我大国将纳污含垢以终古哉！……今者诸夷互市，聚于中土，适有此和好无事之间隙，殆天与我以自强之时也。不于此急起乘之，只迓天休命，后悔晚矣。"[2] 应该说，洋务派还是抓住了这一历史机遇。江南制造总局开始造船和福州船政局的创设，便是这次重倡海防论的最大成就。

不仅如此，洋务派还为引进西学而提出了一个处理中西学关系的基本准则。冯桂芬说过一段著名的话："愚以为，在今日又宜曰鉴诸国。诸国同时并域，独能自致富强，岂非相类而易行之尤大彰明较著者。如以中国之伦常名教为原本，辅以诸国富强之术，不更善之善者哉？"[3] 他的"中本西辅"说，便成为尔后洋务派"中本西末"论之

---

[1]《左文襄公全集》，书牍卷八，第47页。
[2] 冯桂芬：《校邠庐抗议》卷下，《制洋器议》，第73~74页。
[3] 冯桂芬：《校邠庐抗议》卷下，《制洋器议》，第69页。

348

滥觞。洋务派的代表人物无一不是"中本西末"论者。① 如李鸿章对此做过清楚的表述:"中国文物制度,迥异外洋獉狉之俗,所以郅治保邦固丕基于勿坏者,固自有在。必谓转危为安、转弱为强之道,全由于仿习机器,臣亦不存此方隅之见。顾经国之略,有全体,有偏端,有本有末,如病方亟,不得不治标,非谓培补修养之方即在是也。如水大至,不得不缮防,非谓浚川浍、经田畴之策可不讲也。"② 认为中国文物制度不可动摇,是本;西学犹如急病不得不用治标之方,是末。尽管洋务派的本末观颇有可訾议之处,但却成为洋务派反对封建顽固派的思想武器,从而为近代海防论的重倡和发展奠定了理论基础。

正由于此,近代海防论重倡之后,创建海军的问题很快就提到议事日程上来了。丁日昌是晚清创设海军的最早设计者。先是1867年,他还在江苏布政使任上,便草拟了《创建轮船水师条款》,建议制造轮船30艘,派一位提督统之,分为北洋、中洋、南洋三路,"有事则一路为正兵,两路为奇兵,飞驰援应,如常山蛇首尾交至,则藩篱之事成,主客之形异,而海氛不能纵横驰突矣"③。1868年,他升任江苏巡抚后,在《创建轮船水师条款》的基础上又前进一大步,重拟了《海洋水师章程》六条。这是中国近代史上第一个创设外洋海军的具体方案。其主要内容有四:

一、购置兵轮、特别是大兵轮,以创设外洋海军。"外海水师,专用大兵轮船,尤以大兵轮船为第一利器。……拟先在花旗(美国)购买此种兵轮船约二三号,即以提督所演之陆兵赴船学习,由粗而精。一面招募中国能驾驶之人,优其廪饩,盖宁波、漳、泉、香山、新会

---

① 参见戚其章:《从"中本西末"到"中体西用"》,《中国社会科学》杂志,1995年第1期。
② 《置办外国铁厂机器折》,《李文忠公全集》奏稿,卷九,第35页。
③ 《清末海军史料》,第1~2页。

一带，能驾驶轮船之人甚多。兹拟重价招募，分别等第，设法抚驭。使全船皆无须资助外人，方可指挥如意。其次，则购买根驳轮船，以资浅水之用。以上两种轮船，初则购买，继则由厂自制。"

二、在中国沿海择要改筑西式炮台。"推原中国炮台之所以无用，非炮台之无用，乃台之式不合其宜，炮之制不得其法，演炮不得其准，守台不得其人。查西人重城池，不如重炮台，凡海口及要隘之地，无不炮台森列，严为防御。……拟仿照其式，沿海仍择要修筑炮台。其炮之制，亦如西国。演炮必求其准，守台必求其人。与沿海水师轮船，相为表里。奇正互用，则海滨有长城之势，而寇盗不为窥视矣。"

三、创立三洋海军，分区设防：北洋提督驻天津；东洋提督驻吴淞；南洋提督驻南澳。"每洋各设大兵轮船六号，根驳轮船十号。三洋提督，半年会哨一次。"有事则相互呼应，"联为一气"。

四、精设机器局，不但制造轮船、枪炮，还要发展民用工业。"水师与制造相为表里，偏废则不能精。拟三洋各设一大制造局。每一制造局，分为三厂：一厂造轮船，选通算学、熟舆地沙线能外国语言文字之人，董理其事；一厂造枪炮、火箭、火药及各军器，选谙兵法、优武艺、有胆略之人，董理其事；一厂造耕织机器，选谙农务、通水利之人，董理其事。是今日督造轮船之人，即他日驾驶轮船、出使外国之人；今日督造枪炮之人，即他日办理军务之人；今日督造耕器之人，即他日尽心民事之人也。"[①]

在此时期中，林则徐、魏源的"师夷长技"思想重新受到重视。并且在洋务派的大力倡导下，将"师夷长技"发展为采西学，进一步将"师夷"思想付诸实践，创办了造船工业。特别是第一个创设外洋

[①] 丁日昌：《海洋水师章程六条》，《筹办夷务始末》（同治朝）卷九八，文海出版社影印本，第24~27页。按：此章程拟于1868年江苏巡抚任内，而于1874年11月19日又由广东巡抚张兆栋代奏，始引起较大影响。

海军的具体方案的提出，不仅标志着真正意义上的近代海防论的出现，而且表明近代海防论开始进入了一个新的发展时期。

第二时期，从1874年到1879年，历时5年，是近代海防论的发展时期。

1874年冬，因日军侵台事件而引发了一场关于海防问题的大讨论。其中，涉及的重要问题主要有三：

第一，是关于购买铁甲船的问题。总理船政大臣沈葆桢与福州将军文煜、闽浙总督李鹤年会奏，根据对侵台日军实力的了解，极力主张购买铁甲船，称："该国尚有铁甲船二号，虽非完璧，而以摧寻常轮船，则绰绰有余。彼有而我无之，水师气为之夺，则两号铁甲船，不容不购也。"① 尽管官员们对购买铁甲船一事意见不一，有反对者，也有主张缓办者，但主张购买者还是占了上风。如署山东巡抚文彬认为，"用火轮船，必须铁甲船以卫之"，建议"每水军一营先购一二只以为根本"。② 湖广总督李瀚章奏称："铁甲船为屏蔽全军、冲击敌军之具，亦属万不可少，应由南北洋大臣酌量购买，择海口最深之处驻泊。"③ 浙江巡抚杨昌浚说得最为恳切，指出："虽沿海各省本有额设战舰，然以御外洋兵船，胜负不待智者而决，是必须扩充轮船，置备铁甲船，俾各练习驾驶，方有实际。明知其费甚巨，其效难速，而不能不如此也。日本以贫小之国，方且不惜重赀，力师西法，岂堂堂中夏，当此外患方殷之际，顾犹不发愤为雄，因循坐误，以受制于人哉？"④ 大学士文祥正患重病，也扶病上疏，亟陈购买铁甲船之必要。其奏有云："夫日本东洋一小国耳，新习西洋兵法，仅购铁甲船二只，

---

① 《清末海军史料》，第3页。
② 《署山东巡抚漕运总督文彬奏》，《筹办夷务始末》（同治朝）卷九八，第32页。
③ 《湖广总督李瀚章奏》，《筹办夷务始末》（同治朝）卷一〇〇，第15页。
④ 《浙江巡抚杨昌浚奏》，《筹办夷务始末》（同治朝）卷一〇〇，第36页。

竟敢借端发难。而沈葆桢及沿海疆臣等，佥以铁甲船尚未购妥，不便与之决裂。是此次之迁就了事，实以制备未齐之故。若再因循泄沓，而不亟求整顿，一旦变生，更形棘手。"建议："将前议欲购未成之铁甲船、水炮台及应用军械等件，赶紧筹款购买，无论如何为难，务须设法办妥，不得以倭兵已回，稍涉松劲。"①丁日昌先将《海洋水师章程》请广东巡抚张兆栋代奏朝廷后，又写了一份《海防条议》，请李鸿章代为转奏，其中甚至提出："中国洋面，延袤最宽，目前大小铁甲船，极少须十号，将来自能创造，极少须三十号，方敷防守海口以及游历五大洲，保护中国商人。"②清廷对这些意见不能说不重视，但考虑到"铁甲船需费过巨，购买甚难"，决定命李鸿章、沈葆桢"酌度情形，如实利于用，即先购一两只，再行续办"。③

第二，是关于沿海分区设防与统一指挥问题。自丁日昌提出三洋分区设防的方案后，多数官员对此表示赞同，只是对分区名称的叫法不尽相同，或对提督的驻地有不同的建议。如下表：

官员及职别	分区名称	提督驻地		
		北洋	东（中）洋	南洋
前江苏巡抚丁日昌	三洋	天津	吴淞	南澳
江西巡抚刘坤一	三洋	天津	吴淞	南澳
直隶总督李鸿章	三洋	烟台、旅顺	江口	厦门、虎门
署山东巡抚文彬	三大营	天津	江口	闽省
福建巡抚王凯泰	三路	大沽	吴淞	台湾

也有些官员对三洋分区设防的方案并不满意，甚至反对。如左宗棠指

---

① 《大学士文祥奏》，《筹办夷务始末》（同治朝）卷九八，第41页。
② 丁日昌：《海防条议》。见朱克敬辑《边事续钞》卷三，光绪庚辰刻本，第10页。
③ 《著李鸿章沈葆桢分别督办南北洋海防谕》，《清末海军史料》，第12页。

出:"洋防一水可通,有轮船则有警可赴。北东南三洋只须各驻轮船,常川会哨,自有常山率然之势。若划为三洋,各专责成,则畛域攸分,翻恐因此贻误。分设专阃,三提督共办一事,彼此势均力敌,意见难以相同。七省督抚不能置海防于不问,又不能强三提督以同心,则督抚亦成虚设。议论纷纭,难言实效,必由乎此,不可不慎也。"① 后来的实践证明,左宗棠的担心不是没有道理的。所以,湖南巡抚王文韶又对三洋分区设防办法提出补充建议,即:"简任知兵重望之大臣,督办海防军务,驻节天津,以固根本。即由该大臣慎选熟海洋情形之提镇等,不拘实任候补,作为分统,分布沿海各洋面,以资防御。其战守机宜,仍听海疆各督抚随时节制调度,庶几事权各有攸属,而经制亦无庸纷更矣。"②

如何解决分区设防与统一指挥的矛盾,确实是不容忽视的问题。李鸿章虽然同意丁日昌三洋分区设防的方案,但又倾向于划分为最要、次要两区。他说:"自奉天至广东,沿海袤延万里,口岸林立,若必处处宿以重兵,所费浩繁,力既不给,势必大溃。惟有分别缓急,择尤为紧要之处,如直隶之大沽、北塘、山海关一带,系京畿门户,是为最要;江苏吴淞至江阴一带,系长江门户,是为次要。盖京畿为天下根本,长江为财赋奥区,但能守此最要、次要地方,其余各省海口边境,略为布置,即有挫失,于大局尚无甚碍。"③ 由此可见,他的真实意见是主张南北两洋分区设防,自然要由南北洋大臣分别督办,只是没有明白地说出来罢了。不过,李鸿章没说完的话,却由闽浙总督李鹤年替他说了:"今海防紧要,沿海疆臣,均属责无旁贷。第无统帅专任此事,讲求实际,仍恐意见分歧,临事毫无把握。……请饬下

---

① 《上总理各国事务衙门》,《左文襄公全集》,书牍卷一四,第56页。
② 《湖南巡抚王文韶奏》,《筹办夷务始末》(同治朝)卷一〇〇,第29页。
③ 《筹议海防折》,《李文忠公全集》奏稿,卷二四,第16页。

353

南北洋大臣,督办海防,以重事权,南洋北洋分设轮船统领,由该大臣节制调度,先尽现有轮船,配齐弁兵炮械,归两统领训练,以后陆续添造,分隶两洋。每年春秋二季会哨,春至北洋,秋至南洋,由该大臣校阅,分别功过赏罚,据实具奏。"① 事实上,这种办法仍然解决不了分区设防与统一指挥的矛盾问题。

总署章京周家楣提出的"另立海军"的建议,最应受到重视。他奏称:"各海口固须设防,然非有海洋屹然重兵可迎堵,可截剿,可尾击,则防务难于得力。应就外海水师及各营洋枪队中,挑选精壮曾经战阵之兵勇,另立海军,以一万二千五百人为率,简派知兵大员帅之,就中分五军,每军二千五百人,各以得力提督大员分统之。每军需铁甲船二只,为冲击卫蔽之资,其余酌量人数,配具兵船若干,先立一军,随立随练。其余以依增办,日加训练,务期律严志合,胆壮技精,详悉沙线,神明驾驶,狎习风涛,娴熟演放枪炮,以成劲旅。……创设之初,如须雇募外国善于驾驶演放之人为之教习,亦酌量雇募,由任事者悉心经理。其无事之日,分驻何口;遇有征剿,若何调度,由统帅大员酌量布置。"② 此建议若被采纳,可能早就解决了海军的统一编制和指挥问题,不至于像后来那样发生"畛域攸分"的情况了。周家楣之疏,本是为总理衙门拟稿,然在总理衙门大臣中未能通过,竟被弃置一边,真是令人惋惜!

第三,是如何对待海防与陆防、战与守的关系问题。当时议海防者虽多赞同购舰设防,然却又主张以陆守为主。当时,普鲁士人希理哈于1868年所著之《防海新论》18卷,也已经被英人傅兰雅与华蘅芳翻译出来,于1874年由江南制造局刊行。国人之留意海防者,每置

---

① 《闽浙总督李鹤年奏》,《筹办夷务始末》(同治朝)卷一〇〇,第19页。
② 周家楣:《拟奏海防亟宜切筹武备必求实际疏》,《清末海军史料》,第7~8页。

第五章　清政府"大治水师"与北洋海军成军

诸案头,时时披览,增长了不少海防知识,而对其要义之理解则不免有歧异之处。如李鸿章奏称:"查布国《防海新论》有云:'凡与滨海各国战争者,若将本国所有兵船,径往守住敌国各海口,不容其船出入,则为防守本国海岸之上策;其次莫如自守。如沿海数千里,敌船处处可到,若处处设防,以全力散布于甚大之地面,兵分力单,一处受创,全局失势,故必聚积精锐,止保护紧要数处,即可固守'等语。所论极为精切。中国兵船甚少,岂能往堵敌国海口?上策固办不到,欲求自守,亦非易言。"至于固守之法,他认为,大要分为两端:"一为守定不动之法。如口内炮台壁垒格外坚固,须能抵御敌船大炮之弹,而炮台所用炮位,须能击破铁甲船,又必有守口巨炮铁船,设法阻挡,水路并藏伏水雷等器。一为那移泛应之法。如兵船与陆军多而且精,随时游击,可以防敌兵沿海登岸。是外海水师铁甲船与守口大炮铁船,皆断不可少之物矣。"① 其基本思想是,大力加强重点海口防御,以陆防为主,兵船与陆军相互配合,随时游击,防敌兵登岸为上策。王文韶亦有同见,如称:"水师固不可废,而所重尤在陆防;防亦不必遍设,而所重专在扼要。"提出:"水师不必迎战,但令游弋海上,伺其来攻陆防,即从后袭其轮船,以分兵势。"② 两江总督李宗羲甚至建议:"以陆兵为御敌之资,以轮船为调兵之用。"③ 可见,当时议海防者尚未认识到水师是一支能够独立作战和机动性很强的军种,因此主张以陆守为基本防御方针,将水师视为陆师的附属之物,也就很自然了。

以上所述,主要概括了当时一些封疆大吏们对海防问题的观点。应当说,他们的认识,特别是对于陆防与海防、战与守问题的主张,

---

① 《筹办海防折》,《李文忠公全集》奏稿,卷二四,第16~17页。
② 《湖南巡抚王文韶奏》,《筹办夷务始末》(同治朝)卷九九,第60页。
③ 《两江总督李宗羲奏》,《筹办夷务始末》(同治朝)卷一〇〇,第3页。

还是相当滞后的,仍未从根本上摆脱中国传统的陆防主义的束缚。同他们相比,早期维新思想家郑观应的见解则具有较多的积极内容。他在1875年编成的《易言》一书,其36篇本有《论水师》一文,20篇本有《水师》一文,可为他在此时期论述海防问题的代表作。郑观应的海防观也可主要归纳为3点:

其一,是炮台与外海水师相表里,并特别重视铁甲船的作用。"筑台必照西式之坚,制炮必如西法之精,守台必求其人,演炮必求其准。使与外洋之水师轮船,表里相资,奇正互用,庶海滨有长城之固,敌人泯觊觎之心。"因此,"为今计,宜合直、奉、东三省之力,以铁甲船四艘为帅,以蚊子船四艘、轮船十艘为辅,与炮台相表里,立营于威海卫之中,使敌先不敢屯兵于登郡各岛。而我则北连津郡,东接牛庄,水程易通,首尾相应。彼不能赴此而北,又不便舍此而东。就令一朝变起,水陆夹击,先以陆兵挫其前锋,后以舟师捣其归路。即幸而胜我,彼亦不敢久留;败则只轮片帆不返,则北洋之防固矣"[①]。

其二,是水师编分四镇,派水师大臣统之。"综计天下海防,莫如分设重镇,势成犄角,以静待动,以逸待劳。拟合直、奉、东三口为一镇,江、浙、长江为一镇,福建、台湾为一镇,粤省自为一镇。编分四镇,各设水师,处常则声势相联,缉私捕盗;遇变则指臂相助,扼险环攻。""四镇水师提督外,另派一谙练水战阵势者,为统理海防水师大臣,专一事权,遥为节制,时其黜陟,察其才能,事不兼摄乎地方,权不牵掣于督抚。优其爵赏,重其责成。取西法之所长,补营规之所短。除弊宜急,立志宜坚,用贤期专,收功期缓,行之以渐,

---

[①]《论水师》,见夏东元编《郑观应集》上册,上海人民出版社,1982年,第128~129页。

持之以恒。十年之后，有不能争雄于外域者，无是理也。"①

其三，是外洋与海口并重，以战为守。针对"守外洋不如守海口，守海口不如守内河之说"，指出："今若置外洋、海口于不问，则设有师其故智，疲挠我师者，既难节节设防，人将处处抵隙。前明倭寇，殷鉴不远，固未容偏执一说耳。"因此强调："查前代但言海防，在今日当言海战"；"不能战即不能守"。即必须发挥大队水师在外海的"冲突控驭"作用。②

在当时说来，郑观应的海防观确有其独到之处。与同时代的洋务派代表人物丁日昌、李鸿章等相比，其见解要更胜一等，也先进得多。惜乎曲高和寡，知音者少，响应者也就寥寥无几了。

第三时期，从1879年到1884年，为近代海防论的深化时期。1879年，日本悍然吞并琉球，改为冲绳县，再次引起朝野对日本侵略野心的警惕。于是，日军侵台事件所引起的"海防议"刚沉寂下来之后，日本吞并琉球事件又唤起了人们对海防问题的极大关心。

1879年，翰林院侍读王先谦上疏条陈洋务，其中对海防问题颇有建言，他反对"以守为战"之说，而认为海军应采取攻势战略，以战为守。他指出："夫目下筹经费备船械，原以先固海防，非遽轻言海战。然通南北九千里之洋面，必在在筹防，毫无渗漏。我不敢出洋一步，坐待敌人来攻，而竭力以御之，虽愚者亦知守之不尽可恃也。故必能战而后能防。既能战矣，焉有值可乘之隙而不乘，坐待他人之我侮乎？"③

继王先谦之后，内阁学士梅启照亦于1880年12月3日密陈海防

---

① 《论水师》《水师》，《郑观应集》上册，第129、216页。
② 《论水师》《水师》，《郑观应集》上册，第128~129、215页。
③ 王先谦：《条陈洋务事宜疏》，见葛士浚编《皇朝经世文续编》卷一〇二，第12页。

十条。认为：" 火轮者水师之利器，而铁甲者又利器中之利器也。"泰西各国之所以狡焉思逞，心怀叵测，"究其所以轻视者，皆因中国水师不尚轮船，且无铁甲也"。梅启照特别重视铁甲船，是同他的战守观相联系的。他说："臣愚以为战、守、和三字，一以贯之也。何也？自古及今，断未有不能战而能守，不能守而能和者也。"但是，他又不赞成无备而战，强调"战则必须大铁甲船"。铁甲船既备，"以铁甲御铁甲，势既均矣，力亦敌矣，然后以逸待劳，以主待客，以静代动，敌且望而生畏，斯能战能守而自能和，长治久安之道得矣"①。力请严防东洋、设立外海水师提督和饬下海疆练习水战。

大约在此前后，候补道王之春撰成《蠡测卮言》十三篇，其第6篇《修船政》即谈海防之作。1879年日本吞并琉球后，南洋大臣沈葆桢曾派他渡日探查情况。他往返月余，亲历长崎、横滨等地，颇有所得，感触良深，因于归国后写成此篇。他认为："方今要务，全在战守，兵船为急，商船为辅，其事须并行而不悖。""将来出洋征剿，必须铁甲船十数号，以备战攻。"主张中国外海水师应分为北洋、中洋、东洋、南洋四镇；重点经营北洋之防。指出："若以直、东、奉为一镇，以铁甲船或碰船数号，以蚊子船、转轮船十余号，立营于旅顺口并威海卫之中，添筑炮台，相为表里，又设分防于大连湾，据奉、直之要隘，则北可以联津郡，东可以接牛庄，则北洋之防固。"② 所论多深中肯綮。

此时，李鸿章的海防思想也发生了明显的变化，即从陆防为主、

---

① 《内阁学士梅启照奏筹议海防折》，《清末海军史料》，第15~20页。
② 王之春：《蠡测卮言·修船政》，见《清朝柔远记》（中外交通史籍丛刊），中华书局，1989年，第376~378页。按：或谓《蠡测卮言》作于光绪四五年间，即1878或1879年（见点校者赵春晨先生为该书所写之前言）。所定时间似乎早了一些。因《修船政》一篇中曾引用沈葆桢以未办铁甲船为憾事的遗折，据知沈卒于光绪五年十一月初六日（1879年12月18日），故《蠡测卮言》的成书时间不会早于光绪五年冬，定为光绪五六年间（1879或1880年）较妥，而定稿于1880年的可能性最大。

水陆配合，发展到海陆并重、"水陆相依"①，这是其海防战略思想的一大进步。虽然他并不同意王先谦的攻势战略思想，暗讽其为"空谈无实"②，但终于认识到铁甲船在水师中的核心地位和在外海的机动作战能力了。如早在1879年12月11日，他即奏称："夫军事未有不能战而能守者。况南北洋滨海数千里，口岸丛杂，不能处处设防，非购置铁甲等船，练成数军，决胜海上，不足臻以战为守之妙。……中国即不为穷兵海外之计，但期战守可恃，藩篱可固，亦必有铁甲船数只，游弋大洋，始足以遮护南北各口，而建威销萌，为国家立不拔之基。"③ 又谓："北洋为京畿门户，处处空虚，无论何国有事，敌之全力必注在北，若无铁甲坐镇，仅恃已购之碰快、蚊船数只，实不足自成一队，阻扼大洋，则门户之绸缪未周，即根本之动摇可虑。……盖有铁甲而各船运用皆灵，无铁甲则各船仅能守口，未足以言海战也。"④

李鸿章之所以屡次恳奏购置铁甲船，是因为日本吞并琉球之后，他进一步认识到日本必为中国永远之大患，因此决定以赶超日本为目标。他于1880年3月29日奏称："中国购办铁甲船之举，中外倡议，已阅七年。沈葆桢、丁日昌等断断持论，以为必不可缓。臣深韪其说，只以经费支绌，迄未就绪。近来日本有铁甲三艘，遽敢藐视中国，耀武海滨，至有台湾之役，琉球之废。彼既挟所有以相陵侮，我亦当觅所无以求自强。前李凤苞来函，谓：'无铁甲以为坐镇，无快船以为近敌，专恃蚊船，一击不中，束手受困，是直孤注而已。'洋监督日意格条议，亦谓：'能与铁甲船敌者，惟铁甲船；与巡海快船敌者，

---

① 《筹议购船选将折》，《李文忠公全集》奏稿，卷三五，第27页。
② 《筹议购船选将折》，《李文忠公全集》奏稿，卷三五，第47页。
③ 《筹议购船选将折》，《李文忠公全集》奏稿，卷三五，第28页。
④ 《定造铁甲船折》，《李文忠公全集》奏稿，卷三七，第33~34页。

惟快船。故邻有铁甲，我不可无。若仅恃数号蚊船，东洋铁甲往来驶扰，无可驰援，必至误事'等语。日意格由法国水师出身，现带艺徒在洋学习制驶，闻见既确，多阅历有得之言。……土耳其八角船吃水十九尺九寸，用之中国海面，抵御日本及西洋来华之铁甲，最为相宜；且甲厚样新，似出日本铁甲之上。日本闻我有利器，当亦稍戢狡谋。"并谓："若机会一失，中国永无购铁甲之日，即永无自强之日。"①

对于内阁学士梅启照的条陈，李鸿章持基本赞同的态度，在1881年1月10日《议复梅启照条陈折》中称其"诚思预防绸缪未雨之至针"。他赞成战、守、和三字"一以贯之"的观点，称："从来御外之道，必能战而后守，能守而后能和。无论用刚用柔，要当预修武备，确有可以自立之基，然后以战则胜，以守则固，以和则久。"指出严防东洋之论与己意正合："查日本国小民贫，虚骄喜事。长崎距中国口岸不过三四日程，揆诸远交近攻之义，日本狡焉思逞，更甚于西洋诸国。今之所以谋创水师不遗余力者，大半为制驭日本起见。"

李鸿章似特别欣赏梅启照请设外海水师提督和令海疆提镇练习水战之议，提出："北洋俟铁甲二船购到，海上可自成一军，拟请设水师提督额缺，其体制应照长江水师提督之例，节制北洋沿海各镇，按期巡洋会哨，以专责成。"认为："令海疆提镇练习水战，大致即是设立外海水师之说。梅启照谓水能兼陆，陆不能兼水，敌船可以到处窥伺，我挫则彼乘势直前，彼败则我望洋而叹，洵系确论。"还进一步指出："夫水师所以不能不设者，以其化呆著为活著也。今募陆勇万人，岁饷约需百万两，然仅能专顾一路耳。若北洋水师成军，核计岁饷亦不过百余万两，如用以扼守旅顺、烟台海面较狭之处，岛屿深隐之间，出没不测，即不遽与敌船交仗，彼虑我断其接济，截其归路，

---

① 《议购铁甲船折》，《李文忠公全集》奏稿，卷三六，第3~4页。

未必无徘徊瞻顾之心。是此项水师果能全力经营，将来可渐拓远岛为藩篱，化门户为堂奥，北洋三省皆在捍卫之中。其布势之远，奚啻十倍陆军?"①"化呆著为活著""拓远岛为藩篱"等论，表明李鸿章认识到海军既具有机动作战的作用，可以将防御领域由海口拓宽到外海，这是他的海防战略思想的一大发展。

此后，有关海防的议论渐趋实际，所论内容较为注重实践。薛福成时在李鸿章幕中，是李鸿章办理洋务的重要助手，对海防问题时时参加意见。1881年夏，翰林院侍讲张佩纶至天津，薛福成与之讨论北洋水师事宜后，草成《酌议北洋海防水师章程》十四条。认为拟议中的北洋水师，应包括大小兵船39艘，其中铁甲船2艘，碰快船3艘，新式木壳大兵轮船4艘，二等兵轮船4艘，师丹式蚊船8艘，根钵小轮船8艘，水雷船10艘。"以津沽为大营，酌量分布辽海旅顺、大连湾、东海烟台、威海卫等第一重要口，不时巡哨操练。……每岁春秋二季调集各船大操一次。一旦有事，则铁甲、碰快及大兵轮可战可守，可以驰援追击；蚊船可以守港；根钵船可备浅水巡剿之用；二等兵轮可以运兵送信，壮威助战；水雷船依附铁甲等大船，亦为战守所必用。"②添设外海水师提督，建阃津沽，受北洋大臣节制。

此外，北洋可以将防御区域拓展至渤海海峡。"一旦有警，则以铁甲及大兵轮船分排横亘于旅顺、北隍城岛之间，扼截敌船，不使北上；即有一二闯越者，彼接济既断，又惧我师袭其后，心孤意怯，必且速退。如此，则大沽、北塘不守自固，燕齐辽碣之间，周围洋面数千里，竟成内海，化门户为堂奥，莫善于此。"北洋水师建成之后，南洋如法办理，闽、粤两省再合力创成一军，"正符原议化一为三之

---

① 以上均见《李文忠公全集》奏稿，卷三九，第30、33~34页。
② 刘锦藻：《清朝续文献通考》（四）卷二二七，《兵考》二六，《海军》，浙江古籍出版社影印本，1988年，第9729页。

说"。果真如此，即实施以攻为守之上策，又有何难？"万一强敌凭陵，则合南北洋之力，可以一战；若东人不靖，应将蚊船各守其口，由三军抽简精锐，分道趋长崎、横滨、神户三口，彼当自救之不暇，安敢来扰？此以攻为守之妙术也。"①

《酌议北洋海防水师章程》将"以攻为守"确定为创设水师的指导思想，并多着眼于水师制度的改革，对北洋海军的建立做出了一定的贡献。1888年所订《北洋海军章程》，虽已在7年之后，局势又渐有异同，然仍多有采择，可见其所论之精当了。

1882年10月31日，翰林院侍讲何如璋亦就海防问题向朝廷建言，提出整顿水师事宜六条，即立营制、编舰队、办船等、勤训练、谋并省、精选拔。所论多系整顿水师应办事项。他强调创设外海水师，将防御领域扩大到外海。特别重视水师的分防与指挥统一的问题，建议："请旨特设水师衙门，以知兵重臣领之，统理七省海防，举一切应办之事，分门别类，次第经营。并将现有之兵船调齐，定为等差，编成舰队，分布合操以资练习，按年责效，不效则治其罪。固海防，张国威，计无逾于此者。"②

当时，马建忠已从法国获博士学位回国，正为李鸿章办理洋务，披览何如璋之奏章，对其所陈六事颇有同识，因就其所论加以引申和诠释，并附以己见，上书李鸿章。他以其渊博的西学知识和对西方海军的深切了解，在书中对水师的领导体制、水师的教育和训练、水师人才的选拔、水师营制的建立、水师规章制度的制订、舰队编成等等，都做了非常具体而深入的说明。其中，尤为值得注意的有四点：

一、强调水师的统一领导。"酌设水师事宜分条为六，尤以设立

---

① 刘锦藻：《清朝续文献通考》（四）卷二二七，《兵考》二六，《海军》，第9730~9731页。
②《翰林院侍讲学士何如璋奏》，《洋务运动》（丛刊二），第532~534页。

水师衙门为重，诚深得整顿中国水师之要领。"否则，"徒以分省设防，划疆而守，遇有事变，拨调他省师舰以为接济，而号令不齐，衣械不一，平日既无统属之分，临时难收臂指之效"。①

二、水师厘定制度应借鉴外国，以垂永远。"我中堂殚精竭虑，整备水师，立有机器、支应、船坞各局，规模亦已略具。然问途必于已经，立法贵求至善。英、法创立水师，百有余年至于今，举数十万水师之将士，而人皆自爱，事尽称职，举数万万之帑金而无丝缕之虚糜，无分毫之浮报者，岂以外洋之人贤于中国哉？亦法制使然也。……中国水师创制伊始，非得一大有力者，将一切制度为之厘定，俾得张弛因革，悉协机宜，以垂百世令典，将继起者何以为萧规曹随哉？"②

三、船的功用不同，配用得当，始可应变。何谓应变？足以战于外海也。"攻远之船，以铁甲为最，而仍宜配用快舰、防舰、雷艇，方足应变。西国水师公会尝论之曰：'近有谓甲舰、快舰、防舰三种宜分用，无须配用者，不知三种之船功用虽异，而以之应变，缺一不可。'凡海洋巡哨，当有头、二号甲舰数艘外，有快舰十余艘，携带雷艇数十只，更有水炮台式之防舰数舰尾之。海洋迎敌，则甲舰居中，其快舰、雷艇进则冲锋陷阵，退则左右甲舰并力攻击，水炮台常随甲舰远发巨炮，以补快舰之不逮。夫水师之有快舰、甲舰、防舰，犹陆军之有步队、马队、炮队，互有功用，其名虽异，其效实同。此应变之说也。"因此，中国水师欲具备应变之力，必须将各类战舰添置齐全。"统计中国海疆绵亘之长，四倍于英，六倍于法，十倍于德，几埒于美，而弱于俄，至少约需铁甲六艘，大、中、小三号快舰各十二

---

① 马建忠：《上李伯相复议何学士如璋奏设水师书》，《适可斋记言记行》记言卷三，文海出版社影印本，第1页。按：原书是篇题下注曰"辛巳冬"，一似作于光绪七年冬者。然窃有疑焉。盖何如璋奏设水师书乃光绪八年壬午九月事，马建忠怎能早在辛巳冬即复议何书？故"辛巳冬"当为"壬午冬"之误。
② 马建忠：《上李伯相议何学士如璋奏设水师书》，《适可斋记言记行》记言卷三，第2~3页。

艘，一切船身、机器、炮式前议。除已订铁甲二艘、已购中号快舰二艘，以及闽厂制成铁协船三艘外，尚须铁甲四艘，价约六百万；大号快舰十二艘，价约一千二百万；中号快舰七艘，价约四百二十万；小号快舰十二艘，价约三百六十万。统计二千五百八十万两，以九年分计，每岁制造经费二百八十六万有奇，尚不及英、法、德、俄各国每年续添新船经费四分之一。"①

四、设防宜有次第。"查西国水师建闸择地，其要有六：水深不冻，往来无间，一也；山立屏障，以避风飓，二也；路连腹地，以运糗粮，三也；土无积淤，可建坞澳，四也；口滨大洋，以勤操作，五也；地出海中，以扼要害，六也。……细考滨海各口海势，与六要相合者，此惟旅顺，南惟北馆，可以设营，可以建澳，可以造坞，足为水师之重镇。他如澎湖，可以扼守闽、广、台湾；定海、胶州澳，足可顾及江、浙；庙岛、威海卫，可为旅顺犄角；海洋岛，东可控制朝鲜，西可屏蔽辽海。至朝鲜全罗道之巨文岛，尤当仿照英国据有地中海玛尔岛之意，设防驻泊，以为防御俄、倭往来之路。比皆天造地设以卫我东南数万里海疆要害之区。""然而设防有次第焉，兴工有先后焉。辰下开办水师以北洋为最要，而北洋水师以旅顺为归宿，是宜竭力经营。九年之间，先使旅顺屹然成一重镇，则北洋之门户可固；海洋岛、庙岛、威海卫三处，亦宜及时布置；继及北馆、澎湖；终及定海、胶州。至洋人垂涎之巨文岛，尤当早为之计。此设防之次第也。……至长江吴淞、虎门、南澳等处，统由水师衙门按季轮派兵舶梭巡；以其余力，则分年拨派甲舰、快舰先往邻近岛国，继往欧美各国，环游东西大洋，以彰国威，以练将士，计无有逾于此者。"②

---

① 马建忠：《上李伯相议何学士如璋奏设水师书》，《适可斋记言记行》记言卷三，第16~19页。
② 马建忠：《上李伯相复议何学士如璋奏设水师书》，《适可斋记言记行》记言卷三，第19~20页。

马建忠构想的是一项宏伟的发展海军的蓝图，其九年规划，目光远大，目标明确，就是要把中国的海防第一线推向外海，不仅能化门户为堂奥，甚至化外海为门户。然发展海军需筹巨款，否则仍是空谈。据他统计，大小金川之战前后5年，用款7000万两；镇压川、楚白莲教起义，筹款逾一亿两；与太平军、捻军作战长达10余年，耗项近数亿两。而且自道光二十二年（1844年）以来，历次对外赔款亦积至5000万两。所以，他认为，筹此巨款并非不能解决，关键在于当局是否有此决心。"今日承平，反不能筹此巨款乎？抑曩时患气已成，故应力为罗掘；今日患犹未见，不妨姑事因循乎？然则曰不能者，非不能也，是不为也。苟欲有为，则中国何事不可筹款，亦何在不可筹款！"马建忠披肝沥胆，大声疾呼，唯恐中国失去这一百年难逢的发展海军的最后历史机遇。同时，他也十分乐观地预计，若真能决心发奋图之，行之9年，中国的海防建防建设必定全然改观。"窃计九年之中，以之训将可得三百人，以之练兵可得万余人，以之制造可得四十余号，以之设防可得要害五六处，本三年求之深心，为十年教训之远略，未有不能称雄海上者。"①

至此，中国近代海防论的发展似已到达顶峰，难以再前进一步了。后之议海防者虽颇不乏人，然皆不出上述诸家的范围，或重复议论，或改变提法，甚至在海防战略思想上有所倒退，再也提不出多少有价值的新见了。其后，经过中法战争，清政府决定大治水师，北洋海军也终于成军。但是，海防战略思想发展的停滞固然是清朝最高决策者对发展海军犹豫不决和决心不足，反过来必然要严重地影响海军建设的进一步发展。甲午战争爆发之前，中日两国海军未来海上角逐的结果，似已不问而知了。

---

① 马建忠：《上李伯相复议何学士如璋奏设水师书》，《适可斋记言记行》记言卷三，第23~26页。

第六章　甲午中日海战

第一节　战前的日本海军

甲午海战,是清朝海军面临的一次最严峻的考验。它的对手,已经不是西方列强,而是中国的近邻、新兴的具有军事封建性质的资本主义国家日本。

早在幕府时代,日本的封建军阀及其御用学者即多次发出入侵大陆的战争叫嚣。18世纪90年代,江户后期的经世思想家本多利明在《西域物语》中发出的"复兴的第一声",就是大谈侵占中国东北等地的论调。1823年,佐藤信渊在《宇内混同秘策》一书中更加狂妄地宣称:"皇大御国乃天地间最初成立之国,为世界各国之根本。"皇国号令世界各国乃是"天理"。根据这一"天理",日本要首先并吞中国东北,继而将中国的全部领土划归日本版图,而后从东南亚进军印度,"合并世界各国"。①

到幕府末期,日本也同中国一样,受到西方资本主义国家的侵略,

---

① 井上清:《日本帝国主义的形成》,人民出版社,1984年,第1~2页。

被迫签订了一系列不平等条约。如何摆脱日本深重的民族危机？一些号称"明治维新先驱者"的人士，把本多利明、佐藤信渊等人的主张进一步具体化了。如吉田松阳说："趁此时机培养国力，分割易于攻取之朝鲜、满洲、中国，将同俄、美交易中之损失，复以鲜、满土地补偿之。"桥本左内则主张"尽量依赖美国"，"以俄国为兄弟唇齿，掠夺邻国乃当务之急"。① 这种以屈从西方列强和侵略中国、朝鲜为日本出路的想法，实际上是一种"远交近攻"的策略。这在当时的日本已成为一种社会思潮。

英、法两国发动侵略中国的第二次鸦片战争后，日本鹿儿岛藩主岛律齐彬见中国"一弱至于如斯"，便又大弹入侵大陆的老调："先发制人，后发制于人。以今日之形势论，宜先出师，取清之一省，而置根据于东亚大陆之上。内以增日本之势力，外以昭勇武于宇内。"他主张先从侵占台湾、福州二地入手，再扩大侵略范围。但是，日本是个岛国，要想跨海入侵大陆，没有海军是不行的。因此，他建议扩充海军："惟无军舰，则不足以争长海上。故当今之计，又以充实军备为急图。"②

幕府倒台后建立的天皇政权，接受了其先驱者的衣钵，而且准备将他们所鼓吹的海外扩张论付诸实行。1867 年，明治天皇睦仁登基伊始，即颁布诏书，宣称："朕今与百官诸侯相誓，欲继述列祖之伟业，不问一身艰难辛苦，亲经营四方，安抚汝亿兆，遂开万里之波涛，宣布国威于四方。"③ 翌年 10 月，睦仁又谕令军务官："海军为当今第一

---

① 井上清：《日本帝国主义的形成》，第 9 页。
② 王芸生：《六十年来中国与日本》卷一，三联书店，1979 年，第 63~64 页。
③ 东京博文馆编：《日本维新三十年史》，第 2 编，第 1 章，《改革时代》。

急务，务必从速建立基础。"① 明治政府一建立，就极富侵略性，开始了以发展海军为中心的扩军备战活动。

日本有军舰，始于 19 世纪 50 年代。当时，荷兰政府见日本急需轮船，便以一艘小军舰赠送幕府，命名为"观光"舰。1855 年，"观光"舰驶抵长崎。幕府决定效法欧洲海军，派胜安房等为传习生，从荷兰人学习航海。设厂仿造西式船只。这是近代日本发展海军之始。到幕府末期，日本共拥有军舰 10 艘。其中，接受赠送两艘，名"观光""蟠龙"；购进 7 艘，名"咸临""朝阳""富士山""回天""开阳""卡牙那岩""斯通倭尔"；自造 1 艘，名"千代田形"。此皆渺乎小舰，无足道者。

明治维新后，日本政府逐步收编幕府的军舰。到 1870 年，尽收各藩船只，皆归兵部省管理。又从英国购进了"筑波""肇敏"两舰。同年，普法战争爆发，日本政府虽宣告局外中立，却以军舰警戒沿海。将军舰编为三队，每队 3 艘，分别防守横滨、兵库和长崎。这是日本海军正式编队之始。同时，还聘请英国海军大尉苟士为教习，在横滨操练"龙骧"舰，命各舰观摩，以熟悉操练之法。翌年，日本成立常备舰队，包括各有 4 艘军舰的两个编队。设测量船和练习船。1872 年，为加强军事领导机构，日本政府撤销兵部省，改设陆军、海军两省。隶于海军省的军舰共 14 艘："有东""龙骧""筑波""富士山""春日""云扬""日进""第一丁卯""第二丁卯""凤翔""孟春""乾行""千代田形""摄津"。另有运输舰 3 艘："大坂""春风""快风"。其中，2 000 吨级的唯有"龙骧"1 艘，1 000 吨

---

① 内田丈一郎：《海军辞典》，弘道馆，1934 年，第 1 页。

级也只有"有东""筑波""春日""富士山""日进"5艘。其余都是几百吨的小舰。总排水量不过18 332吨。至此，日本海军算是初具舰队规模了。

日本有了这样一支不大的舰队，就准备实行军事冒险。1874年，日本借口琉球船民被台湾土著居民杀害事件，发兵侵台，从琅峤登陆。清政府下令布防，调集大军至台。日军处境不利，不得不撤离台湾。侵台的失败，使明治政府深感舰船之不足。翌年，日本军舰"云扬"号侵入朝鲜江华湾，迫使朝鲜签订了《江华条约》。这个条约是强加给朝鲜的不平等条约，它确认了朝鲜单方面开放港口，并使日本在朝鲜获得了领事裁判权等特权。日本靠军舰迫使朝鲜"开国"，使谋划已久的大陆政策迈出了第一步，开始尝到了发展海军的甜头。所以，在日舰侵入江华湾的当年，日本又向英国订造了"扶桑""金刚""比睿"三舰，到1877年造成。"至是，日本军舰始稍有足观者。"[1]

1878年，日本设立参谋本部，直属于天皇，成为独立于政府之外的军令机关。参谋本部一建立，便积极准备贯彻既定的大陆政策。翌年秋，派遣桂太郎中佐等10余名军官潜入中国和朝鲜，进行军事侦察，为日后入侵大陆做准备。桂太郎一行回国后，起草了一份《对清作战策》。1880年，又派小川又次少佐等10余人到中国各地调查。在间谍进行大量调查的基础上，参谋本部编纂了详述中国兵备的《邻邦兵备略》六册，由参谋本部部长山县有朋呈送睦仁。山县在《进邻邦兵备略表》中提出了"强兵乃是富国之本"的军国主义原则，强调日本当务之急为扩充军备。第二年，日本便决定大力扩建海军，议造新

---

[1] 东京博文馆编：《日本维新三十年史》，第3编，第2章，《创立海军下》。

舰每年3艘，以20年为期，拟共造60艘。

1882年，在朝鲜汉城爆发了壬午兵变，这是亚洲发生的第一次反日暴动。虽然日本政府利用这次兵变迫使朝鲜签订了《济物浦条约》，取得了在朝鲜的驻兵权，从而把自己的军事力量第一次扩张到大陆，但也感到了力量之不足，所以在兵变发生时连派遣军舰都十分困难。右大臣岩仓具视在内阁会议上发言，极力强调扩大海军的迫切性。他说："目前既已如此，待至他年清帝国舰队大体完备之日，我国如仍止于今日之状态，则将何以备缓急？"① 当时，日本能够用于实战的军舰有铁甲舰"扶桑"、钢骨木壳舰"金刚"和"比睿"3号，都只有两三千吨，而中国已向德国订造了7000多吨的铁甲舰"定远""镇远"和2000多吨的巡洋舰"济远"。因此，日本海军省以原定造舰计划限期太缓，难以适应急欲向外扩张的需要，要求提前实现，改为每年造舰6艘，8年内造舰48艘。同年12月，睦仁下谕扩充海军，每年支出300万元，以为造船费。然而，限于造船力量，日本在3年内自造军舰仅成4艘。这些军舰不是木制，就是铁骨木壳，而且都只有1000多吨，根本不能用于实战。

1884年，日本利用中法战争之机，在朝鲜策动政变，企图建立亲日傀儡政权。这就是有名的甲申政变。日本在阴谋遭到失败后，感到兵备仍然不足，发动入侵大陆的战争为时尚早。于是，明治政府便开始了10年的大陆作战准备活动。

1885年，明治政府决定进一步加速扩大海军，议造铁甲舰2艘、巡洋舰7艘、炮舰6艘，以组成4支舰队。为使此计划得以顺利完成，

---

① 《岩仓公实记》下卷，第910页。转见信夫清三郎：《日本外交史》上册，商务印书馆，1980年，第196~197页。

它一方面大力提高自造舰船的能力，一方面从英、法两国购进新式大型军舰。1886年，日本公布海军公债令，发行公债1700万元，作为第一期海军扩张经费。其中，除提出一部分设立镇守府，及充海防、水雷等费用外，大部用于造舰和购舰，并限定8年完成。根据这个计划，海军继设立横须贺镇守府之后，又开始建设吴和佐世保两地为军港，并规定吴港为大陆作战的后方基地，佐世保港扩大到足供出师准备之规模，以适应日后发动侵华战争的需要。

1886年8月，北洋海军提督丁汝昌率"定远""镇远""济远""威远""超勇""扬威"6舰出海操巡，经釜山、元山、永兴湾等处至海参崴，留"超勇""扬威"2舰俟吴大澂勘定俄界事毕驶回，其余4艘折赴长崎进坞修理。此时，日本盛传北洋舰队来到长崎；是为了交涉琉球归属问题。正值水手放假登岸，日本巡捕向前寻衅，堵住街巷，逢人便砍，街民亦持刀追杀。中国水手被迫自卫。双方皆有死伤。日本一时舆论沸腾，传出北洋海军大举来袭的谣言。当时，日本还没有一支敌得住北洋海军的舰队，只好于1887年2月实行妥协。此案的审理结果，使日本更进一步地认识到，要实行对外扩张而不加快发展海军的步伐是绝对不行的。

长崎事件刚处理完结，睦仁便于当年3月14日颁发敕令："立国之务在海防，一日不可缓。"① 拨出内帑30万元，以为充实海防之用。内阁总理大臣伊藤博文接受天皇的海防赐金后，在鹿鸣馆发表演说，呼吁一定要实现建设海国日本的理想。要求各方有志之士慷慨解囊，捐输海防献金。在睦仁带头和伊藤鼓动下，日本掀起了一股海防扩张热，半年之间所收集的海防献金达到了203万元。1889年，日本在法

---

① 信夫清三郎：《日本外交史》上册，第212页。

国订购的 4000 吨级"严岛"舰造成。又设吴和佐世保两镇守府。增加海军经费 107 万元，使本年度的海军经费达到 930 余万元，占国家财政总支出的 11.7%。若与陆军经费合计，则占国家财政总支出的 29.6%，达到了惊人的程度。同年，在东京湾大操舰队，这是日本海军大演习之始。1890 年，在法国订购的 4000 吨级"松岛"舰和英国订购的 2000 吨级的"千代田"舰先后造成。睦仁亲任大元帅，在尾张三河之间及伊势崎举行海陆军联合大演习。1891 年，仿"严岛""松岛"二舰造的"桥立"舰下水。"严岛""松岛""桥立"3 艘巨舰，号称"三景舰"，各配备 1 门 32 厘米口径的巨炮，以专门对付中国"定远""镇远"的 30.5 厘米口径大炮。到 1892 年 12 月，在英国订造的最新式的 4000 吨级巡洋舰"吉野"竣工。至此，明治政府预定的八年扩充海军计划基本完成。

与此同时，日本内阁正在酝酿更大规模的发展海军方案。计划在 9 年内建造 11000 吨级的铁甲舰 4 艘和巡洋舰 6 艘，经费为 5860 万元。当时，日本正陷于经济恐慌之中，增加预算的提案在议会未获通过，松方（正义）内阁因之倒台。伊藤博文再度组阁，他策动睦仁降诏："国防之事，苟缓一日，或将遗百年之悔。朕兹省内廷之费，六年期间每年拨下三十万日元。"[①] 命文武官员于同期内献纳其俸 1/10，补充造舰之费。这种以"圣断"压制议会的办法果然奏效。

迄于甲午战争爆发，日本海军已拥有各种舰只 33 艘，63 738 吨。如下表[②]：

[①] 信夫清三郎：《日本政治史》卷三，译文出版社，1988 年，第 258 页。
[②] 参见戚其章：《北洋舰队》，山东人民出版社，1981 年，第 73~74 页。

舰名	舰种	舰质	排水量（吨）	航速（节）	马力	炮数（门）	制造地	下水年代
筑波	炮	木	1 978	8.0	526	8	印度	1851
凤翔	炮	木	3 21	7.5	317	7	英	1868
天城	炮	木	926	11.0	720	7	日	1877
金刚	巡洋	铁骨木壳	2 284	13.5	2 535	9	英	1877
比睿	巡洋	铁骨木壳	2 284	13.5	2 535	9	英	1877
扶桑	装甲巡洋	铁	3 777	13.0	3 932	15	英	1877
盤城	炮	木	667	10.0	659	4	日	1878
馆山	练	木	543			2	日	1880
筑紫	巡洋	钢	1 372	16.0	2 433	12	英	1880
海门	巡洋	木	1 367	12.0	1 267	9	日	1882
天龙	巡洋	木	1 547	12.0	1 267	9	日	1883
和泉	巡洋	钢	2 967	17.0	5 576	27	英	1883
浪速	巡洋	钢	3 709	18.0	7 604	20	英	1885
高千穗	巡洋	钢	3 709	18.0	7 604	20	英	1885
大和	巡洋	铁骨木壳	1 502	13.0	1 622		日	1885
葛城	巡洋	铁骨木壳	1 502	13.0	1 622	9	日	1885
武藏	巡洋	铁骨木壳	1 502	13.0	1 622	9	日	1886
摩耶	炮	铁	622	10.3	963	6	日	1886
鸟海	炮	铁	622	10.3	963	4	日	1887
爱宕	炮	钢骨铁壳	622	10.3	963	4	日	1887
干珠	练	木	877	—		6	日	1887
满珠	练	木	877	—		6	日	1887

(续表)

舰名	舰种	舰质	排水量（吨）	航速（节）	马力	炮数（门）	制造地	下水年代
高雄	巡洋	钢骨铁壳	1 778	15.0	2 429	5	日	1888
赤城	炮	钢	622	10.3	963	10	日	1888
八重山	通信	钢	1 609	20.0	5 400	9	日	1889
严岛	海防	钢	4 278	16.0	5 400	34	法	1889
千代田	巡洋	钢	2 439	19.0	5 678	27	英	1890
松岛	海防	钢	4 278	16.0	5 400	30	法	1890
桥立	海防	钢	4 278	16.0	5 400	31	日	1891
大岛	炮	钢	640	13.0	1 217	10	日	1891
秋津洲	巡洋	钢	3 150	19.0	8 516	23	日	1892
吉野	巡洋	钢	4 225	22.5	15 968	34	英	1892
龙田	水雷炮	钢	864	21.0	5 069	6	英	1894

在大力扩充海军的同时，日本还改革军事领导体制。1885年3月，以应付变幻莫测的东方形势为由，设置了作为陆海军联合审议机构的国防会议。5月，陆军决定设置监军，以保证在对外战争爆发时，能够立即率领由两个师团编成的军团出征。1889年2月，日本枢密院公布《大日本帝国宪法》，规定统率海陆军的军令大权归于天皇。12月，山县有朋出任内阁总理大臣，于3个月后发表《外交政略论》，提出：在日本领土的"主权线"外侧，还有与日本"主权线"安危严密关联的地区即"利益线"；日本不仅要保有"主权线"，还要保卫"利益线"，而日本"利益线的焦点"是朝鲜。山县的这种军国主义言论，是为尔后日本发动侵略战争提供"理论"根据。1893年5月19日，睦仁批准了《战时大本营条例》。这个条例的实施，表明日本已

经完成了大陆作战的准备。同时，还批准了《海军军令部条例》，为出师作战和海岸防御做准备。10月，山县又提出《军备意见书》，强调日本"应作为准备，一有可乘之机，即应主动采取行动，收取利益"[①]。可见，日本为发动一场大规模侵略战争已经在跃跃欲试了。

为适应大陆作战的需要，明治政府还着手整顿舰队编制。先是，日本将全国海岸划为5个海军区，分属于3个镇守府：横须贺镇守府，辖第一、第五海军区；吴镇守府，辖第二海军区；佐世保镇守府，辖第三、第四海军区。1894年7月10日，为了对舰队实行集中领导，取消按区域划分舰队的办法，将全国海军分为常备和警备两个舰队。19日，又把警备舰队改称西海舰队，并将常备、西海两舰队组成联合舰队，以海军中将伊东祐亨为联合舰队司令官，海军大佐鲛岛员规为参谋长，海军少将坪井航三为先锋队司令官。

日本大陆作战的准备既已就绪，便只等挑起战端的时机了。

第二节　初战丰岛

一　日本海军的丰岛突袭

1894年春，朝鲜爆发了东学党起义。起义军提出的"逐灭洋倭""尽灭权贵"口号，反映了这次起义具有反帝反封建的性质。日本早就蓄谋入侵大陆，当然不会错过这个时机。于是，当朝鲜政府向中国求援时，便以"必无他意"的虚伪保证诱使清政府上钩。清政府果然派兵5营赴朝，同时按《天津条约》的规定通知了日本。其实，在此

[①] 信夫清三郎：《日本外交史》上册，第163页。

以前的 6 月 2 日，日本内阁会议早就做出了向朝鲜派兵的决定。当天，日本海军即着手进行动员并做好挑起战争的准备。

到 7 月间，日本在朝鲜的军事力量已居于绝对优势，决意挑起衅端。到 25 日早晨，日本联合舰队便在牙山口外的丰岛海面不宣而战，对北洋舰队发动了突然袭击。

原来，李鸿章见朝鲜局势日趋紧张，日本不但反对与中国共同撤兵，反而继续增派军队入朝，遂决定抽调仁字军精锐 2000 余人赴朝，以加强驻牙山的叶志超军，并派军舰护航。7 月 22 日，丁汝昌奉李鸿章之命，派"济远""广乙""威远"三舰由威海出发，以副将"济远"管带方伯谦为队长，护卫"爱仁""飞鲸"等运兵船到牙山。丁汝昌本想率海军大队随后接应，但此意见为李鸿章所否定。23 日，"济远"等三舰驶抵牙山。24 日下午 5 时半，方伯谦接"威远"管带林颖启报告，获悉"倭大队兵船明日即来"①。方见情况紧急，而"威远"是木船，不能承受炮火，且行驶迟缓，万一出口遇敌，徒然损失一船，便令"威远"于当晚先行驶离牙山回国。25 日凌晨 4 时，"爱仁""飞鲸"二船的兵员和辎重皆已上岸，方伯谦不敢耽搁，便率"济远""广乙"起碇返航。不料 3 个多小时后，"济远"和"广乙"正与来袭的日舰遭遇。

早在 7 月 20 日，日本大本营已经掌握了清政府增兵和北洋舰队护航的计划。日方是怎样得到这个情报的呢？对此，历来猜测纷纷，莫窥底蕴。有记载说：潜伏天津的某日本间谍，用金钱贿赂天津电报局的电报生，得到了北洋舰队出海的时间。② 这只是一种捕风捉影之谈，是不可能有的事情。因为对于有关军情的电报，只用密码传送，而根

---

① 邵循正等编：《中日战争》（中国近代史资料丛刊）（六），新知识出版社，1956 年，第 84 页。
②《中日战争》（丛刊一），第 17~18 页。

据当时的《寄报章程》，电报生只负责收发密码，"不能蟠查以防泄漏"①。因此，电报生是不可能得知密码内容的。还有记载说：天津军械局的一个老书吏，送情报给日本间谍，所以日本的袭击能够准时。②战争爆发后不久，在天津拿获了日谍石川伍一，供出贿赂天津军械局书吏刘棻，为之传送情报等情节。此案曾轰动一时，朝野为之震惊。当时人们认为，日本海军对北洋舰队实行突然袭击，与刘棻提供的情报是有关的。其实，问题并不是如此简单。当时，日本最需要的是两种情报：一是中国向朝鲜运兵的情报；二是北洋舰队护航的情报。日本要搞到第一种情报并不困难。在中日两国宣战之前，大批日谍一直麇集天津，四处侦察，无孔不入，活动相当猖狂。甚至对海口码头重地，清政府及地方当局也不加戒备，"令在华倭人自如侦探"③。据目击者称，中国运兵船从塘沽启航时，即见日人在码头往来不绝，竟然有的下到舱内，手持铅笔将所载之物逐一记数。德国商人满德证实，日人对"爱仁、飞鲸、高升船载若干兵，若干饷，何人护送，赴何口岸"，"无不了彻于胸"。④清政府运兵的情报就是这样被日本得到的。

至于日本得到北洋舰队护航的计划，则得力于日谍宗方小太郎的活动。宗方奉命潜伏于烟台，专门窥探北洋舰队的行踪。他时而化装密赴威海卫侦察，时而派侦察员监视北洋舰队的动静。16日，探知"济远""威远"二舰将去朝鲜。19日，又获悉北洋舰队"已作战备，将于今日或明日相率赴朝鲜"⑤，随即转报东京。20日，日本大本营便

---

① 中国电报总局：《中国电报新编》，第3页。转见赵梅庄：《"天津电报生出卖高升号开船时间"说辨析》，《中日关系史论集》第2辑，吉林人民出版社，1984年，第80页。
② 池仲祐：《海军实记·述战篇》（亦作《甲午战事记》），见戚其章主编：《中日战争》（中国近代史资料丛刊续编）（六），中华书局，1993年，第8页。
③ 陈旭麓等主编：《盛宣怀档案资料选辑之三·甲午中日战争》（上），第31页。
④《盛档·甲午中日战争》（下），第103页。
⑤《宗方小太郎日记》（稿本）。见《中日战争》（丛刊续编六），第110页。

接到了北洋舰队即将启碇赴朝的情报。所以，宗方的密友绪方二三后来说，丰岛突袭之功，多亏宗方情报之及时。①

接获情报的当天，日本新任海军军令部部长桦山资纪中将便带着参谋总长有栖川炽仁亲王的密令，乘山城丸由横须贺出发，驶向联合舰队聚泊待命的佐世保。22日下午5时，传达了袭击中国舰队的命令。在桦山抵达之前，伊东祐亨已先接大本营的命令，明确了舰队出海的任务。22日上午，伊东召集各舰舰长会议，研究编队问题。决定将舰队编为本队、第一游击队和第二游击队，又将本队分为两个小队。下午，第一游击队司令官坪井航三少将发出集合令，商讨关于游击顺序等问题。日本联合舰队完全做好了袭击北洋舰队的战术准备。

23日上午11时，日本联合舰队驶离佐世保港，第一游击队先发，次为本队，再次为第二游击队、鱼雷艇队、护卫舰等。其航行序列是：

第一游击队："吉野"（常备舰队旗舰）、"秋津洲""浪速"。

本队：

第一小队："松岛"（联合舰队旗舰）、"千代田""高千穗"；

第二小队："桥立""筑紫"（先已与赤城同时派往朝鲜忠清道西岸浅水湾探测）、"严岛"。

第二游击队："葛城"（西海舰队旗舰）、"天龙""高雄""大和"。

鱼雷艇队：

母舰："比睿"；

鱼雷艇："小鹰"、第7号艇、第12号艇、第13号艇、第22号艇、第23号艇。

护卫舰："爱宕""摩耶"。

---

① 绪方二三：《我等之回忆录》（六）。见《九州日日新闻》1934年9月6日。

舰队按预定航路先向全罗道西北端的群山港进发。当舰队出港之际，桦山资纪乘坐"高砂丸"高揭"发扬帝国海军荣誉"信号旗，为全体官兵鼓劲打气。舰队全部离港之时是下午4时20分。

25日凌晨4时半，日舰第一游击队到达安眠岛后，见无中国军舰的踪影，便继续驶向丰岛附近搜索。丰岛地当牙山湾之冲，岛北水深，可航巨轮，为进出牙山湾的必经之路。上午6时半左右，吉野等3舰驶抵丰岛西南的长安堆附近。是日，天气晴朗，万里无云，海上能见度甚好。日舰遥见丰岛方向有两艘轮船喷烟而过，随即判断为军舰，坪井航三命令各舰准备战斗，以15节的速力急驶，向目标接近。7时20分，看清两艘军舰为"济远"和"广乙"。于是，坪井"即时下战斗命令"①。

当第一游击队接受侦察任务时，伊东祐亨曾命令说：如果牙山附近的中国舰队力量弱小，则不必一战；如果中国舰队力量强大，则加以攻击。当时，双方的力量极为悬殊。如下表：

国别	舰名	排水量（吨）	马力	速力（节）	大炮（门）	乘员	制地	进水年代
中国	济远	2 300	2 800	15.0	23	202	德	1883
中国	广乙	1 030	2 400	15.0	9	110	闽	1890
日本	吉野	4 225	15 968	22.5	34	385	英	1892
日本	秋津洲	3 150	8 400	19.0	32	311	日	1892
日本	浪速	3 709	7 328	18.0	30	357	英	1885

至于主要火器，日本军舰有26厘米口径克虏伯炮两门和15厘米口径克虏伯炮6门，还配备15厘米口径速射炮8门和12厘米口径速射炮14门；而中国军舰仅有21厘米口径克虏伯炮2门、15厘米口径克虏

---

① 《东乡平八郎击沉高升号日记》，《中日战争》（丛刊六），第32页。

伯炮1门及12厘米口径克虏伯炮3门，并无一门速射炮。因此，从力量对比看，日本方面占有压倒的优势。但是，坪井航三采纳了舰队参谋釜谷忠道海军大尉的意见，认为："究竟是强还是弱，都必须通过战争来判断。总之，无论如何也要进击。这就是执行命令的主旨。"①于是，日本舰队终于采用突然袭击的手段，发出了丰岛海战的第一炮，从而挑起了战争。

丰岛海战发生后，日本侵略者大造舆论，极尽颠倒黑白之能事，把突然袭击中国军舰的丑恶行径赖得一干二净，反诬称北洋舰队炮击日本军舰，是中国挑起了衅端。日本外务大臣陆奥宗光在致各国公使照会中声称："中国军舰在牙山附近轰击日军。在这一情况下，日本政府不得不撤销其在诸友邦影响下对中国提出的建议。"②挑起战争的祸首竟装扮成了一个自卫者。日本官方文书也将自己描写成受害者以蒙蔽世人。③后来，釜谷忠道揭露：坪井航三往牙山湾侦察之前，伊东祐亨曾"赋予内命，谓牙山湾附近如有优势的清国军舰驻泊，可由我方进而攻击"④。参加这次海上突袭的日本"浪速"舰长东乡平八郎，也在当天的日记中写道："午前7点20分，在丰岛海上远远望见清国军舰'济远'号和'广乙'号，即时下战斗命令。7点55分开战（指浪速开炮），5分多钟后因被炮烟掩盖，只能间断地看见敌舰，加以炮击而已。'广乙'号在我舰的后面出现，即时开左舷大炮进行高速度射击，大概都打中。"⑤可知日舰在袭击以前半小时左右，即在发现中国军舰之时，便下达了攻击命令。这次海战究竟是由谁挑起的，也就一清二楚了。

---

① 藤村道生：《日清战争》，上海译文出版社，1981年，第89页。
② 《红档杂志关于中日战争文件》，《中日战争》（丛刊七），第271页。
③ 参见戚其章：《甲午战争国际关系史》，人民出版社，1994年，第135~138页。
④ 田保桥洁：《甲午战前日本挑战史》，南京书店，1932年，第186~187页。
⑤ 《中日战争》（丛刊六），第32页。

二　中国军舰被迫应敌

在日舰第一游击队的突然袭击下，"济远""广乙"完全陷于被动的境地。面对强敌的进攻，中国将士别无选择，只有奋起应战。

"济远"等舰奉命护航时，将士皆预感到形势日趋严重，战争随时可能爆发。临行前，"广乙"管带林国祥曾向丁汝昌请示："若遇倭船首先开炮，我等当如何应敌？"丁根据李鸿章"如倭先开炮，我不得不应"[1]的指示，回答说："两国既未言明开战，岂有冒昧从事之理？若果倭船首先开炮，尔等亦岂有束手待毙之理？纵兵回击可也。"[2] 这表明中国护航的原则是：如果日舰不先开炮，决不打第一炮；如果日舰首先开炮，则进行自卫还击。

7月25日凌晨4时，"济远""广乙"由牙山起碇，鱼贯出口，依山而行。7时，望见"吉野"等3艘日舰横海而来。当发现日舰之初，方伯谦推断日舰必定进击，因此命令站炮位，准备抵御。只见3艘日舰鱼贯而东，拐了一个大弯子，又转舵而西，欲拦"济远""广乙"的去路。证实日舰果然来意不善，便严阵以待。

7时45分，双方5艘军舰皆驶至长安堆以西海面。此时，日本旗舰"吉野"突然冒出炮烟，首开第一炮，向"济远"轰击。"济远"冒着敌舰的炮火，由西转舵向南，于52分发炮回击。55分，日舰"秋津洲"向"济远"发炮。56分，"浪速"也开始炮击。"济远"将士以弱抵强，拼死搏战。8时10分，"济远"发出一炮，击中"吉野"舰首附近，跳弹击断前樯桁索。20分，"济远"尾炮发出的15厘米口径炮弹，击中"吉野"右舷之侧，击毁舢板数只，贯穿钢甲，坏其发

---

[1]《李鸿章全集》（二），电稿二，上海人民出版社，1986年，第800页。
[2] 思痛主人辑：《中倭战守始末记》卷一，刊印年月不详，第12页。

电机，坠入机器间之防御钢板上，然后转入机器间。由于炮弹质量存在问题，弹内未装炸药，故击中而不爆炸，致使"吉野"侥幸免于沉没。

丰岛海战图

日舰凭借其猛烈炮火，聚攻"济远"，密如雨点。"济远"仍然苦战不已。帮带大副沈寿昌①屹立司舵，并指挥炮手还击，多次命中日本旗舰"吉野"，还击中了"浪速"左舷舰尾，将其舰尾击落，海图室轰坏。沈寿昌正在指挥之际，不料一颗敌弹落至"济远"望台，一块弹片直击头部，当即仆地不起。二副柯建章②见大副牺牲，义愤填

---

① 沈寿昌（1865—1894），字清和，上海洋泾人。上海出洋总局肄业，曾被选派进挪威大学学习。
② 柯建章，福州人。船生出身。

膺,继续督炮击敌。而敌弹猬集,被洞胸而亡。见习学生黄承勋[①]自告奋勇登台指挥,督炮手装弹瞄准,中炮臂断,倒地闭目而死。军功王锡山、管旗头目刘鹍亦均中弹阵亡。

当日本三舰聚攻"济远"之际,"广乙"后至,立即投入战斗。"广乙"伺机向日舰逼近,准备施放鱼雷。"吉野"向左转舵避开。"广乙"改变航向,向"秋津洲"和"浪速"之间疾驶。7时58分,"广乙"从斜侧驶至距"秋津洲"600米处,向其舰尾靠近。此时,"秋津洲"猛然回击,一弹打中"广乙"桅楼,致使1名水手坠落牺牲;又一弹击中鱼雷发射管,幸未爆炸。"秋津洲"改放榴霰弹,纷纷炸于"广乙"舱面,霰弹四飞,杀伤20人。"广乙"舵手亦在此时牺牲。

此刻,海面上硝烟笼罩,日舰无法用信号旗联络,"秋津洲"便鸣笛报知自己的位置,"浪速"鸣笛应之。于是,两舰开始合击"广乙"。待硝烟渐散,"浪速"发现"广乙"在距舰尾三四百米处,便一面向右转舵以防"广乙"逼近,一面用左舷炮和尾炮加以猛击。在日舰的连续攻击下,"广乙"受伤甚重,船舵均已毁坏,不堪行驶。"广乙"官兵已有30多人牺牲,40多人负伤,难以支撑,便向右转舵走避。"浪速"尾追不舍。"广乙"回击一炮,弹穿其左舷之侧,由内部穿透后部钢甲板,断其备用锚,并将其锚机击碎。坪井航三以为"广乙"舰体已毁,决定不予追击,命日本3舰各取适宜位置合击"济远","广乙"这才得以脱险,在朝鲜西海岸十八家岛抢滩搁浅。管带林国祥[②]下令凿锅炉,焚毁火药舱,然后率残兵登岸。

8时30分,"广乙"已远离"济远"。"济远"有30人牺牲,27人负伤,以孤舰难御强敌,遂趁机以全速向西驶避。3艘日舰会合后,

---

[①] 黄承勋(1874—1894),湖北京山县人。天津水师学堂驾驶班毕业。
[②] 林国祥,广州人。福州船政学堂第一期毕业。黄海海战后,接署济远舰管带。

拟共追"济远"。忽见西方海上出现两缕汽烟，但一时辨认不出为何国舰船。坪井航三命各舰采取"自由运动"。于是，"秋津洲"转舵追击"广乙"，"吉野""浪速"则尾击"济远"。53分，"浪速"超越"吉野"，猛追"济远"。"济远"见日舰来逼，乃悬白旗，然犹疾驶不停。"浪速"追至相距3000米时，以舰首回旋炮猛击。"济远"又在白旗之下加悬日本海军旗。"浪速"挂出信号："立即停轮，否则炮击！"此时，两舰相距2700米。"浪速"向旗舰"吉野"报告："敌舰降服，已发出命其停轮信号，准备与彼接近。"

9时，中国所雇运兵船"高升"号从"浪速"右舷通过，向东驶去。15分，"浪速"一面命令"高升"停驶，一面追击乘机以全速西驶之"济远"。30分，坪井航三忽令"秋津洲""浪速"归队。"秋津洲"先是追击"广乙"，及见"广乙"搁浅，又接"吉野"信号，便立即回航。此时，中国运输船"操江"号驶来，与"高升"相距约3英里，见"高升"为日舰所截，遂转舵回驶。47分，坪井命"浪速"监视"高升"，"秋津洲"追击"操江"，自率旗舰"吉野"尾追"济远"。

约3个小时后，"吉野"渐渐追及"济远"。12时38分，"吉野"逼近距"济远"2000米处，以右舷炮猛击，共发6弹。两舰航速快慢悬殊，"吉野"势将近逼。"济远"水手王国成[①]见炮手牺牲殆尽，挺身而出，奔向舰尾炮位，另一水手李仕茂从旁助之，用15厘米口径尾炮对准"吉野"连发4炮：第一炮中其舵楼；第二炮中其舰头；第三炮走线，未中；第四炮中其舰身。43分，"吉野"受伤，舰头立时低俯，不敢停留，转舵向来路驶逃。

"吉野"既东逃，"济远"始得保全。遂定向威海卫，于26日晨抵港下锚。

---

① 王国成（1867—1900），山东人。

三 "操江"之降和"高升"之沉

当"济远""广乙"正同日本3舰激战之际,"高升"和"操江"先后驶近丰岛。上午9时15分,"高升"被日舰拦住,强迫停轮。"操江"管带参将王永发[①]见状有异,急下令返航。

"操江"乃是上海江南制造总局所造的木质旧式炮舰,舰龄已逾20年,实际航速只有8节,虽装备旧炮5门,但火力甚弱,难以任战,故改为运输舰使用。"操江"此次奉命装载武器饷银由塘沽出发,经烟台、威海卫开往牙山。7月24日凌晨3时,"操江"从烟台驶往威海。当天下午2时,"操江"离开威海港。起航前,丁汝昌曾将文书等件交王永发带至牙山。将驶近丰岛时,正好与"高升"号不期而遇,遂尾随而行。及见"高升"被拦,便转舵西驶。

"操江"西行约1小时,见"济远"由一海岛后驶出,向西北而行。正午时,日舰"吉野"尾随"济远"航向而来,以全速疾驰,与"操江"相距2500米处成相并位置。此时,"操江"急将龙旗降下,以表示无敌对之意。"吉野"因有"秋津洲"在后,并不理会"操江",继续猛追"济远"。

在"吉野"追击"济远"的同时,"秋津洲"也在后循其航迹前驶。下午1时50分,"秋津洲"逼近"操江",挂出"停驶"信号,并放空炮一响。"操江"不应,继续向西航进。"秋津洲"追至距"操江"4000米时,发炮以示警告。王永发见情况紧急,无计可施,准备自尽。舰上有一丹麦人弥伦斯,乃天津电报局洋匠,奉派随舰赴汉城,以接管当地的中国电报局。他忙将王永发劝住。于是,王永发便在樯头悬挂白旗,又在大樯上加挂日本国旗,表示投降。采纳弥伦斯的建

[①] 王永发,浙江镇海人。青年时代在英国军舰当水手,继升水手长。后转入清朝水师。

议，将所带重要文书及密电本当即投炉中焚毁，以免泄露军情。还准备将船上所装20万两饷银投入海中，而仓促间未及施行。

下午2时许，"秋津洲"放下舢板1只，载日本海军官兵及管轮等共28人，俱持枪械，登上"操江"。到船后，即将"操江"所有人员拘禁于后舱，由日兵持枪看守。日兵遍船搜求文书，但无所得。于是，单将王永发拘上"秋津洲"。随后，"秋津洲"起锚南驶，命"操江"随行。

7月28日，所有"操江"船上83人，都由日舰"八重山"号押送到佐世保。当日"午后二点钟上岸，上岸之时极备凌辱"。"船近码头即放气钟摇铃，吹号筒，使该处居民尽来观看。其监即在码头相近地方，将所拘之人分作二排并行，使之游行各街，游毕方收入监，以示凌辱。"① 在这拘禁的83人当中，除弥伦斯在8月5日被释放，及1名水手瘐死狱中外，其余王永发以下81人，皆关押到1895年8月始遣返回国。

由于"操江"之降，不仅白将1艘军舰资敌，而且舰内20万两饷银，以及大炮20门、步枪3 000支和大量弹药，也全部落入敌手。

"高升"号是英商印度支那轮船公司的一艘商船，其排水量为1 353吨，由清政府所租用。当时讲明：如果至朝鲜海口遇险失事，中国允赔船价，而损失的武器装备则由中国自行承担。7月23日早晨，"高升"从塘沽出口，向牙山进发。船上载北塘防军官兵共1 116人，还有行营炮14门及枪支、弹药等件。通永练军左营营官骆佩德、义胜前营营官吴炳文随船而行。统带官则为仁字军营务处帮办高善继②。德国退役军官汉纳根也同船赴朝。

---

① 《盛档·甲午中日战争》(下)，第147页。
② 高善继，字次浦，江西彭泽县人。举人出身，保举五品衔知县。

7月25日上午8时半,"高升"驶近丰岛附近时,发现情况异样,但船长高惠悌和大副田泼林坚信:其船为英国船,又挂英国旗,足以保护它免受一切敌对行动。因此,决定仍按原航向徐徐前进。

9时,"高升"从"浪速"右舷通过。"浪速"舰长东乡平八郎注视"高升"驶过,断定船内必定装有中国军队。9时15分,"浪速"挂出信号:"下锚停驶!"30分,高惠悌在日舰的威胁下把船停下来。"浪速"又挂出第二次信号:"原地不动,否则承担后果!"并发信号请示对"高升"的处置办法,"吉野"回答:"将商船带赴总队,向司令长官报告!"于是,"浪速"第三次依然用"停止不动"的信号命令"高升"。随后掉转舰头,驶到距"高升"仅约400米的海面停下,将全舰所有21门大炮都露出来,用右舷炮对准"高升"号的船身。

10时左右,东乡平八郎派海军大尉人见善五郎,率数名军官乘小艇驶近"高升"。人见等登船后,直奔船长高惠悌的房间,要求检查商船执照。高惠悌出示执照,并提请日本军官注意"高升"是英国商船。人见不予理睬,向高惠悌询问:"'高升'要跟'浪速'走。同意吗?"高惠悌回答说:"如果命令跟着走,我没有别的办法,只有在抗议下服从。"对日本的武力威胁表示屈服。这样,人见等便带着满意的回答离开"高升"回到"浪速"。

当人见善五郎等日本海军军官登船检查时,船上千余名中国官兵即知情况不妙,皆怀有警惕之心。仁字军营务处帮办高善继勉励大家说:"我辈同舟共命,不可为日兵辱!"此时,忽见"浪速"挂出第四次信号:"立刻斩断绳缆,或者起锚,随我前进!"高惠悌准备服从命令。顿时,许多将士攘臂而起,全船骚动。高善继冲向船长,拔刀瞋目曰:"敢有降日本者,当污我刀!"[①] 将士齐声响应,一船鼎沸。因

[①]《中倭战守始末记》卷一,第5页。

言语不通，由汉纳根翻译，将全体官兵的决心通知船长："宁愿死，决不服从日本人的命令！"船长试图进行说服："抵抗是无用的，因为一颗炮弹能在短时间内使船沉没。"帮带告以："我们宁死不当俘虏。"船长继续劝说："请再考虑，投降实为上策。"帮带斩钉截铁地回答："除非日本人同意退回大沽口，否则拼死一战，决不投降！"船长无可奈何地说："倘若你们决计要打，外国船员必须离船。"中国将士见英国船长不肯合作，便看守了船上的所有吊艇，不准任何人离船。高惠悌发信号要求"浪速"再派小艇来，以便告知船上所发生的情况。人见等日本军官又驾艇靠近"高升"。汉纳根到跳板上对日本军官说："船长已失去自由，不能服从你们的命令，船上的兵士不许他这样做。军官与士兵坚持让他们回原出发的海口去。"高惠悌也说："带信给舰长，说华人拒绝'高升'船当作俘虏，坚持退回大沽口。"还指出："高升"是一艘英国船，并且离开中国海港时尚未宣战，"考虑到我们出发尚在和平时期，即使已宣战，这也是个公平合理的要求"。人见答以模棱两可之词，驾艇而回。①

时过正午，交涉历时3个小时。东乡平八郎早已等得不耐，决定要下毒手。于是，下令挂出第五次信号："欧洲人立刻离船！"中国将士看出了敌人的毒计，"慷慨忠愤，死志益坚，不许西人放舵尾之小船"②。高惠悌只得用信号回答："不准我们离船，请再派一小船来。"对此请求，"浪速"加以拒绝："不能再派小船！"并在樯头挂出红旗。这显然是一个表示危险的警告。

东乡平八郎向"高升"发出警告后，指挥"浪速"向前开动，绕巡"高升"一周，然后停在距"高升"150米处。下午1时，"浪速"

---

① 参见《中日战争》（丛刊六），第20~23页。
②《中倭战守始末记》卷一，第5页。

突然对"高升"发射1枚鱼雷,但未命中。又用6门右舷炮瞄准"高升",猛放排炮。东乡在日记中记此事道:"清兵有意与我为敌,决定进行炮击破坏该船。经发射两次右舷炮后,该船后部即开始倾斜,旋告沉没。历时共三十分钟。"① 当"高升"将沉之际,中国将士冒着日舰的猛烈炮火,用步枪勇敢地还击。"浪速"则一面向垂沉的船上开炮,一面用快炮向落水者射击,为时达1小时之久。

下午1时半,"高升"船体全部没入海中,其位置在蔚岛以南约2海里处。

"高升"沉没后,中国官兵1 116人全部落海。德舰"伊力达斯"号从水中救起112人,英舰"播布斯"号从水中救起87人,法舰"利安门"号从"高升"桅杆上救出42人。有两名通永练军左营士兵被日人俘虏。此外,还有直隶籍士兵2人,"凫水漂于孤岛,渴吸海水,饥食野草四十余日"②,至于垂死,方才获救。根据现有资料,可知"高升"号上的中国官兵只有245人遇救获生,其余871名官兵全部遇难。

据"高升"号船籍名单,该船共有79名工作人员。其中,船长、大副、二副、三副、大车、二作、三作7名皆英国人;舵工3名皆菲律宾人;其余船员69名,多数来自中国广东、福建、浙江等省,也有少数菲律宾人。船沉后,"浪速"放小船救起船长高惠悌、大副田泼林及舵工泽里斯塔3人,法舰救起舵工1人及水手2人,德舰"伊里达斯"号救起水手6人。另有获救者5人。这样,在"高升"号乘员中,只有17人获救,二副韦尔什、大伙戈尔顿等5名英国人,及船员

---

① 《中日战争》(丛刊六),第33页。
② 许寅辉:《客韩笔记》,光绪丙午长沙刻本,第25页。

62名，都葬身于海底。①

日本海军击沉"高升"号一事，震惊中外，成为举世瞩目的重大事件。事件发生后，中日两国的反应自然不同，而作为受害者的英国的态度如何，才是问题的关键所在。李鸿章认为，"高升"挂英国旗，日舰未宣战而无故击毁，藐视公法，英国必不答应。确实，英国舆论为之大哗，纷纷进行猛烈抨击，要求日本赔偿损失。但是，英国政府此时已俨然视日本为盟国，不愿深究此事。于是，便指示上海的英国海事裁判所审理"高升"号被击沉一案，并命英国远东舰队司令斐利曼特海军中将对此事提出报告。斐利曼特的报告竟认为："'高升'号后来作为中国人的船只被击沉是有理由的。日本政府对该船之损失不承担责任。"② 英国外交大臣金伯利还亲自出面，劝说"高升"的船主不要向日本要求赔偿。③ 结果是清政府自认晦气，由出面租船的招商局承担赔偿"高升"的损失，才将此案了结。

第三节　黄海鏖兵

一　战前的两军态势

北洋舰队的存在，对日本来说，是一个巨大的威慑力量。甲午战争以前，日本曾在朝鲜制造事端，由于力量不足，未能完全得逞。

---

① British Documents on Foreigh Affairs— Reports and Papers from the Foreign Office Confidential Print, Part I, Series E, Vol. 5, Sino— Japanese War and Triple Intervention, 1894—1895, Bethesda, University Publications of America, 1898, PP. 324~326.
② 《中日战争》（丛刊续编九），第369页。
③ 戚其章：《甲午战争国际关系史》，第252~254页。

1886年长崎事件之得以公平解决，也和日本自知海军力量不敌有关。北洋舰队自从1888年正式成军以后，就不再增置一艘军舰，更新一门火炮，处于停滞不前的状态。而日本则锐意发展海军，决心要压倒北洋舰队，节省经费，岁添巨舰，反而后来居上了。因此，中日双方在海上较量中，究竟鹿死谁手，便成为各方面都至为关心的问题。

日本在挑起战端之前，对海军能否取胜并无绝对的把握。日本大本营所制定的对华作战方案，其中包括三策，就是根据其海军获胜、胜负未决或败北三种情况而设计的：第一，海军获胜，取得黄海制海权，陆军则长驱入直隶，攻北京；海军胜负未决，陆军则固守平壤，以舰队维护朝鲜海峡的制海权，运送部队；第三，舰队败北，陆军则全部撤离朝鲜，以海军守卫本土沿海[1]。因此，颇寄希望于采取适当的战略，以实现其第一策。前日本海军军令部部长中牟田仓之助认为，日本采取进攻的战略，不一定能够战胜中国海军，主张日本舰队采取守势运动。其继任桦山资纪虽是积极的主战论者，也曾考虑可能出现"万一军不利，炮碎弹竭，为敌所围"[2]的情况，做了两手准备。无论中牟田仓之助的"守势运动"论还是桦山资纪的"积极主战"论，都是在比较中日两国海军力量的基础上而提出的。然而，由于比较方法不同，其结论也就迥然相异了。

所谓两种比较方法：一是日本联合舰队与北洋舰队单独比较；一是日本联合舰队与中国的北洋、南洋、福建、广东四支舰队进行总体比较。各舰队的战舰数量如下表：

---

[1] 藤村道生：《日清战争》，第78页。
[2] 桥本海关：《清日战争实记》卷七，刊行年月不详，第249页。

	日本联合舰队	中国舰队				
		北洋	南洋	福建	广东	合计
2000 吨级以上战舰	12	8	5	—	—	13
1000 吨级战舰	9	5	4	6	3	18

按前种比较方法，日本方面占有明显的优势；按后种比较方法，中国方面就稍占优势了。如果能将中国的四支舰队集中领导，进行统一编队，必可加强中国海军的攻防力量，有利于夺取制海权。当时，日本当局之所以对海战的胜败尚抱疑虑，其主要原因有二：第一，对吨位大、装甲厚的"定远""镇远"二舰存有畏惧之心；第二，也是更主要的，害怕中国四支舰队统一编队，共同对敌。

当朝鲜形势吃紧之时，袁世凯和清朝驻英、法公使龚照瑗即建议南洋舰队北调。丰岛海战爆发后，龚照瑗再次建议："电南洋，集各省兵轮游奕近倭海面，为牵制计。"① 淮军将领刘盛休也认为，北洋舰队太单，"在海上四面受敌"，应急调南洋兵轮北来，否则"水师在两处，皆单不能冲锋对敌"②。此意见是正确的。虽时机稍晚，却聊胜分在两处，不失为补牢之计。如果真能将南洋5艘2000吨级战舰北调，并抽调南洋和福建大部分1000吨级战舰及广东10余艘鱼雷艇北上的话，那么，北洋不仅守口有余，且可编为数队游弋黄海，甚至进控朝鲜西海岸，从而完全掌握黄海的制海权。

李鸿章对这类意见根本听不进去。他在给龚照瑗的电报中说："南省兵轮不中用，岂能吓倭？"表现了他的固执和偏见。其实，南洋起码有五六艘舰是不比北洋"超勇""扬威"差的。庆亲王奕劻即曾说过：南洋各舰"较之北洋超勇、扬威等船似尚足以相埒"，"开济、

---

① 清驻英法使馆：《节录龚大臣中英法往来官电》，《中日战争》（丛刊续编六），第568页。
②《盛档·甲午中日战争》（上），第36页。

南琛、南瑞三船前于镇海口内轰击敌船,足为明证"①。李鸿章既见不及此,枢府诸臣则昧于外情,完全不了解日本的战略方针和主攻目标,不但下令调拨南洋数船分防台湾,还提出要从北洋抽调数舰赴台防守。李鸿章和枢府诸臣加强海军力量的唯一办法,就是赶紧从国外购舰。无奈为时过晚,犹如临渴掘井,何能济事! 在这种情况下,北洋舰队只好独力作战了。李鸿章后来有一句话:"以北洋一隅之力搏倭全国之师,自知不逮。"② 虽有推卸责任之嫌,然说的却是实话。

与此相反,日本海军则积极地进行海上作战的准备。参谋本部采纳了山本权兵卫海军大佐关于夺取制海权的建议,制定了海陆军统筹兼顾的全面作战计划。丰岛海战后,日本舰队先以朝鲜巨文港以西的所安岛为临时根据地。不久,根据"先谋前进根据地"的原则,又北移至全罗道海岸10余海里的隔音岛。7月31日,日本联合舰队进行改编,将三个编队改为四个编队:本队,包括"松岛"(旗舰)、"千代田""严岛""桥立""筑紫""扶桑"六舰;第一游击队,包括"吉野"(旗舰)、"高千穗""秋津洲""浪速"四舰;第二游击队,包括"比睿"(旗舰)、"葛城""大和""武藏""高雄""赤城"六舰;第三游击队,包括"天龙"(旗舰)、"大岛""摩耶""爱宕""鸟海"五舰。这次改编的目的有三:第一,将原先的两个游击队扩编为三个游击队,既利于临时根据地的守卫,又可张扬声势。因为第三游击队中,"天龙"只是1000多吨的旧式木质巡洋舰,而其他四舰都是600余吨的炮舰,只备守御根据地,是完全不能出海作战的。第二,是有助于牵制北洋舰队。如第二游击队六舰,多是1000余吨的旧式巡洋舰,根本不堪任战,而用于牵制还是起作用的。第三,是加强

---

① 《洋务运动》(中国近代史资料丛刊)(二),上海人民出版社,1961年,第616页。
② 《李文忠公全集》奏稿,卷七八,光绪乙巳金陵刊本,第62页。

舰队的决战能力。将主力舰只完全集中于本队和第一游击队，以适应与北洋舰队进行决战的需要。

到8月12日，因北洋舰队已不到仁川近海，日本联合舰队遂又决定北移，以古今岛为临时根据地。距全罗道海岸之马岛镇不远有四个岛屿：东曰助药岛，南曰小智岛，西曰加里岛，北即古今岛。此处群岛环绕，海域宽阔，适于大舰队停泊，因以此为临时屯舰之所。以其北之浅水湾为舰队之集合点。

13日，日本联合舰队又进行了一次改编。这次改编对原编制虽改动不大，但有两点值得注意的变化：一是将"比睿"编入本队，以替"筑紫"，显然是看到"筑紫"是本队中最薄弱的环节，故以"比睿"代之，从而加强本队的战斗力；二是增加了"比睿"的姊妹舰"金刚"，以弥"比睿"之缺，且不致减弱第二游击队的实力。

日本舰队的两次改编，完全是为了贯彻参谋本部的战略意图。当时，日本的近期作战计划是，首先发动平壤战役，占领朝鲜全境，不使朝鲜境内有清军一兵一卒，然后以朝鲜作为进攻中国的桥头堡，把战火烧到中国境内。为了实现这一计划，日本联合舰队所担当的任务是：一方面，护送陆军至朝鲜登陆；另一方面，从海上应援陆军，使其完成进击平壤之功。到黄海海战前夕为止，在海军的掩护下，日本陆军运至朝鲜者凡四批，先后在釜山、元山、仁川等地登岸，共30 429人，马3 138匹。在护运陆军的同时，为了牵制北洋舰队，日本联合舰队还对威海卫进行了袭击。

日舰对威海卫的扰袭，把清朝当局搞得很紧张，连忙下令调业已出海的北洋舰队返航，以防威海有失。但又担心日舰会伺机攻击山海关或直隶海口，于是命令刚回威海的北洋舰队往山海关一带逡巡。这正中了敌方的诡计，使其轻易地掌握了朝鲜近海的制海权，从容地护运陆军进入朝鲜,并达到了应援陆军进攻平壤的目的。

制海权问题,实质上是海军战略的理论核心。海军战略之要旨,在于夺取海上控制权;而夺取海上控制权,在于能否采取攻势。中日两国海军主力的决战,已是势所难免,只是时间或早或晚而已。对于北洋舰队来说,在略居劣势的情况下,正确的做法是采取积极防御与伺机进攻并重的方针。不与敌人决战是不可能的,因为这样只能把制海权让与敌人,使自己陷于被动地位,而且敌人最后还会打上门来的;一味只求与敌决战而不考虑时机也是不行的,因为这只能对敌人有利,使敌人有可能选择对它最为合适的时机进行决战。如果北洋舰队能够及时捕捉战机,实行进攻,给敌舰以沉重打击,并谋求制海权,是有成功的可能的。

但是,与日本相比,中国海军将领的海权思想相当薄弱,并带有很大程度的自发的、朴素的成分。然而,在李鸿章消极防御方针的指导下,这些将领们一度萌发的夺取制海权思想根本无法实现,而且后来他们自己也完全放弃了这一思想。李鸿章想出了一个"保船制敌"之策,其法是:"不必定与(敌)拼击,但令游弋渤海内外,作猛虎在山之势,倭尚畏我铁舰,不敢轻与争锋。"[1] 当然,如此良策,只不过是自欺欺人而已。

从丰岛海战到黄海海战爆发,其间为时一月有半,中日双方海军主力因未经过决战,从理论上说,都未能掌握制海权;而在事实上,由于中国海军主动放弃了制海权,因此制海权便自然而然地落到了日本的手里。

---

[1]《清光绪朝中日交涉史料》(1512),卷一八,故宫博物院1932年刊印,第28页。

二 寻机决战与北上护航

在丰岛海战后的一个多月的时间内，由于中国海军战守乏策，处处被动，甚至被敌人牵着鼻子走。而日本海军则掌握了黄海的制海权，一面把大量日本陆军和辎重运往朝鲜，为发动平壤战役做准备，一面牵制北洋舰队，应援将攻平壤的陆军，都达到了预期的目的。于是，日本联合舰队的下一步计划，就是寻机与北洋舰队决战了。

先是在9月8日，日本第一军司令官山县有朋大将在联合舰队护航下前往朝鲜，桦山资纪中将也乘西京丸同行。行前，桦山授意联合舰队司令官伊东祐亨中将，要"断然宜断退婴念，决进取之策"。并称："凡为日本男儿，所恃之勇，而不在利器。我将卒苟激忠义，发挥固有胆勇以临敌，则敌之雄舰大舰何有哉？万一军不利，炮碎弹竭，为敌所围，决不可屈挠。事或至此，唯为国奋进一死而已，然则如我海军之战，白旗固无用长物耳！"① 表明此番护航仁川的任务完成后，联合舰队要抱必死之决心，寻机与北洋舰队决战。伊东听罢，领会其意，即直卷白旗投于海中，以示决心之坚。

12日，山县有朋一行抵仁川。13日，即派第一军参谋长小川又次少将到"西京丸"访桦山资纪，研究海军如何应援进攻平壤的陆军的问题。伊东祐亨亦在座。桦山认为，仁川目下断无被袭的危险，应援攻击平壤之陆军诚为当务之急，然北洋舰队有可能驶至大同江，不可不防。在他看来，为应援进攻平壤的陆军，必须做好与北洋舰队决战的准备。当天午夜，桦山又派人至伊东处，征求对联合舰队巡航大同江的意见。伊东也认为，为配合陆军进攻平壤，发挥海军的牵制作用，联合舰队有必要前进，并将临时根据地北移。于是，决定以大同江口

---

① 桥本海关：《清日战争实记》卷七，第248~249页。

南侧之渔隐洞为临时根据地。渔隐洞虽有冬季结冰之虞，但无风波之患，且夏季最宜于下锚。因此，直到日军占领大连湾和旅顺口时为止，日本联合舰队一直以此港为临时根据地。

14日上午，"吉野""高千穗"二舰由威海卫侦察回来报告：威海港无北洋舰队主力，唯东口有炮舰3艘、运输舰1艘，西口泊有"康济"等二舰。随后，"海司"号从仁川来，"秋津洲"从蔚岛巡逻地返航，均报未发现异常情况。午后4时，伊东祐亨命第二游击队及八重山仍泊仁川，以掩护第一军登陆；亲率本队、第一和第三游击队，以及特务舰、运输船等，按次拔锚向大同江进发。

15日，日本联合舰队主力抵黄海道大东河口附近的大青岛。伊东祐亨即派"吉野""高千穗"到大东河口侦察，"浪速""秋津洲"到大同江口南的椒岛侦察。他本人则亲率余舰进至黄海道最西端的小乳蟿角，并派第三游击队、鱼雷母舰近江丸及第三鱼雷艇队溯大同江而上，进抵铁岛，以警备大同江下游。但据"吉野"等四舰回报，皆未发现北洋舰队踪迹。是时，伊东以为，既暂无机会与北洋舰队决战，便决定等待第二游击队掩护仁川登陆完毕，再寻找决战的机会。

16日上午，伊东祐亨询问各舰的储煤情况后，确定16日至24日的巡航计划：是日下午由小乳蟿角起航，绕经海洋岛、小鹿岛、威海卫、大连湾、旅顺口、大沽口、山海关、牛庄，再南航威海卫，然后返至小乳蟿角。这次出海虽为巡航，然其深入渤海游弋，实是向清政府示威。但是，舰队出发前，情况突然有变。伊东接到福岛安正陆军中佐打来的紧急电报，内称："刻下敌舰正集中于大孤岛港外的大鹿岛附近，从事警戒。"① 于是，决定改变原来的巡航计划，不等第二游击队归航，立即启碇进发。下午5时，伊东率本队六舰、第一游击队

①《中日战争》（丛刊一），第239页。

397

四舰,以及"赤城"和"西京丸",从小乳鬓角锚地出发,向黄海北部的海洋岛航进。此行之所以特令"赤城"舰相随,是因为该舰吃水浅,便于靠近海岸或岛屿进行搜索。而"西京丸"作为代用巡洋舰随行,则是因为桦山资纪乘坐,以视察海战情况。舰队的航行序列是:以第一游击队四舰为先锋,本队六舰继之,"西京丸"及"赤城"位于本队之右侧。是夕,西南风甚猛,伴以阵阵雷雨,日本联合舰队迎风冒雨向海洋岛航进。

海洋岛在大连湾以东60海里,在鸭绿江口西南80海里,约位于北纬39°、东经123°。17日昧爽,第一游击队到达海洋岛附近,由岛西抵豪登港。因未发现情况,又变换针路,向东北驶往大孤山附近的大洋河口。午前6时半,本队也驶近海洋岛。伊东祐亨命"赤城"进象登港侦察有无敌舰,各舰皆减速以待。及"赤城"回报港内无敌舰,乃下令继续向东北航行。途中适与第一游击队相遇。"吉野"等舰未发现情况,故而归航。可是,伊东坚信福岛安正情报的可靠性。因为在这以前,他还收到驻朝公使大鸟圭介的电报:"中国军队取海路前来朝鲜,估计要在大鹿岛一带登陆。"① 所以,决定继续向大鹿岛搜索北洋舰队。

拂晓以后,风止雨停,天高气朗。伊东祐亨因命各舰边搜索边操练:本队按三舰群阵进行战斗演习,"西京丸"及"赤城"仍在本队右侧随行;第一游击队则成单纵阵在先头,直向大鹿岛航进。果然,几小时后,日舰便发现了北洋舰队。

9月17日,是平壤陷落的第3天。这一天,在鸭绿江口大东沟附近的黄海海面,中日双方海军主力终于相遇了。

先是当各路日军渐逼平壤之际,清军主将叶志超以兵力不敷,后路空虚,屡次电请增派援军。李鸿章怕平壤后路被日军所断,决定调

---

① 《伊东祐亨在保劝会上关于黄海海战的演说》,《中日战争》(丛刊续编七),第228页。

驻守大连湾的刘盛休铭军填防平壤后路。电令丁汝昌由威海卫率舰队北上，担任护运铭军的任务。

15日上午，丁汝昌率北洋舰队主力抵大连湾，一面补充煤、水，一面等待运兵船搭载陆兵及辎重。当天午夜，诸事已毕，丁汝昌以军情紧急，不敢稍事耽搁，当即下令起航。16日凌晨1时，丁汝昌率大小舰艇18艘，护送分乘"新裕""图南""镇东""利运""海定"5艘运兵船的铭军10营4000人，向大东沟进发。其中，12艘主要舰只的武器装备情况如下表①：

舰名	舰种	吨位	速力（节）	装甲部位	厚度（厘米）	主要兵器炮种	数量（门）	鱼雷发射管（个）	管带军阶	姓名
定远	铁甲炮塔	7 335	14.5	装甲堡 炮塔 司令塔	35.6 30.5 20.3	30.5厘米口径 15厘米口径	4 2	3	右翼总兵	刘步蟾
镇远	铁甲炮塔	7 335	14.5	装甲堡 炮塔 司令塔	35.6 30.5 20.3	30.5厘米口径 15厘米口径	4 2	3	左翼总兵	林泰曾
经远	铁甲炮塔	2 900	15.5	铁甲 炮塔 司令塔	24.0 20.0 20.0	21厘米口径 15厘米口径	2 2	4	副将	林永升
来远	铁甲炮塔	2 900	15.5	铁甲 炮塔 司令塔	24.0 20.0 20.0	21厘米口径 15厘米口径	2 2	4	副将	邱宝仁
致远	巡洋	2 300	18.0	铁甲 司令塔	5至10 15.0	21厘米口径 15厘米口径	3 2	4	副将	邓世昌
靖远	巡洋	2 300	18.0	铁甲 司令塔	5至10 15.0	21厘米口径 15厘米口径	3 2	4	副将	叶祖珪

---

① 戚其章：《甲午战争史》，人民出版社，1990年版，第136~137页。

(续表)

舰名	舰种	吨位	速力（节）	装甲 部位	装甲 厚度（厘米）	主要兵器 炮种	主要兵器 数量（门）	鱼雷发射管（个）	管带 军阶	管带 姓名
济远	巡洋	2 300	15.0	炮台 司令塔 水线下甲板	25.4 12.7 7.6	21厘米口径 15厘米口径	2 1	4	副将	方伯谦
平远	装甲	2 100	11.0	甲带 炮塔 司令塔	20.3 20.3 15.2	26厘米口径 15厘米口径	12	1	都司	李和
超勇	巡洋	1 350	15.0	舰体	1左右	25厘米口径	2	—	参将	黄建勋
扬威	巡洋	1 350	15.0	舰体	1左右	25厘米口径	2	—	参将	林履中
广甲	巡洋	1 296	14.0	—	—	15厘米口径	2	—	都司	吴敬荣
广丙	巡洋	1 030	15.0	—	—	12厘米口径	3	—	都司	程璧光

16日午间，北洋舰队护卫运兵船抵大东沟口外。由于港内水浅，大舰无法进港，而为了保证铭军安全上陆，丁汝昌令"镇南""镇中"两炮舰和4艘鱼雷艇护卫运兵船进口，"平远""广丙"两舰停泊口外担任警戒；"定远""镇远""致远""靖远""来远""经远""济远""广甲""超勇""扬威"10艘战舰则在口外12海里处下锚，以防敌舰袭击。当天下午，5艘运兵船鱼贯进口，溯流而上。因登陆地点距江口甚远，辎重甚多，卸船费时，整整一个下午只有少半士兵登岸。于是，丁汝昌下令连夜渡兵卸船。直至翌晨，10营铭军及炮械、马匹等始全部上岸。至此，北洋舰队始完成此次护航的任务。

定远舰

17日上午8时，旗舰"定远"挂旗，准备返航。9时许，丁汝昌传令进行"巳时操"。这是北洋舰队的一种常操，每天都要操练，主要是训练阵法和排除险情。这种常操多在巳时进行，故海军中习惯上称之为"巳时操"。据当时在"镇远"舰上担任帮办的美国人马吉芬记述:"是日,朝暾晖晖,清风徐来。晨间,舰中服务一如往昔,自午前九钟起,各舰犹施行战斗操练一小时,炮手亦复习射击不辍。……船员中,水兵等尤为活泼,渴欲与敌决一快战,以雪广乙、高升之耻。士气旺盛,莫可名状。"① 约10时半,舰队常操结束。此时,北洋舰队将士尽管有欲战之心,但还没有料到这场震惊世界的海上鏖战即将发生。

当北洋舰队正在演习常操之际,日本联合舰队也正从海洋岛向东北方向航进。12艘日舰的航行序列及各舰武器装备情况,如下表②:

10时23分,正在航进的日本头舰"吉野",发现东北方水平线上有黑烟一缕,但以相距过远,不能辨认是军舰还是商船,便一面向本队发出"东北方有船只"的信号,一面径向有黑烟处继续前进。

航行序列	舰名	舰种	吨位	速力（节）	装甲部位	装甲厚度（厘米）	主要兵器炮种	主要兵器数量（门）	鱼雷发射管（个）	舰长军阶	舰长姓名
第一游击队	吉野	巡洋	4 225	22.5	司令塔	10.2	15厘米口径速射 12厘米口径速射	48	5	大佐	河原要一
	高千穗	巡洋	3 709	8.0	司令塔	5.1	15厘米口径速射 26厘米口径	62	4	大佐	野村贞
	秋津洲	巡洋	3 150	19.0	司令塔	5.1	15厘米口径速射 12厘米口径速射	46	4	少佐	上村彦之丞
	浪速	巡洋	3 709	18.0	司令塔	5.1	26厘米口径 15厘米口径速射	26	4	大佐	东乡平八郎

① 《海事》第10卷,第3期,第37页。
② 《甲午战争史》,第138~139页。

(续表)

航行序列	舰名	舰种	吨位	速力（节）	装甲部位	厚度（厘米）	主要兵器炮种	数量（门）	鱼雷发射管（个）	舰长军阶	姓名
本队第一群阵	松岛	海防	4 278	6.0	炮塔 司令塔	30.0 10.0	32厘米口径 12厘米口径速射	1 12	4	大佐	尾本知道
本队第一群阵	千代田	巡洋	2 439	19.0	司令塔	3.3	12厘米口径速射	10	3	大佐	内田正敏
本队第一群阵	严岛	海防	4 278	6.0	炮塔 司令塔	30.0 10.0	32厘米口径 12厘米口径速射	1 11	4	大佐	横尾道昱
本队第二群阵	桥立	海防	4278	6.0	炮塔 司令塔	30.0 10.0	32厘米口径 12厘米口径速射	1 12	4	大佐	日高壮之承
本队第二群阵	比睿	巡洋	2284	13.5	部分甲带	11.4	17厘米口径 15厘米口径速射	2 6	2	少佐	樱井规矩之左右
本队第二群阵	扶桑	巡洋	3777	13.0	炮塔 全甲带	20至23 15至23	28厘米口径 15厘米口径速射	44	2	少佐	新井有贯
本队右侧	西京丸	代用巡洋	4100	5.0			12厘米口径速射	4		少佐	鹿野勇之进
本队右侧	赤城	炮	622	10.3			12厘米口径速射	4		少佐	坂元八郎太

11时许，北洋舰队也发现了日舰。原来，丁汝昌传令午饭后返航。按北洋舰队的秋季作息时间，上午11时55分开午餐。此时，各舰伙夫正在准备午餐。瞭望兵突然发现西南方向海面上黑烟簇簇，立即用旗号报告。丁汝昌登上甲板，遥见西南有烟东来，断定必是日舰。

402

他立即决定升火以待,并传令各舰实弹,准备战斗。于是,"各舰皆发战斗喇叭,音响彻乎全队。瞬息之间,我队各舰烟筒皆吐出浓黑煤烟。其服务于舰内深处之轮机员兵,已将机室隔绝,施行强压通风,储蓄饱满之火力汽力,借为战斗行动之用。先是我由敌吐烟以见敌,今也我队各舰煤烟如是,敌队当亦明我队之所在,毫无疑焉"[1]。

确如以上马吉芬之推断。到 11 时半,吉野发现黑烟两缕,随即可遥见三四缕,遂确认为北洋舰队,当即发信号报告本队:"在北方发现 3 艘以上敌舰。"伊东祐亨见此信号,便不再迟疑,立即传令各舰:本队由 3 艘群阵改为单纵阵,继第一游击队之后而进;"西京丸"和"赤城"移至本队左侧,作为非战斗行列。

于是,双方舰队相向而进,逐步逼近,一场中日海军主力的决战终于发生了。

三 变阵迎敌

黄海海战,是中日双方海军的一次主力决战。这次海上鏖战,其规模之巨大,战斗之激烈,时间之持久,在世界海战史上是罕见的。在这次海战中,北洋舰队的广大将士英勇顽强,誓死搏敌,在中国人民反帝斗争史上写下了光辉的篇章。

丰岛海战后,北洋舰队官兵求战情绪十分高昂。因此,旗舰的备战号令一下,各舰便迅速做好了战斗的准备。此时,提督丁汝昌、右翼总兵定远管带刘步蟾和总教习德人汉纳根,都登上了旗舰的飞桥,一面商讨对策,一面密切注视日舰的动向。丁汝昌先向停泊大东沟口外的 10 艘战舰传令,以"定远""镇远"为第一小队,"致远""靖远"为第二小队,"来远""经远"为第三小队,"济远""广甲"为第四小队,"超勇""扬

---

[1]《海事》第 10 卷,第 3 期,第 38 页。

威"为第五小队,排成夹缝鱼贯小队阵,用每小时5海里的航速驶向敌舰,准备迎敌。在比往常更为短暂的时间内,此阵即已排成。这种阵式,系按小队编队,每队两舰,位于前者为队长,僚舰在其右后方45°线上,相距400码;各小队鱼贯排列,其间距为533码。试看下图:

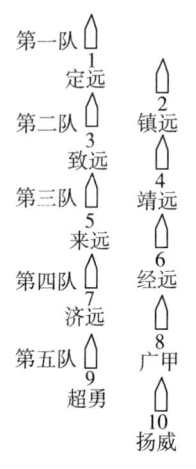

```
第一队  ↑
        1
        定远
                ↑
                2
                镇远
第二队  ↑
        3
        致远
                ↑
                4
                靖远
第三队  ↑
        5
        来远
                ↑
                6
                经远
第四队  ↑
        7
        济远
                ↑
                8
                广甲
第五队  ↑
        9
        超勇
                ↑
                10
                扬威
```

阵式既已排成,"船应机声而搏跃,旗帜飘舞,黑烟蜿蜒"①,直冲敌阵而去。

双方舰队逐渐接近。日舰用望远镜已经能够清楚地看到这样的景象:在中国军舰上,"头上盘着发辫,两臂裸露而呈浅黑色的壮士,一伙一伙地伫立在大炮旁,正准备着这场你死我活的决战"②。伊东祐亨见北洋舰队阵势严整,担心士兵临战畏惧,特别下令准许随意吸烟,以安定心神。

先是,当"吉野"报告发现北洋舰队之时,伊东祐亨即挂出第一个信号:"用餐。"中午12时5分,伊东又传令备战,"在樯头升起舰队旗,命各舰就战斗位置"③。部署全舰队以单纵阵行进。于是,日舰第一游击队四舰居前,本队六舰继后,"西京丸""赤城"二舰在本队

---

① 《中日战争》(丛刊六);第45页。
② 川崎三郎:《日清战史》,第7编(上),东京博文馆1897年版,第4章,第120页。
③ 《日清战争实记》,第7编,东京博文馆1894—1896年版,第53页。

左侧先后相随。直对北洋舰队中坚的"定远""镇远"二舰驶来。

此刻,北洋舰队已经能够辨清对面驶来的日舰,共为12艘。丁汝昌见其来势凶猛,不敢掉以轻心。为了发挥各舰舰首重炮的威力,他毅然下令变阵,改夹缝鱼贯小队阵为夹缝雁行小队阵。夹缝雁行小队阵的基本要求是:仍为每队两舰,位于前者为队长,僚舰位于其右后方45°线上,相距400码;各小队横向排列,其间距为533码。使用这种阵式,各小队的排列次序可以有多种变化。丁汝昌所改的夹缝雁行小队阵,是以第一小队居中,其余各小队则按左右交替排成。试看下图:

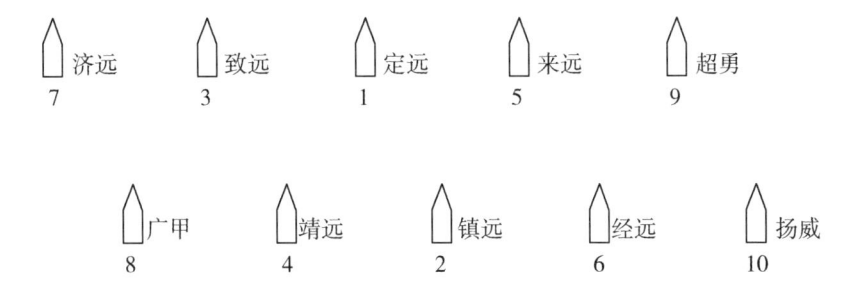

济远	致远	定远	来远	超勇
7	3	1	5	9

广甲	靖远	镇远	经远	扬威
8	4	2	6	10

与此同时,丁汝昌向各舰管带发出了以下训令:"(一)舰型同一诸舰,须协同动作,互相援助;(二)始终以舰首向敌,借保持其位置而为基本战术;(三)诸舰务于可能的范围之内,随同旗舰运动之。"[①] 其中,第一条之"舰型同一诸舰"指姊妹舰而言。在北洋舰队的5个小队中,除第四小队的"济远"和"广甲"外,其余皆为舰型相同的姊妹型。故此条实际上是要求每小队两舰要互相保持一定的距离,配合作战。第二条是夹缝雁行小队阵的基本要求,其特点是"弥缝互承",故或称之为鳞次横阵。这样排列的优点是,前后"皆可轰击敌船,不至为本军船只所蔽也"[②]。因为北洋各舰的重炮皆设于舰首,舷侧又未像日舰那样装备最新式的速射炮,所以提出"始终以舰

[①]《海事》第8卷,第5期,第63页。
[②]《船阵图说》,天津机器局1884年刊印。

晚清海军兴衰史

首向敌",以发挥重炮的威力。第三条是强调全队集中,进行整体作战。在此以前,丁汝昌曾"屡次传令,谆谆告诫,为倭人船炮皆快,我军必须整队攻击,万不可离,免被敌人所算"①。此条要求各舰不能随意单独行动,必须随旗舰之所向而进击。

变阵一开始,旗舰"定远"先以每小时7海里的航速前进,其余各舰皆以同一航速继之。由于后继诸舰不是做直线运动,而是作斜线甚至弧形运动,故要在同一时间内达到命令所规定的位置,必须完成更大的航程。试看下图,情况便很清楚了:

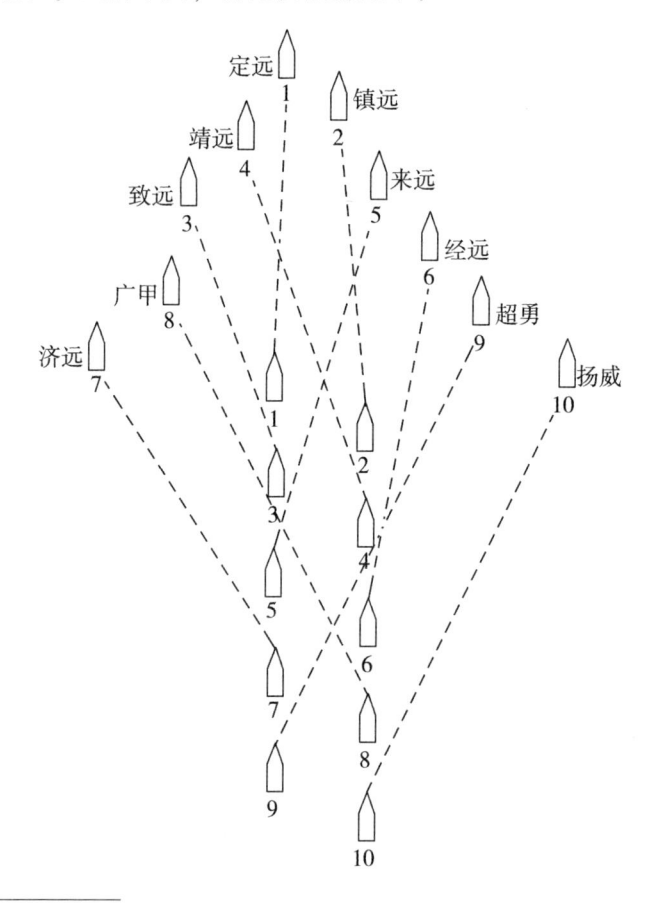

---

① 《清光绪朝中日交涉史料》(1711),附件一,卷二一,第11页。

406

第六章　甲午中日海战

变阵本来就要有一定的时间，而当时情况紧急，"定远""镇远"两艘铁甲舰须率先接敌，又不能减速以待后继诸舰，这样完成变阵就需要花更多的时间了。于是，整个舰队便形成窄长的"人"字形。据一些参战的老水手回忆，都指出当时是以"人"字阵式迎战敌舰的。许多参战洋员和西方观战的海军人士也有如此说法。从相反的方向看，"人"字阵形恰像一个大写英文字母 V，故某些外国记载又称之为"V 型阵"或"楔状阵"。所有这些，都表明了阵形初变时的特点。试看下图：

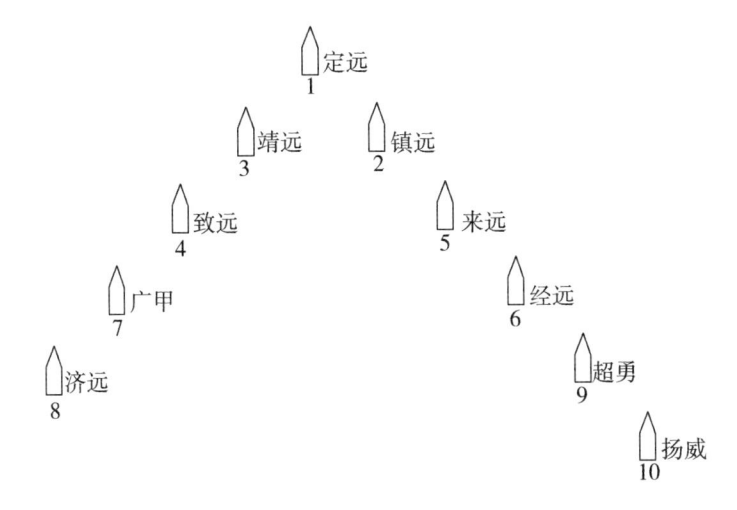

```
             ⛴ 定远
              1
       ⛴ 靖远    ⛴ 镇远
        3         2
   ⛴ 致远           ⛴ 来远
    4                5
⛴ 广甲               ⛴ 经远
 7                    6
⛴ 济远                ⛴ 超勇
 8                     9
                       ⛴ 扬威
                        10
```

丁汝昌传布变阵命令，其时间约在中午 12 时 20 分。一刻钟后，"人"字形阵式即初步形成。日方记载说："零时三十五分，已经能明显看见敌舰，细一审视，定远作为旗舰在中央，镇远、来远、经远、超勇、扬威在右，靖远、致远、广甲、济远在左，形成三角形的突梯阵。"①

由以上所述，可知中日双方舰队接战前的活动情况。如下表：

---

① 《中日战争》（丛刊一），第 240 页。按："突梯阵"，或译作"凸梯阵"。原文将"靖远"和"经远"的位置颠倒，引用时已予以改正。

变阵后的北洋舰队十舰，起初形成为窄长形的"人"字阵式，破浪前进，恰像一把锋利的尖刀，插向敌舰群。一场规模空前的海上鏖战，就这样开始了。

双方舰队不断接近，都想力争主动，先占一着。此时，伊东祐亨已经观察清楚北洋舰队十舰的排阵，发现中国"人"字阵右翼阵脚之"超勇""扬威"二舰最弱，便于12时18分旗令第一游击队："截击敌军右翼！"

时间	双方舰队活动情况	相隔距离（海里）
7：30	日本联合舰队从海洋岛启航东北行。	62.0
9：15	北洋舰队开始战斗演习。	40.0
10：30	北洋舰队战斗演习结束。	32.0
11：00	北洋舰队发现西南海面上黑烟簇簇，为一支舰队，丁汝昌传令："升火！"	27.0
11：30	日本先锋队旗舰"吉野"最先发现北洋舰队，向总队旗舰"松岛"报告，伊东祐亨下令："用餐！"	22.0
12：05	伊东祐亨挂出信号："准备战斗！"	17.0
12：18	日本联合舰队以鱼贯阵直扑北洋舰队中坚。	13.5
12：20	北洋舰队刚编成夹缝鱼贯小队阵，丁汝昌又毅然下令变为夹缝雁行小队阵。	13.0
12：35	北洋舰队形成夹角为锐角的"人"字阵，"定远"适在夹角的顶端，颇似V形，故或称凸梯阵、楔状阵及燕翦阵。	8.0

起初，日本第一游击队仅以每小时6海里的航速行驶，以缩短本队与自己拉远了的距离。及见本队已和自己保持到适当距离，遂恢复

第六章 甲午中日海战

8海里的时速航进。12时30分，又遵照本队旗舰的命令，把航速增加到每小时10海里。乘坐在"吉野"舰上的第一游击队司令官坪井航三，不断地命令属官："注意距离！""注意速度！"根据航速快、舷侧速射炮多的特点，日本海军早就重视鱼贯式的单纵阵的训练，要求作战时严格保持单纵阵。坪井已观察到北洋舰队的阵形，"是把最坚固的二铁甲'定远''镇远'置于中央突出点的凸形阵，几乎是成锐角的横阵"。于是，他决定以东北偏东的航向直指北洋舰队的中坚，佯作攻击北洋舰队中坚之势。"逐渐接近后，将指针稍稍转向右方，准备完成迎击的命令，击破敌军右翼，以挫伤其全军士气。"①

北洋舰队则保持每小时8海里的航速，一面将阵式向扁"人"字形展开，一面向敌舰冲击。日舰观测：此时中国凸形阵尖端之铁甲舰上"沉寂无声，有一士官于前樯楼上以六分仪测其距离，每动小信号旗报知距离远近，炮手低照尺，各炮长手牵索，保护测准方位，且为防火灾之计。距离渐近，俄而迅雷轰空，白烟蔽海，忽有炮弹飞落日舰吉野侧，即旗舰'定远'右舷露炮塔所放也。是为黄海海战第一炮声，盖此炮声唤起三军士气也"②。时为12时50分。"定远"的第一炮虽未命中，落于

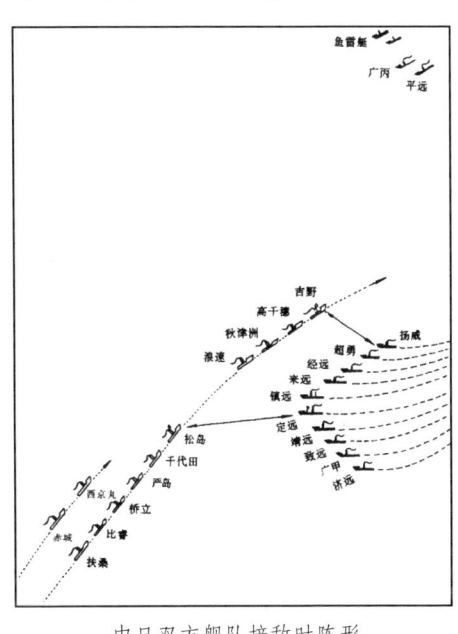

中日双方舰队接敌时阵形

---
① 《坪井航三关于黄海海战的报告》，《中日战争》（丛刊续编七），第236页。
② 桥本海关：《清日战争实记》，卷七，第251~252页。

"吉野"舰左100米处，却成为全队发动进攻的信号。这场海战的帷幕正式拉开了。

继"定远"之后，"镇远"驶至距敌舰5200米时，发出第二颗炮弹。时间仅仅相隔10秒钟。随后，北洋舰队各主要炮座一齐放炮轰击。12时53分，日本旗舰"松岛"进至距北洋舰队3500米时，也开始发炮。于是，双方舰队大小各炮，连环轰发，不稍间断，展开了激烈的炮战。

开战之初，中国参战的军舰与日本相比，在数量、吨位、航速、装备等方面皆有逊色。英国远东舰队司令裴利曼特中将评论说："是役也，无论吨位、员兵、舰速，或速射炮、新式舰，实以日本舰队为优。"① 这是实事求是之论。如下表：

类别		北洋舰队	日本联合舰队	比较
军舰总数		10	12	-2
舰种	铁甲舰	4	1	+3
	半铁甲舰	1	3	-2
	非铁甲舰	5	8	-3
火炮	大炮总数	173	268	-95
	30厘米以上口径重炮	8	3	+5
	20厘米以上口径大炮	16	8	+8
	15厘米以下口径炮及杂炮	149	160	-11
	15厘米（6吋）口径速射炮	0	30	-30
	12厘米（4.7吋）口径速射炮	0	67	-67

---

① 《海事》第10卷，第1期，第41页。

(续表)

类别 \ 舰队	北洋舰队	日本联合舰队	比较
总吨数（吨）	31 366	40 849	-9 483
总马力（匹）	46 200	73 300	-27 100
平均马力（匹）	4 620	6 108	-1 488
平均航速（海里/小时）	15.5	（本队）15.6 （一游）19.4	-0.1 -3.9
总官力（官兵数）	2 054	3 630	-1 576

因此，对于北洋舰队广大官兵来说，这确实是一次十分严峻的考验。

"定远"打响第一炮后，北洋舰队以"人"字阵猛冲直前。"定远"恰在楔状阵形的尖端，"镇远"则在"定远"之右而略偏后。整个梯队像锐利的尖刀插向敌舰群。开战不久，两翼诸舰逐渐赶了上来，于是舰队又成为类似半月形的扁"人"字阵。

本来，日舰第一游击队就是佯攻北洋舰队的中坚，今见"定远""镇远"直冲而前，来势甚猛，故远在 5 000 米以外便突然向左大转弯，在海面上划出一道近似直角的航迹，并加速到每小时 14 海里，一面发炮，一面以斜线从"定远""镇远"之前夺路而进，直扑北洋舰队右翼的"超勇""扬威"两舰。12 时 55 分，坪井航三发出信号："适时开炮！"当"吉野"进至距"超勇""扬威"二舰 3 000 米时，开始炮击。"高千穗""秋津洲""浪速"随之开炮。"超勇""扬威"奋勇抵击。下午 1 点 8 分，一炮击中"吉野"，穿透铁板在甲板上爆炸，杀伤官兵 10 人，并引起火灾。与此同时，"高千穗"也中数炮，击穿火药库附近的军官室。"高千穗"舰上既要处理死者，包扎伤号，又要救火，一时忙乱不堪。"秋津洲"第五号炮座中炮，海军大尉永田廉平以下 5 名被击毙，伤 9 名。于是，日舰气焰为之一挫。

黄海海战中日两军初交战时的情景

但是，日舰第一游击队仍然咬住"超勇""扬威"不放，集中火力猛攻不已。"超勇""扬威"乃中国十舰中最弱之舰，舰龄已在13年以上，速力迟缓，火力与防御能力皆差，虽竭力抗击，终究敌不过号称"帝国精锐"的"吉野"四舰。下午1时20分，"超勇""扬威"已多次中弹。其中，一弹击穿"超勇"舱内，引起大火。"扬威"也同时起火。到2时23分，"超勇"渐难支持，右舷倾斜，海水淹没甲板。管带黄建勋[①]坠水，左一鱼雷艇驶近相救，抛长绳以援之，不就而沉于海。"扬威"受伤后，管带林履中[②]奋力抵抗，发炮击敌。因伤势过重，驶离战场施救，又复搁浅。林履中登台一望，奋然蹈海，随波而没。

当日舰第一游击队绕攻北洋舰队右翼时，日本旗舰"松岛"到达"定远"的正前方，12时53分，"松岛"驶至距"定远"3500米时，

[①] 黄建勋（1852—1894），字菊人，福建永福人。福州船政学堂第一期毕业，并出洋深造。
[②] 林履中（1852—1894），字少谷，福建侯官人。福州船政学堂第三期毕业，并出洋深造。

开始发炮。一炮正中"定远"之樯,弹力猛炸,杀伤多人。丁汝昌正在飞桥督战,被抛堕舱面,身受重伤。右翼总兵刘步蟾①代为督战,指挥进退,时刻变换,敌炮不能取准,表现极为出色。12时55分,一弹击中"松岛"32厘米口径大炮之炮塔上部,毁其大炮旋转装置,并伤炮手多人。日舰本队畏惧"定远""镇远"的猛烈炮火,不敢继续对峙交锋,便急转舵向左,驶往"定远"的右前方。北洋舰队全队向右旋转约4度,各舰皆以舰首指向日本舰队。日舰本队后继之"比睿"等数舰,因速力迟缓,远远落后于前方诸舰,遂被北洋舰队"人"字阵之尖端所截断。这样一来,日舰本队便被拦腰截为两段,形势大为不利。

刘步蟾

北洋舰队抓住这一有利时机,向敌发起猛攻。下午1时4分,"定远"发炮击毁"松岛"第7号炮位,又杀伤多人。此时,日舰"比睿"已落后于"扶桑"1000米,"定远""靖远"二舰正向它进逼。"比睿"勉强穿过"定远""靖远"的间隙,又受到左右两面的攻击。其右舷中一炮,死炮手4人。"定远"又从其左后方发30.5厘米口径之巨炮,将其下甲板后部完全轰毁,当即有二宅贞造大军医以下20人毙命,30人受伤。"俄顷之间,该舰后部舱面,已起火灾,喷出浓烟,甚高甚烈,舱内喧嚣不止。"② 11时55分,"比睿"虽侥幸脱出包围,但已遍体鳞伤,无力战斗,只得挂出"本舰火灾退出战列"的信号,向南驶逃。

"赤城"是一艘小型炮舰,速力更为迟缓,不能随本队而行,落

---

① 刘步蟾(1852—1895),字子香,福建侯官人。福州船政学堂第一期毕业,又赴英深造。在威海之役沉舰自杀。

②《海事》第10卷,第3期,第40页。

在后面，陷于孤立地位，中弹累累，死伤甚重。1时20分，"定远"后部之15厘米口径克虏伯炮弹击中"赤城"舰桥右侧之炮楯，打死炮手3人，弹片击穿舰长坂元八郎太头部，当即毙命。航海长佐藤铁太郎继续指挥。不久，又中数炮，死伤达28人，舰上军官几乎非死即伤。于是，"赤城"转舵向南驶逃。直至下午2点30分，"赤城"才逃出作战海域。

四 苦撑危局

当日舰"比睿""赤城"处境危殆之时，桦山资纪见状，大为焦急，忙命"西京丸"发出"比睿、赤城危险"的信号。

伊东祐亨原先的计划是：因第一游击队速度快，使其与本队拉开距离，"绕到敌人背后，然后尽量进逼，和本队一起形成夹击，一举解决战斗"[①]。然而，"松岛"却发出了一个语义模糊的信号："第一游击队回航！"这便造成了坪井航三的错误理解，认为是命他回援陷于危境的"比睿"和"赤城"。于是，他立即下令向左变换方向16度，以全速向北洋舰队前方驶去。及至第一游击队回航，"比睿"和"赤城"已经逃得远离战场了。伊东只好将错就错，命令本队向右转，绕过北洋舰队的右翼而到达其背后，与第一游击队正形成夹击的形势。

正在此时，北洋舰队停泊在大东沟港口的"平远""广丙"两舰赶来参加战斗，港内的"福龙""左一"两艘鱼雷艇也驶至作战海域。"平远"从东北方向驶来，恰好经过"松岛"的左侧，便向"松岛"进逼。下午2时30分，"平远"与"松岛"相距2800米，又缩短至2200米，突然发射26厘米口径炮弹，击中了"松岛"的中央水雷室，击毙其左舷鱼雷发射手4名。"松岛"发炮还击，命中"平远"的前

[①]《伊东祐亨在保勋会上关于黄海海战的演说》，《中日战争》（丛刊续编七），第229页。

座炮,炸毁平远的26厘米口径主炮,并引起火灾。平远管带都司李和为扑灭烈火,下令转舵驶向大鹿岛方向,暂避敌锋。"广丙"管带都司程璧光也随之驶避。

海战开始后,"西京丸"即多次中炮,因其列入非战斗行列,在本队之左侧,距北洋舰队较远,故受伤不重。当"西京丸"随日舰本队向右转弯时,其右舷便正暴露在北洋舰队的前方。"定远""镇远"趁机开炮,一颗炮弹穿过"西京丸"的客厅,在客厅和机械室之间爆炸,将气压计、航海表、测量仪器等全部击毁;还将通往舵轮机的蒸气管打断,使蒸气舵轮报废而不能使用。"西京丸"被迫发出"我舵故障"的信号。由于舵机损坏,"西京丸"只得使用人力舵,勉强航行。不久,又飞来一弹,击中"西京丸"右舷后部水线,立即出现裂缝,渗进海水。下午2时35分,"福龙"见"西京丸"受伤,驶近攻击。当相距400米时,"福龙"先发一鱼雷,未中。又对直"西京丸"的左舷发一鱼雷。此时,"西京丸"已躲避不及,桦山资纪惊呼:"我事毕矣!"其他将校也都相对默然,目视鱼雷袭来。然而相距过近,鱼雷从舰下深水处通过而未能触发。这样,"西京丸"才侥幸得以保全,向南驶逃。

在战场上,这时只剩下中国八舰和日本九舰,还在进行殊死的搏斗。由于日舰采取分队夹击的战术,北洋舰队陷入了腹背受敌的艰难境地。在此危急时刻,北洋舰队官兵皆怀同仇敌忾之心,坚持战斗。丁汝昌身负重伤,不能站立,裹伤后坐在甲板上激励将士。由于"定远"的信号装置被毁,指挥失灵,因此除"定远""镇远"两舰始终保持相互依持的距离外,其余诸舰只能各自为战,伴随敌舰之回旋而战斗。这样,在日舰的夹击下,北洋舰队的队形更加凌乱不整。然各舰将士皆抱着必死的决心,与敌拼战,相拒良久。

战至下午 3 时 4 分,"定远"忽中一炮:"击穿舰腹起火,火焰从炮弹炸开的洞口喷出,洞口宛如一个喷火口,火势极为猛烈。"① "定远"集中力量扑灭火灾,攻势顿弱,而火势益猛,暂时没有扑灭的迹象。日舰第一游击队趁机向"定远"扑来,炮击愈频,使"定远"处于危急之中。在此千钧一发之际,"镇远"管带林泰曾②命帮带大副杨用霖③驾舰急驶,上前掩护。"致远"管带邓世昌④见此情景,为了保护旗舰,也命帮带大副陈金揆⑤开足机轮,驶出"定远"之前,迎战来敌。于是,"定远"得以扑灭大火,并脱离险境。

"定远"舰转危为安,"致远"舰却因此而受重伤。先是,邓世昌见旗舰危急时,便激励将士说:"吾辈从军卫国,早置生死于度外,今日之事,有死而已!""然虽死,而海军声威弗替,是即所以报国也。"⑥ 于是,"致远"猛冲,将敌舰截住。在激烈的战斗中,"致远"中弹累累。此时,日舰"吉野"适在"致远"前方。邓世昌见"吉野"横行无忌,早已义愤填膺,准备与之同归于尽,以保证全军的胜利。他对大副陈金揆说:"倭舰专恃吉野,苟沉是船,则我军可以集事!"⑦ 陈金揆亦以为然,开足马力,直冲"吉野"而去。"吉野"等 4 舰见"致远"奋然挺进,以群炮萃于"致远",连连轰击。有几颗榴弹同时击中"致远"水线,

邓世昌

---

① 《日清战争实记》,第 6 编,第 11 页;第 7 编,第 4 页。
② 林泰曾(1851—1894),字凯仕,福建闽县人。福州船政学堂第一期毕业生,赴英深造。1894 年 11 月,巡海返威海,进口时触礁伤舰,忧愤自尽。
③ 杨用霖(1854—1895),字雨臣,福建闽县人。船生出身,1895 年 2 月 12 日拒降自杀。
④ 邓世昌(1849—1894),原名永昌,字正卿,广东番禺人。福州船政学堂第一期毕业。
⑤ 陈金揆(1864—1894),字度臣,江苏宝山人。入上海出洋肄业总局学习,又赴美国深造。
⑥ 徐珂:《邓壮节阵亡黄海》,见阿英编《晚清祸乱稗史》下卷;《清史稿》,列传二四七,《邓世昌传》。
⑦ 《中日战争》(丛刊一),第 67 页。

致使其舷旁鱼雷发射管内的一枚鱼雷爆炸,右舷遂倾斜,舰首先行下沉。邓世昌与陈金揆皆沉于海。其仆刘忠以救生圈付之,拒不受。左一鱼雷艇赶来相救,亦不应。他所蓄爱犬于此刻凫至身边,衔其发。邓世昌用力按犬入水,自己随之投入波涛之中。全舰遇救者仅7人。

"致远"沉没后,北洋舰队左翼阵脚之"济远""广甲"二舰离队更远,处境孤危。"济远"累中敌炮,二副守备杨建洛阵亡,共伤亡10余人。管带方伯谦①先已挂出"本舰已受重伤"之旗,及见"致远"沉没,遂转舵西驶,于18日凌晨回到旅顺。广甲管带吴敬荣②见"济远"西驶,亦随之。午夜时,驶至大连湾三山岛外,慌乱中触礁进水,不能驶出,遂致搁浅。吴敬荣下令纵火登岸。两天后,"广甲"被日舰驶近开炮击毁。

"济远""广甲"驶离战场后,日舰第一游击队转而绕攻"经远"。"经远"被划出阵外,势孤力单,中弹甚多,火势陡发。"经远"管带林永升③指挥全舰官兵有进无退,发炮以攻敌,激水以救火,井井有条。然而,"吉野"等四舰死死咬住"经远",环攻不已。"经远"以一抵四,陷于苦战之中。日舰依仗势众炮快,以群炮萃于"经远"。林永升不幸突中敌弹,脑裂而亡。林永升牺牲后,帮带大副陈荣④、二副陈京莹⑤也先后中炮阵亡。在失去主将的情况下,"经远"官兵仍坚守岗位,决不后退。当"经远"与敌舰相距不到2000米时,遭到"吉野"等四舰的炮火猛轰,尤其是被"吉野"15厘米口径速射炮的猛烈打击,遂在烈焰中沉没。全舰只有16人遇救生还,余者皆

---

① 方伯谦(1852—1894),字益堂,福建侯官人。福州船政学堂第一期毕业,又赴英深造。1894年9月24日,以"临阵退缩"罪,在旅顺被处以斩刑。
② 吴敬荣,字健甫,安徽休宁县人。随清政府第3批官学生赴美国学习。黄海海战后,以随逃罪,受到革职留营的处分。
③ 林永升(1853—1894),字钟卿,福建侯官人。福州船政学堂第一期毕业,又赴英深造。
④ 陈荣(1859—1894),字兆麟,号玉书,广东番禺人。福州船政学堂第四期毕业。
⑤ 陈京莹(1863—1894),字则友,福建闽县人。天津水师学堂驾驶班第一期毕业。

葬身海底。

北洋舰队虽损失惨重，势大不利，然广大将士众志成城，苦撑危局，终于渡过了濒于灭顶之灾的险关。

五 "巍巍铁甲"

北洋舰队虽然居于劣势，处境极端困难，但"定远""镇远""靖远""来远"四舰将士拼死战斗，誓与敌人搏战到底。因此，战场上出现了敌我相持的局面。

下午3时20分以后，双方舰队开始分为两群同时进行战斗：日舰本队"松岛""千代田""严岛""桥立""扶桑"五舰缠住"定远"和"镇远"；第一游击队"吉野""高千穗""秋津洲""浪速"四舰则专力进攻"靖远"和"来远"。日本方面的企图是：将战场上仅余的中国四舰分割为二，使之彼此不能相顾，先击沉较弱的"靖远""来远"两舰，然后全军合力围攻"定远"和"镇远"，以期胜利结束战斗。到此时为止，对于北洋舰队来说，形势仍然非常险恶。日本联合舰队依仗其舰多势众，对中国四舰又是环攻，又是猛逼，恨不得一下子将其吃掉，早奏凯歌。但是，中国四舰巍然屹立，英勇搏战，使日舰徒唤奈何。

面对日舰第一游击队的猛攻，"靖远""来远"将士打得十分勇敢顽强。二舰尽管舰型不同，而且不是一个编队，但"靖远"管带叶祖珪①和"来远"管带邱宝仁②觉察到敌人用心之险恶，以及本身处境之危殆，便临时结成姊妹舰，彼此保持一定的距离以互相依持，坚持斗争到底。"靖远""来远"以寡敌众，苦战多时，均受重伤。"来远"

---

① 叶祖珪（1855—1905），字桐侯，福建闽侯人。福州船政学堂第一期毕业。甲午战后，先后任北洋水师统领、总理南北洋海军兼广东水师提督。

② 邱宝仁，福建闽侯人。福州船政学堂第一期毕业。战后被革职。

中弹200多颗,造成猛烈火灾,延烧房舱数十间。尽管舰上烈焰腾空,被猛火包围,炮手依然发射不停。"'来远'后部因敌弹起火灾,火焰熊熊,尾炮已毁,仅有首炮应战。舱面人员悉忙于消防,因通气管有引火之虞,亦为解除。机舱热度增至200度,而舱内人员犹工作不息。及火灾消弭之后,机舱人员莫不焦头烂额。"①"来远"将士这种艰苦卓绝的斗争精神和视死如归的英雄气概,赢得了全军上下的赞佩,连当时在附近观战的西方海军人士也无不视为奇迹。战后,"来远"驶归旅顺,中外人士睹其损伤如此严重,尚能平安抵港,皆为之惊叹不置。

"靖远"也中弹100余颗,特别是水线为敌弹所伤,进水甚多,情况十分危急。在此紧要关头,为了修补漏洞和扑灭烈火,并使"定远""镇远"得以专力对敌,叶祖珪向"来远"发出"西驶"的信号。"来远"遂先行西驶,"靖远"紧随其后,冲出日舰第一游击队的包围,驶至大鹿岛附近。"靖远""来远"先占据有利地势,背靠浅滩,一面以舰首重炮对敌,一面抓紧灭火修补。"吉野"等四舰尾追而来,然已失地利,只能来回遥击,丧失了自由机动的能力。"靖远""来远"终于赢得了修补灭火的时间,这才化险为夷。

此时,在作战海域,中国仅余"定远""镇远"两艘铁甲舰,还在同日舰本队激烈战斗。二舰虽处在5艘敌舰的包围之中,毫无畏惧之意,坚决抗击。"各将弁誓死抵御,不稍退避,敌弹霰集,每船致伤千余处,火焚数次,一面救火,一面抵敌。"②日方记载也承认这样的事实:"'定远''镇远'二舰顽强不屈,奋力与我抗争,一步亦不稍退。""我本队舍其他各舰不顾,举全部五舰之力量合围两舰,在榴

---

① 《海事》第10卷,第3期,第43页。
② 《清光绪朝中日交涉史料》(1738),卷二一,第22页。

霰弹的倾注下，再三引起火灾。'定远'甲板部位起火，烈焰汹腾，几乎延烧全舰。'镇远'前甲板殆乎形成绝命大火，将领集合士兵救火，虽弹丸如雨，仍欣然从事，在九死一生中毅然将火扑灭，终于避免了一场危难。"日舰甚至用望远镜观测到"镇远"舰上有一名军官正在"泰然自若地拍摄战斗照片"。① 可见，尽管战斗环境险恶丛生，两舰将士始终怀着必胜的信心。

在这场你死我活的大搏斗中，刘步蟾肩负重任，指挥得力。全舰上下一心，勇抗强敌，"炮手及水兵皆激奋异常，毫无畏惧之容"②。据日方记载："定远"对"配备大口径炮之最新式诸巡洋舰毫不畏惧"，"陷于厄境，犹能与合围之敌舰抵抗。定远起火后，甲板上各种设施全部毁坏，但无一人畏战避逃"。③ 林泰曾和杨用霖表现也很突出。临战前，林泰曾下令卸除舰上的舢板，以示"舰存与存，舰亡与亡"之意。杨用霖则激励将士说："时至矣！吾将以死报国，愿从者从，不愿从者吾弗强也。"众皆感动得流泪说："公死，吾辈何以生为，赴汤蹈火，惟公所命！"④ 他协助林泰曾指挥全舰将士奋力搏战，弹火飞腾，血肉狼藉，而神色不动。在林、杨的指挥下，"镇远"与"定远"紧密配合，共同对敌，战绩卓越。林、杨指挥沉着果断，"开炮极为灵捷，标下各弁兵亦皆恪遵号令，虽日弹所至，火势东奔西窜，而施救得力，一一熄灭"⑤。日人亦称："镇远与定远配置及间隔，始终不变位置，用巧妙的航行和射击，时时掩护定远，奋勇当我诸舰，援助定远且战且进。"⑥ 两舰之所以能够同 5 艘日舰相搏而久持，始终

---

① 川崎三郎：《日清战史》，第 7 编（上），第 3 章，第 70、71 页。
② William Ferdinand Tyler, Pulling Strings in China, London, 1929, P. 55
③ 川崎三郎：《日清战史》，第 7 编（上），第 3 章，第 70、71 页。
④ 池仲祐：《海军实记·甲午海战阵亡死难群公事略》，《北洋海军资料汇编》（下），中华全国图书馆文献缩微复制中心 1994 年刊，第 1326~1327 页。
⑤《中东战纪本末》卷四，光绪二十二年刊，第 12 页。
⑥ 川崎三郎：《日清战史》，第 7 编（上），第 3 章，第 70 页。

坚不可摧,"镇远"广大将士是作出了重要贡献的。

"定远"和"镇远"一靠配合默契,二靠勇敢无畏,终于顶住了日舰本队的猛烈进攻。战至下午3时半,当"定远"与"松岛"相距大约2000米时,由枪炮大副沈寿堃[①]指挥"发出之三十公分半巨炮炮弹,命中'松岛'右舷下甲板,轰然爆炸,击毁第四号速射炮,其左舷炮架全部破坏,并引起堆积在甲板上的弹药爆炸。刹那间,如百电千雷崩裂,发出凄惨绝寰之巨响。俄而,剧烈震荡,舰体倾斜,烈火焰焰焦天,白烟茫茫蔽海。死伤达八十四人,队长志摩(清直)大尉,分队长伊东(满嘉记)少尉死之。死尸纷纷,或飞坠海底,或散乱甲板,骨碎血溢,异臭扑鼻,其惨憺殆不可言状。须臾,烈火吞没舰体,浓烟蔽空,状至危急。虽全舰尽力灭火,轻重伤者皆跃起抢救,但海风甚猛,火势不衰,宛然一大火海"[②]。伊东祐亨见情况危急,一面亲自指挥灭火,一面下令以幸存者、军乐队等补充炮手。到下午4时10分,松岛的大火虽被扑灭,但舰上的设施摧毁以尽,32厘米口径主炮的炮栓和水压机皆发生故障而不能发炮,已经丧失了指挥和战斗能力。于是,松岛发出了"各舰随意运动"的信号。随即竭力摆脱"定远""镇远",与其他本队四舰向东南驶去。

"定远""镇远"在战局急转直下的危急关头,仍然巍然屹立,力挽狂澜,终于化被动为主动。对此,英国斐利曼特海军中将评论说:日本舰队之所以"不能全扫乎华军者,则以有巍巍铁甲船两大艘也"[③]。确非虚语。

日舰本队转舵南遁后,"定远""镇远"尾追进逼,使其回头复

[①] 沈寿堃,福建侯官人。天津水师学堂驾驶班第一期毕业。宣统时任长江舰队统领。
[②] 川崎三郎:《日清战史》,第7编(上),第4章,第157页。按:"松岛"在黄海海战中共伤亡100余人,其中当即死者51人,住院后死者2人。
[③]《中日战争》(丛刊七),第550页。

战。马吉芬回忆当时情景说：日舰本队"向东南引退，我两铁甲舰即尾击之。至相距约二三海里，彼本队复回头应战。炮战之猛烈，当以此时为最。然而，镇远射出六时弹百四十八发，弹药告竭；仅余十二时炮钢铁弹二十五发，而榴弹已无一弹矣。定远亦陷于同一困境"[1]。战到后来，"定远只有三炮，镇远只有两炮，尚能施放"[2]。

在激烈的炮火交锋中，日舰本队受创严重，旗舰"松岛"舱面设施扫荡无存，所有护炮之铁甲皆遭击碎，修理非易。对其打击尤为严重的是，舰体水线以下部位被击中数弹，炮手及水兵死伤惨重，侥幸未进水沉没。至于其余各舰，或受重伤，或遭小损，业已无一瓦全。

下午5时许，"靖远""来远"归队。"靖远"之水线进水部位，已堵塞妥当。"来远"舱面在大火中皆已烧裂，因扑救得力，机器及炮械尚皆可用。因此，两舰都恢复了战斗力。此时，"靖远"悬升队旗召集余舰，变阵以击日舰，并召港内诸舰艇出口助战。于是，"来远""平远""广丙"诸舰及"福龙""左一"两鱼雷艇随之，尚在港内之"镇南""镇中"两炮舰及"右二""右三"两鱼雷艇也出港会合。直到此时，"定远""镇远"两舰仍具稳固不摇之势，又有诸舰共来助战，北洋舰队声势益振。

到下午5时半，日舰本队各舰多受重创，无力再战。此时，太阳将沉，暮色苍茫。伊东祐亨见北洋舰队集合各舰，愈战愈勇，又怕鱼雷艇袭击，遂发出"停止战斗"的信号。但是，他不等第一游击队驶来会合，便率舰向南驶逸。北洋舰队"定远""镇远""靖远""来远""平远""广丙"六舰鱼贯而行，尾追数海里。因日舰开足马力，行驶极速，瞬息已远，便收队转舵驶回旅顺。

---

[1]《海事》第10卷，第3期，第41页。
[2]《清光绪朝中日交涉史料》(1738)，卷二一，第22页。

日舰本队南遁后，第一游击队随后赶来。直到下午 6 点，第一游击队才赶上本队。7 时 15 分，伊东祐亨见北洋舰队已不再追击，便下令停驶，自率幕僚移往"桥立"舰，以之为旗舰。命"松岛"立即返回吴港，进行修理。然后，才率余舰鱼贯而东去。

六　布阵得失论未休

北洋舰队采用横排的夹缝雁行阵是否正确？对此，历来是有争论的。一种意见持完全否定的态度，认为这种阵形"起舰队之纷乱"，"为最大失策"；[1] 另一种意见则持完全肯定的态度，认为这种阵形"于攻势有利"，"可谓宜得其当"。[2] 聚讼纷纭，迄今仍未休止。

在海战中究竟采取何种阵形，并不纯靠统帅的"自由创造"，而决定于当时所具备的物质条件。中日双方舰队的布阵，都不能不受到它们所拥有的军舰性能及武器装备条件的制约。一般地说，日本军舰舰龄短、航速快，特别是第一游击队，不仅型式较为先进，而且平均航速比北洋舰队快得多。拥有大量最新式的速射炮（共 97 门）更是日本联合舰队的一大特长。其重炮（21 厘米口径以上）则较少，只有 11 门；轻炮（15 厘米口径以上）更少，也才 2 门。速射炮主要装置在舷侧，重炮装置在舰首，这就决定了日舰必须依靠舷侧炮进行攻击。日本浪速舰长东乡平八郎的丰岛海战日记就是很好的证明：当浪速发现广乙时，"即时开左舷大炮进行高速度射击"；后来击沉"高升"时，则是"发射两次右舷炮"。[3] 所以，日本联合舰队在海战中采用单纵阵（鱼贯阵）就很自然了。日舰第一游击队司令官坪井航三说过，早在海战发生以前，日本舰队即已决定，不管北洋舰队采用什么阵形，

---

[1]《中日战争》（丛刊六），第 51、72 页。
[2]《海事》第 9 卷，第 12 期，《中日海战评论撮要》，第 70~71 页。
[3]《中日战争》（丛刊六），第 32、33 页。

它都要以单纵阵进行攻击，并为此进行了长期的练习。

北洋舰队为什么不也采用单纵阵呢？长期以来，人们对此感到困惑不解。更有甚者，有人对此横加褒贬，但又拿不出多少道理来。其实，北洋舰队之所以采取横排的夹缝雁行阵，也是与其军舰性能和武器装备情况密切相关的。北洋舰队的舰龄长，航速慢，这是众所公认的。北洋舰队的主力舰只与日本的最新军舰相比，在形制上要落后整整一代。它以重炮见长，拥有25厘米口径以上的重炮25门，是日本的2倍多。在参加海战的10艘战舰中，除广甲没有重炮，平远只有1门重炮外，其余八舰各备有2至4门重炮不等。日本参加海战的12艘军舰中，有6艘没有重炮，而在6艘备有重炮的军舰中，配置却极不均匀，"扶桑"装了4门重炮，"松岛""严岛""桥立"三舰才各有重炮1门，根本无法组成猛烈的排炮轰击。就重炮一项来说，北洋舰队显然是居于领先地位的。北洋舰队的轻炮也较多，共有15门，是日本的7倍多。大抵重炮装置在舰首，轻炮装置在舰尾。北洋舰队各舰舷侧一般备有机器炮一类的小炮，这种炮只有杀伤力，而无贯穿力，对敌舰本身是不起什么作用的。把以上情况综合起来看，便可知道北洋舰队为什么要对单纵阵摒弃不用了。

丁汝昌在海战决战中决定采用夹缝雁行阵，并不是他一时心血来潮，而是早有准备的。他对海战的战术要求做出了三条规定：（一）以姊妹舰组成的小队为基本单位，协同动作；（二）"始终以舰首向敌"，即以横排的雁行阵为基本战术；（三）作战时舰队要整体行动，各舰皆随同旗舰而运动。① 很明显，第二条所规定的基本战术，就是要扬长避短，以发挥舰首重炮的威力。

对雁行阵持否定论者认为，这种阵形"限制了齐射火炮的数量"，

---

① 《海事》第8卷，第5期，第63页。

"不能发挥北洋舰队的全部火力"。① 这种要求，显然是没有道理的。因为一个舰队无论采用何种阵形，都不可能同时发挥"全部火力"。在海战的实际过程中，总是要根据敌我相对位置的变化而发挥军舰的部分火力，只是这"部分"有程度上的差别而已。海战的双方都是在运动中作战，不会始终保持相互垂直的位置。从总体上看，北洋舰队只有"以舰首对敌"，才能最大限度地发挥自己的火力。

否定论者还用最佳射击舷角的计算来证明自己的观点。如称："全舰火炮最佳的射击舷角为左右45°~135°（在此射击舷角内，舰首重炮火力是可以得到充分发扬的），也就是说，全舰最佳射击舷角的最大射击扇面，是以左、右舷正横中线为中心的90（该中线为其分角线）之扇形区域。凡小于45°或大于135°的射击舷角，军舰就只能有一部分主炮可以射击，这无疑是不利于充分发扬全舰火力的。"这个理论，对于日本联合舰队来说，无疑是正确的。但以此来套北洋舰队，则似有削足适履之嫌。最佳射击舷角之确定，系因舰而异，并非一成不变。北洋舰队的主炮全部在舰首；日本联合舰队的主炮虽有部分在舰首，但以舷侧速射炮为最主要的打击力量。故在彼为最佳射击舷角而在此则非是，或者相反。认为北洋舰队的"最佳射击舷角的扇面只有25°"②的说法，是十分不妥的。实际上，就雁行阵来说，舰首主炮最佳射击舷角扇面的中线（分角线）不应同于鱼贯阵：若舰首主炮为单炮，则其最大射击舷角是以舰首尾线为中线的90°角；若舰首主炮为并排配置的双炮，则其各自的最佳射击舷角，应是以舰首尾线与左、右舷正横线所成直角的分角线为中线的90°角，再去掉为邻舰所留之20°安全界，尚有70°。因为北洋舰队的舰首主炮基本上都是双炮，所

---

① 郭浒：《黄海大战中北洋舰队的队形是否正确?》，《文史哲》1957年第10期。
② 《近代史研究》1988年第1期，第40、42页。

以其有效的最佳射击舷角不是70°，而是140°。正由于北洋舰队舰首主炮最佳射击舷角的最大打击扇面是140°的扇形区域，因此在海战中能够左右开弓，发挥了各舰重炮的最大威力。丁汝昌在海战报告中说："定远猛发右炮（引者按：指舰首右侧重炮）攻倭大队，各船又发左炮（引者按：指舰首左侧重炮）攻倭尾队三船。"[1] 这便是最好的证明。

否定论者总认为北洋舰队采用单行鱼贯阵是有利的。甚至具体设想："以舰队的一舷拦击敌方舰队，争取对其实施'T'字战法的攻击"，以迫使日本联合舰队与北洋舰队形成"同向异舷交战"。进而断定："如果这样的话，黄海海战的过程和结局就可能大为改观了。"[2] 这种估计也是经不住推敲的。战争指挥者与战争评论者的地位不同：后者固可驰骋想象，任意臧否，甚至完全纸上谈兵；前者则身临其境，生死系于一发，胜败存乎一念，不能不力求从实际出发，面对严峻的现实，作出最佳的阵形选择。"同向异舷交战"究竟对谁有利呢？这正是日方所求之不得的。日本联合舰队之左、右舷侧各有近50门速射炮。而北洋舰队不但一门速射炮没有，而且各舰之左、右舷只配备若干仅有杀伤力的小炮，能靠这些与日本联合舰队进行"同向异舷交战"吗？不仅如此，北洋舰队的长处是舰首重炮多，可是这样一来，重炮有一半不能发挥作用，把自己的主要长处也取消了。全面权衡雁行、鱼贯两种阵法，何者为利，何者为弊，其理昭然若揭。由此可知，如果北洋舰队真的采用单行鱼贯阵，与日本联合舰队进行一舷对一舷齐射的话，那么，北洋舰队就会陷于更加危殆的处境，甚至有全军覆没的危险。

---

[1]《中日战争》（丛刊三），第135页。
[2]《近代史研究》1988年第1期，第43页。

海战的实践,特别是海战的前90分钟,日阵被腰斩为两截,数舰几乎被沉,即充分证明北洋舰队采用雁行阵不但不是"最大的失策",而且是基本正确的。在海战中指挥发炮重创日本旗舰"松岛"的"定远"枪炮二副沈寿堃,在战后强调指出:"大东沟之役,初见阵时,敌以鱼贯来,我以雁行御之,是也。"① 当时还没有哪一位参加海战的将领认为以雁行阵御敌是错的。连在附近观战的英国远东舰队司令斐利曼特也承认:"伊东则竟以全队之腰向丁之头,拦丁之路……奇险实不可思议。"② 所有这些,都说明北洋舰队初接战时采用雁行阵是适宜的。

但是,也不能对北洋舰队的布阵完全予以肯定。北洋舰队的布阵并不是完美无缺,而是存在缺点的。其一,是未能始终保持攻势。当战到下午2时30分以后,北洋舰队处于腹背受敌的情况下,便被迫转入防御,以待敌之来攻。这样,北洋舰队各舰就只能伴随日舰之回转而回转,完全居于被动的地位,因此遭受到重大的损失。其二,是编队的跨度太大,致使"定远""镇远"舰首的重炮无法有效地保护两翼诸舰。据斐利曼特说,北洋舰队形成"人"字阵后,舰首与舰首相距约370米。按此计算,从"定远""镇远"到"扬威"的距离便近2000米。当时,日舰第一游击队在进攻右翼阵脚时,总是与攻击目标保持大约2000米的距离。③ 这样,"定远""镇远"与日舰的距离便一般在4000米左右。当硝烟弥漫之际,连观察远至4000米的日舰情况都很困难,更谈不上保护其右翼阵脚的弱舰了。这都说明北洋舰队的布阵是有很大缺陷的。

其所以如此,主要是丁汝昌未能处理好集中与分散、即合与分的

---

① 《盛档·甲午中日战争》(下),第403页。
② 《中日战争》(丛刊七),第549页。
③ 参见戚其章:《北洋舰队》,山东人民出版社,1981年,第142页。

关系。鱼贯阵和雁行阵是最基本的阵式，但却不是固定的阵式，而是可以随机变化的。每种阵形本身，也都包含着合与分两种因素。可化合为分，也可变分为合。在布阵时，只有将合与分的关系处理恰当，才能真正做到"种种变化，神妙不穷"。而恰恰在这个问题上，丁汝昌的观点是相当机械的。他在布阵时总是片面地强调集中："屡次传令，谆谆告诫，为倭人船炮皆快，我军必须整队攻击，万不可离，免被敌人所算。"① 在接敌前所下的命令中，也有这样一条："诸舰务于可能范围之内，随同旗舰运动之。""整队攻击"与"随同旗舰运动"，都是强调一个"合"字。正由于北洋舰队不管在何种情况下都要求"合"，集中为单一的编队，因此在敌舰的夹击下陷入了被动的境地。反之，海战打到下午 3 时 20 分以后，北洋舰队之所以能够逐渐扭转其被动局面，主要是自动地将舰分为两支，使敌人不得不将兵力分散，从而打破了其钳形夹击的攻势。

参战将领指出："大东沟之役，初见阵时，敌以鱼贯来，我以雁行御之，是也。嗣敌左右包抄，我未尝开队分击，致遭其所困。"② 这是对北洋舰队布阵得失的一个最好总结。

---

① 《中日战争》（丛刊三），第 129 页。
② 《盛档·甲午中日战争》（下），第 403 页。

第四节　旅顺口基地的陷落

一　日本第二军登陆花园口

黄海海战后，日本即着手旅顺口作战的准备。旅顺设防甚固，在军中有"铁打的旅顺"之称。因此，为攻占旅顺口基地，日本大本营进行了多方面的策划和周密部署。

先是平壤战役结束后，日本大本营计划乘势把战火烧到中国境内，以拔取奉天，直叩山海关。但是，考虑到中国疆域辽阔，人口众多，即使占领整个辽东，也不能决定全局的胜负，必须另遣一军进逼北京，始可迫使清廷订立城下之盟。遂决定组织日本第二军。

进攻北京的方针既定，日本大本营便开始研究登陆作战的具体方案。日本大本营根据日本间谍所提供的侦察材料发现，欲攻取北京，除大沽、北塘外，以山海关为捷路。然而，旅顺口雄堡坚垒，北洋舰队又驻泊威海卫，共扼渤海门户，运兵深入渤海实行登陆作战，确实有极大困难。因此，决定先命第二军攻占旅顺，以此为根据地，等到明年开春后，越渤海而进行直隶平原作战。第二军参谋部认为："旅顺垒坚，正面攻之，恐不能奏功，宜先选定其根据之地，而后冲其背后，以出敌不意也。"① 大本营采纳了这个建议，一面开始运兵，一面命海军在旅顺后路探测登陆地点。

10月14日，日本天皇睦仁在广岛大本营召见出征将校数十人，赐以酒馔，并特赐第二军司令官大山岩大将骏马及名刀，以示恩宠和

---

① 桥本海关：《清日战争实记》卷八，第275页。

激励。15日，第二军所属第二师团开赴宇品港，依次登船。运输船共30余艘，以渔隐洞为目的地，先后舳舻相衔而发。由于北洋舰队已经不进入黄海，故日本此次运兵没有使用舰队掩护。19日，日本第一批运兵船最先到达，余船后数日续至，皆集结在渔隐洞港内待命。

此时，日本海军已多次派船侦察北洋海军的动向，并测量大连湾至鸭绿江口的海岸，以为陆军寻找登陆地点。先据"八重山"舰报告，花园口为登陆的最适宜地点。但是，第二军参谋数人乘"秋津洲"前往复查后，却提出异议。于是，陆海两军在登陆地点问题上产生了意见分歧。陆军希望尽可能在靠近清军驻地处登陆，认为：若以花园口为登陆地点，即使到达金州城，也要经过三条不可徒涉的河流，行军必然延迟，使清军赢得布防的时间，此议势不可行。因此，提出以貔子窝附近为登陆地点。海军则希望运兵船尽可能靠近陆地，以便迅速登岸，同时尽量避免清军的抵抗，而花园口恰是清军未设防的地区，虽距离较远，还是利大于弊。陆军仍然坚持要从近处登陆。21日，伊东祐亨中将亲自在旗舰"桥立"号上召集陆海军参谋会议。经过一整天的激烈辩论，才勉强统一了认识。22日，大山岩发布命令，规定三条：（一）以花园口为登陆地点；（二）工兵做沿途渡河的准备；（三）派间谍侦察清军防地。陆军终于同意了海军的意见。

花园口是辽东半岛东侧的一个小海湾，距金州约80公里。海湾宽阔，为沙底，适于受锚。而清军并未在此设防，这就更便利了日军的登陆活动。日军的计划是：先夺取金州，然后拊大连湾、旅顺口之背，并进而攻占之。

23日，日本第二军乘运兵船40余艘，从渔隐洞向花园口进发。上午8时，旗舰"桥立"率日本联合舰队本队及第一、第二、第三、第四游击队启碇先行。9点半钟，第二军第一批运兵船继发。24日午前7时25分，第一批运兵船航近花园口，见护航军舰已先下锚，根据伊东祐亨的命令，本队及第一、第二游击队，除"秋津洲""浪速"驶向威海卫、旅顺口，监视北洋舰队的行动外，皆停泊于远海，以防北洋舰队来袭；第三、第四游击队停泊于靠近花园口的海面，以掩护陆军登陆；"八重山""筑紫""大岛""鸟海""西京丸""相模丸"六舰官兵则协助陆军登陆。26日，载有第二军司令部的第二批运兵船驶抵花园口。11月1日，长谷川混成旅团也在此登陆。至此，日本第二军司令部，以及所属第一师团和混成第二旅团，已全部登陆完毕。但是，日军运送炮、马及辎重的工作，则一直持续到7日。整个登陆活动历时半月，共约2.5万人登陆。

二 旅顺陷落

日本第二军登陆花园口后，于11月6日攻陷金州城，于翌日不战而占领大连湾。日军之陷金州，夺大连湾，其目的是攻取号称"东洋第一坚垒"的旅顺口。因此，日军在大连湾休整10天之后，便向旅顺口基地发动了进攻。

防守旅顺海岸炮台的清军，原先只有亲庆军6营。其中，记名提督黄仕林率3营驻东岸：中营守黄金山炮台及人字墙；前营守摸珠礁炮台；正营守老蛎嘴炮台。记名总兵张光前率3营驻西岸：后营守老虎尾及威远炮台；副营守蛮子营炮台；右营守馒头山及城头山炮台。战争爆发后，黄仕林增募副前营，张光前增募副后营，各成4营，共8营4 100人。

旅顺后路各炮台，原由四川提督宋庆率毅军驻守。后以毅军陆续调走，旅顺后路空虚，李鸿章请旨令临元镇总兵姜桂题招募桂字军，记名提督程允和招募和字军，各成3营半。和字军驻守椅子山至松树山一线,包括椅子山、案子山、望台北及松树山炮台;桂字军驻守二龙山至蟠桃山一线,包括二龙山、鸡冠山炮台及蟠桃山等临时炮台。日军登陆花园口,姜、程以旅顺兵单,不敷分布,共商于旅顺前敌营务处道员龚照玙,将程之半营并归姜部,程添1营,各带4营。共8营4 000人。

11月初,清政府又派记名提督卫汝成率成字军5营及马队1小队乘轮赴援,以加强旅顺后路的防御。成字军5营3 000人,抵旅后驻白玉山东麓,为旅顺后路的总预备队。此外,大连湾失守后,正定镇总兵徐邦道和总兵赵怀业皆率部来旅。徐邦道的拱卫军5营在金州保卫战中损失较重,以减员二成计,尚余1 400人。赵怀业的怀字军,除赵鼎臣2哨在金州损失较大外,其余6营在撤离大连湾时也有减员,还有1 800人。铭军留驻大连湾者,有400人来旅。这样,防守旅顺后路的兵力达到了10 600人。

清军驻守旅顺的总兵力为14 700人,数量不能算少,若能各将同心,指挥得力,当不至于轻易被敌攻破。据日方记载,进攻旅顺口之前,日本第一师团司令官山地元治命其副官编制敢死队名册。副官以500人上报,山地认为不够;又增加500人,仍说"不足";及增至1 500人,"始颔首曰可"[1]。日军是准备以重大伤亡的代价来攻取旅顺的。可是,"铁打的旅顺"只是徒有其名,并不像日军所预想的那样难攻。

当时,道员龚照玙任旅顺前敌营务处兼船坞工程总办,代北洋大臣节度,号称"隐帅"。本来,龚倒是应该负起责任,激励诸将合力战守,无奈他"贪鄙庸劣,不足当方面,颇失人望"[2]。于是,旅顺又

---

[1]《日清战争实记》,第12编,第1页。
[2]《中日战争》(丛刊一),第36页。

出现了类似平壤那样"有将无帅"的局面。

原来,旅顺有5位统领,即姜桂题、张光前、黄仕林、程允和和卫汝成。后又增加赵怀业和徐邦道,成为7统领。7统领不相系属,各行其是,怎能抗御强敌?张光前有鉴于此,深恐各将不能和衷共济,致误大事,便与黄仕林、程允和等共议,公推姜桂题为总统。然姜本行伍出身,目不识丁,"生平未尝把卷"①,且才本中庸,无所作为,终未能调和诸将,协力坚守旅顺。

17日拂晓,日本第二军除少量留守部队外,全部出动,开始向旅顺口进犯。

18日晨6时,日军骑兵第一大队长秋山好古少佐率骑兵搜索队自三十里堡先发,第二旅团长西宽二郎少将率前卫部队继后,向土城子行进。上午10时,日军骑兵搜索队到达土城子时,徐邦道的拱卫军和卫汝成的成字军已经布阵以待。10时30分,清军向进入土城子的日军发起了攻击。清军在数量上占有极大优势,而且士气旺盛,锐不可当。日军"骑兵全部陷于重围之中,面临进退维谷之境"②。秋山好古下令突围,向双沟台方向奔逃。清军遂将土城子占领。

土城子迎击战是清军打得较好的一仗。清军发挥了战术上的数量优势,打得积极主动,取得了杀伤55名敌人的战果。但是,清军激战近6个小时,又饿又累,且"无行帐,其步卒非回旅顺不能得一饱,遂弃险要不守,仍退归"③。在旅顺诸将中,仍是株守待敌的消极防御思想占了上风,局部的胜利并不能挽回全局的失败。

21日,日军向旅顺口基地发起了总攻。6时50分,第一师团以攻城炮、野炮、山炮共40余门,开始向椅子山炮台猛轰。与此同时,日

---

① 林纾:《昭武上将军姜公家传》。见《碑传集补》卷末,上海古籍出版社,1987年,第1623页。
②《日清战争实记》,第12编,第4页。
③《中日战争》(丛刊一),第40页。

本联合舰队以一字横阵排于旅顺口外，以牵制清军，使陆军得专力进攻。8时许，旅顺后路西炮台群的椅子山、案子山及望台北诸炮台，皆先后被日军攻陷。随后，又将松树山炮台攻占。9时45分，日军混成第十二旅团开始进攻二龙山炮台。到11时40分，二龙山、鸡冠山及附近的临时炮台也先后失陷。旅顺后路诸将皆陷敌中。卫汝成和赵怀业夺路东行；徐邦道在毅军操场接战，被困于教场沟，仅剩10余人，犹战不已，终于冲出重围；程允和与姜桂题也都先后脱围而出。龚照玙先奔小平岛，后又乘渔船逃到了烟台。

日军既占领旅顺后路炮台，便转而向海岸炮台进攻。日军进攻的主要目标是黄金山炮台。当日军逼近黄金山炮台时，守将黄仕林不作任何抵抗，直接弃台而走。日军安步而登上黄金山炮台。东岸之摸珠礁、老蛎嘴等炮台守兵见主将已遁，也不战而奔。西岸炮台张光前部坚持到黄昏以后，也循西岸向北撤退。

至此，旅顺口基地终于陷落。时人指出："旅顺之防，经营凡十有六年，糜巨金数千万，船坞、炮台、军储冠北洋，乃不能一日守，门户洞开，竟以资敌！"①

日军进攻旅顺

旅顺口基地既陷，北洋舰队只剩下一个威海卫基地，制海权全失，只能局促于渤海一隅了。

---

① 《中日战争》（丛刊一），第41页。

第五节　威海卫基地保卫战

一　日本"山东作战军"登陆荣成湾

日军既陷旅顺口基地，便把威海卫基地作为下一个进攻的目标。

本来，根据日本大本营制定的作战计划，包括甲、乙、丙三个方案，按第一期作战的结果而决定采取何种方案。其中，"甲案"规定，如果联合舰队取得对黄海和渤海的制海权，则运送陆军主力到渤海湾登陆，在直隶平原进行最后决战。黄海海战、特别是旅顺口之役后，日本海军已经完全掌握了制海权，实施"甲案"的条件已经具备。于是，山县有朋于11月初提出了《征清三策》，其第一策实即大本营作战计划的"甲案"。伊藤博文则主张放弃"甲案"，而代之以进击威海卫和攻略台湾的新方略，以尽量避免列强的跃跃欲试的干预。山县在肯定开春解冻后实施直隶平原作战计划的前提下，同意了伊藤的主张。

为进行威海卫作战，日本大本营感到仅仅依靠原有的侵华部队力有不足，必须组建新的作战部队，便决定改编第二军，作为"山东作战军"。"山东作战军"仍以陆军大将大山岩为司令官，下属两个师团：第二师团，包括步兵第三旅团（旅团长陆军少将山口素臣）和步兵第四旅团（旅团长陆军少将伏见贞爱亲王），陆军中将佐久间左马太为师团长；第六师团，包括步兵第十一旅团（旅团长陆军少将大寺安纯）和混成第二旅团（旅团长陆军少将长谷川好道），陆军中将黑木为桢为师团长。"山东作战军"组建后，佐久间、黑木等皆暂驻广岛，等待进兵的命令。

12月14日，日本海军军令部部长桦山资纪传令于伊东祐亨，命联合舰队协同第二军攻占威海卫，并运送第二军在山东半岛登陆。23日，大本营正式电令伊东"护送第二军登陆，并与之协同占领威海卫，消灭敌舰队"[①]。当天，伊东便派"八重山"舰长平山藤次郎大佐率军官数人，从山东半岛之荣成湾（龙须岛西）、爱伦湾（倭岛南）、桑沟湾（寻山所与宁津所之间）三处选择一个适宜的登陆地点。

26日，平山藤次郎回大连向伊东祐亨报告调查结果，认为荣成湾内龙须岛以西一带海滩不失为较理想的登陆地点。荣成湾的地理形势早就为日本军方所注意，并曾派海军大尉关文炳详细勘察过。关文炳于1888年12月奉参谋本部密令，赴威海卫及胶州湾侦察，往返历时70天。完成任务后，他写了一份《关于威海卫及荣成湾意见书》，其中对荣成湾有如下的描写："荣成湾位于山东半岛成山角之西南，西距威海卫水路约三十海里。湾口面向西南，宽约四海里，水深四至五寻。……此处能避北风和西风，底为泥沙，适于受锚，平时为渔船停泊之地。故无论遇到何等强烈之西北风天气，舰船亦可安全锚泊。况且，本湾位于直隶海峡外侧之偏僻海隅，一旦清国与外国发生海战，即成为军事重地。故欲攻占威海卫，必先取此湾以为基地。"[②] 如今，平山的侦察报告进一步证实了关文炳的结论。伊东祐亨不再犹豫，经与大山岩会商后，确定了这一方案，并得到大本营的批准。

根据日本大本营的部署，重新改编的第二军分两批向大连湾集中。到1895年1月16日，"山东作战军"的所有部队已在大连湾集结完毕。与此同时，日本联合舰队也进行了改编，将战舰编为五队：本队，包括"松岛""千代田""桥立""严岛"四舰；第一游击队，包括

---

① 日本海军军令部：《二十七八年海战史》下卷，第9章，东京水交社，1905年，第5页。
② 东亚同文会编：《对支回忆录》下卷，列传，1936年，第449~453页。

"吉野""高千穗""秋津洲""浪速"四舰；第二游击队，包括"扶桑""比睿""金刚""高雄"四舰；第三游击队，包括"大和""武藏""天龙""海门""葛城"五舰；第四游击队，包括"筑紫""爱宕""摩耶""大岛""鸟海"五舰。同时制定了《联合舰队作战大方略》。这个"大方略"，包括《护送陆军登陆荣成湾计划》《鱼雷艇队运动计划》《诱出和击毁敌舰计划》。3 项计划，对陆军登陆时可能出现的情况都规定了应变措施。

日军为攻占威海卫基地，曾做了两手准备，即在海陆配合攻取之外，还试图用诱降的办法，以达到消灭北洋舰队的目的。在一次海军作战会议上，有的参谋官提出："覆其根本，宜备敌国舰队出击及其遁逸，务不损我舰，不使敌舰沉没。待及弹竭粮尽，士气沮丧，以令丁提督降。"[1] 伊东祐亨颇以为然，即开始策划对丁汝昌实行诱降。他派参谋长鲛岛员规大佐到金州城，向大山岩提出降丁的计划。其后，伊东又亲访大山岩，商谈诱降的具体办法。决定命伊东的国际法顾问高桥作卫起草劝降书。几天后，此劝降书由英国军舰"塞班"号转致丁汝昌。内称："夫大厦之将倾，固非一木所能支。苟见势不可为，时不云利，即以全军船舰投降与敌，而以国家兴废之端观之，诚以些些小节，何足挂怀？仆于是乎指誓天日，敢请阁下暂游日本。切愿阁下蓄余力，以待他日贵国中兴之候，宣劳政绩，以报国恩。阁下幸垂听纳焉。"[2] 确实极尽劝诱之能事。丁汝昌阅书后，断然拒之，说："予决不弃报国大义，今惟一死以尽臣职！"[3] 日军头目劝降这一手未能奏效，便决定使用另一手了。

1月18日，日舰第一游击队奉命炮击登州，制造"声东击西"的

---

[1] 桥本海关：《清日战争实记》卷一二，第388页。
[2] Admiral Ito's Letter to the Late Admiral Ting. 原信见《日清战争实记》，第23编，第82~83页。
[3] 《福龙鱼雷艇某军官供词》。见《日清战争实记》，第20编，第9页。

假象，以牵制山东半岛西部的清军不至全趋东面。是日拂晓，"吉野""秋津洲""浪速"三舰从大连湾起航，驶向登州。下午3时，日舰驶近登州海岸，以15厘米口径炮开始轰击，炮弹落入城内，造成两处起火。19日下午2时左右，再次炮击。日舰既已完成牵制任务，遂合队东驶。同一天，日舰本队及其余各游击队也从大连湾起航。伊东祐亨命"八重山""爱宕""摩耶"三舰为先遣队出发；第四游击队"筑紫""鸟海""大岛"三舰，并加入"赤城""天城"二舰，共五舰继后，以为掩护。正午时，第一批运兵船19艘和海军运输船6艘，在本队及第二、第三游击队13艘军舰的护航下由大连湾出港，驶向山东半岛。

　　为掩护"山东作战军"在荣成湾登陆，日本海军几乎投入了全部力量，共调用了25艘军舰。在这25艘军舰中，本队四舰和第一游击队四舰构成了日本海军的主力。其次是第二游击队四舰。此四舰皆有十七八年的舰龄，型式也较陈旧。其中，"高雄"仅1000余吨，"比睿""金刚"则皆系木壳，难任海上大战；唯"扶桑"吨位较大，又是铁甲巡洋舰，尚有一定的战斗力。至于第三游击队五舰，或为木结构，或为铁骨木壳，且其吨位皆1000余吨；先遣队三舰和第四游击队五舰，大都是不足1000吨的炮舰，聊且充数，以壮声势而已。可见，日本军舰有9艘具有较强的战斗力，占其派出军舰总数的36%。当时，有人指出：日本军舰"旧制渐朽废不中用者十之七，新制坚利者十之三"[①]。"实则任战之船不能十艘，余多木质小船，猥以充数。"[②] 这种说法基本上是符合事实的。但是，由此而产生对日本海军实力的低估，也反映了当时有相当一部分清朝官员始终存在着盲目轻敌思想。

---

① 袁昶：《裹复署府部德》，《于湖文录》，光绪二十五年排印。
② 《中日战争》（丛刊一），第70页。

第六章 甲午中日海战

1月20日拂晓前,日本"八重山""爱宕""摩耶"三舰先遣舰最先到达荣成湾。此日,雨雪霏霏,陆上白皑皑一片,很难辨认目标。"八重山"等3艘日舰各放下1只舢板,载侦察兵6人和决死队员7人,另陆军侦察队12人,共51人,由海军大尉大泽喜七郎指挥,向预定的登陆地点驶进。

日兵10余人上岸后,被清军哨兵发现,"齐发小铳,铳丸如霰"①,又用4门行营炮击之。日兵急忙奔回船上,一面以火箭向本舰报警,一面驾船退驶。此时,第四游击队各舰亦驶进荣成湾。于是,"八重山""爱宕""摩耶""筑紫""鸟海""大岛""赤城""天城"八舰排成一字横阵,向岸上猛烈排击。清军见势难抵御,便将行营炮弃置,仓皇西撤。此时,成山一带已无清军一兵一卒,但日军还是不敢贸然上岸,又向岸上排轰了两个多小时,才开始实行登陆。

到21日下午4时,日军第一批部队登陆完毕。同一天,第二批15艘运兵船到达,第二军司令官陆军大将大山岩乘横滨丸同行。23日,第三批16艘运兵船到达。其战斗部队皆于当天登陆。但辎重驳运费时,又花了两天的时间。日军的全部登陆活动共进行了5天,先后驳运34600人(包括夫役)和3800匹马上岸。日军登陆的当天,第二军司令部人员即进入大西庄,并以此村为宿营地。大山岩住进渔商李云鹭开设的万顺渔行,作为临时指挥部;第二军参谋长陆军少将井上光及其他参谋人员,住进渔商王西园开设的德顺渔行。② 第二师团司令部陆军中将佐久间左马太及参谋长步兵大佐大久保利贞等,则在落凤墙村以西约5里的马家疃宿营。此时,日军已经占领成山角的始皇庙和灯塔,解除了后顾之忧,于是便派前锋继续西进。下午7时,日军

---

① 桥本海关:《清日战争实记》卷一一,第371页。
② 《李明堂口述》。按:李明堂,荣成县成山卧龙村人,日军登陆时年24岁。

439

步兵第四联队没有遇到任何抵抗，便从东门进入了县城。当夜，日军第四联队便宿于荣成。第二天，大山岩率日军第一批登陆部队亦至荣成，并在城内设临时司令部。因为他要等待第二、三两批登陆部队的到来，所以直到1月25日才下达了进兵威海卫的命令。

二　威海卫后路防御全线崩溃

1月26日，日本第二军分路向西进犯：第六师团为北路，辖步兵第十一旅团，称右纵队，其任务是由东路进逼威海南帮炮台，担任主攻；第二师团为南路，辖步兵第三旅团和第四旅团，称左纵队，其任务是绕至威海南帮炮台西侧，切断其退路，并与右纵队形成夹击之势。

日军自荣成西进后，其右纵队于29日宿营于鲍家村，前锋到达九家疃；左纵队则宿于亭子夼村，前锋占领温泉汤。同一天，第二军司令部移至孟家庄。至此，日军已经逼近南帮炮台，并构成了包围的形势。于是，大山岩决定于翌日对南帮炮台发起总攻击。

30日凌晨3时，左右两路纵队皆从宿营地出发，向南帮炮台进逼。与此同时，日本联合舰队也加以配合。在此以前，伊东祐亨即已下令：当陆军进攻南帮炮台时，"筑紫""赤城""摩耶""爱宕""武藏""葛城""大和""鸟海"八舰向南帮炮台、刘公岛东泓炮台及日岛炮台炮击，以造声势。经过一场激战，日军占领了摩天岭炮台。

摩天岭炮台既陷，南帮诸台皆先后失守，但战斗并未停息，反而开始了此日最激烈的炮战。日军在进攻威海之前，即计划利用南帮海岸炮台以攻击清军，并准备了修配这些巨炮的零件。据英国政府派来观战的炮兵司司长蒲雷称："东人（指日人）亦预思得炮以攻船，故先调舰内水师搀入陆军队中，以备一得炮台即用华炮以击华兵。又早虑及华兵如不能守台，必预将要件拆去一二，炮即无用，故从旅顺带炮前来，以备装用。"① 日军刚攻陷鹿角嘴炮台时，海军陆战队长丰岛阳藏炮兵中佐即进入炮台，他指挥炮兵装配好了第一、第三及第四诸号炮，然后利用这三门24厘米口径克虏伯炮，以榴弹射击清军目标。"清兵亦应之，'定远''济远''来远'三舰与刘公岛东方二炮台猛烈应射，声震山岳，硝烟蔽空。'定远'泊日岛西方，'济远'自日岛北方航行东西，'来远'在日岛炮台正面海中。'定远'渐次航向西，共'来远'以巨炮纵射。"不久，第一号炮即被炮弹击伤，丰岛命将其炮栓移用于第二号炮。又一颗炮弹击中第二号炮，而此炮长8米有余，炮身两人合围，竟然折断，飞出10余米。至下午3时半，"战愈剧。清兵炮丸雨下，猛火轰然，弹皆坠地，爆裂四散，摧石壁树木，势颇惨然。左翼墙破坏，墙下交叉小铳皆尽损伤。日兵仅有大炮两门，众寡不敌，遂停击。清兵亦休战"②。

2日上午，日军左右两路纵队会师于威海卫城：第六师团步兵第十三联队之一部，从东门进入城内；第二师团步兵第十七联队和步兵第十六联队第二大队，从西门进入城内。然后，日军又立即分兵进攻北帮炮台，未费一枪一弹即将北帮炮台占领。

这样，在仅仅4天的时间内，威海卫的后路防御便全线崩溃。除刘公岛和日岛外，威海卫全区皆沦于敌手。北洋舰队只能以刘公岛为依托，处境更为困难了。

三 刘公岛保卫战

刘公岛保卫战前后共进行了13天，其整个过程可划分为三个阶段：

---

① 《英兵部蒲雷观战纪实》，《中东战纪本末三编》卷二，第23页。见《中日战争》（丛刊续编六），第78页。
② 桥本海关：《清日战争实纪》卷一一，第381页。

第一阶段，从 1 月 30 日到 2 月 3 日，历时 5 天。在此阶段中，日本侵略军的计划是：一方面，以陆军攻占威海卫城和南北两岸炮台，孤立刘公岛；另方面，在陆军的配合下，以海军对威海港内的北洋舰队发起海上进攻。

1 月 30 日，在敌人水陆夹击的情况下，丁汝昌将北洋舰队分为两队：他本人亲登"靖远"舰，率"镇南""镇北""镇西""镇边"诸舰支援南岸炮台守军；与此同时，命令其他各舰与刘公岛、日岛炮台互相配合，专力守御威海南北两口，以防日本海军偷袭。在北洋舰队强有力的支援下，威海南岸守军英勇抗击，重创疯狂进犯的敌人。日本陆军第二军首先进攻南岸摩天岭炮台，丁汝昌下令发射排炮，给以支援。日军左翼队司令官陆军少将大寺安纯当即中炮毙命。同时，1 艘日舰也在威海南口被击中沉没。日军第一次海上进攻，不但没得到什么便宜，反而遭到很大损失，只得暂时停止攻击。

但是，威海南岸炮台守军，终因兵力众寡悬殊，被迫突围西去，炮台遂陷入日军之手。随后，日军又占领了威海卫城和北岸炮台。这样，威海陆地全部沦陷，北洋舰队遂失去后防，只有刘公岛一座孤岛勉可依恃。2 月 3 日，伊东祐亨便下令发起第二次海上进攻，妄图一举歼灭北洋舰队。日本海军的部署是：由第一游击队警戒威海北口；第二、第三、第四游击队进行炮击；本队则在威海港外策应。接着，日本联合舰队全体出动，在陆上炮兵的配合下，夹击港内的北洋舰队。据日方记载："是时，威海卫港附近各地均为日本占领，北洋舰队所恃惟刘公岛、日岛诸岛，港外则有优势的日本舰队封锁，北洋舰队已陷入重围之中。而丁汝昌以下毫无屈色，努力防战。"① 双方炮战非常激烈。下午 1 时，日舰"筑紫"中弹，左舷穿透中甲板，舰体损坏。

---

① 日本海军军令部：《二十七八年海战史》卷下，东京春阳堂，1905 年，第 11 章，第 199 页。

战至下午 2 时半，日舰"葛城"也中炮受伤。炮战终日，日舰始终不敢靠近威海港口，最后不得已而退走。

在此阶段中，日军以水陆夹击为主要进攻方式，不但没有奏效，反而遭到损伤。北洋舰队士气旺盛，重创数艘敌舰，挫败了敌人的进攻计划。

第二阶段，从 2 月 4 日到 7 日，历时 4 天。日本两次海上进攻被击退后，伊东祐亨知道单纯采取进攻，是不会有多大效果的，于是决定辅以鱼雷艇偷袭的办法。

2 月 4 日午夜，伊东祐亨派鱼雷艇将威海南口拦坝切断一缺口。5 日凌晨 1 时，又派鱼雷艇进港实行偷袭。进港的日本鱼雷艇有两个艇队：第二艇队由 21 号（司令艇）、8 号、9 号、14 号、18 号、19 号 6 艇组成；第三艇队，由 22 号（司令艇）、5 号、6 号、10 号 4 艇组成。敌人的计划是：以第三艇队为先锋队，先吸引北洋舰队的注意力，以掩护第二艇队偷袭；第二艇队为突袭队，利用夜幕可以隐蔽的条件，沿威海西海岸北行，潜至靠近北洋舰队数百米处，伺机放雷。5 日晨 3 时半，月落天暗，日本第三艇队先驶至北洋舰队正面，由 22 号艇连续放鱼雷两尾。北洋舰队各舰急相警惕，开炮鸣警。敌 22 号艇急忙掉头南逃，误触暗礁，艇遂倾覆，艇上多人溺水。

北洋舰队的"定远""镇远""靖远""来远""济远""平远""广丙" 6 艘战舰，正停泊在刘公岛西南海面上，旗舰"定远"的位置适在刘公岛铁码头的西侧。此刻，丁汝昌在舰上正与诸将彻夜议事。当发现敌艇偷袭时，丁汝昌与管带刘步蟾等急登甲板，以观察敌艇的行动。这时各舰炮火齐鸣，但一物未见。为了查明敌艇所在，丁汝昌乃下令停止炮击。及至硝烟散尽，始发现舷左正面约半海里的海面上，似有黑点，凝睛细察，为敌艇无疑，数共两只。其中 1 只后来查明为敌第二艇队的9号艇，已靠近距"定远"300米处，并正将艇身向左方回旋，似要施放鱼雷。"定远"急瞄准发炮，一弹命中，敌艇爆炸碎裂。孰料敌艇已将鱼雷放出，几秒钟后，"定远"舰底轰然一声巨响，舰体随之剧烈震动，海水突然从升降口喷出。为防止舰体沉入水中，刘步蟾当机立断，急令砍断锚链，将舰向南航驶，然后绕过铁码头东行，至刘公岛东南海岸浅滩处搁浅。这样，才使"定远"得不沉没，仍可作"水炮台"用，以继续发挥其战斗作用。此后，丁汝昌便将督旗移至"镇远"。

5日天明后，伊东祐亨获悉"定远"中雷，以为机会难得，便下令发动第三次进攻。日舰本队及第一、第二、第三、第四游击队共22艘战舰，环绕于威海南北两口之外，施行猛烈炮击。北洋舰队与刘公岛、日岛各炮台奋勇抵御。日舰终难接近威海南北两口，只好停止进攻，退向远海。

6日晨4时，日本鱼雷艇重演故技，由第一艇队的23号（司令艇）、小鹰、13号、11号、7号五艇再次进港偷袭。"来远"首先中雷，舰身倾覆，舰底露出。另有练船"威远"和差船"宝筏"，也都中雷，在铁码头附近沉没。

当天下午，日舰发动了第四次进攻。此次进攻时，日军预先在威海北岸架设快炮，与海上配合，夹击刘公岛及港内的中国军舰。北洋舰队已有4艘中雷，特别是其中"定远""来远"两舰，或搁浅，或沉没，确实是严重的损失。但广大将士面对优势敌人，仍然英勇抵御，拼死搏战。丁汝昌一面命"靖远""济远""平远""广丙"四舰向北岸回击，摧毁敌人的快炮；一面命其余各舰与刘公岛、日岛炮台配合，严密封锁威海南北两口。炮战甚久，终将日舰击退。

7日晨7时半，伊东祐亨下令发动第五次进攻。这是一次总攻击令。伊东决心一举攻下刘公岛,以全歼北洋舰队。日本旗舰"松岛"在前,以5000米的距离首先开炮。北洋舰队与刘公岛、日岛炮台密切配合,坚决抵御。开战不久,"松岛"即被击中前舰桥,打穿烟囱。战至8时20分,其"桥立""严岛""秋津洲""浪速"四舰也相继中炮受伤。敌人气焰顿挫。

不料此时,却发生了北洋舰队鱼雷艇队逃跑事件。原来,鱼雷艇队管带兼"左一"管带王平、"福龙"管带蔡廷干等人,早就密谋逃跑。这天上午8时半,正当日舰已有多艘受伤、攻击力大为减弱之际,鱼雷艇"福龙""左一""左二""左三""右一""右二""右三""定一""定二""镇一""镇二""中甲""中乙"共13号,以及"飞霆""利顺"两船,非但不趁机袭敌,反从威海北口逸逃。这一情况的出现,使敌人感到非常突然。伊东开始以为,北洋舰队拟进行最后决战,先放出鱼雷艇扰乱日本舰队,以便乘虚突进,急忙下令各舰防卫。但是,一会儿便发现,这些鱼雷艇从威海北口出来后,竟沿着海岸向西遁逃。于是,伊东命令速力最大的第一游击队从后追击。结果,这些鱼雷艇不是被击沉,就是被俘获。鱼雷艇队的逃跑,使北洋舰队的处境愈趋危殆,但丁汝昌指挥诸舰与刘公岛各炮台配合,依然奋勇抗击,决不退缩。炮战中,又将日舰"扶桑"击中,杀伤多人。伊东见硬攻仍难取胜,反被击伤多艘舰只,只得下令停止攻击。

在此阶段中,日本鱼雷艇队两次偷袭,使北洋舰队遭到严重损失,力量大为减弱。同时,中国鱼雷艇队的逃跑,打乱了北洋舰队的防御部署,更造成极大的危害。尽管如此,北洋舰队仍能以弱敌强,击退日舰的三次进攻,并伤其多艘舰只,取得一定的战果,这也确实是来之匪易的。

第三阶段,从2月8日至11日,历时4天。日本侵略军头目见硬攻不下，诱降不成，便决定采用围困的办法，以消耗北洋舰队的力量，促使其内部发生变化。

此后，日军每天水陆两路轮番轰击刘公岛及港内的北洋舰队。2月8日，刘公岛上的水师学堂、机器厂、煤厂及民房皆遭毁伤。此时，威海港内仅余战舰"镇远""靖远""济远""平远""广丙"5艘，虽竭力还击，终究寡不敌众。炮战中，"靖远"中弹甚多，伤亡40余人。丁汝昌感到情况危急，单凭刘公岛一座孤岛势难久守，唯一的希望是陆上有援军开来。他相信，只要陆上有援军开来，陆海两军配合作战，则刘公岛之围立即可解。因此，他特派一名可靠的水手怀密信凫水到威海北岸，潜去烟台向登莱青道刘含芳求援。

9日天明后，日军发动了第六次海上进攻。其大小舰艇40余艘全部开到威海南口外排列，以战舰在前开炮，势将冲入南口。同时，又用威海南北两岸炮台实行夹击。丁汝昌亲登"靖远"驶近南口，与敌拼战。在激烈的海战中，日舰两艘被击伤。但战至中午时，"靖远"中炮搁浅，丁汝昌和管带叶祖珪仅以身免。北洋舰队力量更加削弱。

10日晨4时，忽降大雪。日本鱼雷艇4艘乘雪偷进威海北口，被北洋舰队发觉，用小炮击退。天明后，日军又水陆夹击，炮火更为猛烈。上午10点前后，日军发动了第七次海上进攻，以战舰10余艘猛冲威海南口。北洋舰队和刘公岛炮台用炮火拦截，击伤日舰两艘。伊东只得下令撤退。

在此阶段中，北洋舰队爱国将士不顾处境危殆，在敌我力量绝对悬殊的情况下依然奋勇搏战，连续击退了日军的多次进攻。至此，威海港内仅存战舰"镇远""济远""平远""广丙"4艘，炮舰"镇东""镇西""镇南""镇北""镇中""镇边"6艘，练舰"康济"1艘，共11艘。其中，只有"镇远""济远"战斗力较强。同时，一系列的困难接踵而至，如"药弹将罄"，"粮食亦缺乏"，等等①。尤其是人心不稳，士气大挫，使丁汝昌面临山穷水尽的绝境。

四 北洋舰队的覆没

连日交战，使刘公岛和北洋舰队遭到巨大的损失。特别是2月1日鱼雷艇队之逃，更引起水陆兵心浮动，秩序一时为之混乱。

8日，刘公岛上的混乱局面仍在继续。成群的兵勇向丁汝昌"哀求生路"，丁"晓以大义，勉慰固守"。宣告："若十七日（公历2月11日）救兵不至，届时自有生路。"②经过丁汝昌的一番抚慰，士兵才都回到了岗位。是夜，洋员英人泰莱、德人瑞乃尔访威海营务处提调牛昶昞和山东候补道严道洪，共同"商量办法"。其结果是由泰莱、瑞乃尔二人出面，向丁汝昌劝降。翌晨2时，往见丁汝昌。瑞乃尔通华语，由他陈述所商量的意见。他首先说明眼前处境之困难，然后高声陈词："可战则战；否则，若士兵不愿战，则降不失为适当之步骤。"丁汝昌答称："投降为不可能之事。"但又说："余当自尽，以使此事得行，而全众人之命。"③

丁汝昌既向兵士们讲明坚守至11日，因此他盼望援兵的心情最为焦急。7日，他与牛昶昞、张文宣联名写信给登莱青道刘含芳说："昌等现惟力筹死守，粮食虽可敷衍一月，惟子药不充，断难持久。求速将以上情形飞电各帅，切恳速饬各路援兵，星夜前来解此危困，以救水陆百姓十万人生命，匪特昌等感大德矣。"④9日，他又派营弁夏景春偷渡威海，从旱路潜往烟台，带函给刘含芳，告以："十六七日援

---

① 《中日战争》（丛刊一），第71、272页。
② 《清光绪朝中日交涉史料》（2808），卷三五，第27页。
③ W. F. Tyler, Pulling Strings in China, P. 79.
④ 《清光绪朝中日交涉史料》（2482），卷三一，第16页。

军不到，则船、岛万难保全。"① 请刘转一函给奉命驰援的徐州镇总兵陈凤楼，内称："此间被困，望贵军极切，如能赶于十七日到威，则船、岛尚可保全。日来水陆军心大乱，迟到，弟恐难相见，乞速援救。"② 但是，陈凤楼马队有3营刚到潍县，又被李鸿章奏请调往天津。电催札饬，急如星火，也无济于事。直到刘公岛陷落之时，援军尚距威海甚远。丁汝昌的盼援终于落空了。

由于援军不至，刘公岛的形势更趋恶化。为了不使受伤的巨舰落入敌手，丁汝昌于2月9日派"广丙"用鱼雷炸沉了已经搁浅的"靖远"舰；并在"定远"舰的中央要部装上棉火药，将其炸毁。10日，刘步蟾在极度悲愤中自杀。11日，即丁汝昌所许期限的最后一天。当晚，丁汝昌接到了刘含芳派人送来的一份李鸿章电报，其内容是："水师苦战无援，昼夜焦系。前拟觅人往探，有回报否？如能通密信，令丁同马格禄等带船乘黑夜冲出，向南往吴淞，但可保铁舰，余船或损或沉，不至资盗，正合上意，必不至干咎。望速图之！"③ 此电分三路送，这才送到丁汝昌手里。丁接到催令冲出的电报，始知援兵无期。"奈口外倭舰雷艇布满，而各舰皆受重伤，子药将尽，无法冲出。水陆兵勇又以到期相求，进退维谷。"他几次派人将"镇远"用雷轰沉，但无人动手。到夜间，又有"水陆兵民万余人哀求活命"。他"见事无转机"，决定实践自己的诺言，以"一身报国"④。叹曰："与舰偕亡，臣之职也。"召牛昶眪至，对他说："吾誓以身殉，救此岛民尔！可速将提督印截角作废！"⑤ 牛佯诺之。丁汝昌遂饮鸦片，延至12日

---

① 《清光绪朝中日交涉史料》(2550)，卷三二，第14页。
② 戚其章辑校：《李秉衡集》，齐鲁书社，1993年，第665~666页。
③ 《李文忠公全集》电稿，卷二〇，第12页。
④ 《清光绪朝中日交涉史料》(2808)，卷三五，第27页。
⑤ 陈诗：《丁汝昌传》，《庐江文献初编》。又见《甲午英烈》，山东大学出版社，1994年，第223页。

早晨7时许而死。

于是，洋员及诸将齐集牛昶昞家议降，公推护理左翼总兵署"镇远"管带杨用霖出面主持投降事宜。杨当即严词拒绝，思追随于刘、丁之后，因口诵文天祥"人生自古谁无死？留取丹心照汗青"的诗句，回到舰舱，引枪衔口，发弹自击。刘公岛护军统领总兵张文宣也同时自尽。最后，洋员美人浩威倡议假丁汝昌名义以降，并亲自起草降书。诸将及各洋员无持异议者。即译作中文，由牛昶昞钤以北洋海军提督印。其书略谓："本军门始意决战至船没人尽而后已，今因欲保全生灵，愿停战事，将在岛现有之船及刘公岛并炮台、军械献与贵国，只求勿伤害水陆中西官员兵勇民人等命，并许其出岛归乡，是所切望。"① 决定派"广丙"舰管带程璧光于是日上午送致日本联合舰队旗舰。

14日下午3时半，牛昶昞、程璧光齐至"松岛"舰，交出中国将弁、洋员名册及陆军编制表，并告以担任武器、炮台、舰船委员姓名。随后，牛昶昞与伊东祐亨共同签订《威海降约》，其内容为十一项：

一、中西水陆文武各官，须开明职衔姓氏，西人须开明国名姓名；其文案书识及兵勇人等，但须开一总数，以便分别遣还中国。

二、中西水陆文武官员，须各立誓，现时不再预闻战事。

三、刘公岛一切器械应聚集一处，另开清折，注明何物在何处。岛中兵士，由"珠岛"日兵护送登岸；威海各东兵，自二月十四日（西历）五下钟起，至十五日午正止，陆续遣归。

四、请牛道台代承交付兵舰、炮台之任，惟须于十五日正午以前，将舰中军器、台上炮位开一清帐，交入日舰，不可遗漏

---

① 《中日战争》（丛刊一），第197页。

一件。

五、中国中西水陆各官弁，许于十五日正午以后，乘"康济"轮船，照第十款所载，开返华界。

六、中西各官之私物，凡可以移动者，悉许随带以去；惟军器则不论公私，必须交出，或日官欲加以搜查，亦无不可。

七、向居刘公岛华人，须劝令安分营生，不必畏惧逃窜。

八、日官之应登刘公岛收取各物者，自十六日九点钟为始，若伊东提督欲求其速，可先令兵船入湾内等待。现时中西各官仍可安居本船，俟至十六日九点钟为止，一律迁出；其在船之水师水手人等，愿由威海遵陆而归，可听其便；其送出之期，则与各兵一律从十五日正午为始。

九、凡有老稚妇女之流，欲离刘公岛者，可自乘中国海船，从十五日正午以后，任便迁去；但日本水师官弁可在口门内稽查。

十、丁军门等各官灵柩，可从十六日正午为始，或迟至廿三日正午以前，任便登"康济"兵船离岛而去。伊东提督又许"康济"不在收降之列，即由牛道台代用，以供北洋海军及威海陆路各官乘坐回华。此缘深敬丁军门尽忠报国起见。惟此船未离刘公岛之前，日本水师官可来拆卸改换，以别于炮船之式。

十一、此约既定，战事即属已毕；惟陆路若欲再战，日舰必仍开炮，此约即作废纸。[①]

17日上午8时30分，日本联合舰队以"松岛"舰为首舰，徐徐驶入威海卫港。"镇远""济远""平远""广丙""镇东""镇西""镇南""镇北""镇中""镇边"十舰，皆降下中国旗，而易以日本旗。

[①]《中日战争》（丛刊一），第199~200页。

盛极一时的北洋舰队，才刚刚成军6个年头，就这样全军覆没了。

五　威海之役海军失败的原因

威海之役海军失败的主要原因何在？这是长期以来人们所关注的问题。一般论者皆归咎于北洋舰队株守威海卫港内。实际上，问题并不是这样简单。北洋舰队失败的原因相当复杂，应该找出它的最直接的原因。

经过黄海海战，北洋舰队的实力已大为削弱，可战之舰只剩下"定远""镇远""靖远""来远""济远"5艘。其中，"来远"受伤最重，驶入旅顺船坞修理，到旅顺吃紧时才修好一半；因怕被敌舰堵在口内，不得不驶往威海。11月14日，北洋舰队从旅顺返航威海，各舰鱼贯驶进北口时，"镇远"被礁石擦伤多处，伤势严重。即从上海请来外国技师赶修，连修一个多月，始勉强补塞，但已不能出海任战。从当时的实际情况看，以北洋舰队余舰守口当无大问题；若贸然出海击敌，则适中敌人的计谋。

其实，日本方面早就做好了对付北洋舰队出海的准备，其所制定的《联合舰队作战大方略》即称："若敌舰驶出威海卫港，应巧妙地将其诱至外海，我主力战舰（联合舰队本队、第一游击队及第二游击队）实行适当的运动，准备战斗。筑紫舰及另七舰（赤城、摩耶、爱宕、武藏、葛城、大和、鸟海）则组织陆战队，伺机登陆，占领刘公岛。"[1] 可见，如果北洋舰队真的"出口决战"或冲过成山角以"断敌退路"，将会遭到数倍于己之敌舰的包围，这无异于孤注一掷，必定大失其利，甚至有极大的可能提前归于覆灭。[2]

---

[1]《日清战争实纪》，第23编，第84页。
[2] 参见戚其章：《甲午战争史》，第387页。

根据敌我的力量对比，丁汝昌提出了"舰台依辅"之策。他致电李鸿章说："倭若渡兵上岸，来犯威防，必有大队兵船、雷艇牵制口外。……再三筹划：若远出接战，我力太单，彼船艇快而多，顾此失彼，即伤敌数船，倘彼以大队急驶，封阻威口，则我船在外，进退无路，不免全失，威口亦危；若在口内株守，如两岸炮台有失，我船亦束手待毙，均未妥慎。窃谓水师力强，无难远近迎剿；今则战舰无多，惟有依辅炮台，以收夹击之效。"并提出："全恃后路游击有兵，以防抄袭，方能巩固。"由此可见，丁汝昌不仅反对冒险出击，也反对株守港口，而主张"舰台依辅"，"以收夹击之效"。李鸿章认为此办法"似尚周到"[①]。清廷也批准了这一方案。

丁汝昌所提出的"舰台依辅"办法，对海上的防御较为有利，但能否最终守住，还要依赖后路防御的巩固。他相信只要后路确有保障，则威海必可固守，铁舰也会万无一失。他所最担心的事情，后来果然出现了。北洋舰队之最后覆没，问题主要出在后路防御上。

对于加强威海后路防御的问题，山东巡抚李秉衡和丁汝昌的意见大致相同。当时，烟台守将汉中镇总兵孙金彪提出："威海既为水师根本，舰攻不利，或以陆队潜渡汊港，从后抄袭，则我全台俱难为力，非得大支援兵扼要屯札，诚虑百密不免一疏。"[②] 李秉衡颇表赞同，也认为"敌图威海，必先由后路登岸"[③]。因此，奏请设立大支游击之师，强调指出："合观全势，非另有大支游击之师，不足以资策应。"[④] 设立大支游击之师，应该说是具有重要战略意义的。然而，此举却受到种种干扰，未能顺利地实施。

[①]《清光绪朝中日交涉史料》(2281)，卷二八，第25页。
[②]《盛档·甲午中日战争》(下)，第160页。
[③]《李秉衡集》，第553页。
[④]《李秉衡集》，第159页。

因为在对日战争的战略指导上，清政府始终有一种重京畿、辽沈而轻山东的思想，不仅不设法加强威海的后路防御，反而接连地从山东抽调部队北上。到日军登陆龙须岛时为止，清军在烟台以东仅43营，散扎于300里之遥的地段上，根本未能组成大支游击之军。所以，当日本第二军从荣成西犯时，清军在每次战斗中都处于绝对的劣势，欲其不败是不可能的。

由于威海陆路全失而得不到解救，带来了以下恶果：其一，陆上炮台、特别是南帮炮台之陷，使日军得以用各台大炮猛击刘公岛和港内舰只，并击沉了"靖远"，造成极大的危害。其二，日军控制了陆上，才有可能破坏防口拦坝，派鱼雷艇进港偷袭，炸沉了旗舰"定远"和"来远"，使北洋舰队完全丧失了出海作战的能力。其三，日军利用威海南岸三台的猛烈炮火，与威海口外的日舰实行夹击，将日岛炮台击毁，从此便专攻刘公岛，使北洋舰队之残舰面对敌人的猛烈炮火，再无回旋之余地。可见，未能确保威海后路，所带来的后果是多么严重！

丁汝昌在自尽的前几天，曾派人送信给刘含芳说："倭连日以水陆夹攻……水师二十余艘，加以南岸三台之炮，内外夹攻我船及岛。敌施炮弹如雨，极其凶猛。我军各舰及刘公岛各炮台，受敌弹击伤者尚少，被南岸各台击伤者甚重，官弁兵勇且多伤亡。是日，岛之炮台及药库均被南岸各台击毁，兵勇伤亡亦多，无法再守，只得饬余勇撤回。……（南岸各台）竟以资敌，反击船、岛，贻害不浅，此船、岛所以不能久撑也。南、北各岸，极其寥落，现均为敌踞，且沿岸添设快炮，故敌艇得以偷入。我军有所举动，敌于对岸均能见及，实防不胜防。"[①] 陆上巨炮资敌，不仅使岛、舰难以久撑，而且给敌艇偷袭制

---

① 《清光绪朝中日交涉史料》(2550)，卷三二，第14页。

造了条件，因而他将此归结为刘公岛保卫战失败的主要原因。丁汝昌以其亲身的感受，总结沉痛的教训，应该说是符合实际的。

威海之役海军失败的原因是多方面的，可以列举出许多，但其最直接的原因却在于后路全失。北洋舰队之余舰，尽管努力抵抗敌人的水陆夹击，而以孤悬之刘公岛为凭依，是不可能持久的。

第六节　从海军战略检讨北洋海军的结局

海军战略的理论核心，是制海权问题。在很长的时间内，中国人对夺取海上控制权的重要意义，是缺乏深刻认识的。早在鸦片战争时期，林则徐等人已经认识到了"洋面水战"为西洋"长技"。可是，"议军务者，皆曰不可攻其所长，故不与水战，专守于陆"[①]。到19世纪中期，特别是1874年日军侵略台湾事件发生后，海防问题更引起朝野的普遍重视。当时，总理衙门有切筹海防之奏请，清廷发给沿江沿海督抚将军详细筹议。在他们的复奏中，观点歧异之处甚多，甚至针锋相对，而有一点是相同的，即都主张水陆之防不可偏废。如两江总督李宗羲乃陆防论者，虽主"尤宜急练陆兵之法"，但认为"仍以水陆兼练为主"[②]。李鸿章是海防论者的代表人物，在这次筹议海防的复奏中，他提出三项建议：其一，"若外洋本为敌国，专以兵力强弱角胜，彼之军械强于我，技艺精于我，即暂胜必终败。敌从海道内犯，自须亟练水师。惟各国皆系岛夷，以水为家，船炮精练已久，非中国水师所能骤及。中土陆多于水，仍以陆军为立国根基"。其二，"自奉

[①] 杨国桢编：《林则徐书简》（增订本），福建人民出版社，1985年。
[②] 《筹办夷务始末》（同治朝）卷一〇〇，故宫博物院影印版，第2~3页。

天至广东，沿海袤延万里，口岸林立，若必处处宿以重兵，所费浩繁，力既不给，势必大溃。惟有分别缓急，择尤为紧要之处。如直隶之大沽、北塘、山海关一带，系京畿门户，是为最要；江苏吴淞至江阴一带，系长江门户，是为次要。盖京畿为天下根本，长江为财赋奥区，但能守此最要次要地方，其余各省海口边境略为布置，即有挫失，于大局尚无甚碍"。其三，"北东南三洋须各有铁甲大船二号，北洋宜分驻烟台、旅顺口一带；东洋宜分驻长江外口；南洋宜分驻厦门、虎门，皆水深数丈，可以停泊一处，有事六船联络，专为洋面游击之师，而以余船附丽之，声势较壮"。"如兵船与陆军多而且精，随时游击，可以防敌兵沿海登岸。是外洋水师铁甲船与守口大炮铁船，皆断不可少之物矣。"① 李鸿章主张置备外洋水师铁甲船，以"为洋面游击之师"，比"专守于陆"自是很大的进步，但他所设想的海军战略，只是建立在"守"字之上，用他自己的话来说，"我之造船本无驰骋域外之意，不过以守疆土保和局而已"②，即专"防敌兵沿海登岸"，实际上仍未跳出纯海岸守口主义的窠臼。

在近代中国，最早主张海军须改守势而采取攻势运动者，是刚从国外学习归来的两位海军留学生。1879年秋，刘步蟾、林泰曾上《西洋兵船炮台操法大略》条陈，提出："求最上之策，非拥铁甲等船自成数军，决胜海上，不足臻以战为守之妙。"刘、林的条陈在当时产生了很大影响，也使李鸿章的海军战略思想向前进了一大步。李鸿章屡次致函总理衙门，力请赶购铁甲等船，庶几"进可战，退可守"。并称："正值海防吃紧之际，倘仍议而未成，历年空言，竟成画饼，不特为外人窃笑，且机会一失，中国永无购铁甲之日，即永无自强之

---

① 《李文忠公全集》奏稿，卷二四，第13、16~18页。
② 《李文忠公全集》奏稿，卷一九，第47~48页。

日。窃为执政惜之!"① 当时,向国外议购船只,那些"利于守而不利于战"或"不能出洋交战"②之船,开始不再受到欢迎。甲午战争爆发后,连文廷式这样的文官也认为:"洋人用兵,凡两国战事,隔海者以先得海面为胜。""先得海面"者,夺取制海权之谓也。故指斥"借口防守,使海军逍遥无事"为"失机",主张"严饬海军选择勇将,令在洋面与倭决战"。③ 这说明当时一些清朝官员已比较注意制海权问题,突破了消极防御的海岸守口主义。

但是,传统的观念具有惊人的顽固性和反复性。北洋海军正式成军之后,提督丁汝昌以下多主张海上作战须采取攻势。1889年和1890年之交,丁汝昌曾在朝鲜全罗道西南角的长直路一带进行过探测,考虑到一旦中日间发生战争即可以此处为舰队之根据地。1894年甲午战争爆发前夕,丁汝昌致电李鸿章:"各舰齐作整备,俟陆兵大队调齐,电到即率直往,并力拼战,决一雌雄。"④ 日本在丰岛袭击中国军舰后,左翼总兵"镇远"管带林泰曾又力"主执攻击论,将以清国全舰队扼制仁川港,进与日本舰队决胜负"⑤。但李鸿章皆未予采纳。消极的"保船"思想成为海军作战的指导方针。在此情况下,根本谈不上夺取制海权了。

日本自明治维新以后,虽在大力发展海军,但海权观念却比较薄弱。在挑起甲午战争之前,日本参谋本部对掌握制海权的重要意义也是认识不足的。当时,以参谋次长川上操六中将为代表的"陆军万能"论者认为:"果遇战争,但有陆军,已足言哉。"至于海军的作用

---

① 《李文忠公全集》译署函稿,卷一〇,第7、20、25页。
② 《李文忠公全集》译署函稿,卷一〇,第24页。
③ 《中日战争》(丛刊三),第105页。
④ 《李文忠公全集》电稿,卷一五,第56页。
⑤ 桥本海关:《清日战争实纪》卷七,第245页。

及掌握制海权的必要性,则未被注意。最先提出海权问题的是海军省主事山本权兵卫大佐。他在一次列席内阁会议时,曾针对川上操六等人的"陆军万能"论,提出反驳说:"大凡偏处海国,或领有海疆之邦……其无能掌握海权者,斯不克制敌以操胜算,此古今东西莫易之义。"进一步建议:"现下时局如此,我海军所应取之方略,宜先谋前进根据地之设施;基于此项根据地,按诸敌海军游弋面,扩大我海军活跃范围,迫近敌国要地而占据之,加以防御及其他必需之设备。夫如是,我根据地既固,足以对敌,然后始可出动陆军,着手运输,借期兵站联络之安全,陆上作战之推进。"①

山本权兵卫的意见受到日本军事首脑的高度重视。于是,参谋本部即根据山本的意见制定了海陆统筹兼顾的全面的作战计划,即所谓"作战大方针"。其内容包括:第一,如海战大胜,掌握了黄海制海权,陆军则长驱直入北京;第二,如海战胜负未决,陆军则固守平壤,舰队维护朝鲜海峡的制海权,从事陆军增遣队的运输工作;第三,如舰队受挫,制海权归于中国,陆军则全部撤离朝鲜,海军守卫沿海。②以争取实现第一项为基本战略方针。

战争尚未打起来,而仅从海军战略的制订来看,胜负似乎已见分晓了。

1894年7月25日爆发的丰岛海战,是日本海军为实施"作战大方针"而对中国海军的一次突然袭击。这只是一次小海战。由于从此中国海军自动放弃了制海权,因此制海权便自然而然地落到了日本的手里。

其实,对中国海军来说,并不是毫无战胜日本海军的可能性。首

---

① 《山本权兵卫笔记》。见《海事》第9卷,第6期,第50~51页。
② 藤村道生:《日清战争》,第78页。

先，从整体上看，中国海军占有一定的优势。若能将中国的北洋、南洋、福建、广东四支舰队集中起来，进行统一编队，中国海军即具有较强的攻击力量，有利于掌握制海权。日本大本营在制定作战方针时，即"鉴于清国四水师不仅舰艇只数及吨位均凌驾于我海军，而且北洋水师实际拥有优于我军的坚强舰只"，所以颇有"胜败之数难以预料"的顾虑。在清朝官员中，不是没有人看到这一点。早在6月间，驻朝总理商务事宜的袁世凯即提出：对日本"难与舌争"，"似应先调南北水师迅来严备"。① 驻英公使龚照瑗进一步向李鸿章建议："若有战事，必先在海面。我胜则不患倭不退，否则运兵饷必阻截。如真开战，度倭力势不能遍扰南洋海口，乘战事未定，将南洋得力各兵轮酌调北听差，以壮声势。"如果当时清廷执政大臣采取以上策略的话，那么，北洋不仅守口有余，且可编为数队，近则游弋黄海，远则径窥日本海口，进控朝鲜的西海岸，完全掌握黄海的制海权，这对日本的侵略计划来说，必定是一个严重的打击。然而，李鸿章却认为："南省兵轮不中用，岂能吓倭？"② 枢府诸臣更是昧于外情，完全不了解日本的战略方针及主攻方向，不但下令调拨南洋数船分防台湾，而且还想从北洋抽调军舰赴台防守。在这种情况下，北洋只能以"一隅之力，搏倭人全国之师"③ 了。

其次，只要采取正确的战略方针，靠北洋舰队本身的力量，也不是不能克敌制胜。对于北洋舰队来说，在稍处劣势的情况下，正确的做法是如果采取积极防御与伺机进攻并重的方针，以中国军队控制的朝鲜半岛西海岸和渤海出海口基地为依托，及时捕捉战机，给敌舰队以沉重打击，从而获得黄海制海权，是有成功的希望的。但是，从战

---

① 《李文忠公全集》电稿，卷一五，第45页。
② 《节录龚大臣中英法往来官电》，《中日战争》（丛刊续编六），第565、568页。
③ 《李文忠公全集》奏稿，卷七八，第62页。

前看，李鸿章即倾向于守势，甚至盲目自信："就现有铁快各船，助以蚊雷船艇，与炮台相依辅，似渤海门户坚固，敌尚未敢轻窥。"① 及至日本挑起战争后，他也并未改变这一方针。丰岛海战的第二天，丁汝昌曾率十舰由威海到朝鲜近海追击敌舰，但只到白翎岛停泊了几个小时，又在汉江口外巡游一遍就返航了。丁汝昌为此受到各方的攻击，此皆由于不了解个中底细之故。原来，李鸿章很不放心舰队出洋作战，因为他认为"北洋千里全资屏蔽，实未敢轻于一掷"②。他仅是把海军看成是一种威慑力量，只期"作猛虎在山之势"③，即使游弋渤海内外，也"不过摆架子耳"④。他始终认为："海军力量，以之攻人则不足，以之自守尚有余。"因此，制订了"保船制敌"之策。⑤ 丁汝昌率舰出海前，李鸿章特别告诫他说："须相机进退，能保全坚船为妥，仍盼速回。"⑥ 丁汝昌虽心中"愤慨无似"⑦，但不敢违抗命令。从战争一开始，北洋舰队就采取了"保船制敌"的错误方针，怎么能克敌制胜？

复次，在战争初期，对中国方面来说，是有好多次采取攻势的机会的。事实上，7月25日丰岛海战发生后的半个月内，从军事上看，日本一方面还没有在朝鲜站稳脚步，而往朝鲜运兵又需要海军护卫，所以不希望双方舰队及早决战；另一方面，由于不完全了解北洋舰队的意图，故暂时不敢从仁川运兵登岸，而将舰队的临时锚地设在朝鲜西海岸的南端，以便于进退。所以，从各方面的条件看，北洋舰队在此时采取攻势都是有利的，而且有多种切实可行的方案。例如：（一）

---

① 《清光绪朝中日交涉史料》（1071），卷一四，第5页。
② 《清光绪朝中日交涉史料》（1314），卷一六，第11页。
③ 《清光绪朝中日交涉史料》（1512），卷一八，第28页。
④ 《李文忠公全集》电稿，卷一六，第2页。
⑤ 《清光绪朝中日交涉史料》（1512），卷一八，第28页。
⑥ 《李文忠公全集》电稿，卷一六，第31页。
⑦ 《马吉芬黄海海战述评》，见《海事》第10卷，第3期，第33页。

在7月28日以前，北洋舰队出动，护运五六营陆军从牙山登陆，以增援叶志超军，有可能避免成欢之败；（二）在8月5日以前，趁大岛混成旅团尚未回师、汉城空虚之机，北洋舰队全力进扼仁川港，并护运10余营劲旅登岸，突袭汉城，当唾手可得；（三）即使在大岛混成旅团旋师之后，仍可采用此策，并令进入平壤的四大军同时兼程南进，南北两路进击汉城，朝鲜战局必将因之改观；（四）北洋舰队在此期间可以全队进入江华湾，因日本联合舰队在此处仅有少数舰只往来，且其中多是弱舰，对其发动突然袭击，必可沉其数舰，给敌人以沉重打击。由此可见，丰岛海战后的半个月内，正是北洋海军采取攻势的大好时机，而且有几次有利的战机，却都一一错过了，终于铸成了永世难以挽回的大错。

与中国方面相反，日本大本营在作出对中国开战的决定的同时，即以采取攻势运动为海军的基本战略方针。为贯彻这一方针，明治天皇免去了"主张舰队取守势运动"[①]的海军军令部部长中牟田仓之助的职务，而颁发特别指令，将预备役海军中将、著名的主战论者桦山资纪恢复现职。桦山莅职后，着重抓了三项工作。

其一，对日本舰队进行整备。桦山资纪上任后，将包括非役舰的主要战舰都编入常备舰队，又将警备舰队改为西海舰队。同时，为了舰队的统一指挥，将常备舰队与西海舰队合编为联合舰队，任命海军中将伊东祐亨为联合舰队司令官。战争爆发后，为了适应采取攻势运动的需要，将联合舰队再次进行改编，共辖本队和三个游击队。

其二，谋取前进根据地。在编成联合舰队的当天，日本大本营向伊东祐亨发出了如下命令："贵司令官当率领联合舰队，控制朝鲜西

[①] 外山三郎：《黄海海战和日本海海战》，《军事研究》1977年第7期（东京，1977年7月），第57页。

岸海面，在丰岛或安眠岛附近的方便地区，占领临时根据地。"[1] 这既是为了掌握朝鲜西岸海面的制海权，也是为了谋求舰队前进的根据地。丰岛海战后，联合舰队先是以所安岛为临时根据地，不久又北移至全罗道西海岸10余海里的隔音岛。到8月12日，因北洋舰队已不到仁川近海，联合舰队遂又决定北移，以距全罗道海岸马岛镇不远的古今岛为临时根据地。同时，以浅水湾为联合舰队的集合点。平壤战役发生的前数日，桦山资纪命伊东祐亨做好与北洋舰队进行决战的准备。伊东认为，为了配合陆军对平壤的进攻，发挥海军的牵制作用，联合舰队有必要将临时根据地再行北移。于是，决定以大同江口南之渔隐洞为临时根据地。

其三，根据日本参谋本部的战略意图，一面以舰队护送陆军至朝鲜登陆，一面"从海上应援陆军，使其完成进击平壤之功"[2]。从丰岛海战至黄海海战前夕，在联合舰队的护航下，日本陆军分4批运至朝鲜，从而保证了进攻平壤的日军的兵力输送任务。与此同时，为了牵制北洋舰队，以应援进攻平壤之日军，联合舰队于8月10日对威海卫进行了袭击。此后，日舰又多次在威海、旅顺附近海面停泊、游弋或袭扰。甚至还通过各种渠道散布谣言，制造似将在直隶海岸登陆的假象，使中国方面产生日本"亟欲乘间内犯，以图要挟"[3] 的错觉。

日本海军的所有这些活动，都是以夺取制海权为目的而进行的。在中国方面，由于海军采取守势，则显得左右支绌，处处被动。本来，8月10日这天，丁汝昌正率北洋舰队10艘战舰进抵大同江口。恰在此时，日本舰队倾巢出动，对威海港进行袭扰。日舰大队竟直叩北洋

---

[1] 藤村道生：《日清战争》，第79页。
[2]《中日战争》（丛刊一），第239页。
[3]《清光绪朝中日交涉史料》（1360），卷一六，第23页。

门户，朝野为之震惊。李鸿章当即传命设法令丁汝昌速回威海。他致电总理衙门说："倭乘我海军远出，欲捣虚投隙，已电平壤令丁速带全队回防，迎头痛剿。"① 又恐打到平壤的电报转不到丁手，便雇洋轮"金龙"号驰往送信。13日晨，北洋舰队回到威海。清廷又虑日军从直隶海岸登陆，谕丁汝昌"速赴山海关一带，遇贼截击"②。李鸿章也向丁汝昌发出电令："连日倭船廿余只并民船十余，乘虚往来威海、旅顺肆扰，各处告警。并有赴山海关、秦王岛截夺铁路之谣。此正海军将士拼命出头之日，务即跟踪，尽力剿洗，肃清洋面为要。"③ 丁汝昌先后率队出海游巡4次，毫无所获。中国方面至此才发觉上当。李鸿章又电嘱丁汝昌："此后海军大队必不远出，有警则兵船应全出口迎剿。"④ 清廷也特谕丁汝昌应在渤海湾内之数处要隘"来往梭巡，严行扼守，不得远离"。⑤ 这样，日本海军便轻易地完全掌握了黄海的制海权。

在丰岛海战后的1个多月内，由于中国海军采取"保船制敌"之策，把战争的主动权完全让给敌人，因此处处被动，甚至被敌人牵着鼻子走。而日本海军既掌握了黄海的制海权，便一面把大量陆军和辎重运往朝鲜，为发动平壤战役做准备；一面封锁大同江口，警备大同江下游，以配合陆军对平壤的进攻，都达到了预期的目的。于是，根据日本大本营所制定的作战计划，日本联合舰队的下一步棋，就是寻找时机与北洋舰队决战了。

黄海海战后，日军为进一步实施参谋本部的"作战大方针"，决定入侵中国本土。此时，日军已经控制了朝鲜全境。日本大本营最初计

---

① 《清光绪朝中日交涉史料》(1339)，卷一六，第17~18页。
② 《清光绪朝中日交涉史料》(1368)，卷一六，第25页。
③ 《盛档·甲午中日战争》(上)，第81页。
④ 《李文忠公全集》电稿，卷一六，第46页。
⑤ 《清光绪朝中日交涉史料》(1445)，卷一七，第27页。

划,遣一军"乘势直进入满洲,以经略辽东,向山海关,拔奉天"①;另遣一军在直隶海岸登陆,"攻其首都北京,以迫使对方签订城下之盟"②。此计划既定,便开始研究具体的实施方案。但是,欲攻占北京,除大沽、北塘外,以山海关为捷路,而旅顺口雄堡坚垒,威海卫又有北洋舰队驻泊,共扼渤海门户,运兵深入渤海实行登陆作战,确有困难。因此,决定先取北洋海军基地之一的旅顺口,俟开春后再越渤海而进行直隶平原作战。于是,一面命海军探测旅顺后路以选择登陆地点,一面开始准备向国外运兵。日本联合舰队的主要任务是,不断派舰侦察北洋舰队的动静,并测量大连湾至鸭绿江口的海岸,为陆军寻找登陆地点。

在中国方面,经过平壤和黄海两次决战后,不是总结教训,在战略上进行必要的调整,而是沿着守势的道路继续走下去。当时,李鸿章向朝廷建议:"就目前事务而论,惟有严防渤海,以固京畿之藩篱;力保沈阳,以固东省之根本。"③此建议竟得到朝廷的批准。本来,清军的战略方针是:陆军取攻势,海军取守势,如今则都取守势了。正由于此,从黄海海战到旅顺口陷落,其间为时两月有余,又是毫无作为地打发了过去。

当然,李鸿章在加强北洋海军方面也采取了一些措施,但成效不大。其中最切实的一着,是请求调南洋舰只北上。经过黄海海战,北洋舰队"失船五号,余多被损赶修","暂无船可战",他才不得不转变态度,请旨电饬南洋"暂调'南琛''南瑞''开济''寰泰'四船至威、旅帮助守护,暂听北洋差遣,以济眉急"。④两江总督刘坤一则以"东南各省为财富重地,倭人刻刻注意","前敌与饷源均关大局,

---

① 桥本海关:《清日战争实记》卷八,第275页。
② 《日清战争实记》,第9编,第13页。
③ 《李文忠公全集》奏稿,卷七八,第61~62页。
④ 《盛档·甲午中日战争》(上),第176页。

不敢不兼筹并顾"①为由，要求免派。不久，清廷再次电谕南洋，商调四船北上助战。署南洋大臣张之洞又托辞拒绝派舰。这次借调南洋舰只以加强北洋舰队的计划，终于未能实现。

在这种情况下，李鸿章已无计可施。正当中国方面束手无策之时，日军大举入侵中国本土之役开始了。此时，日本联合舰队根据战局发展的需要，已将全舰队又改编为本队和4个游击队。10月24日，日本舰队及第一、第二游击队，除以二舰驶向威海卫、旅顺口，监视北洋舰队的行动外，皆停泊于远海，以防北洋舰队来袭；第三、四游击队停泊于靠近花园口的海面，以掩护陆军在旅顺后路的花园口登岸。在此以前，李鸿章已料到日军将犯旅顺，曾指示丁汝昌：将旅顺进坞之战舰"必须漏夜修竣，早日出海游弋，使彼知我船尚能行驶，其运兵船或不敢放胆横行；不必与彼寻战，彼亦虑我蹑其后"。还特别嘱以："用兵虚虚实实，汝等当善体此意。"日军从花园口登陆后，他电令丁汝昌："酌带数船，驰往游巡，探明贼踪，以壮陆军声援。"指出："如贼水陆来逼，兵船应驶出口，依傍炮台外，互相攻击，使彼运船不得登岸。"又叮嘱要"相机进退"。花园口南距旅顺100余公里，北洋舰队如何能"依傍炮台外，互相攻击"？丁汝昌怕舰队被敌人堵在口内，提出宜撤离旅顺。李鸿章也怕两艘铁甲船有失，授意说："旅本水师口岸，若船坞有失，船断不可全毁。口外有无敌船；须探明再定行止，汝自妥酌。"②实际上是同意舰队撤离。由于清政府战守乏策，眼睁睁地看着敌人的大股部队在旅顺后路上岸，"海陆军无过问者"③。

根据日本大本营所制定的作战计划，在攻占旅顺口后，本应实施

---

① 《清光绪朝中日交涉史料》(1709)，卷二一，第5页。
② 《李文忠公全集》电稿，卷一八，第4、21、28、31页。
③ 《中日战争》(丛刊一)，第37页。

在直隶平原进行决战的方案。为此，山县有朋曾提出了《征清三策》。但是，内阁总理大臣伊藤博文加以反对，而代之以进攻威海卫和攻略台湾的新方略，以尽可能避免列强的跃跃欲试的干预。伊藤新方略的基本精神，就是"消灭北洋舰队，控制台湾，以造成有利的和谈条件，并获得割取台湾的'根基'"①。为贯彻伊藤的新方略，日本大本营决定组建"山东作战军"，并传令联合舰队协同陆军攻占威海卫，消灭北洋舰队。于是，日本联合舰队制定了周密的掩护陆军上岸和协同陆军作战的《联合舰队作战大方略》，其中包括《护送陆军登陆荣成湾计划》《鱼雷艇队运动计划》和《诱出和击毁敌舰计划》。

日军欲犯山东的消息传来，清廷谕李鸿章悉心筹酌。当时，以"镇远"舰进威海口时触礁受重伤，它与"定远"舰本是一对姊妹铁甲，作战时必须相互依持，如今伤情既重，"定远"势难独自出洋攻战。而可战的快船也只剩下"靖远""来远""济远"3艘。这样，北洋舰队采取攻势更无可能了。所以，李鸿章致电丁汝昌，提出了"水陆相依"的作战方针，令其妥筹实施计划。丁汝昌与诸将合议后，制定了一个"舰台依辅"的具体方案：（一）"如倭只令数船犯威，我军船艇可出口迎击"；（二）"如彼船大队全来，则我军船艇均令起锚出港，分布东西两口，在炮台炮线水雷之间，与炮台合力抵御，相机雕剿，免敌船驶进口内"；（三）"倘两岸有失，台上之炮为敌用，则我军师船与刘公岛陆军惟有誓死拼战，船沉人尽而已"。② 此方案，李鸿章认为"似尚周到"，并得到了清廷的批准。根据当时敌我力量的对比，北洋舰队已完全谈不到出洋作战，"舰台依辅"方案虽是被迫提出的，却是唯一可行之法。这个方案的头两点尚无大疵，问题就出在

---

① 藤村道生：《日清战争》，第130页。
② 《清光绪朝中日交涉史料》（2281），卷二八，第25页。

第三点上。由于威海陆路失守，"水陆相依"已无可能，港内的余舰很难久撑。北洋舰队终于未能逃脱最后覆灭的命运。

通过中日海军战略的比较，可以看出，在甲午战争中，日本打赢，中国打败，绝非偶然的因素在起作用。战争的胜负，不仅取决于作战双方的军事、政治、经济、自然诸条件，而且还取决于作战双方主观指导的能力。战争爆发前，日本海军即制定了以夺取制海权为目标及海陆统筹兼顾的战略方针，对它获得战争的胜利起了重大的作用。相反，中国海军却采取消极防御方针，自动把制海权让与敌人，以致在丰岛海战后错过了许多采取攻势的好机会；黄海海战后又慌乱无计，坐视日军从花园口登陆以陷旅顺；后来被迫采取以威海基地为依托的海口防御方针，但在陆上后路全无保障的情况下，也只能走向失败。从19世纪60年代中期以后，中国在引进造船工业、创建海军的同时，却忽视了对近代海军战略理论的研究和掌握，成为这场悲剧发生的重要原因之一。这不能不是一个极为惨痛的历史教训！

第七章　清政府兴复海军

第一节　甲午战后的海防形势

一　筹议重整海军与列强瓜分军港

北洋舰队在甲午战争中全军覆没,使清政府奋斗几近30年才创建起来的中国海军遭到了最后一次毁灭性的打击。于是,清政府不仅将总理海军事务衙门及海军内外学堂全部停撤,而且其后将北洋海军的武职实缺,自提督以下至外委计315员名,也概行裁撤了。

但在当时,战争尚在进行之中,清廷也还存有重整海军之念。1895年2月13日寄署两江总督张之洞电谕有云:"威海被陷,北洋战舰尽失,若欲重整海军,自非另购铁、快等舰不可。……购船先须筹有款项,著张之洞即在上海等处洋行商订借款,电知户部、总署,奏明办理。如集有成数,即设法购船,以备海洋御敌之用。"[1] 但这道上谕无异于望梅止渴,筹借洋款购舰谈何容易!何况南洋海军作为中国

---

[1]《著张之洞筹款购铁快舰只谕》。见张侠等编:《清末海军史料》,海洋出版社,1982年,第127页。

仅存的一支海军，实际上也每况愈下，更加难以成军了。据张之洞奏称："南洋各兵轮，除南琛派赴台湾及船炮过劣者不计外，尚有南瑞、开济、寰泰、镜清四艘，及蚊子炮船四艘。历年裁省经费，炮勇管机人等尤鲜好手，管带各员类皆柔弱巧滑之人，万无用处，而水师将弁尤难其选。"可知南洋海军的现状与10年前中法战争时相比，不但没有一点进步，反而大为落后了。鉴于这种情况，他认为，只有"择其耐劳气壮者陆续更换，责令认真操练"①。所以，当时清政府想靠购买几艘军舰的办法来重整海军，是完全不现实的。

中日《马关条约》签订后，恢复海军的问题又重新提到了清政府的议事日程上来。这时，朝野上下有许多人又想起了10年前辞职的前北洋海军总查琅威理，希望重新聘他来华重整海军。然已时过境迁，终于未果。但是，值得注意的是，琅威理确实写了一份条陈，对中国整理海军提出了个人的建议。

根据在中国海军长期工作的经验，琅威理认为，中国欲重整海军，必须先要明确三个问题：第一，以整理海军为国家之根本大计。"中国整理海军，必先有一不拔之基，以垂久远，立定主意，一气贯注到底，不至朝令夕更。法当特设海部，所有堂司各官，皆由钦派，其堂官每员均有专管之某某司，庶责有攸归，事无旁贷。"第二，借聘欧洲优秀海军将领辅助办理。"设海军参谋一员（或称整理海军大员），以欧洲出色海军将领充之，所有海部发号施令以及创立颁行操练并有益海军各章程，均应与该大员商量办理。"第三，确定重整海军是以"自守"还是"复仇"为目标。"设立海军，当先定主意，或志在自守，或志在复仇，主意一定，即不可移易。""自守之海军与复仇之海

---

①《整顿南洋炮台兵轮片》，《张文襄公全集》卷三一六，奏议三六，中国书店，1990年影印本，第9~10页。

军不但办法不同,其所须之船舰亦异。故必先行立定主意,方有所率循。"而在他看来,"现在中国整理海军,宜以自守为第一要义"①。

除此之外,琅威理认为,中国要真正重整海军,还必须办好以下3件事:

其一,拥有上等船舰。若以"自守"为目标,需二等铁甲战舰数艘,头、二等快船各多艘,鱼雷炮船、鱼雷猎艇、头等鱼雷艇各多艘;以"复仇"为目标,则需头等铁甲战舰数艘,头、二等快船各多艘,鱼雷炮船、鱼雷猎艇、各等鱼雷艇各多艘。但是,无论何等舰船,其船式和速率都应要求彼此相配。"设立海军要领,在于各船速率、式样等等相配,无少歧异。其铁甲船应用何式,即随时配造均系何式,以昭一律。其头、二各等快船、鱼雷炮船、鱼雷猎艇、鱼雷艇亦皆一律无异。"船式一律的好处有三:一是"平时操演布队,易于齐整";二是"战时船队齐整,各守部位御敌折冲,均易得力,胜败之机,均系于此";三是"各船之制造图式既同,则各种镶配船壳、机器皆可互相更换"。否则,"大队之军,如各船异式,速率不同,即有出色水师人员,临阵时亦难各守部位"。

其二,选择安稳港澳以作军港。"安稳港澳,以为船队避飓、避敌之用。敌船如视我船为较强,则此等避敌之安稳港澳更不可少。"

其三,要有修理船舰之坞。"海军各船以船坞为辅车之倚,制造在此,修理各船亦在此。如不筹坚固保守之法,徒费巨款,反诱敌人来攻。"船坞既是船厂之所在,又必须是安稳港澳。所以,"中国宜相择险要各海口,处置得宜,庶可颠扑不破,船赖以存,厂赖以保,亦即进可攻,退可守之一法"。中国沿海设3处要口,均有船坞、船厂:

---

① 《前北洋水师总兵琅威理条陈节略》,《清末海军史料》,第789~797页。下文引用此条陈,不再注明出处。按:此条陈节略原件藏于北京图书馆,未书写作年月,但从其内容看,大致写于1896年至1897年间。

"山东之胶州澳为北路之要口；福建之南关澳为中路之要口；广东之狮澳为南路之要口。而旅顺、威海则为北路之隘口，海军出奇制胜之区。"

琅威理还认为，要使重整海军早见成效，当务之急有二：

首先，"择口屯驻海军，订造船只，为海军最要之事，亟宜早办"。船要先在欧洲订造。"因中国官厂所造之船，费巨而不精。如将闽厂所造之船，较之欧洲购来之船，优劣自见。"但是，在欧洲船厂订造船只也不能盲目，而要认真讲求：一是"其造船之法，宜赴欧洲各国，令著名大厂善于制造新式战舰快船者，将中国应用船舰式样送来，邀集造船名家，悉心评定，必须考究万分精详，更改至当，方交各该厂，按照图式，订立合同制造"；二是"中国在外洋订造船只，宜与各该厂约明，应派中国船身、机器监工若干员，船匠、铁匠若干名，前往监造；并可在厂学习工作。此等员匠将来技艺必精，俟其回华后，派入官厂办事，并可传授他人"。

至于中国旧有的船厂，并不废弃，但一时尚不能制造大型战舰和新式快船，只能先一面制造小型船只，一面进行整顿。"以福州船政为制船之区，一切炮船、小快船责成制造。该厂机器购自三十年之前，间有老式不适于用者，应派精于制造之洋员若干人前往该厂一一察勘，何者应留，何者应换，何者应添，务须一律精致，合于时用。所有旧式机器料件尽行变卖，以充购新之款。至他处船坞亦须仿此办理，总以合于时用为本。"同时，自制舰船也不能急于求成，而应稳步进行。"中国目前不必于各官厂遽费巨款，但须觅一总厂，以为各种工匠学艺之所。俟各匠学成之后，分入各官厂。即目前制造船只，只以鱼雷炮船为限制，仍请延募洋师督造。俟制造炮船历练得法，然后再造三等快船。盖因中国官厂造船，费即不赀，船又未能尽合新式，总须俟制造匠目练精伎俩，方可兴造大船。"

造船需要大量资金投入，必先筹措经费，或像欧洲各国那样规定常年预算经费，或另筹专款。"欧洲办理海军，每年应筹款目，应办何等事宜，当使海部各司一一周知，照款施行。国家亦确知用款著落之处，法良意美。但中国未能即照此法办理。为今之计，必专筹一款，专办一事，譬如筹款一千万两为造船之用。"

其次，"培植海军人才，更为首务，洵不容缓"。培植海军人才，要两条腿走路：一是通过学堂培养。"设立海军学堂，教导学生章程。学堂宜分设三处，北路则威海，中路则福州，南路则狮澳。每处学堂宜聘洋教习助以汉教习，其教习之数，宜视学生之数酌定。学堂宜设濒海地方，令学生暇时自狎水性。现天津学堂所定章程诸多可采。唯每年夏季须以两个月为洋教习出游例假。并分派学生随往各船游历海上，俾知目前涉足之地，即将来出身之地也。"二是聘请外国海军优秀人才来中国海军担任教习。"欲立海军根基，须募外洋教习。其本领、品行皆须高人一等，以便教习学生及练勇等。海军学问，分门别类，不一而足，故须延募多种教习。""每大船需派洋水师官一员，襄助管驾官督教水师员弁，俾知各尽己职，纪律严明，以及留心船械，时加护惜，费省而器常良，方为得法。"至于业已罢革的前海军官员，仍应重新起用。因"现有之海军官员虽未十分精练，究其学问，均略有可观，堪以从事整顿"也。

在条陈的最后，琅威理再次特别强调，中国重整海军的关键是设立海部："中国如欲整理海军，亟须先立海部，宜延欧洲品优学粹之同国水师官三、四人，赞襄其事，其一充为海军参谋，余亦分充海部重大要差。其参谋一员，凡遇关涉海军之事，应如何筹办，及各海口如何保守，各坞、厂如何创设，均著其责成。一俟履勘沿海口岸，择能屯驻水师可以永保无虞之后，即便将以上所陈各节，亟为次第兴办，以期早日成功，毋使半途而废。"而海部之是否能够重整中国海军成功，在于能否真正发挥海军参谋在海部中的实际作用，即："海部中最关重大要差，由海军大臣责成参谋择员分任，海军庶可蒸蒸日上。"

琅威理条陈的内容基本上是积极的。由于他在中国的长期经历，且熟悉中国海军的情况，因此所提出的一些具体建议也比较切合实际，即如筹款 1000 万两造船一项，尽管清政府当时正处于筹措巨额赔款的困难境地，但问题仍在于是否有重整海军的真正决心。与两亿几千万两的赔款相比，1000 万两仅是一个零头；前者能够克服困难办理，为什么后者就办不成呢？还是一个决心的问题。在晚清的 70 年当中，应该说有几次大兴海军的机会，不是决心不足就是难下决心，稍有成就便心满意足，以致迁延时日，落得如此之下场！此番新败之后，疮痍满目，捉襟见肘，加以苟安之积习，又怎能下这样大的决心？况且，琅威理条陈的核心问题是要在海部中聘洋员为海军参谋，这也是清政府所绝对不能接受的。这样，这份条陈便只能被搁置起来了。尽管如此，条陈的内容于十几年后终被清政府部分地采用，表明琅威理建议的现实价值开始逐步为人们所认识，可惜已经为时晚矣。

与琅威理的建议相反，清朝的在事大臣们则都主张，就现在状况暂时维持，俟经费充足渐次扩充办理。南洋大臣刘坤一鉴于"不惟一时巨款难筹，将才尤属难得"的情况，提出："目前不必遽复海军名目，不必遽办铁甲兵轮，暂就各海口修理炮台，添造木壳兵轮，或购置碰快艇、鱼雷艇，以资防守。……总期先有人而后有船，俟款项充盈，不难从容办理。"[①] 北洋大臣王文韶也有同见，指出："惟有就已

[①]《刘坤一遵议廷臣条陈时务折》，《清末海军史料》，第86页。

成之规模，用现有之财力，需以岁月，逐渐经营，不事铺张，不求速效。"① 南北洋大臣所奏自有其道理，但他们所提出的渐次办理的方针，确实反映了朝廷上下的一种普遍认识，就是中国海军经过甲午之败业已一蹶难振了。

正当清政府内部为筹议重整海军而举棋不定之际，西方列强乘机掀起了瓜分中国军港的高潮。1897年11月，两名德国传教士在山东巨野县被大刀会所杀，这就是闻名中外的"巨野教案"。德国军队乘机以"借地演操"为名，在青岛强行登陆，于1898年3月6日强迫清政府签订了《胶澳租界条约》。其中规定中国将胶州湾租与德国，为期99年。德国强占胶州湾后不久，俄国以"助华"为名骗取清政府的同意，将舰队开进旅顺口，从此赖着不走。并于3月27日和5月7日，诱迫清政府先后签订了《旅大租地条约》和《续订旅大租地条约》。其中规定俄国租借旅大25年。英国借口维持大国之间的均势，除于6月9日与清政府签订《展拓香港界址专款》，以99年为期租借包括大鹏湾、深圳湾在内的九龙半岛外，又于7月1日签订了《订租威海卫专条》，其中规定中国将威海卫租与英国，其租期与俄国驻守旅顺之期相同。翌年11月16日，法国也趁火打劫，通过强迫清政府签订《广州湾租界条约》，得到了广州湾及其附近岛屿的租借权，租期亦为99年。这样，列强将中国沿海的重要港湾业已瓜分殆尽，已经找不到一个海军停泊的基地，重整海军问题自然更谈不上了。

---

① 《王文韶奏统筹北洋海防冀渐扩充折》，《清末海军史料》，第87页。

二　八国联军攻陷大沽炮台

列强掀起瓜分中国军港的高潮不久，又发生了八国联军侵华战争。

先是在1900年5月，列强借口义和团进入北京，为保护外国居民和使馆的安全，决定派兵入京，并在天津驻泊军舰。6月6日，英国海军部奉命授权作为联军统帅的西摩舰队司令可以采取"认为适当可行的措施"。是月10日，英国驻华公使窦纳乐致电西摩，命其"准备立即进军北京"。① 当天，西摩便迫不及待地率领联军由天津向北京进犯。这标志着八国联军侵华战争的正式开始。

但是，西摩指挥的联军行至廊坊附近受挫，困于中途，且与天津的联系被切断。联军海军将领意识到西摩部队处境不妙，并为后继部队获得安全的登陆地点，必须及早攻占大沽炮台。列强进攻大沽炮台的计划，最初是由俄国提出来的。俄国陆军大臣库罗巴特金陆军中将多次电令远东军司令阿列克谢耶夫海军中将，要准备运送一支派遣军前往中国，并"主宰北直隶湾的登陆地点"，而"前进基地要设在登陆点的海岸"。此计划经沙皇尼古拉二世批准后，又由总参谋长萨哈罗夫陆军中将向阿列克谢耶夫发出更为具体的指令："令派遣军向北京挺进，应在大沽设立前进基地。"② 而且，萨哈罗夫还提出："任命这样一个人，将会对企图自揽列强的联合行动的领导的英国海军上将西摩，形成一个必要的抗衡。"③ 这就是说，要有一名俄国将领担任这次军事行动的统帅，以便同英国的西摩分庭抗礼。俄国太平洋舰队副司令基利杰勃兰特海军中将正是最合适的人选。他年龄最大，军阶最高，也就成为各国海军将领中众望所归的人物，"各提督均诣就之，

---

① 胡滨译：《英国蓝皮书有关义和团运动资料选译》，中华书局，1980年，第29、32页。
② 董果良译：《1900—1901年俄国在华军事行动资料》第2册，齐鲁书社，1981年，第4~5页。
③《1900—1901年俄国在华军事行动资料》第1册，第11页。

盖欲共商进取之策也"①。

八国联军在大沽口登陆（绘画）

6月15日，在俄国太平洋舰队旗舰"俄罗斯"号上举行了联军舰队各将领的联席会议。出席者除基利杰勃兰特海军中将外，还有英国布鲁斯海军少将、法国库尔若利海军准将、德国裴德满海军上校、日本永峰海军大佐、意大利卡泽拉海军上校和奥匈帝国科诺维茨海军少校。在联席会议上，联军的海军将领们对形势作了分析。他们得到了两条消息：一是"中国常备兵，临近<联军>水师兵船，系欲占据东沽之车站，并欲拆毁铁路"；二是"华兵欲安放水雷，堵塞北〔白〕河之口，并拟设法保持该处之车站"。一致认为："盖此二事果行，则联军不能安然登陆也。"② 因此，会议决定："立即采取措施，维持与天津之间的交通联络，保持进入白河的水路畅通无阻。"③

6月16日早晨，联军海军发现大沽炮台守军在白河口安放水雷，便于上午11时再次在"俄罗斯"号上举行各司令官联席会议。会上，

---

① 佛甫爱加来等：《庚子中外战纪》，《义和团》（中国近代史资料丛刊）（三），神州国光社，1951年，第286页。
② 《庚子中外战纪》，《义和团》（丛刊三），第286页。
③ 扬契维茨基：《八国联军目击记》，福建人民出版社，1983年，第148页。

海军将领们一致决定采取坚决措施,并草拟了一份给中国方面的最后通牒。内称:"本提督欲以两造情愿之主张,或以兵力从事之目的,暂据大沽各炮。该各炮台,至迟限于十七号早晨两点钟,一律退让。此系已决之事,望即达知直隶总督及各炮台官,急速勿延!"① 俄、英、法、德、日、意、奥等7国海军头目基利杰勃兰特等都在最后通牒上一一签了名。

与此同时,联军还进行了相应的军事部署。先是在6月15日,日本海军陆战队330人②,携野炮两门,乘日舰"丰桥"号于晚间登岸。翌日,又有英军250人、德军120人、奥军20人、意军20人、俄军185人相继登岸。③ 联军陆战队总人数约900人,由德国波尔海军上校担任指挥官。波尔即留日军100人驻扎于火车站,以防护后路和侧翼,另800人为进攻大沽炮台的陆战部队。

对于水上的进攻,联军也做了周密的准备。因大沽湾系泥泞之斜堤,水流最属迂回,凡吨位大、吃水深的军舰,皆停泊于口外10至12公里之处,以免搁浅。所以,联军有22艘战舰和巡洋舰,不能驶进湾内,只能以其炮火,协力助战。所恃者惟吃水甚浅之舰多艘,先已进入白河口内,得与登岸之陆战队相为声援。当时,停泊在白河内的联军军舰共10艘:美舰"莫诺卡西"号和日舰"爱宕"号,停泊于白河左岸的塘沽附近,以防护火车站;德舰"伊尔提斯"号和法舰"里昂"号,停泊于塘沽以南的河面,一在左岸,一在右岸,以防护海关;英舰"声誉"号和"鳕鱼"号,停泊于水雷营附近的白河左

---

① 《庚子中外战纪》,《义和团》(丛刊三),第286页。
② 小林一美:《义和团战争与明治时期的日本军队》,《义和团研究会会刊》1985年第1、2合期,第12页。按:关于所派日本陆战队的人数,记载颇有出入,或谓300人(《庚子中外战纪》,《义和团》(丛刊三)第286页),或约300人(《明治三十三年清国事变战史》卷二,第90页),或谓230人(《八国联军目击记》,第149页)。以小林一美教授所述为是。据《庚子中外战纪》所记,日本陆战队有100人分驻火车站,故《八国联军目击记》所记230人应是参加进攻大沽炮台的人数。
③ 日本参谋本部编:《明治三十三年清国事变战史》卷二,川流堂,1904年,第91页。

岸，以监视船坞内的中国军舰和鱼雷艇；俄舰"基立亚克"号、"朝鲜人"号、"海龙"号和英舰"阿尔杰林"号四舰，皆停泊于于家堡和东沽之间的白河右岸，以从水上配合陆战队的攻击。规定：到战斗开始后，停泊于海关附近的德舰"阿尔提斯"号和法舰"里昂"号，也加入到这四舰的行列中来。这样，联军计划参加进攻大沽炮台的海军舰只共为六舰。如下表[①]：

舰 名	吨位	马力（匹）	速力（节）	进水年	吃水深（米）	大炮（门）
阿尔杰林号（英）	1 050	1 400	13.0	1895	3.44	13
伊尔提斯号（德）	895	1 300	13.5	1898	3.22	16
里昂号（法）	503	602	11.8	1884	3.20	6
海龙号（俄）	950	1 150	12.0	1884	2.93	13
基立亚克号（俄）	963	1 000	12.0	1897	2.60	15
朝鲜人号（俄）	1 213	1 500	13.5	1886	3.25	14

大沽炮台曾于1858年和1860年两次被英法联军所摧毁。第二次鸦片战争后，清政府又将大沽炮台加以修复。白河北岸修成炮台两座：临河口处为北炮台，设各种炮74门；其西北位于原石缝炮台旧址，为西北炮台，设各种炮26门。白河口南岸亦修成炮台两座：临河口处为南炮台（亦称大营炮台），设各种炮56门；其南为新炮台（亦称南滩炮台），设各种炮21门。合计大炮177门。[②] 经历了40年的时间，大沽炮台的武器业已大有改进。据外国人士称："所用之军器，内有大口径之炮甚多，大略非克虏卜（今通译克虏伯）厂所造，即亚母司脱

[①]《明治三十三年清国事变战史》卷二，第92页。
[②]《明治三十三年清国事变战史》卷二，第93页。按：《八国联军目击记》则称大沽炮台共拥有大炮240门（见该书第148页）。

廊（今通译阿姆斯特朗）所造者。若旧式各军器，则更不计其数也。且该处又设有新式电光机器，及最可畏之炮队，巩固之营盘，专主进入北［白］河之标的。"① 从炮台设计的角度看，确实如此。"大炮是固定的，可以转动环射，既可向河口，也可向河身发射。这条河由于有几道弯，由河口溯流而上至十二俄里长的一段水路上，有四个地方几乎与炮台处于平行的位置。封锁河口的几个炮台相互之间的距离，不超过一百俄丈。由于大型舰只最多只能开抵距海岸二十俄里处，因此要攻下大沽炮台只能使用炮舰，但炮舰一进河就注定要被击毁。"②

大沽炮台守将罗荣光，湖南乾州人。早年投效曾国藩湘军，后改隶于李鸿章淮军。1870年移驻天津，补授直隶大沽协副将。从此，驻军天津达20年之久。1881年，奉北洋大臣命，在大沽口创设水雷营，"选各营弁兵学习，兼教化电、测量诸学。嗣北塘、山海关相继仿设，均于沽营取员教课"③。1888年，以功实授天津镇总兵。1890年春，升授甘肃新疆喀什噶尔提督，尚未赴任而留防，与副将韩照琦督守大沽南岸大营炮台。守军共5营：南岸3营，其中练军副营驻大营炮台，练军副右营驻南滩炮台，前营驻西沽之万年桥；北岸2营，其中练军副左营驻北炮台，左营驻西北炮台。另外，提督衔补用总兵、北洋新购船只统领叶祖珪，乘坐旗舰"海容"号巡洋舰，并率"海龙""海青""海华""海犀"4艘鱼雷艇，也停泊于大沽口内水雷营码头。同时，还有"飞霆""飞鹰"两艘驱逐舰，正在大沽入坞修理。关于3艘中国军舰的情况如下表：

---

① 《庚子中外战纪》，《义和团》（丛刊三），第288页。
② 《八国联军目击记》，第149页。
③ 《清史列传》卷六二，《罗荣光》，中华书局，1987年，第4944页。

规名	吨位	马力（匹）	速力（节）	大炮（门）	产地	来华时间
海容	2 950	7 500	19.5	22	德国伏尔铿厂	1896
飞霆	720	800	12.0	4	英国阿摩士庄厂	1895
飞鹰	850	5 500	24.0	6	英国阿摩士庄厂	1896

上表中所列之"飞霆""飞鹰"二舰，尽管尚在上坞不能驶出，仍可做"水炮台"使用。如果3艘军舰和4艘鱼雷艇能够与炮台守军协同作战的话，那么，清军的防御能力肯定还会进一步加强的。

但是，大沽炮台在防御上却存在着两个致命的弱点：第一，炮台的设施极其简陋，防护能力太差。"该堡垒均系硬土筑造，前面仅有一无堤之沟道，在华人视为最佳之预备，在联军视为无用之藩篱。盖当战阵之时，若联军以巨炮攻之，该三土垒决不能为之抵抗。"尤为严重的是，"所留炮台之口，并不妥为防护，所存军火之处，亦皆漫不经心，常有露出之事，甚至遥合敌人炮火之准的，亦不自知"[①]。对于这些情况，联军早已详察两次，心中有数。第二，陆海两军做不到协同作战。因为罗荣光若不提前请旨，临时难以调动军舰，而事起仓卒，又来不及请旨饬令军舰予以配合，何况叶祖珪根本不愿参战，所以罗荣光所部最后只能孤军作战了。

先是6月16日上午，联军各海军头目举行联席会议之后，基利杰勒兰特海军中将派俄国鱼雷艇艇长巴赫麦季耶夫中尉，在担任翻译的英国领港员约翰逊的陪同下，于傍晚9时将最后通牒送至大沽炮台大营。巴赫麦季耶夫对罗荣光声称："拳民焚毁教堂，中国并不实力剿办，且海口已安水雷，明系有与各国为难之意。现在俄、英、德、法、意、奥、日本七国约定，限两点钟要让出大沽南北岸炮台营垒，以便

[①] 《庚子中外战纪》,《义和团》（丛刊三）,第287、288页。

屯兵，疏通天津京城道路。"随后将最后通牒递交。罗荣光尽量予以解释，说："中国拳民滋事，业经简派大员，调拨兵勇多营，严拿禁止，并保护各国教堂。所以不即刻剿办者，恐与各国商务有碍。至沽口安放水雷，不过备平日操演之用，别无他故。"巴赫麦季耶夫立即反驳道："中国意见，各国均已看破，不得强词掩饰，如两点钟不让出营垒，定即开炮轰夺。"言辞之间，"口气强横已极，势非决裂不止"。罗荣光一面派专差往天津飞报，一面令专弁"密约海军统领叶祖珪所部各鱼雷艇管带，赶紧预备战事，由海神庙夹攻"①。

罗荣光知战争即在眼前，便严饬南北岸各营，加意备战。商定：他本人偕副将韩照琦在南岸大营督守，与练军副营营官李忠纯同驻南炮台；练军副右营营官卞长胜督守南滩炮台；左营营官封得胜在北岸炮台督守。

6月17日零时50分，即比最后通牒限定的时间提前了70分钟，战斗就开始打响了。到底是谁开的第一炮？双方说法截然不同：罗荣光给直隶总督裕禄的报告说"洋人因至丑刻未让炮台，竟先开炮攻取"②；联军方面的报告则众口一辞，皆谓中国守军先行开炮。如英国"安第蒙"号指挥官给海军部的电报："6月17日凌晨1点，大沽炮台对联军舰队的各军舰开火。"③ 英国"奥兰度"号吉普斯海军准尉的《华北作战记》："在十七日（星期日）零点五十分，从罗的驻地南炮台放了第一炮。"④ 俄国《新边疆》随军记者德米特里·扬契维茨基所写的战地日记："离决定性的时刻只剩一小时又十分钟了。……新炮

---

① 《直隶总督裕禄折》，《义和团档案史料》上册，中华书局，1959年，第164~165页。按：此折称俄国中尉递交通牒的时间为"二十日亥刻"，而前一天的奏折又称在"二十夜戌刻"（见《义和团档案史料》上册第157页），应以"戌刻"为是。法人佛甫爱加来和施米侬同撰的《庚子中外战纪》，称："至晚九点钟，由该处守炮台之华官接到。"（《义和团》（丛刊三），第286页）可证。
② 《直隶总督裕禄折》，《义和团档案史料》上册，第157页。
③ 《英国蓝皮书有关义和团运动资料选译》，第45页。
④ 《八国联军在天津》，齐鲁书社，1980年，第34页。

台闪了一下火光。大炮轰隆一声，炮弹隆隆掠过'基立亚克'号上空。各个炮台火光迸发。一发发炮弹接连不断掠过军舰上空。"① 据所见日、法等国的有关记述，也都说是炮台首先开炮。对于这个历史之谜，能否解开呢？今之论者多相信罗荣光的报告，其实此报告所述的开炮情况是值得怀疑的。相反，综合各种材料来看，联军方面的报告应该是可信的。

首先，罗荣光在联军最后通牒所限时间之前 70 分钟，首先开炮，以期先发制人，并非绝不可能。当然，历来中国官员遇到列强以兵力胁逼时，怕担"衅自我开"的罪名，往往因处于被动而惨遭失败。然此次情况有所不同。在此之前，他已奉到严旨："其大沽口防务，并著督饬罗荣光一体戒严，以防不测。如有外兵阑入畿辅，定惟裕禄、聂士成、罗荣光是问。"② 后朝廷又鉴于历次之教训，事先为罗荣光解除了担心"衅自我开"的压力，特寄上谕称："此后各国如有续到之兵，仍欲来京，应即力为阻止，……如各国不肯践言，则衅自彼开，该督等须相机行事，朝廷不为遥制。万勿任令长驱直入，贻误大局。"③ 正是根据这道谕旨，罗荣光才敢于在白河口布置水雷的。再是裕禄的态度也值得注意。当他得知联军要中国让出大沽炮台时，复照法国总领事杜士兰称："大沽海口系属重地，本大臣断无擅允交给之理。"饬令罗荣光"严加防备，竭力扼守"④。据英国侵略军的一位青年海军军官记述，当罗荣光接到最后通牒后派专弁到天津告急，裕禄便下达了"进行战斗、消灭一切洋鬼子的命令"；适德国"伊尔提斯"

---

① 《八国联军目击记》，第 150~151 页。
② 《直隶总督裕禄折》，《义和团档案史料》上册，第 142 页。
③ 《军机处寄直隶总督裕禄等上谕》，《义和团档案史料》上册，第 145 页。
④ 《直隶总督裕禄折》，《义和团档案史料》上册，第 147 页。

号舰长兰孜海军上校来到大营，罗荣光便通过他通知了联军方面。①无论如何，清廷对罗荣光拒让炮台之举是认可的，直到事后仍肯定说："罗荣光职守所在，岂肯允让。"②认为："中国与各国向来和好，乃各水师提督遽有占据炮台之说，显系各国有意失和，首先开衅。"③就是说，联军致送最后通牒即是"开衅"。所以，"自此兵端已启，却非衅自我开"④。在炮台既不能让而又面临联军必然攻打的情况下，罗荣光决定先发制人，先给敌人以重创，是并不奇怪的。他在前一个报告中说联军在"丑刻"先开炮，在后一个报告中却又说联军提前到"十一钟时"⑤开炮，明显地是为了掩盖炮台先开炮的事实。当然，应该看到，在当时的困难处境下，罗荣光的做法也是可以理解的。

其次，联军并无提前开炮的必要。联军的海军将领们都已将其最后通牒的内容报告了各自的政府。如英国驻大沽海军少将布鲁斯致海军部并通知外交部电："今晨各国舰队司令会议决定于6月17日凌晨2时进攻大沽炮台，如果该炮台事前不投降的话。今天下午向中国直隶总督和炮台守将提出了最后通牒。"⑥俄国总参谋长、代陆军大臣萨哈罗夫给沙皇的上奏："由于中国政府采取敌对态度，各国海军将军6月3日（公历6月16日）晚在'俄罗斯'号巡洋舰上开会，决定向直隶总督和大沽要塞司令发出最后通牒：限在6月4日（17日）凌晨两点以前交出炮台，否则将以武力攻下。"⑦但从未见到联军改变限定时间的报告。实际上，在联军的军官们看来，中国守军是经不起威胁

---

① 吉普斯：《华北作战记》，《八国联军在天津》，第34页。按：[日] 佐原笃介等所辑《八国联军志》有"傍晚华官发到复书，不允所请"（《义和团》（丛刊三），第181页）之记载，可相印证。
② 《军机处寄出使俄国大臣杨儒等电旨》，《义和团档案史料》上册，第203页。
③ 《照会》，《义和团档案史料》上册，第152页。
④ 《军机处寄出使俄国大臣杨儒等电旨》，《义和团档案史料》上册，第203页。
⑤ 《直隶总督裕禄折》，《义和团档案史料》上册，第165页。
⑥ 《英国蓝皮书有关义和团运动资料选译》，第53页。
⑦ 《1900—1901年俄国在华军事行动资料》，第1册，第12页。

的，"一经恫吓，备极仓皇"①，"就算他们打出了几发炮弹，吓唬吓唬人，随后还不是照例投降"②。即使炮台守将"不愿善交"，他们必当"以力占据"③。这样，他们有什么必要提前发起炮击呢？况且根据联军所制订的计划，最后通牒虽以6月17日凌晨2时为交出炮台的限定时间，但第二次联席会议还做出了一个决定，即"等待中国提督的答复时间，以上午四时为限"④。值得注意的是：6月16日下午5时，基利杰勃兰特海军中将在"海龙"号炮舰上又召集了第三次联席会议。联军海军头目们分析，中国守军有可能不肯交出炮台而采取军事对抗行动。因此，"拟定华军若先攻击，联军当开大炮还击"。"此议一定，立即发令通知各处，准于清晨三点钟，一律遵行。"⑤ 就是说，若炮台守军先开炮必当还击；否则，到6月17日凌晨3时发起攻击。并且商定，届时由"海龙"号负责发出战斗信号。⑥ 后来的事实，也证明了联军的作战行动是按照这次联席会议的决议进行的。可知联军不仅没有必要将攻击的时间比最后通牒所限定的时间提前，而且还决定比原定时间推迟1个小时，怎么有可能在零时50分就发起炮击呢？

复次，联军虽到傍晚已获悉炮台守将"不允所请"，但视为事理之常，并未料到中国守军会在6月17日凌晨2时以前发起炮击，所以一时陷于被动的境地，遭受到较多的伤亡。据《八国联军志》称："是夜子正，炮台开炮轰击兵舰，各西人莫不惊惶失措。其时俄国高丽支（朝鲜人）舰泊岸较近，被击毙弁四人、兵十二人，伤弁兵四十

---

① 《庚子中外战纪》，《义和团》（丛刊三），第288页。
② 《八国联军目击记》，第150页。
③ 《法国总领事杜士兰照会》，《义和团档案史料》上册，第147页。
④ 《八国联军目击记》，第148页。
⑤ 《庚子中外战纪》，《义和团》（丛刊三），第288页。
⑥ 《八国联军目击记》，第149页。

七人，受创最重。"①《庚子中外战纪》亦称："各兵舰中弹被伤，以日爱立亚克（基立亚克）船为最重，该船被弹连击四次，火药舱立时暴裂，烟筒亦遭毁坏，竟至不救。其次为稿烈（朝鲜人）船，被弹击穿其身，现出五孔，亦被火焚。至伊而的（伊尔提斯）船，则被攻八次；力勇（里昂）船亦被攻一次。所以如此者，以各兵舰停泊之处，为该炮台临近故也。幸此次之变，尚在夜间，若值日昼，则弹丸之标的，射得极准，各兵舰必全受伤。"② 炮台守军之所以能够取得如此之战绩，是因为突然发起炮击，打得敌人措手不及，否则是不可想象的。

由上述可知，先开第一炮的是大沽炮台守军而不是联军。英国人马士对此事曾有这样的评述："中国防军在上午零时四十五分钟——最后通牒的限期前一小时又一刻钟——开了防御性质的攻势炮火，他们受到还击。"③ 事实上，清政府对大沽炮台守军先开炮一事是清楚的，只是声明并未下达这样的命令，并且通过两广总督李鸿章告诉英国政府，实际情况是"大沽炮台未奉北京政府命令对各国军队开火"④。澄清这一事实，是为了尊重历史，并不能以此来减轻侵略者的罪责，更不能以此来否定中国军队为自卫而先发制人之举的正义性。

在大沽南岸炮台发射第一炮之前，守军先已做好了炮击的准备。据《庚子中外战纪》载："迨至夜间十二点钟五十分时，在北［白］河之兵船，忽为炮台之电光灯遥为影射，窥察甚周，旋放出一炮，最为猛烈。盖华军早于日间，能以精细之标准，得各炮船之地位矣。"⑤ 这说明罗荣光早有开炮的准备，在白天已经测出了联军各舰的距离和

---

① 佐原笃介等：《八国联军志》，《义和团》（丛刊三），第181页。
②《庚子中外战纪》，《义和团》（丛刊三），第289页。
③ 马士：《中华帝国对外关系史》第3卷，三联书店，1957年，第221页。
④《英国蓝皮书有关义和团运动资料选译》，第50页。
⑤《义和团》（丛刊三），第288页。

方向，而且在炮击之前，再次用探照灯验准了联军各舰停泊的位置。南炮台打探照灯的时间，是在半夜12时左右。据《八国联军目击记》称："距离决定性时刻还有二小时，炮台上闪了两下探照灯，灯光照准停泊在后方的各军舰，随即又暗了下来。"① 所谓"决定性时刻"，当指最后通牒所限定的凌晨两点钟。所以，"还有二小时"应是半夜12时。

中国守军的第一炮，是卞长胜指挥的新炮台在零点50分发出的，所对准的目标是俄国炮舰"基立亚克"号。"大炮轰隆一声，炮弹隆隆掠过基立亚克号上空。各个炮台火光迸发，一发发炮弹接连不断掠过军舰上空。"战斗全面打响了。但是，由于潮水的关系，开始射击的效果并不好。6月17日为夏历五月二十一日，凌晨1时左右正是落潮的时间。所以，"一批炮弹接着一批炮弹非常准确地飞过各军舰上空，但没有一艘挨揍。这可以认为是，中国大炮对准的是海水满潮时的军舰，而在战斗开始时刚好碰到退潮，军舰的位置低下去了，因而炮弹越过了目标"②。随后及时地调整了发射角度，炮击的命中率才大为提高。

炮战开始后，联军"海龙"舰首先发出警报，"基立亚克"号、"朝鲜人"号和"阿尔杰林"号以火光信号回答。此时，4艘军舰停泊于北岸于家堡和南岸炮台之间的一段南北走向的白河河面上，其由南到北的顺序是："基立亚克"号、"朝鲜人"号、"海龙"号和"阿尔杰林"号。根据联席会议上所议定的部署，停泊在海关附近的德舰"伊尔提斯"号和法舰"里昂"号，立即回转顺流下驶，边行驶边开火，与四舰会合，"伊尔提斯"号泊于"阿尔杰林"号之后，"里昂"

---

① 《八国联军目击记》，第150页。
② 《八国联军目击记》，第150~151页。

号泊于"朝鲜人"号之后。日舰"爱宕"号因机器出了故障,没有按计划驶来参加战斗。根据分工,"基立亚克""里昂""朝鲜人""海龙"四舰专攻南岸炮台,"伊尔提斯""阿尔杰林"两舰专攻北岸炮台。

　　在激烈的炮战中,俄舰"基立亚克"号受创最重。它开始用探照灯把光线投射到炮台上,倒成为炮台重点射击的目标。罗荣光"督同副将韩照琦,率领南岸各台弁勇,奋力开炮,瞄准该兵船电光灯路还击。并"亲自挂线,横腰一炮,击中船身,船即偏侧不支"①。"榴弹片炸伤了桅楼上的信号兵、炮手和布雷官鲍格达诺夫中尉,弹片削进了他的嘴巴、脸颊和耳朵。军需官伊瓦诺夫走向探照灯时倒下了,弹片削掉了他的头。"特别是一颗榴弹击中其水线,引起弹药库和一个锅炉爆炸,从而发生了一场大火。"一百三十六枚炮弹发生爆炸,把弹药库上面的甲板掀掉,大火延及住房,并在大炮附近的上层甲板上燃烧。……这场大火严重地烧伤了季托夫中尉,烧死士兵五人,烧伤士兵三十八人。"战后统计,"'基立亚克'号上共死八人,伤四十八人"。死伤人数占全舰乘员人数一半以上。法舰"里昂"号正位于"基立亚克"号之前,难免受池鱼之殃,也中弹引起大火。德舰"伊尔提斯"号,受创亦甚严重。"十七颗榴弹和一颗榴霰弹落到德国军舰伊尔提斯号上,该舰的上层甲板全部被毁。舰长兰茨被二十五块弹片和木片击中,身负重伤,一条腿断掉。这是德国人第一次亲身尝到了克虏伯兵工厂制造的大炮上发射出来的德国榴弹的优良效果,因为大沽炮台正是用这种大炮武装起来的。一名德国军官和七名士兵被击毙,十七名受伤。"战到后来,俄舰"朝鲜人"号也中弹起火。刚将大火扑灭,又有"一颗榴弹打穿了上层甲板上面的右舷,在里面爆炸

---

① 《直隶总督裕禄折》,《义和团档案史料》上册,第165页。

开来,把锅炉房的通风机打得粉碎"。"战斗快结束时,'朝鲜人'号舰上除两名军官外,计有九名水兵阵亡,二十名受伤。"①

当炮战正在激烈进行之际,联军陆战队也开始在北岸向西北炮台行进,在到达距炮台约 1500 平方米处停下去,以等待中国守军炮火的减弱。时已凌晨 3 时半,天色渐渐亮起来,"无如华军所开之炮,甚有准的,致各船受伤甚重,且各船所备之快炮,实未能与该炮台大口径之炮相为抵御"②,因此,继续停留在炮台的视野之内,便有遭到炮击的危险。于是,波尔海军上校召集各指挥官商议。鉴于各炮舰并没有给炮台造成任何损失,同时也预料到不可能拿下作为进攻目标的西北炮台,于是指挥官们决定后撤数百公尺。4 时 30 分,天已拂晓,联军陆战队改为散开队伍前进。西北炮台守将升用副将、尽先参将封得胜见敌人"分道扑营",率军以枪炮迎敌,"轰毙洋兵甚多,敌锋大挫"。③英舰"阿尔杰林"号距西北炮台最近,以前甲板炮向炮台猛轰,以支援陆战队的进攻。"天色逐渐明亮,炮火愈加猛烈,从炮台发射的炮火与从兵舰上发射的炮火交织成一片连续不断的轰鸣。"④早晨 5 时,联军陆战队发起冲锋。封得胜带领左营将士奋勇抗御,与敌展开近战,毙敌多人,连日军指挥官服部雄吉海军中佐也被弹丧命。然敌我强弱悬殊,炮台守军死伤甚众。据罗荣光禀报:"管带封得胜血战阵亡,兵勇死伤相继,敌遂越墙破门,将北岸左营炮台占据。"⑤此时已是 5 时 30 分。

联军陆战队攻占西北炮台后,立即利用该炮台的两门大炮先轰北炮台,再向南炮台射击。6 时,英舰"阿尔杰林"号拔锚启航,沿河

---

① 《八国联军目击记》,第 152~153、151、154 页。
② 《庚子中外战纪》,《义和团》(丛刊三),第 289 页。
③ 《直隶总督裕禄折》,《义和团档案史料》上册,第 165 页。
④ 《华北作战记》,《八国联军在天津》,第 35 页。
⑤ 《直隶总督裕禄折》,《义和团档案史料》上册,第 165 页。

而下，以便炮击南岸之南炮台和新炮台。德舰"伊尔提斯"号紧随其后，驶至白河向东之拐弯处。同时，停泊在原处的"朝鲜人"号、"海龙"号、"基立亚克"号和"里昂"号，也集中火力向南炮台猛击。这时，联军陆战队又将北炮台占领，遂利用其12厘米口径的克虏伯大炮，转过来对准南炮台猛射。南炮台的火药库先被击中，"火箭子弹，一齐被焚"；继之，新炮台的火药库也"被炮火发"①。副将韩照琦身负重伤，弁兵死亡枕藉，伤亡合计在1000人以上，仅横陈在炮台内的尸体即达七八百具。②罗荣光见火药库四处被毁，已无可抵御，便率余众撤向后路。③到早晨6时30分，南岸两座炮台同时被陷。

大沽口炮台虽然陷落了，但广大守台将士在孤军无援的情况下，英勇抗敌，誓死不降，其爱国精神是可歌可泣的。罗荣光明知难期必胜，先是拒绝让出炮台，继则尽了最大努力来保卫炮台，给敌人以重大杀伤。据西人统计，联军在军舰上死伤119人，在陆地死伤136人，合计255人④。一位俄国随军记者目睹了大沽炮台被陷后的惨状，在战地日记中写道："罗守台倾尽全力捍卫委托给他的要塞。在所有被攻占的炮台的大炮附近都发现断手、断脚、断头的英勇捍卫者。沿着胸墙到处都躺着中国的步兵和炮兵。到处都是被欧洲人炮弹打穿、击毁、爆破的混凝土炮台障壁，到处都可以见到欧洲舰艇猛烈轰击留下来的血腥痕迹。"⑤于是，西人目击者咸称："中国兵将未可轻视，此次以七国水师攻一炮台，能持至六点余钟之久，可谓难矣。"⑥

最后，需要弄清楚的是：当时也停泊在白河内的中国舰艇，究竟

---

① 同上。
②《明治三十三年清国事变战史》卷二，第99页。
③ 罗荣光从南岸炮台撤离后，退至新城，于7月11日吞金自杀。时年67岁。
④ 关于大沽口之战中联军的伤亡数字，记载出入甚大。此据《庚子中外战纪》，见《义和团》（丛刊三），第289页。
⑤《八国联军目击记》，第157页。
⑥《八国联军志》，《义和团》（丛刊三），第182页。

到哪里去了呢？据罗荣光给裕禄的禀报可知，当他接到联军的最后通牒后，曾密约叶祖珪所部各鱼雷艇管带，预作战争准备，若敌人进攻即由海神庙进行夹击；及战斗开始后，他复差人密约鱼雷艇开炮协攻。然出乎意料之外，"讵该鱼雷船，始终并未援应"①。中国舰艇虽然处在英舰"声誉"号和"鳕鱼"号的监视之下，但其实力应该说超过了两艘英舰。问题在于：统领叶祖珪和各管带，坐视舰艇被敌掳去而不抵抗，正与大沽守台将士宁死不让炮台的爱国壮举形成了鲜明的对比。结果，"海龙""海青""海华""海犀"4艘鱼雷艇被英舰白白地掳走。为这几艘鱼雷艇的分配问题，英俄海军军官之间竟争执起来。英国先是将其中的一艘分给德军，一艘分给法军，另两艘欲占为己有。随后将其中一艘借给日本拖带日船，艇上仍高悬英旗。"讵突有一俄国武弁到来，竟将英旗拔下，致与英人互相争论，几难分辨。"② 经俄国基利杰勃兰特海军中将亲自出面交涉，英国布鲁斯海军少将才答应将一艘鱼雷艇分给俄军。俄国海军还占领了大沽船坞，将坞内"飞鹰""飞霆"两艘驱舰的机件拆卸运走。③

至于叶祖珪乘坐的旗舰"海容"号，也被迫按照联军司令官的命令开到大沽口外，停泊于联军舰队处，接受联军的扣留。"该船亦遂安之，并不欲脱逃。"④ 据布鲁斯海军少将致英国海军部电："中国海军提督同联军舰队在一起；巡洋舰上悬挂着旗帜。在今晨的谈判会议上，他同意与联军舰队一起熄火抛锚。"⑤ 可知叶祖珪是准备置大沽炮台的安危于不顾，并舍弃4艘鱼雷艇和坞内的两艘驱逐舰，而采取服从和谈判的办法来争取保全旗舰"海容"号的。尽管《辛丑条约》签

---

① 《直隶总督裕禄折》，《义和团档案史料》上册，第165页。
② 《八国联军志》，《义和团》（丛刊三），第194页。
③ 《北洋水师大沽船坞历史沿革》，《清末海军史料》，第159页。
④ 《庚子中外战纪》，《义和团》（丛刊三），第290页。
⑤ 《英国蓝皮书有关义和团运动资料选译》，第46页。

订后联军释放了"海容"号,他的这种做法也是不值得肯定的。必须看到,叶祖珪之所为,不仅加速了大沽炮台之失陷,而且使中国军队丧失了一次有可能进一步重创敌人、甚至在此次战斗中获得局部性胜利的机会。或对叶祖珪之所为加以渲染,如谓:"联军既合,声言南下,祖珪恐大局糜烂,独往见其诸将,力言启衅非朝廷意,反复辩论,请以身为质,各国察其情词恳挚,心许之。"[①] 便是对叶祖珪着意地加以美化,这显然是不足取的。

此次大沽口之役表明,中国门户业已全然洞开,连京津门户的大沽和渤海锁钥的要港也完全在列强的掌握之中,已经出现的海防危机更进一步加深,至此达到不可收拾的地步了。在此役中,清政府在甲午战后才从国外购进的6艘舰艇,不战而任凭联军掠去,更说明经过甲午之败,清朝海军将领已丧失民族自信心和与敌鏖战的勇气,重整海军又谈何容易!

第二节 兴复海军的"七年规划"及其实施

从甲午战败到八国联军侵华的15年间,清政府筹议重整海军,也热闹了一阵子,然并无多大成效,唯一值得提及的是,从国外订购的一批舰艇开抵北洋。其中,从英国购进二等巡洋舰"海天""海圻"2艘,从德国购进三等巡洋舰"海容""海筹""海琛"3艘,从英、德分别购进驱逐舰"飞霆""飞鹰"2艘,从德国先后购进鱼雷艇"辰字""宿字""列字""张字""海龙""海青""海华""海犀"8只,

---

① 《清史列传》卷六三,《叶祖珪》,第5000页。

共15艘,约2万吨。清政府决定以此"为整顿海军始基"①,因于1899年4月17日发布谕旨,派提督衔补用总兵叶祖珪为统领,总兵衔补用参将萨镇冰为帮统,仍归北洋节制。不料翌年6月却发生了联军舰队进攻大沽口之役,以致"海容"号被扣留,"飞莲""飞鹰"二舰被拆卸,"海龙""海青""海华""海犀"4艇被掠走,使刚刚有点复苏的北洋海军再次受到严重的打击。因此,当1901年中外议和时,清政府议和大臣中竟有人提出将5艘巡洋舰"撤售"②的建议,以"表示中国无对外备战态度"③。此议虽未实行,却反映出一部分朝臣对重整海军已完全失去了信心。于是,重整海军的呼声也从此沉寂了下来。

但是,在当时的世界,列强之间的海军竞赛日趋激烈。盱衡世界大势,对比中国的现状,究心海防者能不痛心疾首?特别是马汉的海权论,这时开始在中国传播,引起了海军学术界人士的极大兴趣,从而在报刊上展开了长达数年的热烈讨论。如《时报》《新民丛报》《东方杂志》《华北杂志》《海军》等报刊都发表过不少有关海权的文章。这次讨论使海权思想在更大的范围内得到传播,逐渐引起了人们对海军问题的关注,从而将兴复海军的问题再次提到了议事日程上来。

不过,这次筹议兴复海军,却首先考虑从改革领导体制方面入手。新任两江总督周馥到职后,察看各兵船情况,认为鉴于过去海军"畛域攸分"的教训,应采用两步走的兴复海军的办法:第一步,先统一南北洋海军,庶几"畛域无分,调遣收犄角相生之用,气象较前自壮";第二步,"将来扩充办理",可期"轨度不相参差"。他于1905

---

① 《派叶祖珪等统领北洋新购船只谕》,《清末海军史料》,第584页。
② 林献炘:《萨镇冰传》,《清末海军史料》,第596页。
③ 陈绍宽:《海军史实几则》,《清末海军史料》,第851页。

年1月18日奏称："查各国水师、陆军，无不号令整齐，联合一气。虽有分合聚散，绝无不可归一将统率之理，亦无两军不能合队之事。中国从前创办海军，因限于财力，先办北洋，而南洋则因陋就简，规模未备。……臣此次南来，察看各兵船，亟应分别裁留，认真整理。非重定章程，不能革除旧习，非专派大员督率，不能造就将才。查有现统北洋海军广东水师叶祖珪，本船政学堂出身，心精力果，资劳最深，拟将南洋各兵舰归并该提督统领。凡选派驾驶、管轮各官，修复练船，操练学生、水勇，皆归其一手调度，南北洋兵舰官弁，均准互相调用。现在兵舰，虽不足一军之数，而统率巡防，须略仿一军两镇之制。即南洋水师学堂、上海船坞、兵舰饷械支应一切事宜，有与海军相关者，并准该提督考核，会商各局总办道员，切实整顿。"① 南北洋海军统一领导，是晚清海军发展的一项重大改革，改变了传统的划分地区由南北洋大臣分别领导的局面。特别是周馥提出的"一军两镇之制"，更成为此后海军发展的一种模式。

周馥所设想的兴复海军的第二步，是靠当时清政府的"预备立宪"而推动的。同年年底，清政府派宗室镇国公载泽为首的五大臣出国考察政治，历时半年，周游14个国家，返京后被慈禧连续接见，"详言立宪利国利民，可造国祚之灵长，无损君上之权柄，及立宪预备必以厘定官制为入手"②。随后，载泽上《奏请宣布立宪密折》，称："君主立宪，大意在于尊崇国体，巩固君权。"指出，立宪之利有最重要者三端，即"皇权永固""外患渐轻"和"内乱可弭"③。1906年9月1日，清廷发布仿行立宪上谕，以"目前规制未备，民智未开，若

---

① 《两江总督周馥奏南北洋海军联合派员统率折》，《清末海军史料》，第90~91页。
② 戴鸿慈：《出使九国日记》，见《李鸿章历聘欧美记》《出使九国日记》《考察政治日记》合订本，岳麓书社，1986年，第530页。
③ 《辛亥革命》（中国近代史资料丛刊）（四），上海人民出版社，1957年，第27~29页。

操切从事，涂饰空文"，因此"必从官制入手，亟应先将官制分别议定，次第更张"，"以预备立宪基础"。① 11月7日，庆亲王奕劻等奏定中央官制，内称："兵部徒拥虚名，拟正名为陆军部，以练兵处、太仆寺并入，而海军部暂隶焉。既设陆军部，则练兵处之军令司，拟正名为军咨府，以握全国军政之要枢。"② 于是，规划海军发展为设立海军部做准备等工作，皆归练兵处办理。

1907年5月，姚锡光调至练兵处任提调，奉命起草海军发展规划。他关心时事，对海军之发展尤为关切，所撰《筹海军刍议序》有云："方今天下，一海权争竞剧烈之场耳。古称有海防而无海战，今寰球既达，不能长驱远海，即无能控扼近洋。……巡洋舰者，长驱远海之具；而浅水炮舰，则不过行驶近洋，此固无能合编成队者也。然而，远人之来抵掌而作说客者，恒劝我多购浅水兵舰，以图近海之治安；而我当道及海军诸将恒乐闻其说者，何哉？盖海权者，我所固有之物也，彼虽甚我，焉能禁我之治海军？遂乃巧为其辞，勖我购浅水兵船为海军根本，使我财力潜销于无用之地，而远洋可无中国只轮，于海权存亡，实无能系其毫末。……夫天下安有不能外战而能内守者哉！"看来，姚锡光接受了当时海军学术界关于海权问题讨论的积极成果，在这里对海权思想作了比较明确的表述。正是在这一思想指导下，他按"急就""分年"二法，草拟了3个方案：

第一个方案，即"急就"法，叫《拟就现有兵轮暂编江海经制舰队说帖》。建设将现有舰船编为两队：一队是"外海经制巡洋舰队"，包括二等巡洋舰"海圻"1艘，三等巡洋舰"海筹""海琛""海容"3艘，次三等巡洋舰"镜清""南琛"2艘，巡洋炮舰"保民""康

---

① 《光绪朝东华录》（五），光绪三十二年七月戊申，中华书局，1958年，第97~98页。
② 姚锡光：《筹海军刍议》，《清末海军史料》，第797~846页。下文引用此件，不再注明出处。

济"2艘，报知舰"琛航""伏波"2艘，练船"通济""威远"2艘，鱼雷船"辰字""宿字""列字""张字"4艘，共16艘。"再广东所有'广'字号兵船，福建所有'福'字号兵船，及一切外海兵船，俟察其体质力量，如有尚堪备用者，一并编入。"这只是一支暂编巡洋舰队，作为"经营海军开始地步"。"将来陆续添置带甲一、二等巡洋舰六艘；其三等巡洋舰及巡洋炮舰、报知舰六艘，亦陆续更新抽换，以旧者改充练船、运船；并增置鱼雷艇八艘，以足成一支完全巡洋舰队。"另一队是"长江经制巡江舰队"，包括浅水炮舰"楚泰""楚同""楚豫""楚有""楚观""楚谦""江元""江亨""江利"9艘，水雷驱逐舰"飞鹰""建威""建安"3艘，共12艘。"其余沿江各省所有兵船，如有体质力量尚堪备用者，一并编入。"这也只是一支暂编巡江舰队，"须陆续添备潜行艇、水雷艇及水雷队，用备无事巡防、有事守口之用，以充巡江舰队之力量"。

以上两支舰队，仍采取"一军两镇之制"，设海军提督一员，统领巡洋、巡江两支舰队。提督辖总兵、副将两翼长：总兵一员，分统巡洋舰队；副将一员，分统巡江舰队。因威海、旅顺已被租借，舰队已无军港可泊，若兴复海军，自应先谋军港，目前只可暂以长江口内为收宿地。"俟军港既订，修筑告成以后，再另作区画。"而长江口分南、北水道，空阔无际，扼守殊难。"拟以白茅沙为内户，限阈于刘河口建海军提督官舍，凡一应海军军需、军械、军装等局，及陆续应设之水雷、鱼雷、练勇等营，皆附近设立，暂为江、海各舰队根据。"长江舰队应周岁梭巡长江，下起吴淞，上迄宜昌。除刘河口屯驻地以外，应于吴淞口、江阴、江宁、九江、汉口、岳州、宜昌等埠，酌设海军支应分局，为巡舰到埠支饷、添煤、领取衣粮、收发文电一应供给之地。巡洋舰队应周岁梭巡海洋，北起辽河口、山海关，南迄雷廉海湾。除刘河口屯驻地外，应于营口、天津、烟台、吴淞、宁波、厦门、汕头、广州等市埠，酌设海军支应分局，为巡洋舰到埠支饷、添煤、领取衣粮、收发文电一应供给之地。"俟舰队渐增、水道渐熟以后，再行推展，北踰日本海，东抵太平洋，南及南洋各岛，西历印度洋而上，以次巡历，俾资习练，并壮声威。"

按照这一方案，姚锡光认为："集各省现有大小兵舰尚逾二万吨，肃而理之，为外海、长江经制舰队；就各省现有养船经费，岁益五十万金，则用可支而事易举。"

第二个方案，即"分年"法之一，叫做《拟兴办海军经费五千万两作十年计划说帖》。建议：一、在10年内，分3期以3 000万两购备新舰：第1期（3年），购二等装甲巡洋舰（4 300吨）、三等装甲巡洋舰（2 950吨）各1艘；第2期（3年），购一等装甲巡洋舰（6 000吨以上）2艘；第3期（4年），购三等战斗舰（7 000吨上下）2艘和一等鱼雷艇（120吨以上）12艘。以上新购舰艇18艘，加入原有新舰"海圻""海筹""海容""海琛"装甲巡洋舰4艘，又益以原有旧舰"镜清""南琛"巡洋舰2艘，"保民""康济"炮舰2艘，"琛航""伏波"报知舰2艘，共28艘，计58 000余吨。二、在10年内，以1 000万两修建军港、炮台、船厂、船坞、重炮厂、弹药厂、炼钢厂、煤矿等。三、在10年内，以1 000万两分期创办海军兵官学堂、海军机轮学堂、海军大学堂、海军研究所、海军工科学堂、海军学兵营、海军水雷学兵营、海军机轮演习处、海军水雷演习处等。

按照这一方案，姚锡光认为："基础既立，乃议扩张。岁辑白金五百万，期以十年，通计五千万两。准兹岁计，制厥范围，举海军应备者，约以三端：曰兵舰分期增置之计划；曰军港、厂、坞修建之计划；曰军员分途造就之计划。虽海军全体完辑未遑，然规度寝成，可建海军一分队。"

第三个方案，即"分年"法之二，叫做《拟兴办海军经费一万二千万两作十二年计划说帖》。开宗明义地提出："前拟十年为通共筹经费五千万两，增置兵舰不过三万五千吨，益以原有新旧兵舰尚不及六万吨，此等舰队一经有事，其力不足自卫，尚何战守可言。兹拟成海军一大支，其重量在十万吨以外，万一有事，力尚可资一战。"建议：在12年内，分4期以7400万两购备新舰：第1期（3年），购一等装甲巡洋舰（6000吨以上）4艘、三等装甲巡洋舰（2950吨）1艘；第2期（3年），购三等战斗舰（7000吨上下）2艘、二等装甲巡洋舰（4300吨）3艘；第三期（3年），购二等战斗舰（8000吨以上）2艘、一等鱼雷艇（120吨以上）16艘；第四期（3年），购一等战斗舰（1.2万吨以上）2艘。以上新购舰艇30艘，加入原有新舰"海圻""海筹""海容""海琛"装甲巡洋舰4艘，又益以原有旧"镜清""南琛"巡洋舰2艘、"保民""康济"炮舰2艘，"琛航""伏波"报知舰2艘，共40艘，计11.7万吨。若再加入"飞鹰""建威""建安"水雷驱逐舰3艘，"辰字""宿字""列字""张字"鱼雷艇4艘，则可达到47艘，共计12万吨。并在12年内，以2200万两为军港、船厂、船坞等修建之经费，2400万两为军员分途造育之经费。

按照这个方案，姚锡光认为："拟筹岁款千万金，期十二年，都计万二千万两，仍前议而稍扩之，战舰可十八艘，为海军一大队，全量十一万吨，而军港、厂、坞之建制，军员分途之造育，比例增加，战守差有可恃。"

姚锡光的"分年二法"，其内容基本上是积极的。他可能参阅过琅威理的条陈，其"分年二法"与琅威理的"目守""复仇"二法是颇为相似的。然其"十二年计划"方案与琅威理的"复仇"方案相比，不仅规模要大，而且气魄更为恢弘。不料他的方案一下子把当道者吓住了，根本不予考虑，而令另拟前三年计划。而且，当道者还划定框框，要求巡洋舰足成 7 艘，浅水炮舰足成 21 艘，"作沿海七省巡防舰队"。于是，姚锡光又重拟前三年计划，即所谓《拟暂行海军章程》。根据这个章程，计划在 3 年内增置二等、三等装甲巡洋舰 3 艘，与原有之"海圻""海容""海筹""海琛"合成 7 艘，为装甲巡洋舰一分队；制 600 至 800 吨浅水炮舰 17 艘，与原有之"广玉""广金""安澜""镇涛"合成 21 艘，配作守口炮舰七分队。"以上装甲巡洋舰一分队、守口炮舰七分队合编为海疆巡防舰队，以分领于沿海各省，而总统于海军提督。此为现行巡防舰队办法。三年以后，再作规划。"当道者之所以要搞出这样一个章程，显然是为了适应扑灭正在兴起的革命浪潮的需要。这就注定了它的内容不可能有任何新意，反倒比周馥的"一军两镇之制"大为后退了。终光绪之世，兴复海军始终没有多大动作。

1909 年是宣统元年，似乎给海军的发展带来了新的希望。这年 2 月 19 日，清廷发布上谕，提出"方今整顿海军，实为经国要图"，并派肃亲王善耆、镇国公载泽、尚书铁良、提督萨镇冰，"妥慎筹画，先立海军基础"[①]。7 月 9 日，善耆等复奏，根据"先植兴复之基"的宗旨，提出了 5 项建议。其主要内容有三：一、现有学堂之学科设置专门化，将烟台学堂改为驾驶专门，黄埔学堂改为轮机专门，福州前学堂改为工艺，在京师设立海军大学堂为官长研究高等学术之所，以储人材之基础；二、将现有舰艇量为编制，其堪充沿海巡防舰者 21 艘，堪充练习舰者 4 艘，堪充长江巡防舰者 10 艘，堪充守口雷艇者 16 只，以立舰队之基础；三、行开筑浙江象山为军港，除建灯塔、设浮

---

① 《著肃亲王善耆等筹画海军谕》，《清末海军史料》，第 93 页。

标外，先一面将海军办公处所、演武厅、操场、了望台、旗台、贺炮台、仓库、码头、医院、枪炮鱼雷练习所、练勇雷勇营房、修械厂等，即行建设，一面购置浚港轮剥等项机船，布置粗完，舰艇即可湾泊，以为海军根据地。①

奏上，清政府决定派郡王衔贝勒载洵、海军提督萨镇冰为筹办海军大臣，设立筹办海军事务处。筹办海军事务处甫经成立，即由海军大臣会同陆军部奏定海军入手办法，制订了一份发展海军的七年（1909—1915）规划。规定："以七年为限，各洋舰队，均须一律成立。"② 其应办事项分年如下：

第一年，清查各洋旧有各式兵轮；订造南北洋应行添置之二等、三等、四等巡洋舰；查勘各洋军港；妥筹扩充原有海军学堂，又设江、浙、闽、鄂四省船舰学堂、枪炮学堂；改办原有各船厂。

第二年，配定各洋舰队旧有兵轮；筹办水鱼雷队新旧各艇；计划添造各洋三等巡洋舰及运送、报知、水鱼雷、灭鱼雷艇舰；决定辟筑各洋军港；成立海军船舰枪炮各学堂；筹办海军各项经费预算；查定海军征兵区域。

由第三年到第七年，添造各洋头等战舰 8 艘，各等巡洋舰 20 余艘，各种兵舰 10 艘，水鱼雷艇第一、第二、第三各队；编定北洋舰队、南洋舰队及闽省各洋舰队；成立各洋军港及军港制造船坞、运送铁道各事；奏定海军经费全数预算，办理海军经费全数决算；实行各海军区域内征兵；奏颁成立各洋舰队旗纛舰号；设置海军专部，添设各洋舰队海军官缺；设置海军大学。

"七年规划"包罗万象，涉及有关海军事项应有尽有，立意诚美。

---

① 《善耆等奏请画一海军教育统编舰艇开办军港整顿厂坞台垒折》，《清末海军史料》，第 95~96 页。
② 《筹办海军七年分年应办事项》，《清末海军史料》，第 100~101 页。

然而，最大的问题在于，经费预算与应办事项所需费用相差过大。如奏定购船经费为1 650万两，而仅以计划订造8艘头等战舰而论，便需要6 400万两，而此项经费却刚够订造2艘的花销，且不说还要订造各等巡洋舰20余艘了。可见这个规划是严重脱离实际的。

尽管如此，"七年规划"的奏定，对海军事业的发展还是起到了一定的推动作用。如果从1909年7月设立筹办海军事务处算起，在大约两年的时间内，在实施"七年规划"方面主要做了两件事情：

第一件，筹办海军大臣出国考察海军和订购军舰。载洵、萨镇冰先后两度出国考察：第一次，是1909年9月赴欧洲各国，历意、奥、德、英等国，于翌年1月取道西伯利亚，乘火车回国。此行在意大利订购炮舰1艘，命名为"鲸波"；在奥匈帝国订购驱逐舰1艘，命名为"龙湍"；在德国订购鱼雷艇3艘及浅水炮艇2艘，分别命名为"同安""建康""豫章"和"江鲲""江犀"；在英国订购巡洋舰2艘，命名为"肇和""应瑞"。第二次，是1910年8月乘轮赴美，又转赴日本，于11月回国。此行在美国订购巡洋舰1艘，命名为"飞鸿"；在日本订购炮舰2艘，命名为"永丰""永翔"。

载洵、萨镇冰两次出国考察，先后共订购军舰12艘，除"鲸波""龙湍""飞鸿"3舰因船款纠葛而未交货外，其余在英、德、日订购的9艘舰艇都在民国后陆续来华了。如下表[①]：

这9艘军舰或以英镑付款，或以日元付款，共折合白银约500万两。但用这样一笔巨款买回来的军舰，不仅其型式设计已经陈旧，而且装备性能也是相当落后的。

[①] 此表根据池仲祐《海军实纪》中之《购轮篇》，并参照第二历史档案馆所藏之《海军沿革》编制而成。其中"吨位"一项，与林献炘所撰回忆录《载洵萨镇冰出国考察海军》一文（见《文史资料选辑》第23辑，第187~191页）出入甚大。按林文系多年后之回忆，且作者年事已高，记忆难免有误，应以《购舰篇》《海军沿革》为是。

第二件，设置海军专部。先是 1909 年 8 月，筹办海军事务处调拨南北洋及湖北等省原设舰艇，编为巡洋、长江两舰队。巡洋舰队有舰艇 15 艘，长江舰队有舰艇 17 艘。如下表①：

舰名	舰种	吨位	马力（匹）	时速（节）	配员	火炮
肇和	巡洋舰	2 600	6 000	20	230	14
应瑞	巡洋舰	2 460	6 000	20	230	16
江鲲	浅水炮舰	140	500	12	42	5
江犀	浅水炮舰	140	450	12	42	5
同安	驱逐舰	390	6 000	32	60	6
建康	驱逐舰	390	6 000	32	60	6
豫章	驱逐舰	390	6 000	32	60	6
永丰	炮舰	780	1 350	13.5	108	8
永翔	炮舰	780	1 350	13.5	108	8

1910 年 4 月 8 日，载洵奏请拨地建造海军衙署，依议。12 月 4 日，清廷发布谕旨，正式改筹办海军处为海军部，并以载洵为海军大臣，谭学衡为海军副大臣。其后，又命萨镇冰统制巡洋、长江舰队，程璧光、沈寿堃分别统领巡洋舰队和长江舰队。1911 年 3 月 9 日，根据原先奏定的海军官阶职任，对海军大臣、副大臣补授军衔。随后，对京内外海军要员也拟定相应军衔，请旨简任。4 月 22 日，海军部又重新厘定海军暂行官制，得到清廷的批准。至此，从海军的体制来说，开始走向正规化，从而使"七年规划"中"设置海军专部、添设各洋舰队海军官缺"一项提前落实。

但是，"七年规划"还未来得及全部实施，清政府便垮台了。武

---

① 此表根据筹办海军事务处所编之《舰队各船明细表》编制而成。见《清末海军史料》，第 898~901 页。

昌起义的枪声，不仅中断了"七年规划"的实施，而且推动海军倒向革命，参加到清王朝的掘墓人的行列中来。清政府兴复海军的希望，最终还是幻灭了。

舰队	舰名	舰类	吨位	马力（匹）	速力（节）	炮数	鱼雷数	竣工时间	产地
巡洋舰队	海圻	巡洋舰	4 300	17 000	24.0	34	5	1897	英
	海筹	巡洋舰	2 950	7 500	19.5	23	1	1898	德
	海琛	巡洋舰	2 950	7 500	19.5	26	1	1898	德
	海容	巡洋舰	2 950	7 500	19.5	30	1	1898	德
	通济	练船	1 900	1 600	12.0	20	—	1894	闽
	飞鹰	驱逐舰	850	5 500	22.0	12	3	1895	德
	保民	运船	1 500	1 900	10.0	9	—	1884	沪
	辰字	鱼雷艇	90	700	18.0	6	3	1895	德
	宿字	鱼雷艇	90	700	18.0	6	3	1895	德
	列字	鱼雷艇	62	900	16.0	6	3	1895	德
	张字	鱼雷艇	62	900	16.0	6	3	1895	德
	湖鹏	鱼雷艇	96	1 200	23.0	2	3	1906	日
	湖隼	鱼雷艇	96	1 200	23.0	2	3	1907	日
	湖鹗	鱼雷艇	96	1 200	23.0	2	3	1906	日
	湖鹰	鱼雷艇	96	1 200	23.0	2	3	1907	日

(续表)

舰队	舰名	舰类	吨位	马力（匹）	速力（节）	炮数	鱼雷数	竣工时间	产地
长江舰队	建安	快船	871	6 500	18	10	—	1904	闽
	建威	快船	871	6 500	18	10	—	1904	闽
	江元	浅水炮船	550	950	13	10	—	1905	日
	江亨	浅水炮船	550	950	13	10	—	1907	日
	江利	浅水炮船	550	950	13	10	—	1908	日
	江贞	浅水炮船	550	950	13	10	—	1908	日
	楚有	炮船	745	1 350	13	8	—	1907	日
	楚泰	炮船	745	1 350	—	8	—	1907	日
	楚同	炮船	745	1 350	13	8	—	1907	日
	楚观	炮船	745	1 350	13	8	—	1907	日
	楚谦	炮船	745	1 350	13	8	—	1907	日
	楚豫	炮船	745	1 350	13	8	—	1907	日
	策电	炮船	400	66	8	4	—	1877	英
	甘泉	炮船	250	300	9	3	—	1908	沪
	镜清	练船	2 200	2 400	13	19	2	1884	闽
	南琛	运船	1 905	2 400	13	9	—	1883	德
	登瀛洲	运船	1 258	580	9	6	—	1876	闽

结束语　晚清海军兴衰的历史启示

中国到晚清时期才开始筹建和发展海军，历经曲折，冲过重重困难和阻力，到1888年北洋海军成军，总算建成了一支有相当规模和一定实力的海军舰队。遥想当年，在威海的刘公岛前，舳舻相接，旌旗蔽空，可谓盛极一时！然数年之间，竟樯橹灰飞烟灭，留下的只是"故垒萧杀大树凋，高衙依旧俯寒潮"[①] 的一片凄惨景象。这种似乎难测的忽兴忽灭的历史变幻，究竟是怎么回事？这不能不引起后人不尽的思索。

一

中国着手造船和筹划创建海军是在19世纪60年代，为时较晚，是否此前没有这样的历史机遇呢？回答是否定的。

事实上，早在二十几年以前，历史便向中国提供了发展海军的机遇。1840年，通过鸦片战争，英国侵略者凭借坚船利炮轰开了闭关锁国的中国的大门，开始使中国人知道了海军之为物。当时的中国人把

---

① 陈实铭：《旧廑吊忠》。

这次战争看作是"中国三千年未有之祸"①，或称为"古今一大变局"②。确实，这次战争对中国社会的震动是非常巨大的。但是，先进的中国人经过反思，逐渐认识到，西方列强侵略于中国固是大害，然大害之所在亦即大利之所在。"以中国益远人，大害也；以远人助中国，大利也。""合地球东西南朔九万里之遥，胥聚于我一中国之中，此古今之创事，天地之变局，所谓不世出之机也。……虞西人之为害，而遽作深闭固拒之计，是见噎而废食也。故善为治者，不患西人之日横，而特患中国之自域。……去害就利，一切皆在我之自为。"③ 其关键在于"得其道而顺用之"。④ 因此，船坚炮利虽为敌人之"长技"，也不是不可以转为我之"长技"的。尽管这是极其简单的道理，但在当时要确立这样的观念，却是十分不容易的。

在中国近代，林则徐是最早一位主张学习西洋"长技"并付诸实践的先进中国人。鉴于中国师船与英国战船相比，有多方面的差距：（一）其大不如英船，中国师船最大者尚不及英船之半；（二）其坚不如英船，中国师船用杉木制造，与英船用全条番木，大铜钉合成，内外夹以厚板，船旁及底包以铜片，完全不能相比；（三）其炮不及英船多且利。故中国师船之造价仅为英船之二三十分之一，由此也可见总体上其差距之大了。林则徐承认这种差距，承认"洋面水战系英夷长技"，并认为到外海作战，"自非单薄之船所能追剿，应另制坚厚战船，以资制胜"。⑤ 为此，他不仅购买了一艘1 000吨级的西船和一艘小火轮⑥，而且还开始了仿造西船的试验。

---

① 魏源：《海国图志》（重订60卷本）卷二四，《大西洋》，第2页。
② 徐继畬：《瀛环志略》，卷一，道光三十年刊本，凡例，第1页。
③ 王韬：《弢园尺牍》卷七，光绪庚辰秋重校排印本，第1~3页。
④ 郭嵩焘：《养知书屋文集》卷一二，文海出版社影印本，第20页。
⑤ 《林则徐书简》，第173页。
⑥ John L. Rawlinson, China's Struggle for Naval Development（1834—1895），Harvard Univ. Press. 1967, P.19.

林则徐之所以热衷于仿造西船，是因为在他看来，要战胜英国侵略者，就必须敌得过英军所恃的船坚炮利，使其长技亦为中国之长技。他指出："要之船炮水军断非可已之事，即使逆夷逃归海外，此事亦不可不亟为筹划，以为海疆久远之谋。"他还向朝廷建议，以粤海关之关税十分之一制造船炮，则制敌必可裕如。不料此举竟遭到咸丰皇帝的严厉斥责。直到罢职之后，他仍然认为，建立船炮水军是战胜英国侵略者的必要措施，并且坚信："得有百船千炮，五千水军，一千舵水，实在器良技熟，胆壮心齐，原不难制犬羊之命。"① 他在这里所说的"船炮水军"，实际上指的就是近代海军。

在中国近代史上，林则徐是倡建西式海军之第一人。他的建立"船炮水军"的计划虽未实现，但由于他的倡导和推动，仍然产生了一定的社会影响。在中国东南沿海几省，特别是广东，一些有识之士起而应之，纷纷开始了仿造西船的试验。但是，限于财力和造船水平，这些新造的战船，不是不能出洋，"仅可备内河缉捕之用"，就是"虽可驾驶出洋，但木料板片未能一律坚致，亦难御敌"；唯有绅士潘仕成捐造的一艘，"仿照夷船作法，木料板片极其坚实，船底全用铜片，……调拨水师营弁兵驾驶，逐日演放大炮，……轰击甚为得力"。② 其后，又照此船加长，工料照旧，续造新船一艘。并且还计划照新船再造两艘。这种新造战船，船身长13丈有余，两层安炮，共40位，分列子母炮数十杆，可容300余人。③ 当时，西方海军还处于帆舰向蒸汽舰过渡的阶段，战舰仍以帆舰为主，大致分大、中、小三种形制，而潘仕成所造的新船类于西式中型帆舰。与此同时，晋江人丁拱辰还在研究蒸汽机的原理和进行仿造轮船的试验。当然，中国那时还不具备

---

① 《林则徐书简》，第182、197页。
② 奕山：《制造出洋战船疏》，《海国图志》（重订60卷本）卷五三，第16~17页。
③ 魏源：《海国图志》（重订60卷本）卷五三，《仿造战船议》，第24~25页。

制造轮船的生产条件和技术水平，仿造轮船不可能成功，但若能加大仿造西式帆舰的投入和力度，建成像林则徐所构想的那样一支"船炮水军"，以有助于抗御英国侵略者的海上骚扰，应该是不成问题的。

在整个鸦片战争期间，道光皇帝对待英国侵略者的态度几番反复，时而主战，时而主抚，他曾经驳回了林则徐关于制造坚厚战船的上奏，孰料后来竟对一名不得志的书生的造船建议大感兴趣。这名书生就是安庆府监生方熊飞，他的一份请造战船的禀呈不知怎样递到了道光皇帝的手中。此禀开头即开门见山地指出："英夷犯顺，荼毒生灵，所以猖獗日盛者，以我军徒守于岸，无战船与之水战耳。"认为"战船一造，即操必胜之权"。最后强调："长治久安，在此一举！"此时正值英舰再次北犯定海，继而攻陷上海，道光皇帝由主抚而被迫抵抗，正所谓临时抱佛脚，即饬令将方熊飞原呈抄给靖逆将军奕山等阅看，并谕其"悉心体访"，查明何种船式"最为得力，即购备坚实木料，赶紧制造"。① 此前不久，广东水师提督吴建勋在黄埔参观两艘美国中型帆舰，并绘得该舰的制造船样。这确实开阔了奕山等人的眼界。他在复奏中称："该夷恃其船坚炮利，因我师船不能远涉外洋与之交战，所以肆行无忌。"② 决定不惜重费，取料坚实，先造"大号战船"30只。奕山计划建造的"大号战船"，就是以潘仕成所仿造的中型西式帆舰为基础，加以改进，以弥补其"止有桅杆，并无桅盘，不能悬放大炮"③ 之缺陷。虽然由于《南京条约》的签订，此项大规模"全仿夷船"的计划因之搁浅，但这件事本身说明，只要清政府能够下定决心，当时仿造西船和创建"船炮水军"的计划绝非纸上谈兵，而是有实现的可能的。

---

① 魏源：《海国图志》（重订60卷本）卷五三，《仿造战船议》，第1、4、15页。
② 奕山：《制造出洋战船疏》。
③ 祁埻：《复奏仿造夷式兵船疏》，《海国图志》（重订60卷本）卷五三，第8页。

与奕山仅着眼于仿造西船不同，魏源则发展了林则徐关于创建"船炮水军"的构想，不但建议设造船厂和火器局，"延西洋舵师司教行船演炮之法"，"选闽、粤巧匠精兵以习之，工匠习其铸造，精兵习其驾驶攻击"，以"尽得西洋之长技为中国之长技"，而且特别强调募练新式水师的必要性。他指出："舟舰缮矣，必练水师。"① 通过募练，新建水师之兵皆选其有胆者且能掌握各种海上作战的技能，"必使中国水师可以驶楼船于海外，可以战洋夷于海中"②。根据他的设想，此计划可先在粤省实施，由粤海而闽浙，而上海，"而后合新修之火轮、战舰，与新练水犀之士，集于天津，奏请大阅，以创中国千年水师未有之盛"③。魏源为晚清海军所绘制的这幅规划图，确实是够宏伟的，而且绝非没有实施的条件，然而奕山奉圣谕制定的造船计划尚且中止实行，他的建言只能束之高阁而付诸尘封了。

不难看出，英国发动的第一次鸦片战争，对中国来说，具有双重的作用，既引起了中国社会的千古变局，也带来了不世出之机。就是说，只要得其道而顺用之，便可变大害为大利，成为中国改革和发展的契机。这也是中国发展海军的大好历史机遇。令人痛惜的是，中国当时没有抓住这次历史机遇，反而任其失之交臂了。

二

第一次鸦片战争后，西方国家的武器装备进入一个更新换代的时期，木制帆舰渐为蒸汽铁舰所替代，滑膛炮也为线膛炮所更替。40 年

---

① 魏源：《圣武记》（下），附录卷一四，《武事余记》，第 538 页。
② 《魏源集》下册，补录，《筹海篇三》，第 870 页。
③ 《魏源集》上册，《道光洋艘征抚记上》，第 186 页。

代末，西方国家已在军舰上使用螺旋推进器。进入50年代后，英、法等国都开始了螺旋推进器蒸汽舰的建造。与此同时，木壳军舰也逐步被带有护甲的铁舰或钢壳军舰所代替。从世界范围看，海军的发展已跃入一个新的历史时期。

反观中国：经过第一次鸦片战争，先进的中国人曾提出"师夷之长技以制夷"的口号，并建议仿造西船和创设海军。然而，将近20年的时间过去了，西洋的"长技"又有了新的发展，而中国的"师夷"却未真正付诸行动。本来，中国在武器装备上就比西方国家落后很多，而在这近20年中却毫无作为，一切依旧，原已存在的同西方的差距更为扩大了。这样，中国的海防不但没有得到丝毫加强，形势反而愈来愈严峻了。

第二次鸦片战争进一步暴露了中国的全面海防危机，东南万里海疆已无任何保障可言。外国军舰竟任意游弋于中国海口，甚至探入内河，攻打要塞炮台和城池，强迫订立城下之盟，弄得国无宁日，民无太平，我大好神州几于国将不国！没有巩固的海防就谈不上国防，也就谈不上中国的自立和自强，这就是第二次鸦片战争的主要教训所在。面对列强的欺凌，许多朝野人士深感创巨痛深，拍案而起，大力鼓吹制洋器和采西学，从而将林则徐、魏源的"师夷"思想从理论推向了实践。

起初，中国人仍抱着20年前的旧观念，完全不了解轮船是近代工业的产物。时代前进了20年，以西方海军的情况而言，已经发生了带有根本性质的变化。如果说第一次鸦片时期的英国海军还主要是由帆舰组成的话，那么，到第二次鸦片战争期间则是以蒸汽舰为主，帆舰基本上被淘汰了。如下表：

	帆舰	蒸汽巡洋舰	蒸汽炮舰	明轮蒸汽炮舰	蒸汽炮艇	蒸汽运输船	（小计）
1858年5月第一次大沽口之战	2		3	3	6	1	15
1859年6月第二次大沽口之战		2	4	2	10	2	20

可是，当时的中国人还不可能清楚，制造轮船必须依赖于近代资本主义的机器生产技术，在封建生产方式的土壤上是产生不出近代海军来的。所以，他们把制造轮船看得十分简单，以为用手工匠人依样画葫芦地仿造，不出一两年便可成功。于是，到60年代初，曾国藩在安庆，左宗棠在杭州，分别着手仿造轮船。他们的仿造轮船工作，还基本上是属于试验性质的。不过，他们却由此意识到，制造轮船而不引进机器生产技术，确实是不行的。经过四分之一个世纪，经过多次徘徊和挫折之后，中国人在造船问题上才终于发生了观念的转变。

观念的更新给中国的造船事业带来了发展的起点。李鸿章到上海后，参观外国军舰，"见其大炮之精纯，子药之细巧，器械之鲜明，队伍之雄整，实非中国所能及"，"深以中国军器远逊外洋为耻"。声称："若驻上海久而不能资取洋人长技，咎悔多矣。"[①] 1865年，他办起了江南制造总局。1868年7月，江南制造总局所造的轮船下水，一月后竣工，命名为"恬吉"。这是中国自行制造的第一艘能够航行于大洋的轮船。自从江南制造总局开始造船，中国的近代造船工业才有了自己的开端。

继江南制造总局之后，福州船政局成立，成为中国近代创设的第一个造船企业。左宗棠认为："自海上用兵以来，泰西各国火轮兵船

---

① 《中国近代工业史资料》，第1辑，第252页。

直达天津，藩篱竟成虚设，星驰飙举，无足当之。……欲防海之害而收其利，非整理水师不可；欲整理水师，非设局监造轮船不可。"[1] 在他的主持下，福州船政局于1866年成立，开始购进机器，聘用外国技师、工匠监造轮船，并制定严格的规章制度。延聘洋员必先订立合同，对其职责、赏罚、进退、薪金、路费等皆有明文规定，既以示信，亦便遵守，产生了良好的效果。福州船政局不仅办厂造船，而且设立专门学堂，以培养中国自己的造船和驾驶人才。1869年6月，船政建造的第一艘轮船"万年清"下水。9月，"万年清"出大洋试航成功，非常鼓舞人心，也为后来造船积累了经验。

福州船政局本身就是清政府在某些方面实行开放政策的积极结果。从此，它成为中国的主要造船工业基地。自"万年清"开始，它在5年之内造出了15艘轮船。不过，这些轮船都是在洋员主持下建造的。1874年，洋员合同期满辞离后，造船工作非但不曾停止，反而有所发展，在短短的8年内连上三个新台阶：1876年3月，"艺新"轮下水。这是中国技术人员独立设计、建造的第一艘外洋轮船，开中国近代自造外洋轮船之先河。1877年5月，"威远"轮下水。这是中国自己建造的第一艘铁胁兵轮，唯所用轮机尚是从国外购进的新式卧机。翌年6月下水的第二艘铁胁轮船"超武"，便全行自制，其"胁骨、轮机及船上所需各件，均系华工仿造外洋新式，放手自造，与购自外洋者一辙"。1883年1月，"开济"轮下水。这是中国自制的第一艘巡海快船，全船吨载2 200吨，配以新式2 400马力康邦卧机，其"机件之繁重，马力之猛烈，皆闽厂创设以来目所未睹"[2]。从只能制造几百吨的低速木质炮船发展到自造2 000吨级的巡海快船，应该说是一个不小

---

[1]《左文襄公全集》，奏稿，卷一八，第1~4页。
[2]《船政奏议汇编》卷一六，第5页；卷二〇，第16~18页。

的进步。中国之大批生产近代化的新式舰船是从闽局开始的。从1869年到1894年的25年间,闽局共造各式舰船34艘,其中的11艘先后拨给了北洋海军。故有人称闽局之创设为"中国海军萌芽之始",一点也不言过其实。确实,无论在中国造船史上还是在中国海军史上,闽局的成立都是有着划时代的意义的。

对中国来说,发展海军是一件全新的事情,没有足够的人才是办不起来的。福州船政局有一个显著的特点,就是设厂与办学并重,左宗棠说得好:"夫习造轮船,非为造轮船也,欲尽其制造、驾驶之术耳;非徒求一二人能制造、驾驶也,欲广其传使中国才艺日进,制造、驾驶展转授受,传习无穷耳。故必开艺局,选少年颖悟子弟习其语言文字,诵其书,通其算学,而后西法可衍于中国。"[1] 沈葆桢也指出:"船政根本在于学堂。"[2] 实践证明,船政学堂的教育方针是正确的,教学方法也是行之有效的。它为中国培养了一大批最早的海军人才,其毕业生后来多数成为晚清海军的骨干和中坚。当时,既重用学堂出身的学生,也不歧视在实践中成长起来的自学成才者;各舰管带、大副、二副多有船生担任的,如船生出身的杨用霖后来升至护理左翼总兵兼署"镇远"管带,跻身于北洋海军高级将领之列。在大力培养和奖掖人才的同时,清政府还选派人员出国考察和派遣留学生。如邓世昌等多次利用出国接船的机会,考察西方海军发展的现状和趋势,大有进益。闽局曾先后派出三批留学生78人,刘步蟾、林泰曾、林永升、叶祖珪、萨镇冰、严复等即其中之佼佼者。此外,还分四批派出官学生120人,学成回国后多半转入海军任职。同时,清政府也重视从国外聘请技术人才。洋员主要担任教习、驾驶、机务、炮务等专业

---

[1]《中国近代学制史料》,第1辑上册,第355页。
[2]《沈文肃公政书》,卷四,第3页。

技术性较强的工作，其中多数人克尽厥职，卓有劳绩。这种自己培养人才为主与借才异国为辅的方针，应该说是成效颇著的。

由于上述种种方面的积极努力，中国人终于敲开了进入世界海军国家行列的大门。1871年4月10日，清廷批准了闽浙总督英桂所上报的《轮船出洋训练章程》和《轮船营规》，并先已任命福建水师提督李成谋为轮船统领，标志着中国近代第一支海军——闽浙水师（或称福建海军）——的成立。10年之后，即1881年冬，北洋已拥有快船、炮船、练船等13艘，初具规模。于是，李鸿章奏请以丁汝昌统领北洋海军；奏改三角形龙旗为长方形，以纵3尺、横4尺为定制，质地章色如故。这成为中国近代最早的海军旗。其后，北洋海军继续扩建。直到1888年10月3日，清廷批准《北洋海军章程》，北洋海军始告正式成军。按北洋海军编制，有铁甲2艘、快船7艘、炮船6艘、鱼雷艇6艘、练船3艘、运船1艘，计25艘，36 708吨。在这些舰船中，主要舰只都是购自英、德两国。当时为了早日建成一支具有相当实力的海军舰队，从国外购进一些新式舰艇是完全必要的，所以清政府采取了造船与买船并行的方针。从英、德订造的7艘战舰，构成了北洋海军的主力。成军后的北洋海军，其实力居于远东第一，使各国皆刮目相待。

甲午战争爆发前的30年，历史再次向中国提供了发展海军的机遇。当时中国的决策者，顺应历史潮流，基本上抓住了发展海军的机遇，取得了令世人瞩目的成就。但是，在这30年中，既有机遇，又面临挑战，二者是并存的。所谓挑战，从国外来说，主要来自两个方面：一是西方列强；一是东邻日本。前者早已存在，可暂置不论。随着时间的推移，后者成为最主要的挑战者。本来，北洋海军成军之初，其实力超过了日本海军。特别是"定远""镇远"两艘7 000吨级的铁甲舰,为日本海军所未有,因此畏之"甚于虎豹"。为了发动一场大规模侵略中国的战争,日本明治政府锐意扩建海军,天皇睦仁甚至节省宫中费用,拨内帑以为造舰经费。日本海军以打败"定远""镇远"为目标,专门设计建造了"桥立""松岛""严岛"三艘4 000吨级的战舰,号称"三景舰"。在甲午战前的6年间,日本平均每年添置新舰两艘,其装备质量反倒超过了北洋海军。对于日本虎视眈眈的挑战,一些有识之士也曾不断发出防患未然的呼吁。然而,当权者却缺乏危机意识,不肯认真面对和全力迎接这一关乎民族命运的挑战。1895年北洋海军被全歼于威海卫港内,也就在意料之中了。

甲午战前的30年,对中国来说,是挑战与机遇并存的30年。中国似乎抓住了这一机遇,在海军建设方面做出了相当可观的成就。问题是中国当权者回避挑战以求苟安,致使已经取得的海军建设成就一朝化为灰烬。因此,从根本上说,中国这30年并未真正抓住机遇,相反,倒是再一次错过了这一百年难逢的历史机遇。

三

1895年2月北洋舰队全军覆没于威海刘公岛前,使中国海军遭到了最后一次毁灭性的打击。许多有识之士30年来为创建海军所付出的巨大辛劳和努力,竟一朝付诸东流!那么,中国还有没有再次发展海军的机会呢?

当北洋海军全军覆没时,甲午战争尚在进行之中,清政府也还存有重整海军之念,并计划筹借洋款购船,以备海洋御敌之用。但这不是短时间内就可以做到的。何况时已至今,用购买几艘军舰的办法来重整海军，是完全无济于事的。

甲午战后，恢复海军的问题再次提到了清政府的议事日程上来。当时，许多人把希望寄托在10年前辞职离华的前北洋海军总查琅威理身上，主张聘他来华重整海军。虽时过境迁，终于未果，然琅威理却写了一份条陈，对中国重整海军提出了个人的建议。从琅威理的条陈看，他认为对清朝当权者来说，着重要解决好两个问题：一是对海军的战略地位的认识；二是把海军搞上去的决心。只有认识上去了，才有可能下定决心，所以二者又是一致的。他反复强调指出："中国整理海军，必先有一不拔之基，以垂久远，立定主意，一气贯注到底，不至朝令夕更。""设立海军，当先定主意，或志在自守，或志在复仇，主意一定，即不可移易。"① 也确实找到了问题的症结所在。琅威理以其在中国海军的长期经历，有针对性地提出了一些切合实际的建议。然而，清政府却以巨款难筹，暂不遽复海军名目。其实，按琅威理的方案，不过每年筹款1 000万两造船，这虽然是个大数目，但与甲午赔款相比，尚不足一个零头。可见还是一个决心问题。不过，此番即使有决心采纳琅威理的建议，客观环境恐亦难容许。因为不久列强便掀起了瓜分中国军港的高潮，中国沿海的重要港湾业被侵占殆尽，已找不到一个海军停泊的基地，还谈什么重整海军！加以在继之而来的八国联军侵华战争中，中国新从国外购进的6艘舰艇遭到联军劫掠，更如雪上加霜，彻底一蹶难振了。

在当时的世界，列强之间扩充海军的竞赛日趋激烈。对比中国的现状，怎能不令究心海防者痛心疾首？他们介绍美国人马汉的海权论，并在报刊上撰写文章进行探讨，逐渐引起了国人再次对海军问题的极大关注。1905年1月，两江总督周馥终于正式奏请兴复海军，提出了

---

① 《前北洋水师总兵琅威理条陈节略》，《清末海军史料》，第789页。

分两步发展海军的方案：第一步，先统一南北洋海军，定一军两镇之制；第二步，相机扩充办理。翌年，在"预备立宪"的推动下，清政府改兵部为陆军部，下设练兵处，负责海军发展规划。1907年5月，练兵处提调姚锡光奉命起草海军发展规划，按"急就"和"分年"的思路草拟了三个方案。尤为值得注意的是，其"分年"的第二方案，计划在12年内，分四期以7400万两购备新舰30艘，其中包括12000吨级一等战斗舰2艘、8000吨级二等战斗舰2艘、7000吨级三等战斗舰2艘、6000吨级一等装甲巡洋舰4艘等等，加上原来已有之新旧舰艇，共可达到47艘，计12万吨；并以2200万两为军港、船厂、船坞等修建之经费，2400万两为军员分途造育之经费。合计兴办经费为12000万两。① 此项"十二年计划"，与琅威理的"复仇"方案相比，不仅规模更大，气魄也更为恢宏。然而，它却将当道者吓住了，不敢问津。姚锡光不禁感慨系之曰："中国海疆万里，至乃求十万吨军舰而不得，其能无流涕长太息耶！"② 到1909年，清政府经过数年的徘徊，始做出兴复海军的决定。

同年2月19日，清廷发布上谕："方今整顿海军，实为经国要图。"③ 并设立筹办海军事务处，制定海军发展七年规划（1909—1915）。规定："以七年为限，各洋舰队均须一律成立。"④ 根据"七年规划"，从第三到第七年添造各洋头等战舰8艘、各等巡洋舰20余艘，是很难办到的。因为经费预算与应办事项所需费用相差悬殊，如奏定购船经费才1650万两，而仅以计划订造8艘头等战舰而论，便需银6400万两，刚够订造2艘的花销。且不说不久武昌起义的枪声中断了

---

① 姚锡光：《拟兴办海军经费一万二千两作十二年计划说帖》，《清末海军史料》，第817~824页。
② 姚锡光：《筹海军刍议序》，《清末海军史料》，第799页。
③ 《著肃亲王善耆等筹画海军谕》，《清末海军史料》，第93页。
④ 《筹办海军七年分年应办事项》，《清末海军史料》，第100~101页。

"七年规划"的实施,即使尚假以时日,由于内外形势及各种条件的制约,这个发展海军的计划也是不可能实现的。

对一个国家来说,历史机遇并不是常有的。错过了历史机遇,等机遇逝后再去追逐,必然是力不从心,徒劳无功的。甲午战后提出的几个雄心勃勃的发展海军计划,不是难以实施,就是中途夭折,便说明了这一点。

四

从第一次鸦片战争到甲午战争的 50 余年间,中国并不是没有发展海军并把海军搞上去的机会,然而对于这种百载难逢的历史机遇,不是失之交臂,就是没有真正抓住。及至机遇丧失之后再去追逐,业已望尘莫及了。历史是公正的,它将机遇赋予了中国,问题是中国人自己让机遇轻易地逝去。之所以会造成这样的局面,其原因非止一端,举其要者而言,大致有如下几点:

其一,由于长期闭关锁国所产生的持久消极影响,传统的"华夷之辨"观念在国人的头脑中一时很难从根本上消除,因此对学习西方资本主义先进事物存有戒心甚至抵触情绪,从而制约了海军的顺利发展。应该看到,当时中国的"师夷"是被列强侵略逼出来的,并不是自觉的。早在 19 世纪 40 年代,先进的中国人就提出了"师夷"之说,而直到 60 年代才开始将其付诸实施,已经耽误了 20 年之久。即使到 60 年代以后,反对"师夷"的力量还是很强大的。这些人声称:"师事夷人,可耻孰甚?""我不可效日本覆辙。""岂有必效敌人长技始能备御敌人之理？"① 他们死抱住老皇历不放，认为引进机器万万要不得，理由是："轮船、机器不足恃也。况中国数千年来未尝用轮船、机器，而一朝恢一朝之土宇，一代拓一代之版章。即我朝自开创以来，与西洋通商非一日，彼之轮船、机器自若也，何康熙时不准西洋轮船数只近岸，彼即俯首听命，不敢入内地一步？"② 所以，"师夷"的活动每推进一步，都要排除多方面的干扰和阻力。例如，造船是如此，购买铁甲船是如此，其他发展海军的举措也无不如此。正由于此，海军的发展每前进一步都是相当困难的。

其二，清政府之创设海军，是和中国社会的近代化进程同步的，而近代化作为一次宏大的社会改革，却是一个系统的工程，并非靠某种枝节或局部的改革措施即可奏其功的。60年代初，冯桂芬提出了"鉴诸国"的主张，并对此解释说："诸国同时并域，独能自致富强，岂非相类而易行之尤大彰明较著者？如以中国之伦常名教为原本，辅以诸国富强之术，不更善之善者哉？"③ "以中国之伦常名教为原本，辅以诸国富强之术"这句著名的话，便成为后来"中本西末"说之张本。在此后长达30年的时间里，"中本西末"说一直成为"师夷"的指导思想。④ 李鸿章的认识最具代表性，他一方面认为"中国文武制度，事事远出于西人之上，独火器万不能及，……中国欲自强，则莫如学习外国利器"⑤；另方面，着重强调"经国之略，有全体，有偏端，有本有末，如病方亟，不得不治标，非谓培补修养之方即在是也"⑥。按照这种本末观的要求，中国的"师夷"只是引进西方资本主

---

① 《洋务运动》（丛刊一），第12、121、252页。
② 《洋务运动》（丛刊二），第46页。
③ 冯桂芬：《校邠庐抗议》卷下，第69页。
④ 戚其章：《从"中本西末"到"中体西用"》，《中国社会科学》1995年第1期；又见《中国近代社会思潮史》，山东教育出版社，1984年，第232~242页。
⑤ 《筹办夷务始末》（同治朝）卷二五，第9~10页。
⑥ 《李文忠公全集》奏稿，卷九，第35页。

义的生产技术，即改善和发展生产力，绝不去触动旧的生产关系，反而要坚决维护这种关系及其"事事远出于西人之上"的上层建筑。这样，"师夷"的目的和实现目的的手段之间，便出现了不可调和的矛盾。而缺乏实现目的的切实手段，目的本身从一开始就注定是实现不了的。这就是为什么这次改革长期滞留在较低的水平上，始终未能进一步深化下去，较之同时开始的日本明治维新运动相差一个层次的根本原因所在。海军作为"师夷"的一项突出成果，本是一个新的军种，而其编成却基本上是湘淮军制的翻版。海军各舰队皆由驻地的封疆大吏来支配，长期未能中央化。

1885年10月，海军衙门成立，试图掌握"统辖画一之权"[1]，终未奏效。正如一位外国海军人士指出：中国海军"有明明缺陷者，则以新法而参旧制也"。又说："惜中枢之权势太弱，一任督抚之私顾封疆，不能联各军为一队。"[2] 其结果，一遇战争，弊端尽露。"南北洋各守一方，水陆各具一见，致军心不能画一"；"船坞局厂皆调动不灵，且多方牵制，号令所以难行"。[3] 欲其不败是不可能的。甲午战后有位海军将领检讨失败原因说："既设海军，必全按西法，庶足以御外侮。西人创立海军多年，其中利弊，著书立说，无微不至。我国海军章程，与泰西不同，缘为我朝制所限，所以难而尽仿，所以难而操胜算也。"[4] 诚哉斯言！

其三，腐败现象在海军内部滋生蔓延，严重地影响了海军的正常成长，也毁坏了海军本身。晚清海军在其创办前期还是颇有朝气的，操练抓得很紧，纪律也较严格。中法战争后，远东形势表面上趋于缓

---

[1]《洋务运动》（丛刊二），第570页。
[2]《洋务运动》（丛刊七），第543页。
[3]《盛档·甲午中日战争》（下），第410页。
[4]《盛档·甲午中日战争》（下），第400页。

和，当权者陶醉于和平环境，曾经有过的一点忧患意识迅速消失，文恬武嬉起来。李鸿章作为北洋海军的最高统帅，也认为武夫难拘绳墨，和平时期纪律不必苛求。到90年代初，纪律"渐放渐松，将士纷纷移眷，晚间住岸者，一船有半"。新添水手也不严格训练，"皆仿绿营气习，临时招募，在岸只操洋枪，不满两月，派拨各船，不但船上部位不熟，大炮不曾见过，且看更规矩、工作号筒，丝毫不谙，所以交战之时，炮勇伤亡不能顶补，只充死人之数"。实战观念淡漠了，训练也逐渐流于形式。有的海军将领指出："我军无事之秋，多尚虚文，未尝讲求战事。在防操练，不过故事虚行。故一旦军兴，同无把握。虽执事所司，未谙款窍，临敌贻误自多。平日操演炮靶、雷靶，惟船动而靶不动，兵勇练惯，及临敌时命中自难。"原先的朝气完全消磨净尽了。世人很少知道，"致远"舰之沉原来与缺少合用的截堵水门橡皮有关，战前管带邓世昌以其"年久破烂，而不能修整"，请求更换而未成，"故该船中炮不多时，立即沉没"。配炮零件也得不到及时供应，海战时"因零件损伤，炮即停放者不少"。弹药供应问题尤为突出，或偷工减料，以次充好，或暗做手脚，以假冒真。将领们无不为之痛心疾首，气愤地说："中国所制之弹，有大小不合炮膛者；有铁质不佳，弹面皆孔，难保其未出口不先炸者。即引信拉火，亦多有不过引者。临阵之时，一遇此等军火，则为害实非浅鲜。"① 引信拉火不过引，就会使弹中敌舰而不爆炸。海战中日本军舰多艘中弹累累，甚至有被弹穿甲板而落入机器舱者，却无一艘爆炸沉没，其奥秘究竟在哪里？应该说，这不是日本海军创造了海战的奇迹，而是中国海军的腐败帮了敌人的忙。可见，一支腐败的海军是很难克敌制胜的，更不可能成为一支真正强大的海上之师。

---

① 《盛档·甲午中日战争》（下），第399、407、398、401、398、404页。

其四，根深蒂固的虚骄心态和苟安思想，使清朝统治者目光短浅，不思进取，甘于落后，是导致海军未能真正搞上去的最根本的原因。历史进入19世纪60年代后期，远东形成了英俄对峙的局面，俄国暂时尚无力东进和南下，英国则一心维护在这个地区的既得利益，保持既定的格局而不使之改变。因此，在此后的30年内，远东形势相对稳定，这正是中国振兴和发展海军的大好时机。日本就在这个时候搞起了明治维新，并且倾其全力去发展海军。但是，清朝统治者却恰恰相反，不是居安思危，励精图治，而是粉饰太平，得过且过，以致错过了这次稍纵即逝的机遇。几十年来，列强每次从海上入侵之后，清朝统治者几乎每次都要表一番大治海军的决心，而且信誓旦旦，决心似乎十足。然而，过不了多久，决心总是被丢诸脑后了。特别是北洋海军成军后，认为声势已壮，更可以高枕无忧了。慈禧太后作为清朝的最高统治者，为满足自己的私欲，不顾国家安危，骄奢淫逸，大肆挥霍。为了享乐，她大修殿宇亭台，不仅多次举借外债，而且以"挪拨""划拨""挪垫"等名义占用海防经费，花于三海工程和颐和园工程。仅用这笔经费，起码也可再建像北洋海军这样规模的一支舰队。[①]当时正是海军舰炮更新换代的又一个时期，"外洋之舰日新月异，所用之炮多系新式快炮"[②]，而从1888年后，清政府不再添置一艘新舰，也不更新一门火炮。战前丁汝昌请求在主要战舰上安置新式快炮，仅需银60余万两，却以无款可拨而驳回。可见，从根本上说，海军的由兴而衰完全是清朝统治者自毁海上长城。这一惨痛的历史教训值得后人永远认真记取。

[①] 参见戚其章：《颐和园工程与北洋海军》，《社会科学战线》1989年第4期。
[②] 《盛档·甲午中日战争》（下），第401页。